MADAME DE LA FAYETTE

CAMBRIDGE
UNIVERSITY PRESS

University Printing House, Cambridge CB2 8BS, United Kingdom

Published in the United States of America by Cambridge University Press, New York

Cambridge University Press is part of the University of Cambridge.

It furthers the University's mission by disseminating knowledge in the pursuit of education, learning and research at the highest international levels of excellence.

www.cambridge.org
Information on this title: www.cambridge.org/9781107633872

© Cambridge University Press 1922

First published 1922
First paperback edition 2014

A catalogue record for this publication is available from the British Library

ISBN 978-1-107-63387-2 Paperback

M⁸ᵉ LA COMTESSE DE LA FAYETTE. Morte en 1693.

MARIE-MADELEINE PIOCHE DE LA VERGNE
COMTESSE DE LA FAYETTE (1634-1693)
D'APRÈS UN PORTRAIT CONSERVÉ AU
CHÂTEAU DE CHAMBORD.

MADAME DE LA FAYETTE

SA VIE ET SES ŒUVRES

PAR

H. ASHTON

MAÎTRE ÈS ARTS DE L'UNIVERSITÉ DE CAMBRIDGE
DOCTEUR ÈS LETTRES (BIRMINGHAM)
DOCTEUR DE L'UNIVERSITÉ DE PARIS
OFFICIER DE L'INSTRUCTION PUBLIQUE

CAMBRIDGE
AT THE UNIVERSITY PRESS
1922

PREMIÈRE PRÉFACE

CETTE modeste étude ne prétend pas être un ouvrage sur la vie et les œuvres de Madame de La Fayette. Si elle porte ce titre c'est pour annoncer ce que l'auteur avait l'intention de faire plutôt que pour désigner ce qu'il a fait.

La biographie, essentielle pour la compréhension de l'œuvre de notre auteur, était à faire, ou à refaire. Ce travail fut plus pénible que nous le croyions, au début. Il existe, il est vrai, un petit livre de M. d'Haussonville qui nous servit de guide tout au commencement de nos recherches, mais les sources n'en furent pas moins difficiles à retrouver.

La bibliographie, bien que réléguée à la fin du livre, n'en est pas la partie la moins importante. Elle nous a coûté de longues et patientes recherches, car, en ce domaine, tout était à faire. Nous osons croire qu'elle rendra des services à nos confrères.

Dans l'étude détaillée des œuvres nous avons essayé de montrer l'évolution du talent de Mme de La Fayette et, en cours de route, nous avons réfuté diverses opinions à propos de la place qu'elle occupe dans l'histoire du roman.

Nous tenons à remercier Mme Ve Jagerschmidt[1] et Mlle Feuillet de Conches de l'obligeance avec laquelle elles nous communiquèrent des documents importants. Nous espérons pouvoir dater ces lettres et les publier ensuite dans un recueil.

Nous regrettons de n'avoir pu fondre tous nos documents dans une étude vraiment littéraire et digne des vieilles universités où nous avons fait de si utiles et de si agréables séjours. Nous osons croire, cependant, que ces matériaux, sans embellissements littéraires, seront plus appréciés que des embellissements littéraires ne reposant sur aucun document.

H. A.

VILLETTE (SEINE ET OISE).
Avril 1914.

---

[1] Mme Ve Jagerschmidt est décédée le 10 avril, 1915.

SECONDE PRÉFACE

CE TRAVAIL, terminé en 1913, était sous presse en Belgique en 1914. La préface a déjà porté les mentions Villette, Paris, Cambridge, Birmingham, et c'est à l'autre bout du monde, sur les bords de l'Océan Pacifique, que j'écris cette seconde préface sans avoir jamais eu à ma disposition une bibliothèque assez riche pour me permettre de refaire l'ouvrage. Quelques notes seulement ont été ajoutées et des articles de revue viendront bientôt compléter mes conclusions.

Je remercie le Maître et les Fellows du Collège Gonville et Caius à Cambridge et le Conseil d'Administration de l'Université de la Colombie Britannique de leur contribution aux frais d'impression.

H. A.

VANCOUVER, C.B., CANADA.
Septembre 1922.

TABLE DES MATIÈRES

PORTRAIT

CHAPITRE PREMIER

L'ENFANT. 1634–1649

MADAME DE LA FAYETTE, née Marie-Madeleine Pioche de La Vergne, était parisienne. Elle naquit et elle habita pendant la plus grande partie de sa vie dans un faubourg de la capitale, qui paraît avoir été le "Passy" du XVIIe siècle. Elle vint au monde au bon moment—en 1634, et au bel endroit—dans le quartier Saint-Germain.

Pour qui connaît le quartier actuel avec ses maisons de rapport, ses magasins, ses autobus et son "métropolitain," il est assez difficile de se le représenter tel qu'il était à l'époque où Madame de La Fayette y vécut. Bien que ce fût un faubourg, il était plus rapproché du centre qu'il ne l'est de nos jours, car la Seine avait alors beaucoup d'importance et "les grands boulevards" n'en avaient point, pour la bonne raison qu'ils n'existaient pas. C'était un quartier qui grandissait. À la fin du XVIe siècle, le bourg Saint-Germain avait pour limite la tranchée qu'on creusa dans tout son périmètre en vue de sa défense; mais le premier quart du XVIIe siècle ne s'était pas écoulé, que déjà les maisons du faubourg, ayant franchi la tranchée, se pressaient le long de la rue du Bac et des autres grandes artères de la plaine[1].

De nouvelles églises[2], de nouveaux établissements religieux se bâtissaient, ou, même, depuis quelque temps, se dressaient orgueilleux parmi les bâtiments neufs. Les quatre anciennes portes, qui disparaîtront du vivant de Madame de La Fayette, sont encore debout et le quartier est séparé de la ville. "La demeure en a de tout temps paru si agréable aux gens de bon

---

[1] Berty et Tisserand, *Topographie historique du vieux Paris*, Paris 1876, F^o, T. I. p. 11.

[2] Entre d'autres, l'église Saint-Sulpice où la petite La Vergne sera baptisée; "Cette église," écrit Sauval (*Antiquités de Paris*, T. II. p. 435), "après avoir été rebâtie en plusieurs tems fut construite tout de nouveau en 1645, où Gaston de France, Duc d'Orléans mit et posa sa première pierre; mais ce bâtiment se trouvant encore trop petit, on en recommença un autre en 1655, dont la Reine Anne d'Autriche posa la première pierre, qui est le même que l'on voit aujourd'hui, qui n'est pas achevé de bâtir."

A.

1

goût," nous dit Germain Brice[1], "qu'elle a toujours été préférée aux autres de la ville pour plusieurs bonnes raisons, puisque toutes sortes de commodités s'y trouvent sans peine et que l'air est infiniment plus pur et plus sain qu'ailleurs, la plupart des maisons étant séparées par des jardins qui les rendent agréables et bâties presque toutes sur un terrain neuf." C'est pourquoi ce quartier fut aimé des étrangers qui visitaient Paris. La plupart des hôtels qui figurent dans le *Livre commode des adresses de Paris*[2] étaient dans le faubourg Saint-Germain et nous lisons dans les *Annales de la Cour et de la Ville* pour les années 1697–1698[3] que "depuis que la paix était faite il y avait eu dans Paris un si grand abord d'étrangers que l'on en comptait quinze à seize mille dans le Faubourg Saint Germain seulement." Un d'entre eux—l'Anglais John Evelyn—écrit dans son journal à la date du 24 décembre 1643 : "The suburbs are those of St Denys, Honoré, St Marcel, Jacques, St Michel, St Victoire et St Germain which last is the largest and where the nobility and persons of quality are seated[4]." Ainsi, c'était un quartier fort bien fréquenté ; c'est là que se trouvaient les "académies" où les jeunes gentilshommes recevaient leur éducation mondaine.

Comme en font foi les copies de registres conservés à la Bibliothèque Nationale, c'est le 18 mars 1634 qu'eut lieu en l'église Saint-Sulpice le baptême de "Marie Madeleine fille de Marc Pioche, Ecr sieur de la Vergne et de Delle Elisabeth Péna[5]. P: Me Urbain de Maillé Marquis de Brezé Chler des Ordres du Roy, c. en s. c. Mal de France et gouverneur des villes et citadelles de Saumur, Calais pais reconquis. M: D. Marie Madeleine de Vignerod de Combalet[6]."

[1] *Description de la Ville de Paris*, 6ᵉ édit. 12⁰, Paris, 1713, T. III. p. 3 et suiv.

[2] Par du Pradel, Édit. Elzév. Paris (Plon-Nourrit), 2 vols.

[3] T. II. p. 135.

[4] Édit. W. Bray, Londres, 1906, 4 vols. 8⁰, T. I. p. 47.

[5] On lit un peu partout que Madame de La Fayette était fille d'*Aymar* de La Vergne. Nous n'avons trouvé ce nom dans aucun acte authentique. La source de cette erreur, comme de beaucoup d'autres au sujet de Mme de La Fayette, est probablement la notice du Père Anselme (T. VII. p. 62). Le Père Anselme confond la mère (qu'il appelle Marie de Pene) et la fille ; il fait épouser cette dernière par le Chevalier de Sévigné. D'Hozier la dit fille de *Jean* Pioche, précepteur de César duc de Vendôme et de *Jeanne* Miron.

[6] Mss. fr. 32593, p. 178. "Ce fut le dix-huitième jour du mois de mars 1634 disent les registres de la paroisse Saint-Sulpice," écrit M. le Comte d'Haussonville dans son étude sur Mme de La Fayette (Paris,

Ce document ne nous renseigne guère sur les parents de l'enfant. Nous voyons d'après les titres d'*Ecuyer* et de *Demoiselle* qu'ils étaient nobles; si nous les croyons tous les deux de très petite noblesse, c'est plutôt parce que nous ne trouvons aucune preuve du contraire que grâce à des renseignements précis. Ce titre d'Écuyer ne signifie rien en lui-même. Jusque sous Louis XIII, c'était la seule qualité que les seigneurs ordinaires ajoutaient à leur nom. "On voit même," dit d'Avenel[1], "des descendants de très illustres maisons qui n'en prennent jamais d'autres: ils n'avaient droit qu'à celle-ci d'ailleurs, à moins d'être pourvus de quelque charge considérable qui leur donnât le titre de chevalier." Se dire *Écuyer* c'était donc se dire de race noble. Mais d'Avenel continue: "Louis XIII permet cependant pour quelques écus, à *ses valets de chambre, huissiers de chambre, portemanteaux et valets de garde-robe, de se qualifier et user du titre d'écuyer*: il donne le même droit aux chevaliers du guet et à leurs lieutenants—simples agents de police—aux gardes du corps français et étrangers, aux commissaires des guerres, enfin à peu près à tous ceux qui peuvent le désirer."

Hachette, 2ᵉ édition, 1896, 1 vol. in 12º, p. 8). Nous n'avons pas pu voir les registres de la paroisse Saint-Sulpice car ils ont disparu dans l'incendie du 24 mai 1871, qui, en consumant à la fois les Archives de la Seine et le Greffe du Palais de Justice, a anéanti les deux exemplaires de ces registres qui existaient encore. Il nous reste heureusement quelques extraits des registres de baptême de la paroisse Saint-Sulpice, d'après lesquels nous établissons la date du baptême. Jusqu'en 1846 on croyait que Mme de La Fayette était née au Havre. C'est cette erreur qui fait dire à Casimir Delavigne dans son *Discours d'inauguration de la Salle de Spectacle du Havre* (au Havre, chez Chapelle, 1823):

> Oui, vous deviez un temple aux filles d'Apollon:
> Elles ont eu des sœurs dans ce riant vallon,
> C'est toi que j'en atteste, aimable Lafayette,
> De Clèves et de Nemours muse tendre et discrète,
> Qui dérobas ta vie à la célébrité
> En illustrant le nom que Segrais t'a prêté.

Mais pendant l'année 1846, A. T. Barbin, en feuilletant, dans les archives de l'Hôtel de Ville, les registres qui ont été détruits depuis, trouva le passage dont nous venons de donner la copie (*Journal des Débats*, 22 nov. 1846). Malgré cette découverte, l'erreur traîne dans beaucoup de livres (p. e. *Dict. de Jal*, 2ᵉ édit. 1872; Prof. Hector Ferettini, *Étude sur Mme de la Fayette*, Milan, 1901; R. Doumic, *Hist. de la Litt. fr.* Paris, 19ᵉ édit. p. 293—où, soit dit en passant, on peut lire également que M. de La Fayette a survécu à sa femme!).

[1] D'Avenel, *La noblesse française sous Richelieu*, p. 307.

D'autre part Tallemant[1] raconte l'histoire suivante qui nous montre que La Vergne fut connu du roi. "Au commencement, le Roy estoit assez gay....Le filz de Sebastien Zamet qui mourut mareschal de camp à Montauban....avoit avec lui La Vergne, depuis gouverneur du Duc de Brezé, qui estoit curieux d'architecture et y entendoit un peu. Or ce Zamet estoit un homme fort grave et qui faisoit des révérences bien compassées: le Roy disoit qu'il lui sembloit, quand Zamet faisoit ces révérences, que La Vergne estoit derrière pour les mesurer avec sa toise."

Guillard[2] ne dit pas que La Vergne était simplement "curieux d'architecture," mais bien qu'il était "masson ou architecte" et qu'il "quitta ce mestier pour être gouverneur du duc de Fronsac ou de Brezé." Marc Pioche portait-il donc le patronymique d'une famille de maçons-architectes, qui, s'étant enrichis, avaient fait entrer leur fils dans la carrière des armes, après avoir transformé leur nom en Pioche de La Vergne? Nous ne pouvons rien affirmer sur la famille du père de Madame de La Fayette et nous ne devons pas ajouter trop de foi à ce que dit Guillard, car, bien qu'il ait écrit du vivant de Madame de La Fayette, il ne paraît pas avoir cherché très loin le souci de la généalogie. Après nous avoir ainsi renseignés sur Marc Pioche de La Vergne, il continue: "sa femme estoit fille du medecin Akakias[3]." Mais nous savons qu'en réalité elle se nommait Élizabeth ou Isabel[4] Péna et nous avons sur sa famille quelques renseignements.

Auger[5] nous apprend qu'au XIIIe siècle, un ancêtre de la mère de Madame de La Fayette "Hugues de Péna, secrétaire du roi de Naples, Charles Ier, et auteur de tragédies, avoit reçu

[1] Tallemant des Réaux, *Historiettes*, Éd. Monmerqué, T. II. p. 242. "Historiette sur Louis XIII."
[2] *Généalogies, Remarques du Sr. Guillard*, Bibl. Nat. ms. fr. 25187, fo 30.
[3] Peut-être s'agit-il de sa première femme. Voir à la page 6. Un Akakia, le grand, ou du moins le premier du nom, mourut en 1551, son fils en 1588. La race s'éteignit avec le dernier médecin Akakia en 1677. Celui-là aurait été un cousin de Mme de La Fayette. On en aurait parlé, croyons-nous.
[4] Bien qu'il y ait Élizabeth sur la copie de l'acte de baptême, les mêmes registres portent *Isabel* à la page 160, à l'occasion du mariage de Pierre le Roy auquel Marc Pioche de La Vergne et sa femme Isabel Péna ont assisté, et encore à la page 191, à l'occasion de son mariage avec le chevalier de Sévigné. Dans le contrat de mariage de son frère Gabriel elle fut appelée tantôt Élizabeth, tantôt Isabel (Bibl. Nat. Cab. Titres, Pièces orig. 2229). Enfin, elle signe elle-même Isabelle un reçu conservé à la Bibl. Nat. Cab. Titres, Pièces orig. 2287).
[5] Édition des œuvres de Mme de La Fayette. Voir bibliographie.

le *laurier du poëte* des mains de la reine Béatrix." Jay[1] rapporte aussi ce fait et ajoute que "dans le seizième siècle Jean de Péna se rendit illustre par de profondes connaissances dans les mathématiques et les enseigna même avec distinction au Collège de France[2]." Si, comme le désire M. d'Haussonville[3], "*ceux qui sont curieux des phénomènes de l'hérédité*" doivent lui savoir gré "*de leur rappeler ce premier fait[4] et aussi que la famille Péna eut toujours en Provence renom de littérature et d'érudition,*" d'autres, en lisant le renseignement donné par Jay, trembleront à la pensée que Madame de La Fayette, de par sa mère, aurait pu devenir professeur de mathématiques au Collège de France!

Madame de La Vergne avait un frère, Gabriel Péna, écuyer, sieur de Saint-Pons, qui fut capitaine au régiment du marquis de Brézé[5], un autre frère dont nous ne savons pas le nom[6], et un oncle Lazare Péna, écuyer, sieur de Moustier et de Montargis[7]. Voilà tout ce que nous avons pu glaner sur la famille[8] et cela suffit. Nous savons dès maintenant qu'elle était de petite noblesse[9] comme celle de La Vergne.

Le mariage fut célébré probablement à l'église Saint-Sulpice; c'est là qu'au mois de février 1633 avaient lieu les fiançailles[10]. La Vergne était probablement plus âgé que sa

---

[1] Édition des œuvres de Mme de La Fayette, de Tencin et de Fontaines. Voir bibliographie

[2] Guillaume du Val, *Histoire des professeurs du Collège Royal*, 1644 (Bibl. Nat. R. 7347). "Jean Pena. Il fut professeur du Roy, peu de temps, et ce environ l'an 1556. Il décéda l'an 1560 et est croyable que la chaire fut établie pour lui, n'ayant succédé à personne et n'ayant eu successeur que je sçache." De Thou en fait également mention et dit qu'il est mort en 1558.   [3] D'Haussonville, op. cit. p. 10.

[4] La célébrité littéraire de Hugues de Péna.

[5] Bibl. Nat. Cabinet des Titres, Pièces originales 2229.

[6] D'après les copies de registres de Saint-Sulpice déjà citées, p. 132, 19 déc. 1641. Mariage d'Estienne de Pardieu et de Delle Anne Péna, présents Gabriel Péna, *oncle* de la dite, capitaine, etc.

[7] Contrat de mariage de Madame de La Fayette (voir à l'appendice); copies des registres de Saint-Sulpice le 30 mai 1645. Mariage de Pierre le Roy, Présents—Éléonor Merlin femme de Me. Péna, etc.

[8] Ajoutons par acquit de conscience—Arnaud Gaufridi, G. d'Aix, 1580, donne les armes de Péna: d'arg. à l'estoile d'or en chef. Bibl. Nat. Cab. Titres, Pièces orig. 2229.

[9] Gabriel épouse Marie Bricard, veuve de Jehan Bordier, argentier de la petite escurie du Roy. Anne épouse Estienne de Pardieu tout court.

[10] Nous n'avons pas pu retrouver l'extrait de mariage mais le ms. 32839 Bibl. Nat. (registres de St-Sulpice) nous donne p. 82, "1633, le 5 fév. fiançailles de Marc Pioche, écuyer, sieur de La Vergne."

femme, car il était veuf et, en 1619, il est déjà question de lui et de sa première épouse, Claude Bérard, dans un acte notarié fait à Saint-Denys par le baron dudit lieu[1].

De ce précédent mariage étaient nées au moins deux filles dont l'une est morte en 1671. L'autre qui a survécu à Mme de La Fayette est mentionnée dans son testament. Elles étaient toutes les deux religieuses, mais nous ne savons pas la date de leur entrée en religion. Il est à supposer que la petite Marie-Madeleine les a connues et a eu le temps de les aimer avant leur entrée au couvent, puisque la mort de la première la toucha vivement[2] et qu'elle prit soin de la survivante.

C'est fort probablement après la mort de leur père qu'elles ont pris le voile, car, dans le passage de la Reconnaissance des biens de Mme de La Fayette où il est question du contrat de partage fait à la mort de La Vergne, on lit : "les dites damoiselles ses sœurs *depuis* professes[3]."

Un seul enfant naquit du second mariage : ce fut Marie-Madeleine[4]. Comme on l'a pu voir d'après l'extrait de baptême, ses parents surent lui trouver des parrains illustres : Urbain de Maillé, marquis de Brézé, était le beau-frère du cardinal de Richelieu. Et ce n'est pas de cette parenté seule que venait sa puissance : le roi Louis XIII avait "quelque sorte d'inclination pour lui," nous dit le cardinal de Retz[5] qui ne l'aimait guère[6], et cette inclination paraît avoir donné au maréchal tant d'influence que Richelieu lui-même en avait peur et le menageait le plus possible[7]. La correspondance inédite du maréchal conservée au British Museum montre quel rôle important il jouait dans les affaires du temps[8]. Il nous semblerait étonnant

---

[1] Bibl. Nat. Cabinet des Titres, Pièces originales 2229.

[2] Madame de Sévigné, 6 fév. 1671. Éd. Grands Écrivains, T. II. p. 46: "J'allai ensuite chez Madame de La Fayette qui redoubla mes douleurs par la part qu'elle y prit. Elle était seule et malade et triste de la mort d'une sœur religieuse; elle était comme je la pouvais désirer." [3] Voir l'appendice III.

[4] Bibl. Nat. Cabinet des Titres, Pièces originales 2287, Pioche, f⁰ 16: "Me Francois de La Fayette dame Marie Mag^ne-Pioche de la Vergne son espouse fille unique seulle héritière...."

[5] *Œuvres*, Éd. Alphonse Feillet, Paris, 1870, 8⁰, T. I. p. 154.

[6] Ibid. I. p. 39: "Le maréchal de Brézé homme de très petit mérite" etc....; p. 104: "Il était pourtant fort extravagant."

[7] Jbid. I. p. 104.

[8] Cette correspondance fut signalée dans un article intitulé *Les amis du Maréchal de Brézé—supplément à un article de Bayle* dans le *Cabinet Historique* (Éd. Louis Paris), T. XV. Paris, 1869, 8⁰, 1ère partie, p. 32.

que l'obscur La Vergne ait pu obtenir d'un homme aussi puissant qu'il assistât en qualité de parrain au baptême de sa fille, si nous ne savions déjà par Tallemant que La Vergne était au service du maréchal en qualité de gouverneur[1].

Quant à la marraine, Madame de Combalet, plus tard duchesse d'Aiguillon, elle était la nièce favorite du Cardinal—et s'il faut en croire les récits médisants de l'époque—des liens particulièrement étroits les unissaient. Si elle assista à ce baptême ce ne fut pas uniquement pour montrer qu'elle était une personne religieuse et charitable mais bien parce que la mère de la petite fille était une de ses dames d'honneur.

Ce parrainage ne paraît pas avoir été très utile à Marie-Madeleine. Le marquis mourut peu après La Vergne[2], au moment précis où il aurait pu, sans doute, rendre des services à sa filleule qui rentrait alors à Paris. La marraine, il est vrai, employa La Vergne au Havre, mais sa filleule ne comptait pas parmi ses amies, soit à cause de la différence d'âge qui les séparait, soit parce que leur condition sociale n'était pas la même....Toujours est-il que son nom ne figure point parmi ceux des vingt-neuf personnes qui se partagèrent la fortune de la duchesse.

Il ne faut peut-être pas regretter cette absence de relations. Bien que dernièrement on nous ait présenté Mme de Combalet comme une sainte[3], les documents du temps donnent une triste opinion de sa moralité. L'impression qui se dégage des témoignages contemporains, même lorsqu'on a fait une large part aux haines politiques, est que Mme de Combalet n'était pas de ces femmes dont on aime à souhaiter l'amitié pour une jeune fille[4].

Elle fait partie de l'Egerton Collection Nos 1687 à 1692 et va de l'année 1627 à l'année 1649.

[1] L'exemplaire du *Segraisiana* qui se trouve à la Bibliothèque de l'Université de Paris porte en marge de la page 9 où il est question de la *Princesse de Clèves* la note suivante de la main de Turgot: "Marie de la Vergne Ce de La Fayette a aussy écrit Vie de Mad. Henriette d'ang. f. de Mr m. en 1670 impre à Amdam, 1720. Elle étoit d'une naissance très médiocre son p. étoit chès Mr de Valencey, sa mère étoit chès la Duche d'Aiguillon...." etc. Nous n'avons pu vérifier ce fait. Notons pourtant, en passant, qu'une des sœurs de Madame de La Fayette (du premier lit) était religieuse ursuline à Valencey (Testament).

[2] Le 13 fév. 1650, âgé de 53 ans, au château de Milly dans l'Anjou.

[3] Bonneau-Avenant (Cte de), *La Duchesse d'Aiguillon*, 2e édit. Paris, 12o.

[4] M. Émile Magne résume ces documents avec une franchise que nous n'osons pas imiter ici. Voir *Le plaisant abbé de Boisrobert*, Paris, 1 vol. 12o, 1909, pp. 263–265 et les notes à ces pages.

Après le baptême, le premier renseignement que nous trouvons sur la vie de La Vergne nous est fourni par un poème manuscrit *"De Monsieur le Pailleur*[1] *étant à la campagne avec Mme la maréchale de Thémines à Mr de la Vergne gouverneur de Mr le Marquis de Brézé."*

> Je suis curieux de nouvelles
> Autant de laides que de belles.
> Un soldat m'apprit l'autre jour
> Que Pontoise estoit ton séjour.
> Il me dit tes soins et tes veilles,
> Il me raconta des merveilles
> De tes fortifications.
>
> .   .   .   .   .
>
> Il me parla fort du Marquis.
>
> .   .   .   .   .
>
> Il me dit que ta chère femme
> Est une bonne et belle Dame
> (Oyseau rare en cette saison!),
> Qu'elle garde bien la maison,
> Entretient bien la Compagnie
> Avec sa petite Ménie,
> Qui de son côté vaut beaucoup,
> Surtout quand elle fait le loup
> Son devanteau dessus sa tête.
>
> .   .   .   .   .
>
> Ainsi le Cavalier parla,
> But deux coups et puis s'en alla[2].

On remarquera que Le Pailleur donne à La Vergne le titre de "Gouverneur de Mr le Marquis de Brézé" et nous apprend qu'il est à Pontoise. Aussitôt M. d'Haussonville[3] écrit "Un obscur poète, du nom de Le Pailleur, nous apprend que son père" (c'est à dire le père de Marie-Madeleine) "y commandoit au nom du marquis de Brézé" et à la même page "Pioche de la Vergne sera gouverneur de Pontoise pour le compte du marquis de Brézé."

D'après des recherches faites à Pontoise, il ne ressort pas que ce soit la conclusion qu'il faudrait tirer de ces vers. Le régiment

---

[1] Pour des renseignements sur ce poète voir l'historiette de Tallemant des Réaux, Éd. Monmerqué, T. iii. p. 237 et les *Œuvres poétiques* de Dalibray, Édit. Van Bever, 1906, passim. Le Pailleur était un goinfre assez drôle. Il était allé visiter le maréchal de Thémines, gouverneur de la Bretagne, qui mourut en 1627. Le Pailleur devint le commensal de sa veuve.

[2] Bibl. Arsenal mss. Conrart, T. xxii. f⁰ 307, N⁰ 4127.

[3] Op. cit. p. 9.

du marquis de Brézé était à Pontoise en 1636–1637 car le 27 mai
1643 le corps de ville examine les comptes "des feus sieurs
Chartin et Soret pour le faict des deniers qu'ils ont touchés et
déboursés aussy pendant les années mil six cent trente-six et
trente-sept que les régiments des gens d'armes de la Trémouille
et de Breizé ont logé en cette ville[1]." La première mention du
régiment se trouve sous la date 1er décembre 1636, quand les
échevins sont autorisés à recevoir des collecteurs des tailles une
somme de 3000 livres tournois, pour satisfaire à une réquisition
du marquis de Brézé tenant garnison à Pontoise, et à prendre
des mesures utiles pour répartir cet impôt entre les habitants de
la ville. Le 26 janvier 1637 il est impossible de continuer à
payer la subsistance du régiment de M. de Brézé. Les collecteurs
n'ont plus de fonds et il y a peu d'espoir d'obtenir des paroisses
voisines le paiement de leurs participations. Le régiment quitte
la ville entre cette délibération et la suivante, qui est de février
1638, mais longtemps encore on s'occupe des dettes qu'il a fallu
contracter à cause de son séjour. Les délibérations ne disent
pas que de Brézé lui-même fut gouverneur de la ville. Ce titre
a existé, mais ce n'était qu'un titre honorifique et on l'attribuait
à de très grands seigneurs. À coup sûr, de La Vergne n'a pas
été gouverneur de Pontoise[2]; M. Mallet, maire de la ville et
éditeur des délibérations citées ci-dessus, écrit dans une lettre
à l'auteur de ce travail (11 août 1911) "Dans les archives communales....nulle part je n'ai vu le nom de Marc Pioche de La
Vergne."

Tout nous porte à croire qu'ici (comme plus tard au Havre)
La Vergne ne fut que major de la citadelle. Étant donné que
La Vergne fut "masson et architecte," ce que dit Le Pailleur
sur "les merveilles de ses fortifications" pourrait faire croire
qu'il fut envoyé à Pontoise pour exercer son métier d'architecte;
mais ici encore les faits ne supportent pas l'hypothèse. En 1634,
Richelieu avait supprimé les remises accordées aux villes sur
les ventes de leurs greniers à sel et destinées exclusivement,
disaient les papiers royaux, à l'entretien de leurs fortifications.

[1] Ernest Mallet, *Registre des délibérations municipales de la Ville de
Pontoise,* 1643–1660, 2e fascicule—Règne de Louis XIV—Pontoise,
1911. Dans le registre imprimé on trouve "de la Trémouille et de fereize
(?)": M. Mallet lit maintenant *de Breizé* et les autres citations confirment cette leçon.

[2] Communiqué par M. J. Depoix, secrétaire général de la Société
historique et archéologique de l'arrondissement de Pontoise.

Il y a fort peu de chances qu'un officier royal quelconque ait été désigné pour aller travailler aux fortifications de Pontoise, qui étaient encore considérées comme l'une des charges de la ville; de plus, la situation financière n'étant pas bonne, le pouvoir central n'aurait pas consenti à fournir les fonds. Enfin, il existe des documents qui prouvent que vers 1652 pour les réparations urgentes on opéra par voie de souscription publique, souscription qui n'eut rien de spontané et de volontaire: l'église St Martin dut même fournir sa part d'argent[1].

S'il ne faut pas exagérer l'importance de ces fonctions, il ne faut pas non plus en exagérer la durée. Le séjour à Pontoise de La Vergne et de sa famille (si toutefois sa famille demeura constamment avec lui, ce qui n'est pas prouvé) fut certainement court, car en 1638 la peste, à l'état latent depuis quelques années, devint d'une violence inouïe. Quinze cents personnes en moururent, paraît-il, et la ville fut abandonnée par ceux des habitants que la maladie n'avait pas atteints[2]. Quand M. d'Haussonville ajoute en guise de commentaire aux vers de Le Pailleur "La petite Ménie avait quatre ans quand elle faisait ainsi le loup[3]" il doit se tromper, car ce calcul nous mènerait à l'année de la peste. Il n'est pas probable que La Vergne, fixé à une aussi petite distance de Paris, ait accepté d'exposer sa femme et son enfant aux dangers de ce fléau. Au mois d'août de cette année 1638, La Vergne n'était plus à Pontoise, car parmi les lettres du marquis de Brézé déjà citées, il y en a une "A M. de Picolomini par un gentilhomme qui l'a portée à M. de la Vergne dans l'armée de M. de la force enpaquetée avec une lettre adressante à luy[4]." Au mois de septembre, il se trouvait au château de Richelieu comme en fait foi un document que nous citerons plus loin.

On serait tenté de croire que Madame de La Vergne et son enfant restaient pour la plupart du temps à Paris, où La Vergne venait souvent les voir, ne faisant que de très courts séjours à Pontoise. En effet, au mois d'avril 1637, Bertaut lui écrit: "J'ai reçu celle que vous estes donné le soin de m'escrire touchant la conférence que vous avez eue avec Monseigneur le Cardinal....etc. Je m'oublois de vous dire que si par hasard le Cardina vous raparloit de moy que vous prissiez la peine de luy répondre dans le sens de cette lettre que je vous prie de monstrer à Mad.

[1,2] Communiqué par M. Chennevières, conseiller municipal de Pontoise (7 août 1911), d'après ses fiches, rédigées à la suite de longues années de recherches dans les archives de la ville.

[3] Op. cit. p. 10.   [4] British Museum MSS. Egerton, 1692.

de Combalet....[1]" Chapelain, de son côté, écrivant de Paris le 27 nov. 1637, à M. de Silhon, à Paris, dit (en rentrant de chez le marquis de Brézé) "J'eus hier entretien avec Mr de La Vergne et Mme sa femme qui me ramena chez moy[2]."

À partir de ce moment, et jusqu'au départ de sa famille pour le Havre, il y a une période très obscure dans la vie de Marie-Madeleine[3]. Nous savons que La Vergne était à Pontoise vers 1637, et au Havre en 1648. Où passa-t-il cet intervalle de dix années? À Paris, croyons-nous, car en 1640 il acheta un jardin[4]—celui-là même que Madame de Sévigné trouvera plus tard "le plus joli petit lieu du monde pour respirer à Paris[5]."

Dans ce jardin, situé rue de Vaugirard, No. 16, au coin de la rue Férou, s'élevait la maison où Marie-Madeleine passa la plus grande partie de sa vie, avant et après son mariage; c'est là qu'elle mourut en 1693[6].

Pendant le séjour qu'elle y fit avant son départ pour le Havre, elle dut commencer son éducation sous la direction de son père[7] qui paraît avoir eu une certaine culture. Nous avons déjà vu qu'il s'intéressait à l'architecture et "s'y connaissait un peu[8]." Bien qu'on se soit servi de ce fait pour dénigrer La Vergne[9] il plaide plutôt en sa faveur, à une époque où l'instruc-

[1] Brit. Mus. MSS. fr. Egerton, 1692, fᵒˢ 34, 35.

[2] Jean Chapelain, *Lettres*, publiées par Ph. Tamizey de Larroque, Paris, 1880 (Documents inédits sur l'histoire de France), T. ɪ. p. 175.

[3] M. d'Haussonville (op. cit. p. 10) escamote la difficulté dans la phrase "De Pontoise elle devait suivre son père au Havre."

[4] Berty et Tisserand, *Topographie historique du vieux Paris*, Paris, 1876, Fᵒ, T.—*Région du Bourg Saint-Germain*—p. 328. "Grand jardin faisant le coin occidental de la Rue Férou. Il contenait environ un arpent et un tiers....Par sentence du 11 Oct. 1630 ce jardin fut divisé entre les religieuses du Calvaire....et Fiacre Bollard....Suivant le partage effectué le 14 Août 1631, la moitié orientale échut aux religieuses desquelles elle fut achetée le 28 Août 1640 par le sieur de La Vergne...."

[5] Madame de Sévigné, *Lettres*, Éd. Monmerqué, Paris, Hachette, 1862, T. ɪᴠ. p. 542.

[6] Pour une carte de ce quartier avec la rue Férou marquée voir Piganiol de la Force, *Description de la Ville de Paris*, 1765, 8 vols. T. ᴠɪɪ. p. 160.

[7] Ménage a dû commencer ses leçons plus tard d'après nous. Voir plus loin la discussion de la correspondance entre Ménage et Mme de La Fayette.   [8] Tallemant des Réaux. Le passage est cité plus haut.

[9] *Généalogies. Remarques du Sieur Guillard*, Bibl. Nat. MSS. fr. 25187 (Gaignière 1025), fᵒ 30. "Elle (Madame de La Fayette) n'est pas d'une grande naissance. Son père avoit esté masson ou architecte qui quitta ce mestier pour estre gouverneur du duc de Fronsac ou de Brézé et il s'appeloit l'Avergne."

tion des hommes ne laissait pas une très grande part aux beaux
arts. Chapelain, dans la lettre déjà citée, recherche l'amitié de
La Vergne et de sa femme, et il voudrait qu'ils aient bonne
opinion de lui. "Je connois mieux encore leur merite que je
n'avois fait jusqu'à cette heure," écrit-il, "et souhaite qu'ils ayent
bonne opinion de moy afin qu'ils me puissent un peu aymer. Si
vous les voyes l'un ou l'autre ou tous deux vous me ferez faveur
de descouvrir leurs derniers sentiments de mes faiblesses, car
je ne prens pas les civilités qu'on temoigne aux personnes
présentes pour un jugement sur quoy on se puisse fonder." Or,
bien que Chapelain ait pu paraître ridicule à l'Hôtel de Rambouillet par suite de sa tenue bizarre[1], il n'était pas homme à se
plaire dans la compagnie des ignorants.

Mademoiselle de Scudéry était aussi des amis de La Vergne;
elle eut même recours à lui pour qu'il la recommandât auprès de
Madame d'Aiguillon[2]. Il était également en relations avec d'autres habituées de l'Hôtel de Rambouillet, Mademoiselle Paulet
et Madame de Sablé[3]. On peut même supposer qu'il fréquentait
l'hôtel puisqu'il était au nombre des hôtes du château de Rambouillet en 1637. Bien plus, lorsque la Compagnie alla visiter les
possédées de Loudun, La Vergne fut du voyage, et c'est même
son témoignage qu'invoque l'abbé d'Aubignac de préférence à
ceux de Madame de Combalet, de Julie d'Angennes, de de Brézé
et de Voiture, comme le témoignage d'un honnête homme "dont

[1] Voir Émile Magne, *Voiture et les origines de l'Hôtel de Rambouillet,*
1597–1635, Paris, 2ᵉ édit. 1911, pp. 125–7 et passim.

[2] Il paraît qu'en 1647 Mademoiselle de Scudéry se trouvait fort
ennuyée d'être sous la main tyrannique de son frère, et que, servitude
pour servitude, elle en souhaitait une autre plus favorable au moins à ses
intérêts et à son avenir. La Vergne sollicita pour elle la place de gou-
vernante ou de dame de compagnie dans une très grande maison.
D'autres personnes avaient proposé pour cet emploi une amie de Mlle
de Scudéry—Mlle de Chalais. La première, apprenant cette nouvelle,
retire aussitôt sa candidature. Voir V. Cousin, *La Soc. fr. au XVIIᵉ*
siècle, T. ii. p. 431 Mlle de Scudéry écrit à Mlle Paulet: "Vous me
ferez aussi la faveur de remercier M. de La Vergne de ses soins et de ses
bons offices. Vous savez Melle ce que je vous ai dit de lui en plusieurs
rencontres, c'est pourquoi je ne vous dirai pas à quel point je suis sa
servante." Bibl. Arsenal MS. Conrart, 4º, T. xi. et Cousin, op. cit.
appendice, T. ii. Et dans une lettre de Mlle de Chalais à Mlle de
Scudéry, "Car lorsque M. de La Vergne pria Mme la Marquise de Sablé
de s'employer pour vous auprès de Mme d'Aiguillon...." Arsenal MSS.
Conrart, 4º, T. ix. p. 131.

[3] Voir la note précédente.

la foi ne sera pas suspecte à quiconque le connaît[1]." On peut
donc supposer que cet "honnête homme" dirigea les premières
études de sa fille, et que c'est de lui, autant que des ancêtres de
la mère, que vint à l'enfant son goût pour les lettres. S'il en
avait été autrement, on ne concevrait pas comment, plus tard,
Ménage put trouver en elle une élève aussi apte à apprendre le
latin et à goûter la littérature latine. Nous croyons donc que
c'est à une époque postérieure que Marie-Madeleine commença
à étudier sous la direction de Ménage, bien qu'aucune des lettres
dont il sera question plus loin ne porte de date[2]. Elle dut entrer
en relations plus suivies avec lui par l'intermédiaire de sa parente
la marquise de Sévigné—c'est à dire lorsque La Vergne fut mort
et que sa veuve se fut remariée.

Après cette période, qui est assez obscure, nous retrouvons
La Vergne au Havre vers 1648[3]; il est au service de la duchesse
d'Aiguillon. Ici encore on a exagéré son rôle. Il n'y a jamais
été gouverneur ni même lieutenant-gouverneur. En 1648–9
cette dernière fonction fut exercée par René de Ste Maure,
seigneur de Beaurepaire[4]. L'emploi qu'a tenu La Vergne fut
celui de commandant de la citadelle pour la duchesse d'Aiguillon. Le jeune duc Armand de Richelieu et sa tante retenaient
le gouvernement du Havre; le duc de Brézé, neveu du cardinal
de Richelieu, conserva l'amirauté.

Ici, les événements durent contribuer à l'éducation de la
petite Marie-Madeleine; elle tomba en effet en pleine intrigue

---

[1] *Relation de tout ce que j'ay vu à Loudun en neuf jours que j'ai visité
les possédés* par l'abbé d'Aubignac. Datée septembre 1637. Tallemant
raconte cette visite dans l'histoire du Père Joseph (*Historiettes*, Éd. Monmerqué, T. II. pp. 12–14). Le MS. de d'Aubignac (19 pages) se trouve à
a Bibl. Nat. MS. fr. 12801, ancien 540 du supp. fr.

[2] Voir plus loin cette correspondance de Mme de La Fayette et de
Ménage. Nous sommes maintenant à peu près sûr que presque toutes
ces lettres furent écrites *après* le mariage de Mme de La Fayette. Mais,
dans une lettre citée dans notre chapitre sur *La Princesse de Clèves*,
Ménage dit qu'il connaît Mme de La Fayette depuis la naissance de cette
dernière.

[3] Martin Alphonse, *Madame de La Fayette, est-elle Havraise?* Le Havre,
s. d. 8°, 8 pages. Nous n'avons pas trouvé cette brochure à Paris. C'est
M. le Conservateur de la Bibl. du Havre qui a eu l'obligeance de nous
faire savoir les conclusions de l'auteur.

[4] Lorsque la duchesse d'Aiguillon devint gouverneur du Havre, elle
avait sous ses ordres d'Aplemont, commandant du Havre. Voir Bonneau-
Avenant (Cte de), *La Duchesse d'Aiguillon*, Paris, 1 vol. in 12, où il n'est
pas question de La Vergne.

et en pleine guerre. Elle se trouve au Havre au moment de la Fronde, et bien qu'aujourd'hui nous soyons trop enclins à regarder la Fronde comme une "guerre pour rire," il ne faudrait pas croire que notre scepticisme un peu méprisant ressemblât au sentiment des contemporains mêlés à cette agitation politique. Les jeunes gens, surtout, ne pouvaient voir les événements sous leur jour exact, historique: les aventures qu'ils lurent plus tard dans les romans de la Scudéry ont dû leur paraître romanesques par certains côtés, mais en même temps très réelles. L'opinion publique déchaînée par le Parlement, manifeste son aversion et sa haine avec une violence extrême. Mazarin, la reine, sont insultés et bafoués dans une multitude de chansons et de pamphlets d'une grossièreté inouïe; de Paris, la révolte gagne la province; le Parlement de Rouen se joint bientôt à celui de Paris; le duc de Longueville, gouverneur de la Normandie, mené par sa femme, prend parti pour la Fronde et y entraîne la province entière. Le Havre seul résiste et reste fidèle à la cause royale.

La duchesse d'Aiguillon avait confié son pupille aux soins d'une jeune veuve, Madame de Pons; elle intriguait pour l'épouser. Condé et son beau-frère, le duc de Longueville, favorisèrent sa passion; ils complotèrent pour qu'après le mariage Armand de Richelieu leur ouvrît le Havre[1]. Le duc de Longueville s'empara donc de Honfleur[2] et menaça le Havre. À ces nouvelles la duchesse d'Aiguillon envoya dans cette dernière ville le brave capitaine de La Vergne, et avec lui l'ordre à Ste Maure de chasser d'Harfleur les gens du duc de Longueville et d'occuper solidement cette ville. La Vergne chargé de cette mission s'en acquitta avec succès: il se porta à Harfleur avec 300 hommes, en expulsa les officiers du duc, et, soutenu par les habitants, repoussa toutes les attaques des troupes qui avaient été laissées dans les environs de la ville[3].

La mort a dû enlever La Vergne peu de temps après cet exploit. Nous n'avons pas de renseignements sur la fin du père de Marie-Madeleine et nous croyons même que jusqu'ici on

[1] A. E. Borély, *Histoire de la Ville du Havre*, au Havre, 1880–1881, T. ii.

[2] Voir *Relations véritables de ce qui s'est passé à la prise de la ville d'Honfleur, près le Havre, par l'armée de Monseigneur le duc de Longueville*, Paris, Nicolas de la Vigne, près St Hilaire, 1649.

[3] Borély, op. cit. T. ii. p. 477, et Dumont et Léger, *Histoire de la ville d'Harfleur*, au Havre, 1868, p. 48, où La Vergne est qualifié de "commandant la citadelle du Havre pour la duchesse d'Aiguillon."

n'avait su fixer la date de cette fin qu'à quelques années près. Dans une "reconnaissance donnée par François de la Fayette à dame Marie-Magdeleine Pioche de la Vergne, sa femme, des bijoux, objets mobiliers et autres valeurs apportés par celle-ci, le 17 Février 1655[1]," il est fait mention d'un inventaire "fait à la requête de la dite dame de Sévigné après le décès du dit feu Sieur la Vergne par Quarté et Marreau....le cinquième Janvier et autres jours suivants de l'année mil six cent cinquante[2]." Il s'ensuit que La Vergne est mort à la fin de l'année 1649 ou aux premiers jours de 1650. Sa fille allait bientôt avoir seize ans.

Sur ces seize premières années de la vie de Marie-Madeleine nous n'avons, on l'a vu, que peu de renseignements. Pour nous, elle a dû les passer presque entièrement à Paris. Le séjour à Pontoise fut certainement très court; le séjour au Havre ne le fut pas moins—*si toutefois elle y accompagna son père*, car, bien que jusqu'ici, nous ayons suivi le récit de nos devanciers, nous considérons que les preuves manquent pour établir d'une façon sûre ce séjour de la mère et de la fille. Parmi les quelques documents qui sont venus jusqu'à nous, il existe un reçu rédigé à Paris devant Marreau par Elysabeth Péna, qui avait une procuration générale de son mari depuis le 2 avril 1647. Ce reçu est du 5 mars 1648. Ne croira-t-on pas, avec nous, qu'avant de partir pour le Havre La Vergne avait fait, en avril 1647, cette procuration, pour que sa femme *restant à Paris* pût gérer sa fortune et tenir sa maison de la rue de Vaugirard? Ce n'est qu'une hypothèse, mais du moins elle est appuyée sur un document. Jusqu'ici nous n'avons rien vu qui fût susceptible de prouver que la famille La Vergne tout entière ait résidé au Havre[3].

[1] Archives de l'Allier. Voir l'appendice.

[2] L'étude Quarré et Marreau est aujourd'hui celle de M. Baudrier qui a bien voulu nous permettre de faire des recherches dans les documents qu'il conserve. Nous avons trouvé mention de cet inventaire sur l'index de ses minutes mais dans la liasse de documents de janvier 1650 cette pièce manque. L'a-t-on extraite de l'étude? Est-elle mal classée? On ne peut le dire; d'ailleurs, pour fixer la date de la mort de La Vergne, il suffit de savoir que le document a bien existé et quelle en est la date. Au moment de mettre cette étude sous presse, nous recevons *La Correspondance du Chevalier de Sévigné* publiée par Messieurs Lemoine et Saulnier. "M. de La Vergne, maréchal des camps et armées du Roi, capitaine de la Marine et lieutenant de M. le Duc de Richelieu au gouvernement du Havre" a été inhumé le 20 décembre 1649 (op. cit. p. xix, d'après Bibl. Nat. MSS. fr. N° 32594).

[3] Outre les deux livres de Dumont et Léger et de Borély déjà cités, nous avons consulté avec l'espoir d'ajouter quelques détails à ce pré-

Séjour en province au milieu des garnisons, séjour continu à Paris, d'abord dans le calme de son faubourg, ensuite au milieu des intrigues de la Fronde, séjour au Havre où son père se dévouait pour le roi sur le théâtre même de la guerre, saura-t-on jamais comment et en quels lieux la jeune La Vergne passa sa jeunesse[1]? Nous nous sommes contenté d'offrir au lecteur tout ce que nous avons pu rencontrer d'intéressant. Nous passerons maintenant, sans nous perdre en d'inutiles hypothèses, à une période plus éclairée de la vie de Madame de La Fayette.

tendu séjour au Havre, mais toujours sans résultats, les ouvrages suivants: *Albums de dessins et de gravures de la commission des antiquités de la Seine Inférieure.* Beaucamp (de) et Le Trix, *Petite Histoire du Havre.* Beaurepaire (Ch. de), *Mélanges historiques; Nouveaux mélanges; Derniers mélanges.* Frère (Edmond), *Manuel du bibliographe normand,* etc. Rouen, 1858–60. Guilmeth, *Histoire du Havre et des environs.* Letellier, *Recherches historiques sur la ville d'Honfleur,* 1786. Loriol, *La France descriptive,* etc. T. II. par Viel, Seine Inf. Morlent, *Le Havre ancien et moderne et ses environs,* Paris, Le Havre, 1826. Motte (de la), *Antiquités de la ville d'Harfleur,* Le Havre de Grace, 1676–80. Vesque (Ch.), *Histoire des rues du Havre,* Le Havre, 1876.

[1] De 1650 à 1655 Mlle de La Vergne fut Demoiselle d'honneur de la Reine. Voir *Corr. du Chev. de Sévigné,* p. xxi, note 3.

CHAPITRE II

LA JEUNE FILLE. 1650–1655

Madáme de La Vergne ne fut pas longue à se consoler de la mort de son mari car au mois de décembre 1650 elle épousa le chevalier Renaud de Sévigné[1]. Le premier janvier 1651, le gazetier Loret annonçait ainsi le mariage:

> Madame, dit-on de la Vergne,
> De Paris et non pas d'Auvergne,
> Voyant un front assez uny
> Au Chevalier de Sévigny,
> Galant homme et de bonne taille
> Pour bien aller à la bataille,
> D'elle seule prenant aveu,
> L'a réduit à rompre son vœu;
> Si bien qu'au lieu d'aller à Malte[2],
> Auprez d'icelle il a fait halte
> En qualité de son mary,
> Qui n'en est nullement marry,
> Cette affaire lui semblant bonne:
> Mais cette charmante mignonne
> Qu'elle a de son premier époux
> En temoigne un peu de courroux,
> Ayant cru pour être belle
> Que la feste seroit pour elle,
> Que l'amour ne trempe ses dards
> Que dans ses aymables regards,
> Que les filles fraîches et neuves
> Se doivent préférer aux veuves
> Et qu'un de ces tendrons charmans
> Vaut mieux que quarante mamans[3].

La charmante mignonne dont il s'agit est évidemment la future Madame de La Fayette et, bien qu'elle n'ait en ce moment

---

[1] Le mariage eut lieu le 21 décembre à l'église Saint-Sulpice. Voir Bibl. Nat. ms. 32839 (extraits copiés des registres de Saint-Sulpice, 1650, p. 191): "Mariage de Me Renaud de Sévigné, seigneur de Champiré, Mal. de Camp des armées du Roy avec De Isabel Péna veuve de Me de la Vergne."

[2] Renaud de Sévigné était chevalier de Malte; il dut renoncer à ses vœux pour épouser Mme de La Vergne.

[3] Loret, *Muse hist.* 1857, T. I. p. 77.

A.

que seize ans, il ne faudrait pas attribuer tout ce que dit Loret à sa seule malice de gazetier. Nous pouvons admettre que voyant le chevalier de Sévigné bien reçu chez sa mère, elle ait pu se tromper pendant un instant et croire qu'on pensait à son établissement. La différence d'âge n'avait aucune importance, si le mari était un bon parti, et l'on ne saurait alléguer l'extrême jeunesse de Marie-Madeleine pour révoquer en doute les dires de Loret[1].

Sous Louis XIV, en effet, le mariage se conclut généralement lorsque la jeune fille a douze ans. Dans la petite noblesse et dans la bourgeoisie on patientait un peu plus et l'on voulait bien attendre, tout au moins, que la fillette eût treize ans sonnés. Mais cet âge minimum de douze ans ne doit pas être considéré comme une limite extrême, rarement atteinte; les mariées de douze ans sont nombreuses dans la société de l'époque. Cathérine de Vivonne n'avait pas encore cet âge quand elle épousa le marquis de Rambouillet. À douze ans, on maria Mademoiselle du Plessis-Chivray à M. de Serrant, fils de Bautru, l'académicien. Mademoiselle de la Guiche, fille du maréchal de Saint-Géran épousa au même âge le baron de Chazeron, gouverneur du Bourbonnais. Tallemant des Réaux s'unit à Elisabeth Rambouillet, fille d'un secrétaire du Roi, qui n'avait pas plus de onze ans et demi. Quand Rohan épousa Mademoiselle de Sully, elle était si petite "qu'on la prit au col pour la faire passer plus doucement." Le ministre à Charenton, du Moulin, ne put s'empêcher de demander "Présentez-vous cette enfant pour être baptisée[2]?"

L'âge de Marie-Madeleine n'offre donc aucun démenti aux vers de Loret, et à partir de ce moment, sinon depuis quelque temps déjà, elle est rangée parmi les jeunes filles à marier. Loret y pense de temps à autre—chaque fois qu'il a besoin d'une rime à "*Auvergne,*" dirait-on. Le duc de Candale se plaint parce que le cardinal lui ayant promis de le nommer maréchal de France ne tient pas sa promesse.

> Si bien, que jugeant nécessaire
> De r'engager dans le filet
> Ce courtisan à poil folet,
> Quelqu'un des siens alla luy dire

[1] Pourquoi M. d'Haussonville veut-il qu'une jeune fille née en mars 1634 n'ait pas encore seize ans en janvier 1651?

[2] Voir le Vicomte d'Avenel, *La Noblesse sous Richelieu,* pp. 119–120.

> Apaisez-vous, *ne fumetis*:
> Tenez, on vous donne gratis,
> Non pas Mamoizelle Lavergne,
> Mais le gouvernement d'Auvergne[1].

Loret revient à la charge cette même année, au mois de juillet, après avoir annoncé la mort de Madame l'Hospital:

> Il (le veuf) se doit tenir très heureux,
> Car s'il veut encore une femme,
> Mainte mignonne et mainte dame,
> Et de grande condition,
> Sont à sa disposition.
>
> .   .   .   .   .
>
> Et La Vergne mord à la grape,
> Quand on luy donne pour mary
> Ce maréchal au poil fleury[2].

Il ressort de ces citations que quelques mois après le mariage de sa mère on ne lui trouve pas, dans les papotages de la ville, un mari plus jeune que ne l'est son beau-père.

Ce chevalier de Sévigné, avare, mais aimant la bonne chère, coléreux, intraitable et impérieux (s'il faut en croire le *Nécrologue* de Port-Royal[3] qui exagère les imperfections anciennes du défunt pour mettre en relief les qualités de sa vie "hors du siècle")[4], savait au besoin être doux et généreux. On peut citer à l'appui de ces qualités une anecdote qu'on retrouve dans tous les livres où il est question du chevalier et qui est ainsi racontée par un historien de Port-Royal: "On vit en lui, au milieu des emportements tumultueux d'un guerrier, une semence de cette charité qui a été portée ensuite au plus haut degré. S'étant trouvé à la prise d'une ville il rencontra après l'action une petite fille de 3 à 4 ans que ses parents, ou morts ou fugitifs, avaient abandonnée sur un fumier. Il fut touché de compassion, il prit l'enfant dans son manteau et résolut d'en prendre soin toute sa vie: ce qu'il a fidèlement exécuté, et cette fille s'étant faite religieuse depuis, il a toujours payé sa pension au monastère où elle est entrée[5]."

[1] Loret, op. cit. I. p. 90.   [2] Ibid. p. 137.
[3] Dom Rivet de la Grange, *Nécrologue de....Port-Royal.*
[4] La publication de *La Correspondance du Chevalier de Sévigné* vient confirmer notre opinion à ce sujet. Voir la préface de Messieurs Jean Lemoine et Frédéric Saulnier (Paris, Renouard, 1911).
[5] Jérôme-Besogne, *Histoire de....Port-Royal*, IV. p. 291. Voir aussi Sainte-Beuve, *Port-Royal*, T. IV. Appen., et T. V. pp. 94–99. C'est toujours le même article du *Moniteur* (1er mars 1858) qui revient.

D'après ce même historien, Madame de La Vergne était pour lui "un parti très avantageux." Il arriva ainsi au terme d'une année qui avait été assez mouvementée, même pour un guerrier. Son frère aîné, Charles de Sévigné, était par alliance cousin-germain de Retz, et Renaud eut, en 1649, le commandement du régiment que le coadjuteur avait levé à ses frais pour défendre Paris. Ce régiment de l'archevêque de Corinthe se fit battre à Longjumeau. La troupe de Renaud de Sévigné, inférieure en nombre aux royalistes, avait fui à la première décharge. Le cheval de Renaud s'étant abattu, toute la cavalerie lui avait passé sur le corps. Il en fut quitte pour des meurtrissures. Un bon mot des royalistes rendit cette défaite ridicule: ce fut *la première aux Corinthiens*[1]. Au Havre ou à Paris, d'un côté ou de l'autre, la petite La Vergne est toujours mêlée à la Fronde.

Le nouveau ménage s'installa dans la maison sise au No. 16 de la rue de Vaugirard, et aussitôt la jeune Marie-Madeleine se lia d'amitié avec une voisine—Catherine-Henriette d'Angennes de La Loupe. Cette voisine devint plus tard comtesse d'Olonne, par son mariage avec Louis de la Trémoille, comte d'Olonne, et sous ce nom elle est célèbre dans les annales de la débauche[2]. Elle avait une sœur presque aussi belle et tout aussi légère qu'elle-même; Saint-Simon dit en parlant des deux sœurs: "Leur débauche les avait rendues aussi célèbres que leur beauté et les avait séparées de toutes les femmes[3]." Cela suffit pour que les biographes modernes blâment le manque de prévoyance de la mère de Madame de La Fayette, qui, au lieu de veiller à ce que les deux jeunes filles, rapprochées par le hasard, ne se fréquentent point, fit tout le contraire, et poussa l'imprudence jusqu'à faire percer une porte de communication entre les deux maisons[4]. M. d'Haussonville ne manque pas de signaler cette lamentable

[1] Voir *Mme de Sévigné*, Éd. Gr. Écriv. I. p. 43; Loret, *Muse hist.* I. p. 323; Retz, Éd. Gr. Écriv. II. p. 211; Dubuisson-Aubenay, cité dans Retz; D'Ormesson, *Journal*, I. pp. 645–6. Il est question dans Retz, III. p. 14, de donner à Sévigné une récompense de 22,000 livres.

[2] Voir Bussy-Rabutin, *Hist. Amoureuse des Gaules*, Histoire d'Ardelise, et Corrard de Bréban, *Souvenir d'une visite aux ruines d'Alise et au château de Bussy-Rabutin*, Troyes, 1833, 8°, pour l'inscription que Bussy fit mettre sous son portrait.

[3] *Journ. de Dangeau*, XV. p. 166, note. Saint-Simon écrit ailleurs (*Œuvres*, Hachette, XI. p. 55), "Leur beauté et le débordement de leur vie fit grand bruit. Aucune femme, même des plus decriées pour la galanterie, n'osoit les voir ni paraître nulle part avec elles."

[4] Voir l'appendice I.

incurie de la part d'une mère[1]. Tant il est facile de prévoir l'avenir quand on n'a qu'à tourner les pages d'une bonne histoire de France pour le découvrir tout au long! Au moment où l'on perça la porte entre les deux maisons Mademoiselle de La Loupe avait encore devant elle la page blanche de sa vie. Personne, à ce que je sache, n'avait rien dit contre la jeune fille qui, étant du même âge que la jeune La Vergne[2], pouvait être pour elle une compagne charmante. C'est Madame d'Olonne, et non Mademoiselle de La Loupe, qui se rendit coupable de débordements impardonnables; on ne commence à jaser sur son compte qu'en 1656. Madame de La Fayette était alors mariée, et pour le moment absente de Paris. Elle se devait de ne plus fréquenter cette femme, devenue de mauvaise compagnie, et elle ne manqua point de s'en abstenir[3]. On a fait remarquer qu'à cette époque se place une histoire un peu louche où il est question du cardinal de Retz, de Mlle de La Loupe, de Madame de La Vergne et de sa fille. Ainsi qu'on s'en rendra compte en lisant notre appendice I., il n'y a là que de malveillants racontages. Mlle de La Vergne n'eut aucune intrigue avec de Retz, puisqu'il est à peu près certain qu'à cette époque elle ne le rencontrait jamais.

De cet incident nous ne tirerons qu'un profit: il nous fera connaître, en passant, l'opinion du cardinal de Retz sur Madame de La Vergne. Dans ses mémoires il nous la montre "honnête femme dans le fond, mais intéressée et aimant l'intrigue[4]." Ne pouvant contrôler ses dires, nous sommes bien forcés de les accepter pour vrais et pourtant il ne faudrait pas oublier que Mme de La Vergne a dû paraître suspecte au frondeur de Retz pour des raisons purement politiques. Elle a été au service de la duchesse d'Aiguillon, elle est veuve depuis quelques années

---

[1] Op. cit. p. 23.

[2] Mlle de La Loupe naquit le 8 juin 1634 (Registres de Nogent-le-Rotrou). Elle épousa Louis de La Trémoïlle en 1652.

[3] Elle demanda, une fois, des nouvelles de son ancienne amie, dans une lettre à Ménage: "Il me semble," écrit-elle, "qu'en vous priant de faire mes compliments au cadet Barillon ie vous avois prié aussi de me mander si Me d'Olonne est à Paris vous m'aves fait response a lun et ne m'aves rien dit de lautre vous me feres plaisir de me mander ou est cette belle comme ie n'ay point eu de ses nouvelles depuis que ie suis partie de Paris ie me suis imaginee qu'elle n'y estoit pas revenu de crainte d'avoir ordre d'en sortir aussi bien que Me de Choisi car s'il vous souvient le bruit courut pendant la maladie du roi qu'elles avoient ecrit toutes deux a Monsieur." (Inédite.)   [4] Voir l'appendice.

seulement d'un royaliste convaincu, qui avait été au service du maréchal de Brézé, et bien qu'elle ait épousé en secondes noces un lieutenant du coadjuteur, elle garde de bonnes relations avec des personnes de l'autre camp. Elle use de ses relations pour faire bien recevoir ses amis auprès du cardinal comme la lettre suivante de Costar en fait foi: "On me mande, Madame," écrit-il, "que Monsieur....a tâché de me rendre de bons offices auprès de son Éminence. Il est de vos plus grands et de vos plus précieux amis. Aidez-moi, madame, je vous en supplie, à reconnaître sa générosité: et mettez sur votre compte tout ce qu'il fera pour moi. Il ne vous en coûtera que quelques témoignages d'estime; et vous ne plaindrez point cette dépense. Vous n'en sçauriez faire qui vous acquierre plus d'honneur: *quand vous n'y trouverez pas votre intérêt, j'oserois me flater que la considération du mien suffiroit pour vous obliger de m'accorder la grâce que je vous demande avec respect,*" etc....[1]. Costar, du moins, ne jugeait pas Madame de La Vergne intéressée au point de ne pas venir en aide à un ami, même si ses démarches devaient faire tort à son intérêt propre. Et Costar n'était pas seul à avoir recours aux bons offices de Mme de La Vergne. Nous avons également une lettre de Scarron où il lui demande une lettre pour le gouverneur du Havre "afin qu'il favorise et facilite notre gouvernement[2]."

Au reste, les documents font défaut pour bien établir le caractère de cette femme qui dut avoir beaucoup d'influence sur sa fille, mais nous ne pouvons souscrire aux accusations de légèreté portées contre elle et fondées uniquement sur les dires du cardinal de Retz et sur les relations d'amicale courtoisie avec Mlle de La Loupe.

S'il faut absolument juger la mère d'après les amies de la fille, pourquoi passer sous silence cette autre amitié bien plus profonde et plus durable qui commença à cette même époque entre Marie-Madeleine de La Vergne et Marie de Rabutin de Chantal, marquise de Sévigné? Les lettres de la marquise montrent que cette amitié s'est beaucoup resserrée après le mariage de Mlle de La Vergne, mais déjà avant 1652 les deux femmes se connaissaient, étant devenues parentes par le second

[1] Richelet, *Les plus belles lettres fr.* II. p. 515. Voir aussi Walckenaer, *Mém. Sév.* I. 226; Sév. (G. É.), I. 371, note 1.

[2] Scarron, *Œuvres*, I. 1786, p. 174. La lettre est adressée à la marquise d'après cette édition. Nous croyons, d'après le texte, qu'elle s'adresse à l'autre Mme de Sévigné.

mariage de Mme de La Vergne. Toutes les deux furent élèves de Gilles Ménage et même l'amitié particulière du maître pour l'une des deux élèves paraît avoir fait naître un peu de jalousie dans le cœur de l'autre. Après un silence un peu trop long, Ménage écrit à Madame la Marquise ce qui lui vaut cette réponse : "....Pour moi, j'ai bien de l'avantage sur vous, car j'ai toujours continué à vous aimer, quoi que vous en ayez voulu dire, et vous ne me faites cette querelle d'Allemand que pour vous donner tout entier à Mlle de La Vergne. Mais enfin, quoiqu'elle soit mille fois plus aimable que moi, vous avez eu honte de votre injustice, et votre conscience vous a donné de si grands remords que vous avez été contraint de vous partager plus également que vous n'aviez fait d'abord. Je loue Dieu de ce bon sentiment et vous promets de m'accorder si bien avec cette aimable rivale, que vous n'entendrez aucune plainte ni d'elle ni de moi, étant résolue en mon particulier d'être toute ma vie la plus véritable amie que vous ayez[1]."

Heureusement pour son élève préférée, Ménage ne passait pas tout son temps à lui faire la cour ; sur cette amitié comme sur les autres, dont nous venons de parler, il y a des précisions à apporter. Il est de coutume, quand on parle des rapports entre Ménage et ses élèves, de représenter le maître comme un abbé pédant, dameret, amoureux de toutes les femmes qu'il rencontrait et poursuivant Mesdames de La Fayette et de Sévigné de ses attentions au point d'être importun et ridicule. Sur quels documents appuie-t-on ces accusations ? Est-ce sur le mot que Tallemant met dans la bouche de Madame de La Fayette "Cet importun de Ménage viendra tantôt ? " Si Mme de La Fayette a dit cela, on peut lui accorder le bénéfice des "circonstances atténuantes " et ne pas prendre sa parole au sérieux, car d'après Tallemant lui-même ce jour-là "elle avait pris une médecine[2]." Dans ces conditions la plupart des amis d'une dame seraient "importuns"—même sans vouloir l'être. Faut-il accorder plus d'importance au quatrain trouvé dans les papiers du chanoine Favart à la bibliothèque de Reims ?

> Laissez là comtesse et marquise,
> Ménage, vous n'êtes pas fin,
> Au lieu de gagner leur franchise,
> Vous y perdrez votre latin.

Mais comment résister à la tentation de faire ce trait d'esprit quand on ne voit les choses que du dehors ? Avait-on la pré-

---

[1] *Lettres*, G. É. I. p. 374.   [2] Tallemant des Réaux, *Historiettes*, v. 226.

tention, en écrivant cette bagatelle, de fournir un document à la postérité? La vérité nous paraît tout autre. Il y a des preuves incontestables que les deux jeunes filles faisaient de grands efforts pour retenir Ménage comme ami et sans aller jusqu'à dire que ce sont elles qui furent importunes, nous pouvons admettre qu'elles taquinaient le petit abbé pour avoir de ses lettres et de ses visites. La lettre suivante de la marquise de Sévigné est-elle faite pour décourager un importun?

"Je vous dis encore une fois que nous ne nous entendons point, et vous êtes bien heureux d'être éloquent, car sans cela tout ce que vous m'avez mandé ne vaudroit guère. Quoique cela soit merveilleusement bien arrangé, je n'en suis pourtant pas effrayée et je sens ma conscience si nette de ce que vous me dites, que je ne perds pas espérance de vous faire connoître sa pureté. C'est pourtant une chose impossible, si vous ne m'accordez une visite d'une demi-heure: et je ne comprends pas par quel motif vous me la refusez si opiniâtrément. Je vous conjure encore une fois de venir ici, et puisque vous ne voulez pas que ce soit aujourd'hui, je vous supplie que ce soit demain. Si vous n'y venez pas, peut-être ne me fermerez-vous pas votre porte, et je vous poursuivrai de si près que vous serez contraint d'avouer que vous avez un peu de tort" etc.

Nous avons déjà vu que Ménage délaisse un peu Mme de Sévigné pour importuner de son attention Mlle de La Vergne. Voyons donc quel ton prend celle-ci pour éloigner d'elle les attentions du galant abbé.

"Ce jeudi au soir.

"J'aurais raison d'être en colère de ce que vous me mandez que vous ne m'importunerez de votre amitié. Je ne crois pas vous avoir donné sujet de croire qu'elle m'importune. Je l'ai cultivée avec assez de soin pour que vous n'ayez pas cette pensée. Vous ne la pouvez avoir non plus de vos visites que j'ai toujours souhaitées et reçues avec plaisir. Mais vous voulez être en colère à quelque prix que ce soit. J'espère que le bon sens vous reviendra et que vous reviendrez à moi qui serai toujours disposée à vous recevoir fort volontiers."

Il semble pourtant que Mme de La Fayette elle-même devait savoir mieux que personne si vraiment Ménage l'importunait. Or, la lettre que nous venons de citer est loin d'être une exception. Dans la correspondance que nous avons devant nous[1] et qui s'étend longtemps après la mort de M. de La Fayette et peut-être jusqu'à la mort de Ménage, il y en a bien d'autres du même genre. Nous en détacherons les passages suivants, tirés de lettres séparées par des intervalles de plusieurs années.

"Je ne vous puis asses dire la joye que j'ay que vous ayes receu avec plaisir les asseurances que je vous ay donnees de mon amitie. Je mourois de peur que vous ne les recussies avec une certaine froideur que je vous ay veue quelquefois pour des choses que je vous ay dittes, et il n'y a rien de plus rude que de voir prendre avec cette froideur la des temoignages d'amitie que l'on donne sincerement, et du meilleur de son cœur. Vous aures pu voir par ma seconde lettre que, quoyque j'eusse lieu de me plaindre de ce que vous ne me faissies pas response, ne sachant pas que vous esties a la campagne, je n'ai pas laisse de vous escrire une seconde fois, et j'aurois continue a vous escrire quand mesme vous auries eu la durete de ne me pas faire response. Ce que je vous dis la vous doit persuader que je suis bien esloignee d'avoir pour vous l'indiference dont vous m'accuses. Je vous asseure que je n'en auray jamais pour vous, et que vous trouveres tou-jours en moi toute l'amitie que vous en pouvez attendre......."

"Il y a lomtemps (sic) que je ne vous ay veu il fait beau venes un peu jusques icy. Jay aussi bien grand besoin de vostre secours ou du moins de vos advis...."

"....je suis persuadee que la seule envie de ne pas continuer un commerce qui vous parait ennuyeux par les longs voyages que ie fais dans la province vous a fait manquer a mescrire ie vous dis en amie que cela est le plus vilain du monde et qu'il y va de votre honneur reparer cela par quatre lettres toutes les semaine[2] au lieu de deux que vous m'avez ecrites ie vous en

---

[1] M. Feuillet de Conches possédait une collection de lettres de Madame de La Fayette adressées pour la plupart à Ménage, en même temps que des copies d'autres lettres de ces deux personnes. Lorsqu'il est mort, en 1887, il en préparait la publication et avait même écrit une biographie de Mme de La Fayette pour mettre en tête de cette édition. Il en sera question plus tard quand nous parlerons de la mort de M. de La Fayette. Ces lettres et copies sont restées fort heureusement dans la famille au moment de la dispersion de la plus grande partie de la collection, et nous tenons à remercier ici encore une fois Mlle Feuillet de Conches, sa fille, qui a mis à notre disposition toutes ces lettres et qui nous a reçu chez elle, pour les consulter, avec une courtoisie digne des vieilles tra-ditions françaises.

[2] Le mot "par" a été biffé et les mots "toutes les" ajoutés en sur-charge.

quite pourtant a une pendant un voyage que je vais faire a Limoges qui sera assez long."

D'après la correspondance dont nous avons extrait ces quelques citations il nous semble juste de compter l'importunité de Ménage parmi ces légendes mal fondées qui pullulent dans l'histoire littéraire. Voici, selon nous, sous quel aspect dut se présenter la réalité: Madame de Sévigné était alors une dame comme les autres et non pas encore l'épistolière renommée que nous connaissons; Madame de La Fayette n'est que Mlle de La Vergne; elle sera bientôt la femme isolée et malade d'un obscur soldat, et beaucoup plus tard seulement l'auteur de cette *Princesse de Clèves* qui fait date dans l'histoire de la littérature. Ménage, de son côté, n'est pas pour elles l'abbé pédant et ridicule que nous voyons aujourd'hui à travers le Vadius de Molière. C'est un professeur qui, au début de son enseignement, amuse les deux jeunes femmes par ses galanteries dans le goût du temps, qui aime à tirer de sa mémoire remarquable une foule de connaissances et d'anecdotes intéressantes; c'est de plus un bon causeur, qui fait honneur à deux dames, ses élèves, en les fréquentant et en faisant rejaillir sur elles un peu de son savoir et de sa renommée[1]. Les élèves ont pu exagérer la valeur du maître, soit. Elles lui étaient bien supérieures et devaient toutes les deux rester célèbres, alors que le petit abbé allait se perdre sous le fatras de son érudition et le ridicule de ses galanteries. C'est vrai. Mais il ne faut pas tourner, nous non plus les pages de l'histoire qui furent célées à tous les trois et pour bien comprendre ce qui se passait entre eux il faudrait essayer de voir comme eux et d'oublier les jugements postérieurs.

Cependant, si nous n'admettons pas volontiers que Ménage fut importun par son amitié, nous savons qu'il avait besoin parfois d'être rappelé à l'ordre à cause de sa galanterie. Mais ici encore on a exagéré. C'est friser le ridicule que d'examiner sérieusement, comme on l'a fait, la nature exacte de cette galanterie et d'analyser les sentiments qui ont pu exister entre le maître et ses élèves[2].

[1] Tallemant, parlant de Mme de Sévigné et de Mlle de La Vergne, dit "Le Pailleur m'a juré qu'il leur avoit ouy dire qu'elles aimoient mieux Giraut que luy, et qu'elles le trouvoit plus honneste homme....*mais la vanité fait qu'elles lui font caresse.*" *Hist.* v. 226.

[2] Remarquons en passant que Mme de Sévigné regardait Ménage tellement comme un galant sans conséquence qu'elle lui parlait dans ses lettres des infidélités de son mari. Voir la lettre xviii. p. 370, T. i.

La connaissance que nous avons de la vie et des habitudes des poètes romantiques nous pousse à chercher leurs passions et leurs "ulcères" dans leurs œuvres qui sont trop souvent en effet des confidences. De plus, une certaine critique se plaît autour de nous à exploiter les "fonds de tiroir" et à faire dire parfois aux vieux papiers beaucoup plus qu'ils ne disent en réalité. Il faut ici abandonner, oublier ces méthodes. Nous nous trouvons en face de gens qui n'ont pas coutume de dissimuler leurs amours sous le couvert de l'amitié; n'essayons pas de bâtir une intrigue quand l'histoire nous met en présence d'un professeur, plus galant dans ses lettres que dans sa conversation, et d'une élève naturellement froide et douée d'une "divine raison." Aucun mystère ne se cache là-dessous. Les galanteries épistolaires ne tirent généralement pas à conséquence; tout ce que l'on peut dire dans le cas présent c'est que les badinages de Ménage ont pu flatter la jeune Mlle de La Vergne. Il est agréable d'entendre son savoir, sa beauté, même sa froideur et sa cruauté, chantés en vers et en plusieurs langues par un homme aussi en vue que Ménage, mais de temps à autre les billets galants détonnaient un peu, trouvaient l'élève occupée à des pensées plus sérieuses. Alors on faisait sentir à l'abbé qu'il est des moments où la galanterie, admise comme un jeu, peut être déplacée: "Il n'y a rien de plus galant que vostre billet," écrit Mme de La Fayette, "si la pensée de faire vostre examen de consience (sic) vous inspire de telles choses, je doute que la contrition soit forte. Je vous asseure que je fais tout le cas de votre amitie qu'elle merite que l'on en fasse et je crois tout dire en disant cela. Adieu jusques a tantost je ne vous promets qu'une heure de conversation car il faut retrancher de ses divertissements ces jours icy."

Dans un autre billet, elle dit à Ménage: "....vos lettres sont bien galantes. Savez-vous que vous y parlez de....et de victime? Ces mots la font peur a nous autres qui sortons si fraichement de la semaine sainte[1]."

[1] M. d'Haussonville a eu communication avant nous des lettres de la collection Feuillet de Conches et il en a tiré un article: *Madame de la Fayette et Ménage,* publié d'abord dans la *Revue des deux mondes* (1890), et plus tard dans son livre sur Mme de La Fayette (Hachette). Si l'on remarque des divergences entre son texte et le nôtre elles sont dues au fait que nous reproduisons les manuscrits tels quels. Pour en faciliter la lecture nous nous permettons, parfois, de séparer les phrases par des points et de faire imprimer *l'on* pour *lon, qu'elle* pour *quelle* etc.

Chacun de son côté a, pour ainsi dire, prévu le mauvais usage qu'on pourrait faire de cette correspondance et l'interprétation fâcheuse que l'on ferait de leur amitié. Aussi, au moment de son mariage, Mme de La Fayette réclama, semble-t-il, ses lettres[1] et Ménage, pour sa part, répondit aux calomniateurs par une ballade. Nous la citons tout au long, car elle montre bien les sentiments qui unissaient les deux personnes; elle fait voir aussi que Ménage ne se faisait pas d'illusions sur la nature de ces sentiments. Pour un pédant galant et ridicule, l'envoi de cette ballade renferme une pointe d'esprit malicieux que les biographes ont peut-être négligée à tort.

Pour Mademoiselle de La Vergne
Balade

Rien n'est si beau que la jeune Doris,
Son port hautain n'est pas d'une mortelle.
Ses doux regards; ses amoureux souris;
Ses traits divins; sa grace naturelle;
De son beau teint la fraischeur eternelle;
De son beau sein la blancheur immortelle;
Et ses beaux yeux plus brillants que le jour,
Sur mille cœurs exercent leur puissance,
Ie l'aime aussi de toute mon amour
Mais honni soit qui mal y pense.

I'aime d'amour ses aimables écrits;
Ses doux accents, qui charment Philomèle;
Et son esprit, délices des esprits;
Et sa vertu des vertus le modèle.
I'aime son cœur et constant et fidelle;
Qui des vieux temps la bonté renouvelle;
Chose si rare en l'empire d'amour;
Et de ses mœurs l'adorable innocence;
Chose si rare aux Beautés de la Cour
Mais honni soit qui mal y pense.

[1] Ménage écrit dans *Poemata*, 1673:

Vattene pur, crudele, vattene, ingrata;
Da si degno amatore
Si degnamenta amata
Va; prendi le tue carte,
Rendimi pur, crudel: rendimi il core,
Rendimi, ingrata, rendimi il mio amore.

Elle pouvait les réclamer pour une tout autre raison. Voir le chapitre sur la correspondance où il est question de la publication des lettres échangées par Ménage et Mme de La Fayette. Peut-être voulait-elle simplement faire un choix parmi ces lettres?

Elle qui fait de mon amour le prix;
Qui voit ma flame et si pure et si belle;
Qui voit mon cœur si saintement épris;
Qui reconnoist la grandeur de mon Zèle,
M'honore aussi qu'une absence cruelle
Ronge mon cœur, comme un cruel vautour;
Sa belle main, consolant ma souffrance,
Par ses écrits me promet son retour
Mais honni soit qui mal y pense.

Envoy

Jeunes Blondins, qui soupirez pour elle,
Et qui souffrez ses rigoureux mépris;
Pour estre aimés, comme moy, de la Belle
Il faudroit estre amans à cheveux gris,
Et ne l'aimer que d'amour fraternelle.
De vous alors on diroit dans Paris:
Elle a pour eux beaucoup de bienveillance,
Comme Ménalque ils sont ses favoris
Mais honni soit qui mal y pense[1].

Mais avant d'être l'amie de Ménage, la jeune de La Vergne en fut l'élève, et le maître n'a pas été trop mauvais si l'on en juge d'après les progrès remarquables de l'élève. Il est difficile de fixer la date où Ménage a commencé ses leçons. Walckenaer[2] dit que Ménage avait trente-trois ans lorsqu'il entreprit l'instruction de Marie de Rabutin-Chantal et que les premières leçons données à Mlle de La Vergne dateraient de cette époque. Ceci nous fait remonter à 1646. Les leçons commencées furent-elles interrompues par le départ pour Le Havre? La jeune fille resta-t-elle à Paris pour les continuer? Nous ne pouvons rien affirmer. Mais il nous semble plus probable que c'est vers 1650 que Marie-Madeleine commença à travailler sous la direction de Ménage; cette date s'accorderait bien avec la lettre de Madame de Sévigné écrite pour reprocher à Ménage sa partialité en faveur de la nouvelle élève. Toujours est-il, selon les dires des contemporains, qu'après trois mois de leçons de latin l'élève fut aussi forte que le maître: "Trois mois après que Madame de La Fayette eut commencé d'apprendre le latin," lit-on dans *Se-graisiana*, "elle en savait déjà plus que Monsieur Ménage et que

---

[1] Ménage lui adresse dans ce même recueil des idylles, élégies, épigrammes, madrigaux, ballades, en français, des élégies et des épigrammes en latin, des madrigaux en italien, etc.

[2] *Mém. Sév.*

le Père Rapin[1], ses maîtres: en la faisant expliquer, ils eurent dispute ensemble touchant l'explication d'un passage et ni l'un ni l'autre ne vouloit se rendre au sentiment de son compagnon: Madame de La Fayette leur dit, vous n'y entendes rien ni l'un ni l'autre; en effet elle leur dit la véritable explication de ce passage, ils tombèrent d'accord qu'elle avait raison. C'était un poète qu'elle expliquoit, car elle n'aimoit pas la prose, et elle n'a pas lu Cicéron: mais comme elle se plaisoit fort à la poésie, elle lisoit particulièrement Virgile et Horace et comme elle avoit l'esprit poétique et qu'elle savoit tout ce qui convenoit à cet art, elle pénétroit sans peine le sens de ces auteurs."

Outre le latin et l'italien, Madame de La Fayette, a fait un peu d'hébreu. Une instruction aussi solide, frisant même la pédanterie, était une exception à l'époque, car on craignait fort que ces connaissances ne vinssent à gâter l'éducation d'une femme du monde. Madame de La Fayette elle-même disait "qu'elle n'avoit pas connu de gens plus malhonetes (sic) que les savans[2]." Or il s'agissait au XVIIe siècle d'éviter tout ce qui était malhonnête. La femme était destinée à briller dans la société, non pas à pâlir dans le cabinet de travail. Pas instruites, incapables de bien mettre l'orthographe dans une lettre, voilà les jugements qu'on porte sur les femmes de la cour de Louis XIV. Cet état lamentable était dû, paraît-il, à un manque d'instruction solide. Et bien qu'il ne manquât pas alors de gens éclairés pour réclamer plus de méthode dans l'instruction des jeunes filles[3], la plupart des parents se contentaient de leur laisser acquérir dans la fréquentation du monde l'éducation qui devait les guider dans la société.

Madame de La Fayette a profité des deux méthodes. L'une, appliquée par Ménage, a peut-être développé en elle cette "divine raison" qu'on loue—sans toutefois mettre son orthographe à l'abri de la critique; l'autre l'a empêchée de devenir

---

[1] Le Père Rapin ne dit pas qu'elle ait été son élève. Il n'en fait pas mention dans ses *Mémoires* sauf pour lui reprocher la fréquentation des milieux Jansénistes, I. 403.　　　[2] *Segraisiana*, p. 89.

[3] P.e.: Mlle de Gournay, *De l'égalité des hommes et des femmes*, 8º, 1662; Mlle de Schurman, *Dissertatio de muliebris ingenii ad doctrinam et melioris litteras aptitudine*, Lyon, 8º, 1641; Poullain de la Barre, *De l'égalité des deux sexes*, 1673; Jacques du Bosc, *L'honneste femme*, 4º, 1635 (3º éd.). Enfin, et mieux connus: Fénelon, *L'Éducation des Filles*, 1687; Fleury, *Traité des études*, 1686; Molière, Mme de Sévigné, La Bruyère, passim; *Le Grand Cyrus*, x. p. 550. Sur tout ce vaste sujet voir Rousselot, *Éducation des Femmes*, p. 280 et suiv.

une "femme savante," une Philaminte ou une Armande, et a donné à ses romans ce ton de conversation entre gens bien élevés, qui en fait le charme.

Il nous est difficile aujourd'hui de pénétrer bien avant dans son travail avec Ménage, mais il nous est heureusement permis de jeter un rapide coup d'œil sur la société où elle a fait son éducation.

Pour la majorité des jeunes filles du temps et pour beaucoup de jeunes gens la fréquentation du monde poli était l'école où on acquérait, à force d'écouter et d'imiter, toute l'instruction et toute l'éducation nécessaires pour faire bonne figure à la Cour. Au début, on savait que l'on était là pour apprendre, et plus tard on servait de modèle. N'imaginons pas cependant une société aussi guindée qu'on la représente parfois, et surtout ne lui attribuons pas une délicatesse outrée en prenant à la lettre les railleries de Molière. En faussant le vrai caractère de la société dans laquelle elle vivait, on fausse également celui de Madame de La Fayette. Quand on aimait à montrer l'influence de Brantôme sur la *Princesse de Clèves*, il s'est trouvé un critique pour répondre "Elle a dû faire lire Brantôme par le duc de la Rochefoucauld car il est par trop grossier pour qu'elle ait pu le lire elle-même." Certes, Brantôme appelle les choses par leur nom, mais Madame de La Fayette y était habituée car on faisait de même dans la conversation autour d'elle. On n'en était pas encore arrivé à éviter le mot propre et précis qui exprime ce qui est naturel, on ne savait pas désigner ce qui n'est ni naturel ni avouable à l'aide de ces périphrases qui remplacent le terme considéré comme blessant et qui permettent à l'imagination surchauffée de se représenter les réalités avec trop de netteté.

"Il y a deux siècles de Louis XIV," dit Sainte-Beuve, "l'un noble, majestueux, magnifique, sage et réglé jusqu'à la rigueur, décent jusqu'à la solennité, représenté par le roi en personne, par ses orateurs et ses poètes en titre, par Bossuet, Bourdaloue, Racine, Despréaux—et puis un autre siècle qui coule dessous pour ainsi dire, comme un large fleuve coulerait sous un large pont et qui va de l'une à l'autre régence, de celle d'Anne d'Autriche à celle de Philippe d'Orléans[1]." Personne aujourd'hui ne discute ce fait connu, et pourtant la façon dont on applique cette certitude à l'étude de la littérature est parfois des plus bizarres. Tel auteur est sur le pont—jamais ailleurs, tel autre

---

[1] Et voir Victor du Bled, *La Société française*, 4e série, p. 156.

est dans le fleuve et n'en veut point sortir. Bref les deux aspects du siècle restent aussi distincts que l'eau et le pont.

Au début du XVIIe siècle on s'affranchit de la sauvagerie du siècle précédent; on atteindra l'apogée à la fleur d'âge du roi Louis XIV, puis on déclinera rapidement; le contraste entre les pères et les fils ira grandissant. "L'on parle d'une région," dit La Bruyère[1] à propos de la Cour, "où les vieillards sont galants polis et civils, les jeunes gens au contraire durs, féroces, sans mœurs ni politesse." Madame de La Fayette a été formée au moment où l'on cherchait à secouer le joug du XVIe siècle, et à former une société plus polie, plus raffinée, où la femme mériterait et exigerait le respect de l'homme. Plus tard, quand les femmes abuseront du tabac et du vin[2] Madame de La Fayette ne fréquentera plus le monde; elle vivra retirée dans sa maison de la rue de Vaugirard et répondra quand on voudra lui présenter une personne, même de son âge, "Je suis trop vieille pour commencer des connaissances[3]." Mais du moment qu'on faisait effort pour raffiner la conversation et épurer les mœurs, c'est que l'état général laissait à désirer et les femmes qui voulaient se hausser au-dessus du niveau commun ne pouvaient pas ignorer la brutalité et la vulgarité qui les entouraient, ni arriver à leur idéal sans passer par des étapes qui sont peut-être ignorées des jeunes filles de nos jours. Et tout en s'observant, elles ne bannissaient pas la gaieté assaisonnée parfois de gros sel; l'esprit gaulois abusait des droits qu'on lui laissait. Le soldat revenait à la cour au début de l'hiver avec les manières des camps et à voir comment on faisait la guerre à cette époque[4] on ne peut pas imaginer un soldat, de quelque rang qu'il fût, membre d'une société polie. Cependant l'atmosphère créée par les réunions féminines réussit à apprivoiser ces guerriers et à faire de chacun d'eux un "honnête homme."

Cette réaction, plus involontaire que l'on ne croit d'habitude, contre les manières des camps, est généralement considérée comme l'œuvre de l'Hôtel de Rambouillet; aussi, puisque, au

[1] *De la Cour*, Ch. VIII.

[2] Voir Saint-Simon ; La Palatine ; *Le Décalogue de la Femme de Cour* ; Mme de Maintenon, *Conseils aux Demoiselles*, I. pp. 46, 166 ; Boileau, *Satires sur les femmes*, etc.

[3] Lettre à Ménage.

[4] Voir Alphonse Feillet, *La misère au temps de la Fronde*, 5e éd. pp. 33, 127, 190, 498 ; *State Papers*, France, vol. CCXXI. ; Retz, *La véritable harangue faite au Roy....*1652 ; John Evelyn, *Diary*, 1906, II. p. 19.

dire de certains biographes[1], cet Hôtel a beaucoup contribué à l'éducation de la future Madame de La Fayette, il faut en dire quelques mots.

École de moralité, réunion de précieuses, monde où l'on s'ennuie pour garder sa réputation de bel esprit—voilà quelques-uns des aspects de l'Hôtel de Rambouillet. Le souvenir de Molière est pour beaucoup dans notre fausse conception de l'Hôtel—et c'est notre faute car rien ne nous autorise à prendre à la lettre et comme s'appliquant directement à cette réunion, tout ce que Molière a dit des précieuses. Mais Walckenaer et Victor Cousin ont aussi leur part de responsabilité et ici nous ne sommes guère à blâmer, car les études de l'un et de l'autre nous inspirent du respect pour leurs opinions. L'intelligence de Cousin fut malheureusement égarée par ses sentiments; peu à peu il devint amoureux, tout bonnement, des belles femmes du XVIIe siècle. Sa passion ne fit plus de distinctions entre elles; elles étaient jolies, donc elles étaient saintes. Les belles péche-resses devinrent des doctoresses graves ou de valeureuses ama-zones. Les universitaires suivirent Victor Cousin et voici à peu près en quels termes ils s'habituèrent à représenter l'Hôtel: "Madame de Rambouillet, outrée de la brutalité de la cour de Henri IV, se retira dans une maison qu'elle avait fait construire tout exprès et se consacra à reformer la langue française et à codifier la politesse." Cette maison devenait dans l'enseigne-ment ordinaire une sorte de temple où des lévites vêtus de ratine sombre, s'occupèrent à regratter des syllabes, à peser les mots au trébuchet, à les faire sonner sur des tables de marbre pour en vérifier l'aloi, à rejeter les mauvais dans des corbeilles, à poinçonner les autres pour la circulation. Au fond du temple, une chapelle uniformément tendue de bleu: là, vêtue de je ne sais quelle robe mi-laïque, mi-sacerdotale, étendue sur un lit de repos, la marquise souriait, figée dans une pose prétentieuse et hiératique; de temps en temps elle convoquait les menus officiants à lui venir rendre compte de leurs grammaticales liturgies; devant de grands seigneurs spécialement appelés à ces fêtes pédantes, poètes, philologues, prosateurs, faisaient le cercle sur les tabourets de chêne mal équarris, chacun à son tour se levant pour débiter une interminable et bien pédantesque

---

[1] D'après Petitot, qui donne *Segraisiana* comme source, "elle sut se concilier l'amitié de Mme de Rambouillet et apprit beaucoup d'elle." D'après Émile Magne, *Voiture et les années de gloire de l'Hôtel de Ramb.* p. 326, la marquise ne semble pas avoir encouragé ses visites.

harangue: après quoi la marquise prononçait des arrêts, et tous, avec une révérence, se départaient jusqu'au prochain office[1].

Le tableau présenté dernièrement par M. Émile Magne[2] nous semble plus vraisemblable. D'après lui, Madame de Rambouillet ne rompit jamais avec le monde, mais, épuisée par plusieurs maternités, elle en supportait mal les fêtes; comme elle ne voulait pas pour cela s'imposer de claustration, elle s'efforça d'attirer dans son hôtel l'élite de la cour et de la bourgeoisie; elle y réussit lentement à force de douceur charmante, d'attachante bienveillance, de diplomatie attentive et de largeur d'esprit; pourvu que les gens fussent honorables, favorablement cautionnés et qu'ils gardassent dans leurs propos cette décence qui n'empêche pas les allusions gaillardes d'être hasardées et comprises, elle ne s'enquérait point de leur façon de vivre, ni de leurs liaisons galantes; même elle ne répugnait pas à goûter le plaisir délicieux de l'indulgence; elle recevait, en même temps que Voiture, Madame de Sainctot son "amie" déclarée, et elle avait depuis longtemps renoncé à faire le compte des amants de Mlle Paulet; elle ne demandait pas davantage à des Yveteaux si la renommée le calomniait en prétendant qu'il reconstituait les fêtes de la Rome païenne dans sa maison solitaire du faubourg Saint-Germain. Madame de Rambouillet était malade et ne cherchait que la distraction. "Elle n'a de santé que de l'esprit," écrit Chapelain, "....les galanteries de l'Hôtel ne se font toujours que pour divertir Arthénice, qui en a grand besoin." Les galanteries que l'on trouve pour distraire la marquise sont pour nous étonner un peu. On y amène un batelier de foire comme on y amènera des gens de lettres assez peu habitués aux costumes et aux habitudes de la cour pour que l'on puisse se moquer ouvertement d'eux. La raillerie est quelquefois cruelle et les tours que l'on joue sont méchants et ressemblent fort à du "horse play." Certes les conversations littéraires ne furent pas exclues de l'Hôtel, mais on causait librement au lieu de faire académie. En fin de compte nous croyons que l'influence de l'Hôtel, tant littéraire que morale, a été bonne.

[1] Nous avons pris cette description presque mot à mot d'un article de M. Henri Kermor à propos des livres de M. Magne dont il sera question plus loin. Cet article, publié dans le supp. du *Figaro*, le 6 jan. 1912, résume mieux que nous aurions pu le faire ce que nous avions à dire sur ce sujet.

[2] *Voiture et les origines de l'Hôtel de Rambouillet. Voiture et les années de gloire de l'Hôtel de Rambouillet*, 2 vols. in 16, 1911, 1912 (Mercure).

Mesdames de Sévigné et de La Fayette paraissent avoir peu fréquenté l'Hôtel; elles n'y ont paru qu'assez tard, mais elles connaissaient la plupart des gens qui y étaient reçus et ont dû en subir l'influence. On s'est évertué à nous expliquer pourquoi le goût de ces deux femmes n'a pas été faussé par leur fréquentation de l'Hôtel[1]. Inutile de répéter les arguments mis en avant. Leur passage fut court et ceci, joint à ce que nous venons de dire sur la nature des réunions, offre une explication suffisante. Madame de La Fayette fréquenta un autre salon—celui de Fresnes—et il ressortira de sa correspondance que là encore on s'occupait autant de jeux bruyants que de discussions précieuses. Madame de La Fayette figure souvent parmi les précieuses, car elle a tenu salon[2] mais elle fut parmi les premières à se moquer de la préciosité[3] telle que Molière nous la fait connaître. L'appeler *précieuse*, en donnant au mot le sens que Scarron lui donne dans une lettre à Madame de La Vergne "Je baise humblement les mains à Monseigneur de Sévigny à Melle de la Vergne, toute lumineuse, toute précieuse, etc....[4]," c'est lui faire un grand compliment; l'appeler *précieuse* dans le sens que le mot a pris depuis, ce serait encore vrai à une certaine époque de sa vie, mais on ne peut pas lui appliquer l'étiquette sans tenir compte de l'évolution de son caractère. Nous en reparlerons ailleurs. La plus grande erreur des historiens de la littérature consiste à prêter à tous, et surtout aux femmes, une délicatesse exagérée qu'elles étaient loin de posséder. La délicatesse se retrouvera dans les œuvres de Madame de La Fayette comme dans la plupart des chefs-d'œuvre du siècle, mais il faut lui en faire un mérite, au lieu de trouver que cette délicatesse découle tout naturellement de la vie raffinée de l'époque.

Nous avons déjà fait allusion, dans une note, à la brutalité en temps de guerre; ce n'est pas seulement dans les camps qu'on est cruel. De Retz nous parle, tout naturellement, d'un certain Montandré, méchant écrivain, à qui Vardes avait fait couper le nez "pour je ne sais quel libelle qu'il avait fait contre Mme la Maréchale de Guébriant, sa sœur." À Paris, des monstres de

---

[1] Petitot, Intro. aux *Mém. de Mme de La Fayette*, LXIV. p. 338, et Walckenaer, *Mém. Sév.* I. pp. 24 et suiv.

[2] Voir Somaize, *Dict. des Précieuses* (Articles (1) Féliciane et (2 Réduits).

[3] "On a vu une lettre d'elle qu'elle a donné au public pour se moquer de ce qu'on appelle les mots à la mode et dont l'usage ne vaut rien...." Bussy-Rabutin, *Corr.* I. 262.   [4] Scarron, *Œuvres*, 1786, I. p. 174.

perversité coudoient de véritables saints et l'affaire des poisons, bien connue aujourd'hui par la divulgation des documents de la Bastille, révèle dans la société de cour des abîmes de superstition et de crimes insoupçonnés de Saint-Simon lui-même[1]. Une exécution capitale est un spectacle public qui attire toujours une foule nombreuse. Les gens de qualité ne craignaient pas d'assister à ces sinistres exhibitions, tandis que, seuls de nos jours, assistent aux exécutions capitales des gens tarés ou de moralité douteuse, à quelque classe d'ailleurs qu'ils appartiennent. Madame de Sévigné s'en vient tout exprès de la Place Royale pour voir mourir la Brinvilliers.

La langue était aussi brutale que les mœurs; si l'on ne peut aller aux documents, qu'on parcoure les livres de M. Magne; on y trouvera souvent des mots, là où des étoiles auraient suffi. Un exemple, et des plus connus, suffira pour donner une idée de la liberté de langage. "Madame de Rambouillet," écrit Tallemant, "est un peu trop complimenteuse pour certaines gens qui n'en valent pas trop la peine; mais c'est un défaut que peu de personnes ont aujourd'hui, car il n'y a plus guère de civilités. Elle est un peu trop délicate, et le mot de teigneux dans un satire ou dans un épigramme, lui donne, dit-elle, une vilaine idée. On n'oserait devant elle prononcer le mot de cul. *Cela va dans l'excès*[2] *surtout quand on est en liberté.*"

La plupart des amis de Tallemant étaient probablement de son opinion puisque Madame de Sévigné n'hésite pas à employer le même mot[3]. Bien d'autres mots, que les journaux eux-mêmes n'osent plus imprimer en toutes lettres, revenaient souvent sur les lèvres et sous la plume.

Dans ce mélange disparate d'extrême raffinement et d'extrême grossièreté qui caractérise l'époque où vivait Madame de La Fayette, ce ne sont pas les propos seuls qui sont malpropres; les personnes ne l'étaient pas moins. Au Louvre "le flot montant et descendant des courtisans, des gens d'affaires, des soldats, des provinciaux, des fournisseurs et de la valetaille considérait les escaliers, les balcons, les corridors, le derrière des portes, comme des endroits propices au soulagement de la nature. C'était une

---

[1] Voir Victor du Bled, *La Société fr.* 3e série, p. 28, et Funck-Brentano, *L'affaire des poisons.*
[2] Pour la grossièreté de l'époque voir les *Mém.* de Conrart, à propos de la Grande Mademoiselle; *La Gazette de Loret*, 13 août 1651; Tallemant, à propos du Marquis de La Case; d'Avenel, *Richelieu et la monarchie absolue.*   [3] Lettre du 26 août 1671, II. 337.

servitude immémoriale, qui existait aussi bien à Vincennes et à Fontainebleau, et qu'on n'abolit point sans peine : il est encore parlé dans un document postérieur à 1670 des "mille ordures" et des "mille puanteurs insupportables" qui faisaient du Louvre un foyer d'infection très dangereux en temps d'épidémie. Les grands de la terre acceptaient ces choses comme des fatalités et se contentaient de faire donner un coup de balai[1]." Si les grands se contentaient si facilement de cet état de choses, c'est qu'ils n'étaient guère supérieurs à la "valetaille." Saint-Simon raconte que le duc de Vendôme donnait ses audiences sur la chaise percée, qu'on se servait de ce meuble intime comme d'un fauteuil, que des princes et princesses admettaient leurs familiers pendant la séance. On passera sous silence ce que faisait la Dauphine dans le cabinet du roi, d'après la Palatine ; ce fait, espérons-le, fut exceptionnel. Madame de Sévigné, quand elle va aux eaux, entre dans des détails un peu surprenants pour nous autres et personne ne s'étonnait à l'Hôtel de Rambouillet lorsque, une dame ayant pris médecine, Voiture écrit des vers sur les résultats de l'opération.

Les grands ne sont pas plus propres sur leurs personnes. Un manuel de savoir-vivre de 1673, qui eut un grand succès, conseille aux personnes de la cour de "se tenir la tête nette, les yeux et les dents, les mains aussi et même les pieds, particulièrement en été, pour ne pas faire mal aux gens avec qui nous causons." Faret[2] avait déjà conseillé au courtisan de penser un peu à ses voisins : "Qu'il tienne sa barbe ajustée avec soin, à cause de l'incommodité qu'autrement il en recevroit à parler et à manger ; et particulièrement qu'il ait tousiours les dents et la bouche si nettes, que jamais il ne puisse incommoder de son haleine ceux qu'il entretient."

Un autre manuel de bon ton, publié en 1640 à l'usage des petits maîtres, recommandait de se laver les mains tous les jours et le visage presque aussi souvent. La méthode employée par les gens soigneux c'était de passer sur leur visage un petit tampon de coton imbibé d'alcool aromatisé.

Ces petits manuels de savoir-vivre sont fort intéressants, car ils nous permettent de prendre les contemporains sur le vif. Voulez-vous voir la tenue d'un courtisan "en audience d'un grand"? "Il faut avoir," dit de Courtin, "ses gands aux mains et se tenir tranquille sur son siège : ne point croiser les genoux,

---

[1] Voir Arvède Barine, *La jeunesse de la Gr. Mlle*, p. 11.
[2] *L'honneste homme ou l'art de plaire à la Court*, 1630.

ne point badiner avec ses glands, son chapeau, ses gands, etc....
ny se fouiller dans le nez, ou se grater autre part. Il faut éviter
de bâiller, de se moucher et de cracher, et si on y est obligé là,
et en d'autres lieux que l'on tient proprement, il faut le faire dans
son mouchoir....et ne pas regarder après dans le mouchoir....
Si on est assis auprès du feu, il faut bien se donner de garde de
cracher dans le feu, sur les tisons, ni contre la cheminée."

Et pourtant, en même temps que ces préceptes de propreté
élémentaires, nous avons le raffinement suivant : "Que si elle
(la personne visitée) éternuoit il ne faut pas lui dire tout haut
Dieu vous assiste, mais il faut seulement se découvrir et faire
une profonde révérence, faisant un souhait intérieurement[1]."

Voilà bien le dix-septième siècle avec ses extrêmes de politesse raffinée et de grossièreté. Et partout on trouve des contradictions frappantes. On voit la piété se concilier comme par
un accord naturel avec une pente marquée à la dissipation, aux
plaisirs, et même au relâchement des mœurs. L'étiquette a
caché sous la régularité extérieure bien des choses qui semblent
singulières, inexplicables même. Mais au milieu de cette diversité
des mœurs on notera surtout l'influence d'un principe que l'Hôtel
de Rambouillet mit bien en évidence. La délicatesse, mot mis
dans le courant de tous les écrits du siècle, se rencontre parmi
les jeux grossiers de l'Hôtel, parmi les désordres de la galanterie,
de la sensualité et du "libertinage." Après avoir vu, d'une part,
les malheurs des paysans et, d'autre part, le luxe des bourgeois,
tels que les graveurs du temps les représentent, après avoir
fouillé dans les coins mal-odorants de l'époque et trouvé sous
les dentelles des gentilshommes l'homme qui triche au jeu[2] et
se plonge dans la basse débauche[3], on est forcé d'admettre que

---

[1] (Ant. de Courtin), *Nouveau traité de civilité*.... 2e éd. 1675.

[2] Le beau-frère de Grammont, par exemple, raconte le plus tranquille-
ment du monde avec quel cynisme il fait des dupes en tout lieu. Rien
de plus fréquent que ces piperies, ces fraudes, même à Versailles sous les
yeux du roi. Voir *Mém.* de Grammont, Tallemant des Réaux, etc. Pour
la fureur du jeu voir Amedée Renée, *Les nièces de Mazarin*, App. B, p. 411.

[3] Voir Fournier, *Var. Hist.* II. VIII. passim (textes contemporains).
Le Nouveau Théophile dans l'*Éventail satyrique*, 1628, écrit ainsi:

> Si le grave censeur de Rome
> Vivoit en ce temps où nous sommes,
> On ne verroit tant d'hôpitaux,
> Tant de gueux, tant de courtisanes,
> Tant d'abus, tant de mœurs profanes,
> Tant de cocus et maquereaux.

c'est après tout les œuvres de Lebrun et Lenôtre, les plafonds, les jardins et les bassins de Versailles qui représentent, non pas la vie du siècle (c'est là l'erreur que l'on a faite), mais bien les aspirations du siècle. Pour en comprendre la vie, il faut voir, en même temps que les gravures de la Cour en toute sa splendeur, celles qui représentent le peuple ruiné par la guerre : Chauveau, Le Clerc, de Poilly, Bonnart, Guérard, nous feront donc voir la Cour, la campagne et la ville[1]. Mais pour comprendre l'idéal de cette vie les peintres de la cour suffiront.

Attribuer ce règne de la délicatesse uniquement aux conventions du temps et aux règles de l'étiquette n'est point aller jusqu'au fond des choses. Il y eut là un penchant dominant qu'il faut reconnaître—c'est un principe d'idéalisme dont on a les témoignages dans la constance de certaines passions qui tiennent aux événements de l'histoire, dans les savantes peintures des mouvements de l'âme, qui ont été l'art des plus grands poètes, dans le règne presque absolu des femmes, dans la pente de quelques grands esprits au mysticisme, et dans tant d'autres faits que l'on pourrait marquer[2]. On découvrira dans le caractère de Madame de La Fayette les influences de ce monde facile à critiquer à cause de ses faiblesses, mais imbu du désir d'idéal. Si nous nous sommes un peu attardé à examiner cette société, c'est que l'influence en fut grande sur notre auteur : nous pourrions même dire que la vie de Madame de La Fayette c'est la vie de son temps, et que son œuvre en est l'idéal. C'est dans les contradictions de son époque que nous trouvons l'explication des contradictions de son caractère et nous croyons fermement que si l'on avait examiné d'un peu plus près la société où elle a fait son éducation[3] on n'aurait pas cru nécessaire de "reviser" plusieurs fois l'opinion qu'il faut avoir d'elle ; on aurait évité d'abord un extrême, puis l'autre, pour rencontrer la vérité.

Mais Marie-Madeleine allait bientôt être privée pendant quelque temps de cette société. Son beau-père subit le contre-coup de l'emprisonnement du cardinal de Retz à Vincennes, et fut en même temps exilé de Paris. Il se retira en Anjou et il y a

[1] Voir Émile Bourgeois, *Le siècle de Louis XIV, Ses arts, ses idées*, 4º.

[2] Voir Frémy, *Essai sur les var. du style fr.*... 1843.

[3] "Il règne en effet sur le XVIIᵉ siècle plus d'idées fausses que l'on ne pense et pour cette raison bien simple que ce que nous croyons le mieux connaître étant ce que nous étudions le moins, est aussi ce que très souvent nous connaissons le plus mal." Brunetière, *La soc. préc. au XVIIᵉ siècle, Études crit.* 2ᵉ série, p. 3.

lieu de croire que sa femme et sa belle-fille l'accompagnèrent car deux lettres de Costar, sans date il est vrai, mais écrites avant le mariage, parlent de l'isolement de Marie-Madeleine à la campagne[1]. Dans la première il demande "comment vous vous accommodez des nobles de vostre voisinage; s'ils ne vous trouvent point plus aimable qu'il ne seroit nécessaire pour vostre repos; si vous avez trouvé l'invention d'attirer leur estime et leur bienveillance sans attirer leurs importunités et leurs visites trop assidues, et enfin si vous avez pu sauver et mettre à couvert de leurs persécutions assez de loisir pour l'employer à lire de belles choses, à cultiver vostre esprit, et à prendre autant de soin de luy, qu'il en a pris de vous rendre la plus sage et la plus heureuse fille qui vive?[2]"

Dans la seconde Costar estime que la jeune fille lui accorde trop de louanges dans une lettre qu'elle lui a adressée: "Autrement, Mademoiselle," dit-il, "j'appréhenderois que ceux qui ne trouvent rien à dire en vous, sinon que vous avez la bouche trop petite et que vous écrivez aux Beaux Esprits, n'y remarquent des défauts bien plus importants. Et certes il seroit fort étrange qu'une personne que l'on appelle *Incomparable*, qui dans la première fleur d'une excellente beauté se passe si aisément de Paris et n'est point enchantée de la Cour, eust découvert en mon petit ouvrage quelque chose capable de la surprendre" etc.[3]

Mademoiselle de La Vergne se passait donc de la vie de cour sans trop se plaindre et continuait, par la lecture et la correspondance avec les beaux esprits, l'instruction qu'avait commencée Ménage. Ce dernier joue pour le moment le rôle d'un ami. Le 8 août 1654, le cardinal de Retz, avec l'aide de Renaud de Sévigné, s'évade de Vincennes et trouve nécessaire de s'excuser auprès de son gardien le maréchal de la Meilleraye. C'est Ménage qui est chargé de lui faire parvenir la lettre du cardinal par l'intermédiaire de Madame de Sévigné[4].

[1] Ce ne fut pas le seul inconvénient qu'elle eut, à entrer dans la famille Sévigné. Le marquis lui joue vers cette époque un tour assez désagréable. Voir Tallemant, v. 475. Et, de plus, l'exil ne paraît pas avoir calmé l'humeur belliqueuse de son beau-père. Au mois de juin 1652 il demande raison au duc de Rohan de sa conduite envers la marquise, sa parente. Tous deux se rendaient hors de la ville: un exempt du duc d'Orléans, par ordre de Son Altesse Royale, vint arrêter Rohan au moment où les deux combattants venaient de mettre bas leurs pourpoints et de tirer eurs épées. Voir Loret, *Muse hist.* III. 85, 87.

[2] *Lettres* de Costar, 1658, I. p. 545.　　　　[3] Ibid. p. 547.

[4] Sévigné (Mme de), *Lettres*, I. pp. 387–8.

Il arriva à ce pauvre Ménage, un peu avant cette date, une histoire assez désagréable. Boileau lui apporta une élégie latine pour demander son opinion; Hallé, poète royal, était présent et Ménage trouva bon de "traiter Boileau fort de petit garçon[1]." "Nous lirons cela une autre fois," a-t-il dit, "mais lisez mon élégie latine à la reine de Suède, vous en apprendrez plus là que chez tous les anciens." Boileau, fâché par ce procédé, riposta par l'*Avis à Ménage*; Le Pailleur n'eut rien de mieux à faire que d'en donner une copie à Mlle de La Vergne ; Ménage l'apprit et, au dire de Tallemant, il en fut "furieusement piqué." Le Pailleur était vraiment une mauvaise langue; ne raconta-t-il pas à Tallemant que Mlle de La Vergne trouvait Ménage importun et moins "honnête homme" que Giraut?

Marie-Madeleine a atteint sa majorité; sa vie de jeune fille va bientôt se terminer. Avant de dire adieu à Mademoiselle de La Vergne et de saluer Marie-Madeleine de La Vergne, comtesse de La Fayette, arrêtons-nous un instant pour voir la jeune femme que l'instruction et l'éducation ont formée.

Possédant un bagage scientifique peu commun à l'époque, qui lui permet de correspondre avec les savants, elle n'a pourtant rien elle-même de la femme savante. Elle croyait, comme Fénelon, qu'il fallait avoir "une pudeur sur la science[2]." En dépit de l'opinion commune qu'il ne faut pas que les filles soient savantes, la curiosité les rendant vaines et précieuses[3], Marie-Madeleine, loin d'être vaine, était d'opinion que "celui qui se met au-dessus des autres, quelque esprit qu'il ait, se met au-dessus de son esprit[4]." Son instruction, au lieu de la rendre vaine et pédante, lui avait donné le goût des lectures—et des lectures solides aussi bien que des romans, car elle ne méprisait pas ces derniers. Elle lisait Montaigne et trouva "qu'il y avoit plaisir d'avoir un voisin comme lui[5]."

Ces lectures avaient pour résultat d'en faire une femme qui n'était ni pédante, ni coquette, mais éminemment sage et raisonnable. Or, comme "les dames qui ont quelque science ou quelque

[1] Tallemant, op. cit. v. 236 (3ᵉ édit. T. IV. p. 214).
[2] Fénelon dit qu'une jeune fille ne doit pas même parler des choses qui sont au-dessus de la portée commune des filles, quoiqu'elle en soit instruite (*Éduc. des Filles*, Ch. IX.).
[3] Voir Fénelon, op. cit. p. 2.
[4] *Segraisiana*, p. 58. Une autre femme savante, Mme de Staël, développera les mêmes idées bien plus tard. Le rapprochement est intéressant à faire. Voir *De la litt....* II. (*Des femmes qui cultivent les lettres*). Londres, 1813.   [5] *Segraisiana*, p. 143.

lecture, donnent beaucoup de plaisir dans la conversation[1]," elle brillait dans la conversation et attirait autour d'elle un groupe qui était déjà un "salon." C'est dans la fréquentation du monde qu'elle avait appris à bien parler, mais Ménage aurait pu revendiquer l'honneur de lui avoir donné des leçons, car il parlait bien[2]. Du Bosq dit aussi, en parlant des femmes instruites, que "leur idée a de quoi se contenter, pendant que les ignorantes sont sujettes aux mauvaises pensées, parce que, ne sachant rien de louable pour occuper leur esprit, comme leur entretien est ennuyeux aussi leur rêverie ne peut être qu'extravagante." Nous croyons volontiers que Marie-Madeleine n'avait pas de "mauvaises pensées," du moins sa conduite paraît avoir été digne de son éducation. Nous ne saurions attribuer cette sagesse à l'influence de l'Hôtel de Rambouillet, ainsi que fait Walckenaer pour Madame de Sévigné[3], mais nous pouvons admettre que Mlle de La Vergne n'y a rien appris de bien mauvais, et, qu'appliqué à elle, le titre de précieuse n'a rien de désobligeant.

De plus elle était belle[4] et, à cette époque encore, d'une humeur gaie, et même un peu railleuse[5]. Elle ressemblait à Mme de Lesdiguières[6].

Instruite, mais non pédante, sage mais nullement prude, appréciant les ouvrages romanesques, éminemment raisonnable, tout en étant d'humeur gaie mais railleuse, belle avec la taille

---

[1] *L'honneste femme*, 4⁰, 1635, 3ᵉ éd.

[2] La Monnoye (*Avertissement de Ménagiana*, 1715).

[3] *Mém. Sév.* I. 24.

[4] Malgré M. d'Haussonville qui termine ainsi son ouvrage: "....je dois ajouter pour ma justification qu'excepté le cardinal de Retz, qui, à la vérité, s'y connaissait, personne n'a jamais dit que Mme de la Fayette fut jolie." Et Costar, et Loret, et Scarron, et Ménage, et Huet? Et Mme de La Fayette elle-même au moment où elle constate la perte de cette beauté et ajoute tristement: "Vous ne pourriez me peindre que telle que j'aie été car pour telle que je suis il n'y auroit pas moyen d'y penser; et il n'y a plus personne en vie qui m'ait vu jeune. L'on ne pourroit croire ce que vous diries de moy et en me voyant on le croiroit encore moins....le temps a trop détruit les matériaux" (pour en faire un portrait). "J'ay encore de la taille des dents et des cheveus mais ie vous asseure que ie suis une fort vieille femme." Comment expliquer donc l'horrible gravure d'après Ferdinand que l'on met encore en tête de toute édition de *La Princesse de Clèves*? C'est Mme de La Fayette elle-même qui le fait dans un billet à Ménage: "Je me fais peindre," écrit-elle, "*par un très meschant peintre* que M. des Brosses m'a enseigné...."

[5] Somaize, *Dict. des Préc.* I. p. 96.

[6] Tallemant, v. 362.

bien prise, de jolies dents, de beaux cheveux, mais la bouche, dit-on, un peu trop petite, saine encore de corps et d'âme, c'est ainsi que nous aimons la voir à la fin de sa vie de jeune fille. Bientôt elle sera épouse et mère, la beauté s'en ira vite, et la tristesse, la maladie, l'isolement, s'abattront sur elle. Quittons-la, donc, illuminée par ses qualités de jeunesse et insoucieuse des nuages qui s'amoncellent à l'horizon de sa vie.

CHAPITRE III

L'ÉPOUSE. 1655–1659

DE retour à Paris, les parents de Mademoiselle de La Vergne s'occupèrent sérieusement de son établissement. Il se présenta bientôt un très bon parti en la personne de François Motier, comte de La Fayette, gentilhomme issu d'une des plus anciennes maisons d'Auvergne. C'était un soldat qui, après avoir servi en Hollande, devint enseigne de la compagnie du maréchal d'Albret, puis lieutenant au régiment des gardes françaises[1]. S'il faut en croire une chanson de l'époque il devait se sentir plus à l'aise sur le champ de bataille que dans un salon, car il fit piteuse mine la première fois qu'on le présenta à Mademoiselle de La Vergne. Voici quelle fut l'entrevue, d'après le chansonnier:

> Chantons de La Fayette
> Le galant compliment
> Qu'il fit à sa Poulette
> En qualité d'amant.
> Chantons son avanture
> Et sa noble posture;
> Pas un jamais ne s'est mieux présenté
> Pour être marié.
>
> Dedans une assemblée
> D'amis et de Parens,
> La Lisette parée
> Attendoit son amant;

---

[1] *Le Père Anselme*, VII. p. 62. Nous n'avons pas trouvé d'autres détails sur sa carrière militaire car les histoires ne donnent que les noms des officiers supérieurs. La *Gazette* fait mention en 1649 d'un sieur de La Fayette blessé à Thionville. Est-ce lui? Voici l'histoire de la compagnie d'Albret: Levée sous le titre *Saintonge* 1639. Siège de Turin, 1640, d'Elne, 1641. Bataille de Lérida, 1642. Siège, Bataille de Llorens, 1645. Siège de Lérida, 1646–7. Donnée au chev. d'Albret, 1647. Siège, 1648. Réformée cette année. Rétablie en 1652 sous le nom d'Albret. Licenciée en 1654. Pour l'histoire des Gardes voir Suzanne (Le Général), *Histoire de l'Ancienne Infanterie française*.

Il pâlit à sa vuë,
Tremble, rougit et suë,
Et, ne sachant s'il devoit saluer,
Il s'assit sans parler.

Là, d'humeur inquiète,
Il regarde à ses pieds,
Il se frotte la tête,
Il s'écorche le nez,
D'une grande tendresse
Il se gratte la fesse,
Et, voulant faire un compliment nouveau,
Fit tomber son chapeau.

Son conducteur fidèle
En est tout en courroux ;
Il lui dit à l'oreille,
À quoi donc pensez-vous ?
Hélas ! Cousi, j'enrage,
Nargue du mariage.
J'avois pensé mais je viens d'oublier,
Je ne puis plus parler.

Après reprit courage
Notre digne héros,
Qui crut que c'est dommage
De ne pas dire deux mots.
D'une humble contenance
Il fit la révérence
Et puis sortit plus rouge embarrassé
Que quand il est entré.

Après cette sortie,
On le tint sur les fonds.
Toute la compagnie
Cria d'un même ton,
La sotte contenance !
Ah ! quelle heureuse chance
D'avoir un sot et béat de Mari
Et tel que celui-ci.

La belle, consultée
Sur son futur époux,
Dit, dans cette assemblée
Qu'il lui paraissoit doux
Et d'un air fort honnête—
Quoique peut-être bête ;
Mais qu'après tout pour elle un sot Mari
Était un bon parti.

De la jeune Lisette
On approuva l'avis;
Une dame discrète
Aussitôt repartit:
Il vivra dans sa terre,
Comme Monsieur son Père,
Et vous ferez des romans à Paris
Avec les beaux esprits[1].

Il est probable qu'il y avait d'autres raisons pour faire agréer ce mari. Quoi qu'il en soit, le contrat du mariage fut dressé, le 14 février 1655, en présence de "Jacques de Bayard.... procureur de Messire François de La Fayette, évesque de Limoges....Claude de La Fayette, bachelier en théologie, frère du.... comte de La Fayette, Gabriel Pénha, chevalier, seigneur de Saint Pons, oncle maternel de ladite Damoiselle; dame Léonore Merlin, veufve de feu Lazare Pénha....grand-oncle de ladite Damoiselle; très haute et très puissante dame, dame Marie-Magdelaine de Vuignerot, duchesse d'Aiguillon, amie et marrine d'icelle damoiselle et dame Marie de Rabutin de Chantal, veufve de feu haut et puissant seigneur et marquis de Sévigné....alliés d'icelle damoiselle." Le lendemain les gazettes annoncèrent le mariage avec une grossièreté qui nous étonne, mais qui ne rompait pas avec les habitudes du temps. Nous donnons les deux "annonces" sans en atténuer la sotte grivoiserie.

La Vergne, cette Damoizelle
À qui la qualité de belle
Convient si légitimement,
Se joignant par le Sacrement
À son cher Amant La Fayette,
A fini l'austère diette
(Qu'en dût-elle cent fois crever
Toute fille doit observer).
Ce fut lundy qu'ils s'épouzèrent
Et que leurs feux ils apaisèrent.
Ainsi, cette jeune beauté
Peut dire aveques vérité
Que quand la carême commence
Elle finit son abstinence.
Ma Muze arretez-vous, tout beau,
Ce discours n'est que bon et beau,

[1] Ms. fr. 12667, p. 61, Bibl. Nat. Nous supprimons la dernière strophe qui, selon la coutume, contient une pollissonnerie, et qui n'est pas utile au point de vue documentaire.

Mais on ne peut être trop sage
Quand on parle du mariage[1].

———————

Ces jours gras légitimement,
Sans doute à leur contentement,
La belle Vergne et La Fayette
Postérité se seront faitte:
Au moins obmis n'auront-ils pas
Ce que l'on fait en pareil cas....[2]

On pourrait s'étonner, non seulement de la hâte avec laquelle ce mariage fut conclu, mais aussi du fait même qu'il y eut mariage, étant donnés les sentiments que Mademoiselle de La Vergne aurait temoignés au sujet de son futur mari. Au dix-septième siècle, pourtant, rien n'était plus fréquent que des alliances de ce genre; il s'agissait à cette époque d'unir deux maisons, ou encore une famille et une fortune. On consultait donc fort peu les époux du lendemain, les intérêts des deux familles passant avant tout. Après le mariage l'union entre les personnes et entre les biens n'était pas, non plus, aussi complète que chez nous. Chacun gardait sa propre personnalité: la femme continuait à signer de son nom de jeune fille—(la duchesse de Chevreuse signe *Marie de Rohan*, la duchesse d'Épernon, *Marie du Cambout*, la comtesse de La Fayette, *De La Vergne*). En somme, la loi paraissait s'occuper beaucoup plus de soutenir le pouvoir d'un chef de maison que d'assurer aux enfants la liberté de fonder de nouvelles familles. Un fils, jusqu'à l'âge de trente ans, une fille jusqu'à l'âge de vingt-cinq ans, avaient besoin du consentement de leurs parents pour que leur mariage fût valide[3]. Les pères choisissaient leurs belle-filles et ne permettaient que rarement à leurs fils d'émettre une opinion quelconque sur leurs sentiments intimes. Le prince de Ligne ne décrit pas un cas exceptionnel lorsqu'il raconte ainsi son mariage: "Mon père me fait monter en voiture; il me mène à Vienne. J'arrive dans une maison où il y avait quantité de jolies figures. On me dit de me placer à côté de la plus jeune. Huit jours apres, j'épousai.

[1] Loret, op. cit. II. 21, fév. 1655.

[2] Scarron (Paul), *Recueil des épîtres en vers burlesques de M. Scarron et d'autres auteurs sur ce qui s'est passé de remarquable en l'année 1655.* Paris, Alex. Hesselin, 1656, 4°, rare. Voir Tallemant, Éd. Monmerqué, Notes, où ce passage est cité.

[3] G. d'Avenel, *La Noblesse Française sous Richelieu*, Chap. VI. passim.

Nous ne nous étions rien dit." L'histoire du fils du Président au parlement de Dijon est aussi caractéristique. Ce fils était à marier et il questionnait :

"—Est-il vrai, mon père, que vous me voulez marier à Mlle une telle ?

—Mon fils, mêlez-vous de vos affaires."

Selon l'opinion du temps, ce père répondait sagement[1].

Il arriva qu'au moment du mariage de Mlle de La Vergne, Scarron entendit parler d'un mariage qui par sa rapidité étonnante, même à cette époque, sembla fort plaisant. Aussitôt il en redit aux lecteurs de sa gazette l'histoire, assaisonnée, bien entendu, de gros sel :

> Autre histoire : un homme sans nom
> Arrive à Paris de Bourbon
> Vendredy, samedy s'habille
> Chez un fripier, voit une fille
> Dimanche et l'espouze lundy.
> Il peut dire : veni, vidi,
> Et vici ; si l'on l'en veut croire,
> L'on doute si cette victoire
> Est victoire sanglante ou non.
> L'historiette tout de bon
> N'est pas à plaisir inventée[2].

On voulut voir aussitôt dans ces vers une allusion au mariage du comte de La Fayette, mais Scarron s'empressa d'annoncer le mariage dans la gazette, déjà citée plus haut, et ajouta :

> Lasches corrupteurs d'une histoire
> Vous avez voulu faire croire
> Qu'un homme qui n'a point de nom,
> Originaire de Bourbon,
> Qui s'habille à la friperie,
> (Voyez, quel rapport je vous prie ?)
> Soit d'Auvergne et de qualité....
> Une demoiselle très chère,
> Dont j'aime et j'honore la mère,
> Un homme dont l'oncle me fut
> Intime tant qu'il vescut,
> Seroit l'objet de ma satire !
> Va-t-on ainsy des gens mesdire ?
> Va-t-on de gaieté de cœur
> Choquer des personnes d'honneur ?

---

[1] Corneille qui, comme dit quelque part M. Lanson, "pense le passé dans les formes et les conditions du présent" prêche l'obéissance aux parents quand il s'agit de mariage.　　　　[2] Scarron, op. cit.

Cette histoire non controuvée
Est dans le Marais arrivée.
De la donzelle, sage ou non,
Je ne sçay pas mesme le nom:
Tout de mesme de cette Aurore,
Du Céphale le nom j'ignore,
Et quand bien le nom je sçaurois
Tout de mesme le cacherois[1].

Persuadé que ce démenti n'était pas suffisant, Scarron écrivit une longue lettre à Ménage pour se disculper et celui-ci la communiqua aussitôt à Mme de La Fayette qui fut ainsi mise au courant des médisances, car elle n'avait vu ni les premiers vers, ni la mise au point de Scarron[2].

Elle pourrait accepter d'être quelque peu calomniée[3] puisqu'elle venait de faire un "beau mariage" vu son peu de fortune et le peu de renommée de sa maison. François de La Fayette n'était pas seulement "comte dudit lieu" mais aussi de "Médat, Goutevantouze et Forests et deppendans: baron de Chauvigny, Espinasse, Nades, seigneur de Haulte-Serre, Hautefeuille et autres places[4]." "Entre toutes les grandes maisons dont la province d'Auvergne est remplie," écrit-on dans le *Mercure Galant* de 1695[5], "celle du Mottier de La Fayette tient un des premiers rangs" et Madame de La Fayette elle-même, travaillant à l'histoire de la famille, après la mort de son mari, fait mention d'un cartulaire "du siècle 1000" où les ancêtres de son mari sont qualifiés *miles*.

[1] Scarron, op. cit.   [2] Tallemant, op. cit. VII. 39, Hist. Scarron.
[3] On profita de l'occasion pour médire d'une autre façon. Nous trouvons dans les MSS. fr. Bibl. Nat. 12667, p. 61, les couplets suivants:

Il court un bruit à la cour,
Que Vieuxbourg
Se lamente nuit et jour,
De voir sa chère Poulette
Dans les bras de La Fayette.

Rohan aussi son amant,
En mourant,
A dit dans son testament,
Qu'il consent que La Fayette
Ait sa part de la Poulette.

[4] Contrat de mariage. Voir ce contrat à l'appendice II. Pour des renseignements sur les fiefs de Chauvigny, Espinasse et Nades voir l'appendice V.
[5] Fév. 1695, à l'occasion de la mort du Colonel-Brigadier La Fayette.

Nous n'essayerons pas de remonter aussi loin, car déjà pour ce qui concerne le quatorzième siècle les généalogues se contredisent et, malheureusement, l'arbre généalogique dressé par Mme de La Fayette n'est pas venu jusqu'à nous[1]. Il suffit de faire remarquer que le comte était d'une maison de soldats illustres. Gilbert de La Fayette alla à la croisade en 1095 et, au siècle suivant, Gilbert III partit également en Terre Sainte[2]. Un autre Gilbert fut tué, en 1356, à la bataille de Poitiers, en voulant arracher son roi d'entre les mains des Anglais. En 1421, lorsque "Messire Garin de Fontaine et autres preux angevins firent la grosse deffaicte sur les Angloys à Baugé en Anjou[3]" il y avait encore un ancêtre du comte parmi les chefs. Grand Maître de l'Artillerie sous Louis XII[4] un Mottier de Hautefeuille partagea le commandement contre les Huguenots avec l'évêque du Puy[5]. Il mourut à la bataille de Cognat et les Huguenots victorieux rasèrent le château de La Fayette et l'église de Cognat. Nous en passons, et des plus courageux.

On serait heureux, après avoir parlé des faits d'armes de ses ancêtres, de pouvoir raconter tout au long la carrière brillante du comte François. Nous n'avons malheureusement que peu de renseignements sur lui—et c'est un peu sa faute car il ne fit jamais rien pour se distinguer. On dirait même que l'acte le plus "glorieux" de sa vie fut son mariage avec Madeleine de La Vergne, puisque les seules mentions de lui que l'on trouve dans l'histoire de sa famille sont ainsi conçues: "François de La Fayette épousa Magdeleine Pioche de la Vergne, si célèbre par son esprit rare et cultivé et par ses ouvrages[6]." "François, comte de La Fayette, qui laissa de la célèbre Madeleine Pioche de la Vergne, René-Armand"....etc.[7] "François, comte de La Fayette, épousa en 1655 Marie-Magdeleine Pioche de La Vergne.... qui a ci-après un article particulier et dont il eut Louis....et René-Armand[8]." Guillard, qui écrivit du vivant de Mme de La Fayette, sans toutefois publier son manuscrit, est plus catégori-

---

[1] À moins d'avoir fourni les matériaux pour l'article nécrologique mentionné à la page 49. Voir à l'appendice IV. la généalogie que nous avons dressée à l'aide de cet article et des quelques pièces que nous avons eues entre les mains.   [2] *Mercure*, Art. cité.

[3] Jehan de Bourdigné, *Chron. d'Anjou et du Maine*, II. 143.

[4] Audigier, *Hist. d'Auvergne*, MSS. fr. 11479, Bibl. Nat., T. II. f⁰ˢ 7, 8, 9.

[5] A. Imberdis, *Hist. gén. d'Auvergne*, II. pp. 68, 69.

[6] Aigueperse, P. G., *Biog. ou dict. hist. des personnages d'Auvergne*.

[7] Audigier, op. cit.

[8] Voilà tout ce que Moreri trouve à dire sur M. de La Fayette.

que encore: "Madame de La Fayette d'à présent estoit un esprit beaucoup supérieur à celuy de son mary, elle l'avoit relégué en sa province parce qu'elle ne pouvoit soufrir qu'il fust icy ou à la cour[1]."

Évidemment, François de La Fayette n'était pas un bel esprit; ce n'était pas non plus un courtisan; il ne brillait guère dans la société de son époque; mais il ne faudrait pas en conclure que c'était une brute—ni même un bien mauvais mari. Nous nous le représentons plutôt comme un gentilhomme campagnard, un peu soldatesque, comme dirait Montaigne, mais pas méchant homme. Par suite de la manie qu'ils ont de reproduire les affirmations de leurs devanciers et de dédaigner les documents, les biographes de Madame de La Fayette se sont plu pendant longtemps à faire mourir ce mari anodin quelques années après le mariage. On s'aperçut plus tard qu'il avait survécu à La Rochefoucauld et aussitôt on imagina quelque drame mystérieux[2]. La vérité est peut-être plus simple, et nous en reparlerons plus tard; pour le moment, contentons-nous de suivre la vie de Madame de La Fayette pendant les premières années de son mariage.

Le comte de La Fayette accompagna sa femme dans le monde et Madame de Sévigné, au lieu de partir pour la Bretagne, selon son habitude, resta à Paris pour accompagner, elle aussi, sa jeune amie[3]. Mais le mari n'accomplissait là qu'un devoir et bientôt sa province l'attirait. Madame de La Fayette dut dire adieu à ses amis et partir avec lui en Auvergne[4]. Elle habita le château d'Espinasse, près Gannat, sur lequel nous ne pouvons

[1] *Remarques*, Bibl. Nat. MS. fr. 25187.

[2] On continue pourtant, malgré l'évidence déjà publiée, d'assurer que M. de La Fayette est mort quelques années après le mariage. Voir Julia Cartwright, *Madame, A Life of Henrietta, Duchess of Orleans*, p. 91, etc. M. Maxime Formont dans la préface d'une édition de la *Princesse de Clèves* publiée chez Lemerre en 1909, écrit, à la page vi, à propos de M. de La Fayette: "Aussi bien l'esprit vulgaire eut-il le bon goût de ne point s'éterniser dans un rôle qui n'était pas beaucoup son fait. Madame de La Fayette fut bientôt veuve." M. Formont aurait mieux fait de consulter des travaux plus récents sur l'auteur qu'il présentait au public. Le petit livre de M. d'Haussonville l'aurait renseigné sur ce sujet.

[3] Walckenaer, op. cit. II. 25.

[4] Au mois de décembre 1655 elle était sûrement en Auvergne car une quittance de janvier 1679, conservée à la Bibl. Nat. (Cab. des Titres, Pièces orig. 2287, Pioche), fait mention d'une procuration faite à Ébreuil le 5 déc. 1655.

donner aucun renseignement car, bien qu'il existe à Espinasse-
Vozelle une vieille maison appelée vieux château, le nom même
des La Fayette est oublié dans le village[1].

Il ne faudrait pas exagérer l'ennui qu'éprouva, sans doute,
Madame de La Fayette exilée dans une campagne; elle avait
déjà fait de longs séjours loin des villes et de plus elle resta en
rapports avec ses amis de Paris. Parmi ceux-ci Costar lui écrit une
lettre de félicitations des plus flatteuses: "Il y a de la seureté,"
dit-il, "de se réjouir avec vous de vostre heureux mariage: car
on doit estre également persuadé qu'il est de vostre choix et
que vous ne sauriez faire que de bonnes élections...." etc.[2]
Ménage envoie le dizain suivant:

> Petit disain allez viste en Auvergne
> Le long des bords du sablonneux Alier,
> Trouver la jeune et brillante La Vergne,
> Qui dans ses fers tient mon cœur prisonnier,
> Vous luy direz que malgré son absence,
> Ses fiers dédains, son rigoureux silence,
> J'aime toujours ses aimables apas;
> Et que ses yeux ont embrasé mon âme
> De cette noble et précieuse flame
> Qui vit encore au delà du trépas.

C'est Ménage qui tient son ancienne élève au courant de ce
qui se passe dans le monde des beaux esprits et qui lui procure
des livres. Elle réclame des romans, la *Clélie*, les œuvres de
Sarasin, le livre de M. Costar (les *Lettres*, semble-t-il), le
Virgile de M. de Marolles. Elle écrit beaucoup[3], voyage[4] et
s'occupe des procès de son mari. Ce dernier paraît avoir engagé
des procès comme on pratique un sport; il n'en tirait pas grand
profit et même, d'après les lettres de sa femme, l'issue de certains
d'entre eux lui causait de grandes inquiétudes. Cette manie de

---

[1] "La maison, qui me paraît ancienne," nous écrit M. Chanudet, curé
d'Espinasse-Vozelle, "est occupée par des métayers. Est-ce là qu'habitait la famille La Fayette? Je ne puis vous le dire et même j'ajoute que
deux au trois personnes que j'ai questionnées à ce sujet m'ont répondu
qu'elles ne le croyaient pas." L'oubli d'une grande famille ne pourrait
être plus complet et plus étonnant.

[2] Tout ce que nous disons de cette époque de sa vie est glané dans sa
correspondance inédite (Coll. F. de C.).

[3] "J'ay tant ecrit aujourdhuy que ie nen puis plus," Lettre de Mme
de La Fayette.

[4] Lettres d'Angers, de Langeron, etc. "J'arrive d'un petit voyage
que j'ai fait et ie parts pour en aller en commencer un autre."

faire des procès allait de pair, à cette époque, avec la passion du jeu; Racine est resté au-dessous de la vérité quand il composa ses *Plaideurs* et il y a beaucoup de vrai dans le tableau que trace Furetière dans le *Roman bourgeois*. Pour voir à quels extrêmes allait cette passion on n'a qu'à feuilleter les mémoires et les correspondances. À chaque page il y est question de procès. "On conteste des héritages inattaquables, revendique des domaines pour lesquels on a des droits illusoires," écrit M. Gérard-Gailly[1], "on fait des voyages, on change même de résidence, on interjette appel, on injurie, on menace, on intéresse souvent le roi à ses querelles et cela dure deux, dix, vingt ans." Cela s'applique très bien au ménage des La Fayette; à partir du mariage du comte François, il n'est question que de procès; et plus tard, quand Mme de La Fayette ne sera plus obligée de prêter secours à son mari, elle entreprendra les affaires de son ami La Rochefoucauld.

À cette époque, comme plus tard, Madame de La Fayette nous paraît fort énergique, malgré sa mauvaise santé.

Il est difficile de fixer la date de la première lettre où elle se plaint de ses souffrances, mais sa santé semble s'être altérée peu après son mariage[2]. La première mention que j'en trouve dans sa correspondance est dans la lettre suivante:

"Depinasse ce 16ᵐᵉ août.

"Vous me quitates avec si peu de chagrin lorsque vous me dittes adieu que ie pense que si ie ne vous escriuois vous ne songeries de lomtemps a mescrire pour vous consoler de mon absence mais ie ne suis pas resolue de vous laisser le plaisir de m'oublier si tranquilement ie veux vous faire souuenir de moy malgre que vous ayes et auoir de lamitié pour vous quoy que vous nen ayes plus pour moy j'auray au moins le plaisir de vous mettre dans vostre tort et ie m'en vais vous escrire toutes les sepmaines avec la mesme regularité que j'aurois pu faire du temps de cette belle amitie que vous m'auies juree quy deuoit surpasser les siecles en duree ie ne scay pas dequoy vous vous estes aduise de cesser de m'aimer vous n'aures pas encore loing a pousser vostre constance ie suis si malade et si languissante que

---

[1] *Bussy-Rabutin....* pp. 120, 121.

[2] Après avoir écrit ce chapitre nous avons pu examiner plus méthodiquement les lettres de Mme de La Fayette et nous sommes d'avis qu'une lettre où il est déjà question de sa mauvaise santé et de son "mal de côté" est de 1654—c. à d. de l'année avant son mariage.

quand vous voudries maimer toute ma vie vous n'auries plus
guere a m'aimer serieusement encore ie vous asseure que vous
aves tort de ne me plus aimer car il est fort veritable que jay pour
vous beaucoup d'amitie et que vous aues si fort este de mes amis
que vous le seres toujours quoique vous ne le voulies pas[1]."

Dans une autre lettre à Ménage, déjà imprimée en partie par
M. d'Haussonville, et qui paraît être de l'année 1656, elle parle
de sa vie à la campagne:

"Depuis que je vous ay escrit j'ay toujours esté hors de
chés moy a faire des vissites. M. de Bayard[2] en a esté une et
quand je vous dirois les autres vous nen series pas plus savant
ce sont gens que vous aues le bonheur de ne pas cognoistre et
que j'ay le malheur d'auoir pour voisins. Cependant, ie dois
auouer a la honte de ma delicatesse que ie ne menuye pas avec
ces gens-la quoy que ie ne m'y diuertisse guere; mais j'ay pris
un certain chemin de leur parler des choses qu'ils scavent qui
menpesche de menuyer. Il est vrai aussi que nous auons des
hommes icy du tour qui ont bien de lesprit pour des gens de
prouince. Les fammes ny sont pas a beaucoup pres si raisson-
nables mais aussi elles ne font guere de vissites et ainsi lon n'en
est pas incommode. Pour moi j'ayme bien mieux ne voir gueres
de gens que d'en voir de facheux et la solitude que je trouve
icy m'est plutost agreable qu'ennuyeuse. Le soing que je prens
de ma maison m'occupe et me diuertit fort et comme d'ailleurs
ie nay point de chagrin, que mon espoux m'adore que ie l'ayme
fort, que je suis maitresse absolue, ie vous asseure que la vie que
ie fais m'est fort heureuse et que ie ne demande a Dieu que la
continuation. Quand on croit estre heureux vous scauez que
cela suffit pour lestre et comme je suis persuadee que ie le suis
ie vis plus contente que ne font peut-estre toutes les reines de
leurope. J'ay bien envie de scavoir comme vous aurés gouverné
celle des Ghots ie ne doute point que vous ne l'ayes veue et
qu'elle ne vous ait fait mille civilites...." etc.[3]

Son mari l'adorait et, à la fin de la première année de mariage,
les époux modifiaient les termes du contrat pour se faire une
donation mutuelle de leurs biens, car ils n'avaient encore aucun
enfant. Comme La Fayette était beaucoup plus riche que sa

[1] Cette lettre est à rapprocher de celles que nous avons citées au
sujet des importunités de Ménage.

[2] Le parent mentionné dans le contrat de mariage.

[3] Il n'y a pas de ponctuation dans la lettre. Nous y avons introduit
quelques points pour en faciliter la lecture.

femme et que, de plus, il était de dix-huit ans son aîné[1] cette donation ne pouvait être un avantage que pour Mme de La Fayette.

Et pourtant on a cherché dans l'expression de Mme de La
Fayette "je l'aime fort," une preuve que l'adoration de son mari
n'était pas payée de retour. "C'est beaucoup d'être *adorée*
d'un époux, lors même qu'on ne ferait que l'aimer fort," écrit
M. d'Haussonville. C'est peut-être dénaturer un peu la pensée
de Mme de La Fayette. Il faudrait citer à côté de cette lettre,
où elle a peut-être été amenée à s'exprimer ainsi par la cons-
truction de la phrase, et sans doute aussi par une sorte de pudeur
qui ne croit pas utile de tout dire, cette autre où elle écrit "J'ay
recours a vous pr toutes choses iay besoing d'une devise jolie
pour une femme qui aime passionnement son mary et qui ne vit
que pour luy. Il sen trouve peu de cette espece je ne pretends pas
une devise noeufve ie me serviray volontiers dune qui aura
desja servy[2]."

Il est vrai qu'elle ne dit pas que la devise soit pour elle, mais
elle le laisse entendre.

Quelques mois après la donation mutuelle, dont nous avons
parlé, Madame de La Fayette devint enceinte. Au mois d'octobre elle annonce ainsi la nouvelle à Ménage "Nous partirons
dicy sans faute au commencement du mois de decembre il faut
que ie parte dicy dans ce mois quy sera le septieme de ma grossesse car ie suis grosse de quatre mois et ie vous dis cela comme
une nouvelle ne layant point mande jusques a cette heure."
Même dans cette lettre il est question d'affaires. Elle voudrait
avoir un "commontimus." Elle sait "que ceux que l'on obtient
en vertu des anciennes lettres de conseilleurs destat ne servent
de rien" mais elle est assurée "que cettuy la (me) servira parceque cest pr envoyer au fonds de la Picardie a des gens quy ne
chercheront pas tant de chicaneries et que la peur de venir a
Paris fera trembler[3]."

Cependant, sa santé est profondément altérée par cette
première grossesse; elle écrit au mois de novembre "Tous les
maux dont ie suis tourmentes ne sont point causes par ma grossesse car ie les avais avant que d'estre grosse mais les medecins
disent pourtant qu'apres mes couches ie ne m'en sentiray plus
dieu le veille (sic) ie ne me fie guere a ce que disent ces Mrs la[4]."

---

[1] M. de La Fayette naquit en 1616.   [2] Inédite.   [3] Inédite.
[4] Nous datons cette lettre nov. 1657, puisque Mme de La Fayette y
réclame les lettres de Costar qui "devraient estre en vante." Ces lettres
furent imprimées en mars 1657.

La vérité est que Madame de La Fayette souffrit tellement entre les mains de "ces messieurs là"; qu'on lui pardonne de ne pas les avoir en grande estime[1]. Ils l'envoyèrent aux eaux de Vichy, à quelques lieues de chez elle. Elle le fit savoir à Ménage de la façon suivante:

"De Vichy ce 19 — (sept. ?).

"Je suis icy aux eaux ou ie boy tous les matins quatorse grands verres du plus meschant et du plus chaud breuvage du monde jespere que ie recevray du soulagement a mes maux de ce remede la vous scaues que c'est ou les medecins envoye les gens quand ils ne scavent plus qu'en faire....[2]."

À l'occasion d'une autre visite elle écrit "Je suis icy dans les eaux jusques à la gorge mais ie m'en porte si mal que ie croy que ie les quiteray demain ie n'oserais pourtant le faire sans les ordres de M. de Lorme et iay envoye aujourdhuy le luy demander....[3]."

Mais ni la grossesse, ni la maladie, ni même les deux accidents ensemble ne l'empêchent de s'intéresser aux affaires de sa nouvelle maison et aux événements littéraires. Dans la lettre que nous venons de citer elle accuse réception d'une œuvre de Voiture et réclame avec impatience la *Clélie*[4]. Elle termine pourtant sur la phrase: "Le manque de santé est le seul veritable malheur de la vie." Le mauvais état de sa santé n'était pourtant pas son seul malheur. Peu de temps après son mariage, très probablement avant la naissance de son enfant, elle perdit sa mère[5]. Aussitôt son beau-père partit pour Champiré et

[1] Et pourtant elle avale, avec une patience digne d'un meilleur succès, tout ce qu'ils lui ordonnent: eaux de Vichy, lait d'ânesse, jusqu'au bouillon de vipères. Voir Sévigné, VI. 58; La Rochefoucauld, III. 155, 156.

[2] Inédite.

[3] À M. de St Pons, rue Guénégaud. L'autorisation demandée fut refusée, soit dit en passant, et Mme de La Fayette resta à Vichy. Les médecins étaient parfois tyranniques.

[4] Mme de La Fayette fut toujours grande liseuse de romans, tout comme ses amis Mme de Sévigné et La Rochefoucauld. Voir Sév. *Lett.*, 1689.

[5] La date n'est pas certaine et M. d'Haussonville escamote la difficulté en écrivant (p. 31): "Cinq ans après son mariage elle avait perdu sa mère." Nous établissons la date entre 1655 (date du mariage) et 1657 (date de l'édition qui contient la lettre de condoléance de Costar). Les lettres du chevalier de Sévigné viennent encore confirmer cette date. L'acte d'inhumation de Mme de Sévigné porte la date "3 février 1656" (Registres de la paroisse Saint-Maurille d'Angers, Arch. Communales de la ville d'Angers, EE 118, f° 156). L'acte est reproduit dans *La Correspondance du Chevalier de Sévigné*, Paris, 1911 (Soc. de l'hist. de Fr.), p. 274.

quelques années plus tard se retira à Port-Royal. À partir de
ce moment-là Madame de La Fayette, semble-t-il, le regarda
avec froideur. Peut-être lui reprochait-elle de prodiguer l'argent
de l'ancienne Mme de La Vergne à construire, comme il le faisait,
de nombreux bâtiments dans l'enclos de l'abbaye. À plusieurs
reprises, il est question de lui et de son testament dans la correspondance avec Ménage. Mme de La Fayette se dit peu émue par
la manière dont il dispose de ses biens et conclut: "Quand il
moura le bien qui m'en reviendra sera asses considerable pour
me consoler de la perte des meubles...."

En cette même année, 1657, Mme de La Fayette subit une
épreuve terrible pour une jeune femme. Elle constate que sa
maladie transforme complètement sa figure et que sa beauté se
perd. On a beau être bel esprit et philosophe, on n'en est pas
moins femme, et les lettres de Mme de La Fayette à ce sujet
inspirent de la tristesse. En voici une que nous citons presque
tout entière parce qu'elle nous donne, en même temps que des
éclaircissements sur ce sujet, de nouveaux détails sur l'amitié
qu'eut Mme de La Fayette pour Ménage, sur sa santé, et sur
le voyage qu'elle allait faire à Paris.

"ce 13ᵐᵉ novembre.

"Me voila donc asseuree que ie ne perdray point vostre
amitie pour avoir perdu le peu de beaute que j'avois ie perdrois
trop a la fois si ie perdois lune et lautre il est vray pourtant que
si vostre amitie ne tenoit qu'a ma beaute ce ne seroit pas une
grande perte que celle dune amitie quy tiendroit a si peu de chose
tout le malheur de mon changement ira sur loiseleur[1] pour moi ie
suis d'advis que vous le datties de l'annee passee jestois asses
jolie en ce temps-la et cela suffit de lavoir este pour estre traittee
de belle car enfin les beautes ne sont pas immortelles comme les
louanges que lon leurs (sic) donne ie vous prie lorsque Me de
Brissac vous parlera de moy de luy temoigner que ie vous ay
toujours parle delle depuis que j'ay l'honneur de la cognoistre
comme d'une personne que j'honorois infiniment"....etc....
"Nous ne partirons dicy que le lendemain de la feste de Noel
ie suis en peine davoir une litiere pour me venir querir a Briare
ou je descendray par eau ie voudrois trouver une de quelque
personne de qualite parce que pour l'ordinaire celles que lon loue
sont tres incomode et les mulets en sont si meschants que les
fammes en lestat que ie suis y courent plus de risque qu'en

---

[1] Poème de Ménage, adressé à Mme de La Fayette et qu'il semble
lui avoir communiqué avant l'impression. Il en est souvent question
dans la correspondance.

carosse....Nous avons absolument areste la maison de Mme de Seivgne[1] en attendant que nous layons meublee nous logerons ches Mr de St Pons[2] qui demeure proche lhostel de nevers. Nous serons asses vos voisins en cet endroit la adieu ie vous escris des aujourdhuy quy n'est pas le jour de lordinaire parce que jauray demain ceans une foule de monde horible parmi laquelle ie n'aurais pas eu le temps de vous dire un mot[3]."

Malgré "la foule de monde horible" et ses nombreuses occupations, Mme de La Fayette lit et écrit beaucoup—car la légende qui veut qu'elle n'ait écrit que peu de lettres est aussi fausse que la plupart des légendes fabriquées sur son compte. Elle ne se contente pas de lire *L'Oiseleur* de Ménage, qui lui est dédié, elle trouve encore le temps d'en faire la critique: "J'ay releu vint fois loiseleur," écrit-elle, "mais plus ie lay leu et plus ie me suis fortifiee a estre de son party ie trouve que ce que vous y aves adjouste lors que la belle est touchee de lamour d'Eurilas y fait fort bien et ie ayme fort quelle se souvienne de ce que luy a dit le Peroquet comme dune chose quy vient peut-estre des dieux il y a un vers dont ie vous demande raison quoy que ie sois persuadee qu'il n'y a point de faute mais cest que la maniere dont il est tourne est nouvelle pr moy.

<small>si bien tost linsensible esloignait ses beaux lieux</small>

il me semble qu'il faudroit *seloigner de ces lieux* car Eurilas peut bien seloigner de chipre mais il ne peut pas esloigner chipre de luy et il y ą grande diference dans la commune facon de parler des hommes (ie ne scay pas si cest la meme chose dans le langage des Dieux) a seloigner dune personne ou a esloigner une personne de soy faittes moy responce la dessus ie vous en prie il y a encore deux vers quoyque beaux quy ne me plaisent pas cest dans la description d'Eurilas il ne men souvient pas bien vous vous les cognoistres par ce que ie men vais vous en dire.

<small>ɛt le premier coton a peine ombragoit (sic) son menton[4]</small>

[1] Le beau-père de Mme de La Fayette voulait lui louer sa maison que la jeune femme trouvait fort incommode—loin de ses amis et du Palais de Justice.

[2] Son oncle maternel Gabriel Péna, Sieur de St Pons, mort en mars 1659 (Lettre de faire part. Cab. des Titres, Pièces orig. 2229). Cette lettre de Mme de La Fayette ne peut être donc postérieure à 1658).

[3] Inédite.

[4] Ménage avait écrit:

> Il sortoit de l'enfance et le premier coton
> À peine seulement ombrageoit son menton.

Poemata, Quarta editio, 1663.

ie trouve quelque chose de plus bas a cela qu'au reste de la description. Voila les seules choses que jay remarquees quy ne me plaisent pas tant que le reste. A dieu ne plaise que ie croye pour cela quelles ne soient pas bien car sans vanite ie nay pas celle de me croire capable de juger de tels ouvrages. J'emmene une litiere de ce pays icy avec moy dans nos batteaux afin de pouvoir prendre terre si le vent nous est contraire en quelque endroit que nous soyons cest pourquoy ne prenes plus la peine de men chercher adieu[1]."

D'après certaines lettres, Ménage aurait communiqué le manuscrit de son poème à Mme de La Fayette. À ce sujet elle lui disait : "Je prétends vous y avoir aidé quoy que vous puissies dire."

Après la naissance de son fils Louis, en 1658, Mme de La Fayette revint en Auvergne et nous la voyons tantôt à Espinasse, tantôt à Nades, tantôt à Vichy. Elle aime la campagne et écrit à Ménage : "….J'ay bien envie de vous scavoir a Meudon il fait si beau a la campagne que jay pitie de tous ceux quy sont presentement a Paris peutestre leur fais je pitie a mon tour destre a la campagne mais comme ie ne m'en fais pas a moymesme ie m'en console facilement mandes moy des nouvelles de Mlle de Scudery."

Elle fait aussi de fréquents voyages à Paris, quelques fois seule, quelques fois avec son mari, et certains de ces séjours sont assez longs à cause des procès. De son côté, son mari fait de longs voyages qui durent parfois plusieurs mois. Au mois de février 1659 elle donne naissance à un second fils, René-Armand. Peu à peu son mari rentre dans l'ombre et vers 1660 Madame de La Fayette est le plus souvent à Paris. C'est cette séparation qui a fait croire à tort que M. de La Fayette était mort quelques années après le mariage. Lorsque M. le comte d'Haussonville

Cf. Voltaire, *Les trois manières* où Téone dit :

> Vous connaissez tous Gathon,
> Il est plus charmant que Nirée ;
> À peine d'un naissant coton
> Sa ronde joue était parée.

[1] Nous donnons *in extenso* cette lettre inédite car nous croyons que jusqu'ici on n'a imprimé aucune critique littéraire émanant de Mme de La Fayette, à part une courte appréciation des *Maximes* de La Rochefoucauld, et quelques observations adressées à Lescheraine. Dans ces deux cas les critiques portent plutôt sur le fond que sur la forme.

découvrit la date exacte de sa mort il écrivit: "Une chose est
certaine; c'est qu'il faut renoncer désormais à considérer Mme de
La Fayette comme une jeune veuve....et je suis certain que plus
d'un parmi mes prédécesseurs en biographie *fayettiste* enviera
cette trouvaille[1]." Il y avait de quoi, et pourtant si les prédécesseurs de M. d'Haussonville avaient été un peu plus conscien-
cieux ils auraient pu. sans avoir accès aux documents qui n'ont
été communiqués qu'à l'illustre biographe fayettiste, arriver
à peu près au même résultat. Il aurait suffi, par exemple, de
remarquer en lisant le contrat de mariage entre Mlle de Sévigné
et le comte de Grignan, signé le 28 janvier 1669, que parmi les
personnes qui furent témoins il y eurent Marguerite de Rostaing,
veuve de Henri de Beaumanoir, Marie Madeleine de La Vergne,
épouse du Marquis de La Fayette, Dame Françoise de Montalais,
veuve du Comte Marans, etc....Le Comte de La Fayette était
donc encore vivant en 1669. Quant à fixer la date exacte de sa
mort c'était plus difficile et pourtant, bien avant M. d'Haussonville, M. le Sénateur de La Fayette avait découvert cette date
inscrite sur un vieux missel où se trouvait également l'état-civil
de la famille. Il avait communiqué à M. Feuillet de Conches
cette trouvaille et dans son étude sur la comtesse, écrite avant
1887 (date de sa mort), ce dernier l'avait annoncée avec la modestie qui lui était habituelle. Malheureusement la mort enleva
M. de Conches quelques mois plus tard et son travail resta inédit.
Sa fille, Mlle Feuillet de Conches, a eu l'obligeance de nous communiquer le manuscrit où on lit à propos de M. de La Fayette:

"Jusqu'à ce jour on avait ignoré la date de sa naissance et
celle de sa mort. Le Sénateur de nos jours, M. Edmond de La
Fayette a retrouvé la trace de ce mari de notre comtesse. Il
naquit le 18 Sept. 1616 à 4 heures du matin, au château de son
père en Auvergne. Il décéda le 26 Juin 1683, à 4 heures du matin,
dans ce même château et fut inhumé dans celui de Nades.
M. Edmond de La Fayette a retrouvé cet état-civil dans un
vieux missel à la suite duquel sont inscrites les notes de l'état-
civil des membres de la famille de La Fayette." (Note en marge.)
"Le nom du château du père est illisible dans le volume[2]."

[1] Op. cit. p. 31.
[2] Ce livre d'heures appartient aujourd'hui à M. G. de Pusy qui a eu
l'obligeance de le mettre à ma disposition. Je remercie M. de Pusy de sa
délicate bienveillance. Les notes sur l'ancienne famille de La Fayette
sont aujourd'hui complètement illisibles mais plusieurs mains ont tenu
à jour l'état-civil de la famille. Il y a parfois des erreurs (p. e. le mariage

Quel est donc le fait ou le sentiment qui, pendant vingt ans, contraignit le mari à ne figurer que peu ou pas du tout dans la vie de sa femme? On ne manque pas de nous faire remarquer aujourd'hui que la séparation a dû être complète et pour des raisons fort graves, puisque les contemporains ne prononcent jamais le nom du mari. Ce raisonnement est basé sur une erreur. Les contemporains en parlaient. Nous avons déjà vu que Guillard expliquait la séparation à sa façon. Et il n'est pas seul à faire mention de M. de La Fayette; Madame de Sévigné en parle. Mais il n'y a rien de plus difficile que de ressusciter un homme tué par ses biographes—les annotateurs s'obstinent à expliquer aux lecteurs que le M. de La Fayette des lettres de la Marquise n'est pas celui qui nous intéresse mais son frère ou son fils, et ceci malgré des difficultés de date à peu près insurmontables.

La première fois que nous rencontrons le nom de M. de La Fayette[1] dans les lettres de Mme de Sévigné il ne s'agit que d'une mention sans importance à propos d'un domestique. Au mois de février 1673 Mme de La Fayette écrit à son amie: "Monsieur de Bayard et M. de La Fayette arrivent dans ce moment[2]." En 1676, Madame de Sévigné écrit de Vichy à sa fille: "Mme de Brissac avec le Chanoine, Mme de Saint-Hérem et deux ou trois autres me vinrent recevoir aux bords de la jolie rivière de l'Allier. …M. de Saint-Hérem, M. de La Fayette, l'abbé Dorat, Plancy et d'autres encores, suivoient dans un second carosse ou à cheval[3]." Et quelques jours plus tard, elle écrit de nouveau[4]: "Il y a trois hommes qui ne sont occupés que de me rendre service: Bayard, Saint-Hérem, et La Fayette."

De ces citations il ressort deux faits: d'abord, que M. de La Fayette allait voir sa femme à Paris longtemps après l'établisse-

---

de Mme de La Fayette 1654 au lieu de 1655) qui font croire que les inscriptions ont été faites par d'autres que les chefs de famille mais il y a là des détails que l'on ne pourrait trouver ailleurs. Le passage que M. Edmond de La Fayette communiqua à M. Feuillet de Conches est ainsi conçu, "François de la faïette nasquist 18 jour de Septembre 1616 à 4 heures du matin au chastel d'Epinasse et fut baptisé à la paroisse ses parine et maryne Claude et Anne de Bourbon oncle et tante maternels. Led. franç. est décédé le 26 juin 1683 à 4 heures du matin en la ville d'Ebreuil (?) et a esté inhumé à Nades le même jour."

[1] II. 462. En note: "Dans l'édition de la Haye, la seule qui donne cette phrase, il y a M. de La Fayette." Dans le texte on a imprimé Mme de La Fayette.

[2] Ibid. III. 316.

[3] Ibid. Vichy, le 19 mai 1676.

[4] Ibid. le 24 mai.

ment de celle-ci dans la capitale, en 1673, ensuite, qu'il n'était pas aussi ennemi de toute société que l'on voudrait le faire croire puisqu'il a pu mériter la reconnaissance de l'amie de sa femme, lors de sa visite en Bourbonnais.

Cette séparation, peut-être moins complète qu'on ne l'imaginait, a besoin toutefois d'être expliquée. Ici, tout est conjecture, car les documents font complètement défaut. Mais il ne s'ensuit pas qu'il soit nécessaire de bâtir tout un roman pour combler la lacune. Au contraire, ce manque de documents, à notre avis, motive une explication simple, car si vraiment il y avait eu un drame, certaines médisances seraient parvenues jusqu'à nous. Nous écarterons pour le moment la question de la liaison avec de La Rochefoucauld[1] dont nous parlerons à sa place. Voici notre hypothèse, basée en partie sur la correspondance inédite de la comtesse ; mais, reconnaissons-le sans tarder, elle ne s'appuie sur aucun document précis.

Nous avons déjà vu, d'après la correspondance de Mme de La Fayette, que ses procès se succédaient et s'éternisaient au Palais de Justice de Paris. Ces procès rendaient sa présence nécessaire, et, de plus, sa santé exigeait des soins que l'on ne trouvait que dans la capitale. Elle faisait donc le voyage de temps en temps—parfois dans un état de santé si mauvais que seuls le bateau et la litière lui étaient supportables. Ces voyages coûteux, douloureux, dangereux même pour la malade, devaient être évités autant que possible, mais quand on plaidait il fallait être à Paris, sans quoi l'on risquait de perdre gros. Madame de La Fayette y fit donc des séjours de plus en plus prolongés[2] ; son mari, qui ne se trouvait pas à son aise dans les milieux qu'elle fréquentait, se consolait tant bien que mal chez lui. Peu à peu Mme de La Fayette fut ressaisie par la vie de Paris, elle reprit sa place dans le cercle de ses amis, dans les salons qui se formaient ; elle entra à la cour de Madame Henriette, encouragée par cette pensée qu'abandonner Paris menaçait de nuire non seule-

---

[1] Nous traitons ailleurs de la date de cette liaison, date qu'il est peut-être nécessaire d'avancer. Il faudrait alors en considérer l'influence ici même—mais les preuves ne sont pas suffisamment probantes pour bouleverser ainsi l'opinion commune.

[2] On n'a pas remarqué ces longs séjours à Paris du ménage La Fayette. On fait faire à la jeune femme un séjour ininterrompu en Auvergne de trois ou quatre ans. Mais elle écrit elle-même à cette époque: "Comme nos affaires sont tournées a nous tenir longtemps a Paris cela fait que ie ne veux pas une maison de si grand prix *que si ie ne la devois tenir que six mois*" (inédit).

ment à elle-même, mais en outre à l'avenir de ses enfants. C'est
là qu'était la cour, et il ne se faisait rien en province, dans les
états, dans les gouvernements, dans les armées que la Cour ne
sût, ne surveillât. C'est de Paris, de la Cour, que partaient les
seigneurs qui allaient dans leurs gouvernements, les hommes de
guerre, les généraux, les diplomates. Les fils de M. de La
Fayette ne pouvaient arriver sans influence car, bien entendu,
il n'y avait que deux carrières d'ouvertes à un La Fayette,
l'armée ou l'église. Pour avoir cette influence il fallait des relations et ce n'est qu'à Paris qu'on en trouvait d'utiles. Mais
toutes ces considérations n'expliquent que le séjour à Paris et
non pas l'absence du mari. Il n'était pas homme du monde, il
est vrai, il aimait la campagne, mais d'autre part il adorait sa
femme—en tout cas pendant la lune de miel. Peut-être, lorsqu'il se vit lié à une femme continuellement malade, qui perdait
rapidement sa beauté, son amour se refroidit-il un peu. Peut-
être encore fut-il forcé, un peu malgré lui, de cesser ses relations
avec sa femme pour ménager la santé de celle-ci[1]. Dans ce cas
la séparation à peu près complète était ce qu'il y avait de moins
pénible pour tous les deux. Elle permettait au mari de visiter
de temps à autre la maison de la rue de Vaugirard[2] et d'y rencontrer, comme il dût le faire, le duc de La Rochefoucauld—et
avec un esprit tranquille. Si l'on admet certaines autres hypothèses on risque d'accuser M. de La Fayette d'avoir été un mari
singulièrement complaisant.

Très peu de temps après le mariage et avant que Mme de La
Fayette ne fût venue s'établir à Paris, nous voyons la femme à
Livry, et le mari en Auvergne, sans qu'il y ait eu de querelle. Au
contraire, Mme de La Fayette est inquiète et demande des
nouvelles de son mari. "Ie vous prie," ecrit-elle de Livry, "de

---

[1] Une lettre à Huet jette un peu de lumière sur ses souffrances à la
naissance du second (?) enfant. "Quoique je sois accouchee tres heureusement contres toutes les apparences et que l'on travaille a me guerir avec
assez de soin, l'on avance si peu que je n'espere pas mieux de ma sante
que lorsque vous etiez ici. Je crois que ma destinee est de n'en point
avoir et je m'y soumets avec une patience qui adoucit mes maux, au
lieu que l'inquietude les aigriraît...." Mss. fr. Bibl. Nat. Voir bibliog.
(Correspondance).

[2] "M. de la Fayette est a Paris et fort votre serviteur....," écrit-elle
à Huet le 15 mai 1663. M. Lemoine, à la p. 68 (note) de son article sur
Louvois (*Rev. de Paris*, 1ᵉʳ sept. 1907), affirme que M. de La Fayette est
mort dans l'Hôtel de la rue de Vaugirard. Ceci est inexact d'après le
missel de la famille. Voir la note à la p. 60.

scavoir de Mr Verjus s'il escrivit mardi a M. de La Fayette et s'il ne luy a point escrit pries le de ma part de luy escrire demain comme ie suis icy ie ne scay aucune nouvelle et ne puis luy en escrire."

Un peu plus tard, elle écrit à Ménage que M. de La Fayette est très content des soins de l'abbé, et, plusieurs années après le mariage, elle écrit encore: "Je vous suplie denvoyer au logis de Mr Fournier, quy est le precepteur de mes anfans, la lettre pr Mr de Novion et il l'envoira (?) a Mr de La Fayette ce seroit du temps perdu de me l'envoyer icy adieu jusqu'a Fresnes...."

Ménage paraît avoir été chargé non seulement de faire des démarches pour les procès, mais aussi de fournir à M. de La Fayette une espèce de gazette des nouvelles de Paris. Lorsqu'il est absent, c'est Mme de La Fayette qui s'en acquitte: "Je suis tout seule a Paris," écrit-elle, "serieusement ie n'y vois personne et ie passe ceans des journees entieres sans estre interompue d'aucune visite jay escrit aujourdhuy en Auvergne mais j'ay bien mal acomply vostre place pr les nouvelles."

À d'autres moments le mari est à Paris—la femme en Auvergne. "A moins que Mr de La Fayette me manda que ie suis absolument necessaire a Paris," écrit-elle, "ie ne m'en iray que d'aujourdhuy en huit jours ie vous diray lors que ie seray a Paris ce qui me retient icy."

Dans une autre lettre encore elle écrit: "Jenvoy a Paris pour scavoir des nouvelles de Mr de La Fayette dont ie suis en peine...."

Malgré cette attitude pleine d'égards de Mme de La Fayette, il est certain qu'après quelques années de mariage le mari ne compte plus guère dans la vie de sa femme. C'est elle qui paraît avoir tout organisé, tout dirigé, pour l'avenir de ses fils; c'est elle qui s'occupe des biens de la famille; après la mort de son mari elle affirme son autorité de chef de famille, dressant l'arbre généalogique de la maison des La Fayette. C'est à propos de ces dernières recherches que je trouve la seule critique qu'elle ait émise à l'adresse de son mari, dans sa correspondance avec Ménage. "Je songe a faire les cartiers de feu Mr de La Fayette," écrit-elle, "il n'a jamais songe a s'instruire de sa maison ie ne veux pas laisser mes enfants dans cette mesme neglige."

Nous pouvons donc prendre congé du mari à cette époque de sa vie, mais avant de le faire il faut se demander quelle influence ce mariage a pu avoir sur la vie de Mme de La Fayette. Comme futur auteur de la *Princesse de Clèves*, elle n'a certes pas à regretter son mariage—on ne conçoit pas ce roman écrit par une vieille fille—; nous pouvons donc oublier ici les déceptions de la femme pour ne parler que des profits de l'écrivain.

Son séjour en province agrandit un peu son horizon. Il lui permit de rencontrer des étrangers, des provinciaux. Certes, elle en avait déjà rencontré, étant jeune fille, mais elle n'avait jamais eu une aussi bonne occasion de les étudier. Mariée, elle connaissait les rapports du mari et de la femme dans la vie sociale—elle en appréciait les avantages et les inconvénients. Elle goûtait la liberté d'action—et peut-être de parole—de l'épouse; elle jouissait de la joie d'être comtesse, de porter un nom ancien, mais elle était peut-être attristée par l'éloignement de ses amis et le changement de milieu, et elle souffrait cruellement d'avoir ajouté à une maladie déjà douloureuse les affres de la maternité. Enfin elle pouvait étudier la psychologie de l'homme amoureux, nous n'osons pas ajouter, puisque les preuves manquent, et de l'homme jaloux.

Si le mariage fut pour elle une source de déceptions—qu'il y ait eu drame ou non—la situation d'épouse dut l'amener à faire de fréquentes réflexions et elle put comprendre mieux que personne combien la question du mariage soulève de graves problèmes qui lui sont particuliers. Nous ne voulons pas rechercher ici jusqu'à quel point la *Princesse de Clèves* est une autobiographie. Nous en parlerons plus loin, mais on ne peut s'empêcher, en étudiant la vie d'épouse de Mme de La Fayette, et plus tard son amitié avec La Rochefoucauld, de se dire "Il y a ici les éléments de la *Princesse de Clèves*," les personnages y sont—peut-être leurs relations n'existent-elles que dans l'imagination de l'auteur. Toujours est-il que les propres expériences de Mme de La Fayette, épouse, ont dû lui être utiles pour la préparation de son chef-d'œuvre.

CHAPITRE IV

LA DÉBUTANTE. 1659–1662

I

LORSQUE le mariage eut exilé Madame de La Fayette en province elle eut recours à Ménage pour qu'il la tînt au courant de ce qui paraissait chez les libraires de Paris; entre d'autres livres il lui fit parvenir, comme nous l'avons déjà dit, la *Clélie*. À ce sujet Madame de La Fayette lui écrit: "Je suis fort offencee que vous ne m'ayez point mande que vous esties dans Clelie vous avez voulu voir sans doute si ie vous recognoistrois he bien Monsieur ie vous ay recogneu au portrait et ie trouve votre pinture (sic) fort resemblante jay recogneu aussi Me du Plessis Mr de Mauleurier et le Port Royal du reste ie ny cognois quy que soit la Princesse d'Erice nest pas depeinte tout a fait comme ie voudrois mandes moy ie vous prie quy est Merigene asseurement il n'y a rien de plus spirituel que ce livre la pour moi ie ne cesse de ladmirer....[1]." Madame de La Fayette, qui aimait à découvrir les originaux des portraits, put se livrer à cet amusement dès le sixième tome du *Grand Cyrus* et avant d'arriver à la fin de ce roman elle dut exercer son ingéniosité sur les portraits d'Angélique Paulet, de Mme de Rambouillet, de Julie d'Angennes, d'Angélique d'Angennes, du marquis de Montausier, de Godeau, de Conrart, de Chapelain, de Mlle de Scudéry, de Mme de Buisson et d'autres encore dont les modèles lui étaient peut-être connus, mais qui sont plus difficiles à identifier de nos jours. Si l'honneur d'avoir "*lancé*" cette mode des portraits revient à Mlle de Scudéry, la grande Mademoiselle peut revendiquer, à bon droit fort probablement, celui d'avoir séparé le portrait du roman pour en faire un genre littéraire à part. Elle écrit dans ses *Mémoires* (automne 1657): "Dès que je sus la cour à Paris, j'y envoyai un gentilhomme pour lui faire mes excuses de ne m'y être pas rendue aussitôt, mais que mes affaires m'obligeoient de demeurer encore à Champigny. Madame la princesse de Tarente et Mademoiselle de la Trémoïlle y vinrent deux ou trois fois, et y furent longtemps à chacune. Elles me montrèrent

[1] Corr. inéd. Coll. F. de C.

leurs portraits qu'elles avaient fait faire en Hollande. Je n'en
avois jamais vu; je trouvai cette manière d'écrire fort galante
et je fis le mien. Mademoiselle de la Trémoïlle m'envoya le sien
de Thouars.''

"On dit à son Altesse Royale," lisons nous ailleurs, "que
j'avois fait mon portrait à Champigny; il me demanda à le voir
et me dit qu'il le trouvoit bien fait; qu'il me conseilloit de ne le
montrer à personne, de crainte que cette mode ne vînt et que
l'on n'en fît de médisans et que l'on ne dît: C'est Mademoiselle
qui en a donné l'invention. J'assurai son Altesse Royale que
personne ne le verroit. J'avoue que je crus ce conseil un peu
intéressé et qu'il craignoit que l'on ne fît le sien[1].''

La promesse ainsi donnée n'a pas été tenue, semble-t-il, car
il est certain que la mode des portraits s'imposa et qu'on fit des
portraits médisans[2]. La vogue de ce nouveau genre littéraire
fut tellement grande que le cardinal de Retz en est réduit à
s'excuser ainsi, au début de ses mémoires: "Je sais que vous
aimez les portraits et j'ai été fâché par cette raison de n'avoir
pu vous en faire voir jusqu'ici aucun qui n'ait été de profil et
qui n'ait été par conséquent fort imparfait." Il explique ensuite
qu'il vient de sortir "du vestibule de son sujet" et aussitôt
donne une série de dix-sept portraits.

La mode ainsi lancée se répandit assez vite à travers la
France et non seulement dans la haute société, mais aussi dans
la bourgeoisie. Ainsi à côté des *Portraits de la Cour* (voir le
tome VIII. de la collection Danjou) nous trouvons *Les Portraits
des plus belles dames de la Ville de Montpellier*[3] et *Les Portraits
de Messieurs du Parlement*[4]. Bussy-Rabutin en parsème ses

---

[1] *Mém.* de Mlle Chéruel, II. 181. Nous ne connaissons qu'une mono-
graphie sur les portraits: Arthur Franz, *Das literarische Porträt in Frankreich im Zeitalter Richelieus und Mazarins.* Berlin, 1906. C'est une
thèse très allemande sur un genre très français. Comme le sujet ne
nous intéresse qu'en ce qui concerne Mme de La Fayette nous n'en
donnerons pas la bibliog. détaillée. Voir Lanson, *Man. de Bibliog.*, et
L'art de la Prose. Émile Magne, *Mme de la Suze*, pp. 232, 233, notes.
M. Magne donne, en passant, plus de renseignements bibliographiques en
deux notes que M. Franz n'en donne dans toute sa thèse. Lachèvre,
Bibliog. des recueils.... A. Barine, *Louis XIV et la Grande Mlle*, pp. 131
et suiv. Richelet, *Les plus belles lettres....* Sorel, Ch., *Descr. de l'isle de
portraicture...*, 1659. Cousin, *La Soc. fr. d'après le Gr. Cyrus.*
[2] Il y a des portraits satiriques dans Sorel, op. cit., et il existe des
Portraits de la Cour en contrevérité, 1659, que nous n'avons pas vus.
[3] Rosset, 1660.   [4] Bibl. Arsenal, *Fonds de l'Hist. de Fr.* N° 420, in 4°.

mémoires et on en rencontre dans les écrits diplomatiques et politiques[1]. Ils encombrent les romans[2] et leur attirent les railleries de Boileau qui fait dire à Sapho dans *Les héros de roman*: "Qui? Tisiphone? Je la connais, et vous ne serez peut-être pas fâché que je vous en fasse voir le portrait, que j'ai déjà composé par précaution, dans le dessein où je suis de l'insérer dans quelqu'une des histoires que nous autres faiseurs et faiseuses de romans sommes chargés de raconter à chaque livre de notre roman." Les portraits envahissent les comédies et trouvent place jusque dans les sermons de Bourdaloue. D'abord jeux de précieuses, avant de tomber dans le mépris ils ont atteint la perfection dans les *Caractères* de La Bruyère.

C'est Segrais qui fut chargé par Mademoiselle de préparer une édition des portraits qu'elle avait collectionnés. Cette édition fut imprimée à Caen en 1659 in 4⁰, et Huet qui s'y trouvait à cette époque surveilla particulièrement l'impression. Segrais, d'après le *Segraisiana*, dit: "J'ai aussi fait imprimer avec M....(Huet) un recueil de cent portraits de différentes personnes[3]. Il y en a bien quarante de la composition de Mademoiselle; on n'en a tiré que trente exemplaires[4]." C'est dans ce recueil que parut le *Portrait de Madame de Sévigné* par Madame la comtesse de La Fayette sous le nom d'un inconnu—première œuvre littéraire publiée par elle[5]. Il est intéressant de noter, en

[1] Voir De Boislisle, *Les portraits dans les écrits dip. et pol.* Bull. Soc. Hist. Fr. 1896, T. XXXIII.

[2] Il y a dans la *Clélie* non seulement des portraits mais aussi une discussion sur le genre (IX. 284) et d'autres remarques sur le même sujet (X. 1035).

[3] La 1ʳᵉ éd. renfermait 59 port. dont 16 de la main de Mademoiselle.

[4] Brédif (*Segrais*, etc.) aurait vu à la Bibl. Nat. 60 exemplaires de cette première éd. Malheureusement notre patience s'étant mainte fois fatiguée à attendre la communication d'un seul exemplaire d'un ouvrage publié au XVIIᵉ siècle et qui n'était pas encore porté sur le cat. gén., nous n'avons pas osé demander la communication de 60 ex. du même ouvrage, mais nous croyons que Brédif se trompe à son tour et qu'il a pris une des nombreuses réimp. (voir bibliog.) pour l'éd. orig. Les chiffres donnés par le *Segraisiana* sont, cependant, peut-être un peu au-dessous de la vérité. Nous trouvons, en effet, sur la feuille de garde de l'ex. L 37 b 187 de la Bibl. Nat. la note MS. suiv....."Il n'en a esté tiré que 60 exemplaires. On sçait cette particularité de M. Huet luy-même qui l'a dit en 1718 à un de ses amis."

[5] Il est bien question dans la *Corr.* de Bussy (I. 262) d'une lettre pour se moquer des mots à la mode "qu'elle a donnée au public"—nous ne savons pas à quelle date. Était-ce avant ou après 1659? En tout cas ce n'est qu'une bagatelle sans visée littéraire—bien que spirituelle.

passant, que cet ouvrage inspiré par le caractère de sa meilleure amie, Madame de Sévigné, fut publié sous la direction de Huet, à qui elle communiqua plus tard les feuilles de *Zaïde* au fur et à mesure de leur achèvement[1], et de Segrais qui sera son collaborateur dans la préparation de ce même roman, qui le présentera au public sous son nom, et aura, en outre, l'honneur de se voir attribuer la *Princesse de Clèves*.

Il ne faudrait pas négliger la part d'influence qui revient à cette mode dans l'éducation littéraire de Madame de La Fayette. Avant d'écrire ce portrait et bien longtemps après sa publication elle dut lire et entendre discuter, louer et critiquer, un grand nombre d'ouvrages de ce genre. C'était un excellent apprentissage qui la préparait à peindre comme elle le fera plus tard "l'intérieur des gens[2]." Il ne faut pas en effet se méprendre sur le véritable but des portraits. Bien que leurs auteurs aient commencé d'ordinaire par dépeindre la figure et l'extérieur d'une personne, puis les talents qui dépendent des avantages physiques: armes, danse, chant, et n'aient songé que plus tard à l'esprit et au cœur, ils n'avaient nullement l'intention de "faire voir" la personne à la façon de nos modernes réalistes. Il leur suffisait d'appeler l'attention des lecteurs sur diverses particularités, de faire naître de ces particularités des idées ingénieuses, de les rassembler en rapports piquants, en un mot "de mêler si intimement l'exercice de l'esprit du peintre à la description des caractères du modèle que l'on ne sache pas ce qui intéresse ou amuse le plus, le modèle étudié ou le tour donné à cette étude[3]."

C'est l'étude de l'esprit et du cœur qui fut le meilleur exercice pour les écrivains et c'est ce qui, chez eux, nous intéresse le plus aujourd'hui; là seulement se trouve l'intérêt durable des Portraits. La même franchise était de règle en parlant et du corps et de l'esprit, mais si nous n'avons qu'un intérêt médiocre à savoir, sous la plume de la duchesse de Châtillon elle-même, qu'on ne peut avoir la jambe ni les cuisses mieux faites qu'elle ne les avait, nous ne pouvons pas être indifférents à l'amour de liberté et d'indépendance, et aux opinions sur la loyauté et l'honneur que plusieurs portraitistes découvrent chez leurs modèles. Madame de La Fayette paraît se rendre bien compte

[1] Voir notre chapitre sur *Zaïde*.
[2] Ce joli mot, relevé par A. Barine (*Louis XIV et la Gr. Mlle*, p. 137), est de la marquise de Mauny, qui écrit dans son portrait (*Gal. port.* Éd Barthélemy, p. 75), "Je connais assez l'intérieur des gens."
[3] Lanson, *L'Art de la Prose*, p. 128.

de l'importance de la "partie morale" du portrait. Pour
suivre la règle établie, elle nous parle des attraits physiques de
la marquise, ou plutôt par un tour ingénieux, elle nous dit qu'elle
n'en parlera pas, ce qui est la meilleure façon de nous en informer.
"Je ne veux point vous accorder de louanges," écrit-elle, "et
m'amuser à vous dire que votre taille est admirable, que votre
teint a une beauté et une fleur qui assurent que vous n'avez que
vingt ans, que votre bouche, vos dents et vos cheveux sont in-
comparables; je ne veux point vous dire toutes ces choses, votre
miroir vous le dit assez." Est-elle grande, est-elle petite, forte
ou maigre, brune ou blonde? N'importe! Madame de La Fayette
a été spirituelle et l'expression est bien tournée en même temps
que flatteuse. Après dix lignes de portrait physique nous aurons
deux pages de portrait moral.

Mais le portrait n'est pas nécessairement tout d'éloges et
même dans la partie morale on peut dire un mot sur la figure.
On peut glisser sur les défauts, mais non les taire. Il faut être
sincère, non seulement pour l'amour de la vérité, mais aussi
pour montrer qu'on a de la clairvoyance. Madame de La Fayette
écrira donc: "Lorsqu'on vous écoute, l'on ne voit plus qu'il
manque quelque chose à la régularité de vos traits, et l'on vous
croit la beauté du monde la plus achevée." Pour ce qui concerne
le caractère en général, il faut trouver une phrase pour le résu-
mer et Madame de La Fayette y réussit à merveille: "Enfin la
joie est l'état véritable de votre âme, et le chagrin vous est plus
contraire qu'à personne du monde." C'est ainsi que nous voyons
la marquise à travers sa correspondance. Et pourtant elle avait
bien des causes de chagrin, et Madame de La Fayette effleure
aussitôt la plus grande d'entre elles. Ce n'est qu'une insinuation,
bien cachée sous le ton galant et badin de la phrase, mais elle
a dû être remarquée et appréciée par les contemporains et surtout par les contemporaines. "Vous êtes naturellement tendre
et passionnée," écrit-elle, "mais, à la honte de notre sexe, cette
tendresse vous a été inutile, et vous l'avez renfermée dans le
vôtre, en la donnant à Madame de La Fayette. Ha! Madame,
s'il y avoit quelqu'un au monde assez heureux pour que vous
ne l'eussiez pas trouvé indigne de ce trésor dont elle jouit, et
qu'il n'eût pas tout mis en usage pour le posséder, il mériteroit
toutes les disgrâces dont l'amour peut accabler ceux qui vivent
sous son empire." Le marquis de Sévigné était encore en vie
en 1650 et "il aima partout," dit Bussy dans son *Histoire Généalogique*, "et n'aima jamais rien de si aimable que sa femme." Du

coup Madame de La Fayette flétrit le mari et atteste l'honnêteté
de la femme, car dès cette époque la femme délaissée ne manquait
pas d'admirateurs, mais "elle n'aima jamais que son mari," dit
Bussy, "bien que milles honnêtes gens" (le bon apôtre était du
nombre) "eussent fait des tentatives auprès d'elle[1]."

Bien qu'en général la langue du dix-septième siècle soit plus
propre à l'analyse morale qu'à la peinture, on pourrait croire
quand il s'agit d'un portrait, qu'il y aurait une étude intéressante à faire sur le style, sa couleur, ses images. On se rappelle
qu'avec cette même langue La Fontaine a pu nous faire des
eaux-fortes d'une finesse incomparable et parfois d'un réalisme
saisissant. Mais il ne faut chercher ni réalisme ni éclat du
style dans les portraits. Bussy nous dit que Madame de Sévigné
a les cheveux blonds; Madame de La Fayette nous dit qu'ils
sont admirables. Et ici c'est Bussy qui, pour une fois, n'est pas
dans le goût général de son siècle: la plupart des "portraitistes"
donnent aux portraits qu'ils peignent des cheveux "incom-
parables" ou même d'une "couleur admirable qui sied à toutes
sortes de teints," la taille "belle," les yeux "brillants et doux,"
une bouche qui a "toutes les grâces." Madame de La Fayette
ne procède pas de façon différente. Comme M. Lanson l'a si
bien fait remarquer, son style est "de très haute qualité intellectuelle, sans puissance artistique[2]." Dès le début elle nous
habitue à ce style net, sobre, un peu sec mais d'une mesure et
d'un bon goût exquis. C'est ce que les contemporains admirent
et Racine lui-même n'écrira pas autrement sa prose[3].

II

Il est d'usage avant de parler des romans de Madame de
La Fayette de donner un court résumé de l'histoire du genre
pour aider le lecteur à mettre l'œuvre de Mme de La Fayette
à la place qu'elle doit occuper dans l'évolution du roman. La
situation, d'après ces résumés, est fort simple. Il eut d'abord des
Astrée, des *Cléopâtre*, des *Polexandre*, des *Grand Cyrus*, des *Clélie*.

[1] Costar trouve que l'inconnu ne connaît pas assez Mme de Sévigné
et ajoute: "Je ne suis pas trop mal satisfait de ce qu'il dit de votre visage
et de votre taille; Mais bon Dieu! s'il était entré bien avant dans votre
âme il y aurait bien découvert d'autres trésors que ceux dont il parle."
Sév. *Lett.* I. pp. 426, 428.
[2] *L'Art de la Prose*, p. 13. Ce jugement s'applique mieux aux œuvres
de début qu'à la *Princesse de Clèves*.
[3] Voir p. e. l'*Histoire de Port-Royal*.

On ne manque pas de montrer la longueur et la complexité de ces romans interminables, on cite le nombre des volumes, on compte les pages; et leur longueur n'est pas leur seul défaut, paraît-il, ils sont romanesques, fantastiques, sans vérité dans la peinture des mœurs, complètement éloignés de la vie de ce monde et préoccupés d'une autre vie imaginaire, sans contact avec la réalité. D'autre part, l'esprit gaulois menait une réaction sourde contre cette littérature artificielle; il la parodiait dans le *Berger extravagant*, et tournait lui-même au réalisme grossier dans l'*Histoire comique de Francion*. Nous ne parlerons pas du *Roman bourgeois*, comme ont fait la plupart de nos devanciers, puisqu'il est de 1666. Entre ces deux genres il n'y aurait eu rien au début du XVIIe siècle. Enfin Madame de La Fayette vint. Encouragée qu'elle était par les succès de son portrait de Madame de Sévigné "l'envie dut naturellement lui venir de mettre à profit ce don de peindre les personnes et les caractères qu'on semblait lui reconnaître. Mais un autre sentiment dut lui mettre également la plume à la main. Ce fut la réaction de son bon goût et de sa sobriété contre le langage ampoulé que les romans d'alors prêtaient aux amants et contre la longueur des développements donnés à leurs aventures. Dans l'histoire du roman français, ce ne serait pas en effet faire une place suffisante à Mme de La Fayette que de ne pas reconnaître qu'elle a inauguré un art nouveau[1]."

Il y a du vrai dans cette façon commune d'envisager le rôle de Mme de La Fayette mais on y trouve aussi une grande part d'erreur. Nous n'avons nullement l'intention de diminuer l'importance de ce rôle mais la vérité nous défend de fausser, tant peu qu'il soit, l'histoire littéraire pour grossir l'importance et l'originalité des innovations qu'on doit à l'auteur de la *Princesse de Montpensier*.

Parler d'abord des "romans interminables" pour présenter subitement, en vrai coup de théâtre, le petit in 12º de Mme de La Fayette, c'est tout simplement mystifier le lecteur. Après avoir étudié les *romans* du temps, il faudrait leur comparer le premier *roman* de Madame de La Fayette—*Zaïde*—dont le caractère assez complexe et assez romanesque fait songer à une évolution plus qu'à une révolution. Et, d'autre part, si l'on tient à démontrer que la *Princesse de Montpensier* fut un événement littéraire, l'entrée en matière de cette démonstration devrait être un résumé de l'histoire, non pas du roman, mais de

[1] D'Haussonville, op. cit. p. 158.

la *nouvelle*. Si l'on estime qu'il faut faire un mérite à Madame de La Fayette, non seulement des dimensions de son livre, mais aussi de la façon dont elle en traita le sujet, et de la vraisemblance, de la vérité même qu'elle mit dans la peinture des personnages, il ne faudrait pourtant pas aller jusqu'à lui attribuer le monopole du bon goût et jusqu'à faire de sa première nouvelle un fait de révolution littéraire. La *Princesse de Montpensier* est peut-être la première nouvelle psychologique que nous lisons encore aujourd'hui; nos connaissances littéraires semblent ne pas remonter plus haut; au lieu de nous indiquer que certaines nouvelles antérieures peuvent avoir quelques points communs avec la *Princesse de Montpensier*, elles se contentent de nous signaler l'existence d'énormes romans, le *Grand Cyrus*, la *Clélie* et d'autres, que personne ne lit. L'opposition est trop facile. En réalité, si Mme de La Fayette a le mérite d'avoir fait la première œuvre de ce genre, digne de venir jusqu'à nous, n'oublions pas qu'il y eut des antécédents ignorés du grand public, mais dont l'importance littéraire est grande.

Nous remettons à notre chapitre sur la *Princesse de Clèves* l'étude détaillée du roman psychologique avant Madame de La Fayette, mais nous allons essayer de montrer dès maintenant quelle place occupe la *Princesse de Montpensier* dans l'histoire du roman. Nous nous étonnons un peu de voir présenter cette nouvelle comme la contrepartie des romans de Mlle de Scudéry. Pour nous, elle n'en est qu'un développement logique et, vu le caractère de Madame de La Fayette, presque inévitable.

Les romans romanesques s'occupaient surtout d'amour et même au milieu de leur fatras et de leur invraisemblance ils contenaient un semblant d'étude psychologique. Mlle de Scudéry reprit cette étude psychologique et l'appliqua aux amours de personnages réels, cachés sous des noms fantaisistes ou historiques. Voilà donc une étape franchie et c'est une étape importante. Ces personnages dont les modèles étaient réels n'étaient pas très près de la vérité, à notre avis, mais ils étaient suffisamment ressemblants pour être reconnus par les contemporains sans l'intervention des on-dit ou des clés, puisque Mme de La Fayette, éloignée de Paris, parvenait à les reconnaître. Victor Cousin, entraîné par la thèse qui lui est chère, et ne pouvant, comme les contemporains, séparer le vrai du romanesque, s'accusa de naïveté pour avoir pris ces portraits trop à la lettre. Nous nous garderons bien de prétendre qu'ils étaient d'une exactitude et d'un réalisme achevés, et nous n'oublierons pas ce que nous dit Richelet[1] à ce sujet : "Il ne faut pourtant pas peindre si fort d'après nature qu'on n'aille un peu au delà ; mais sans choquer la vraisemblance. Les grands peintres le pratiquent de la sorte ; et on doit les imiter." Il n'en reste pas moins vrai que Mlle de Scudéry avait à étudier ses contemporains et qu'elle arrivait à en faire des portraits ressemblants bien qu'idéalisés.

La seconde étape de cette évolution de l'étude psychologique, c'est le portrait tel que Mademoiselle l'a pratiqué. Nous n'en avons qu'un de la plume de Madame de La Fayette mais, dans une société où tout le monde s'y appliquait, il n'est pas trop osé de dire qu'elle dut en écrire plusieurs et en discuter bien davantage. Elle s'exerçait à dépeindre ses contemporains. Oui, nous dira-t-on, mais de là à la nouvelle "réaliste" si j'ose employer ce mot appliqué à la *Princesse de Montpensier*, il y a l'étape peut-être la plus importante dans le progrès du roman. Il fallait avoir deux choses en vue, d'abord faire une peinture vivante d'un personnage sans faire connaître le modèle et le nommer par son nom. Ensuite, il fallait, en s'y appliquant avec talent, donner à ce nouveau genre une place à côté de la Nouvelle pour arriver, en reliant une succession de portraits par une intrigue, aussi menue qu'elle soit, à obtenir la Nouvelle psychologique. Évidemment, mais ici encore les obstacles à franchir n'étaient pas insurmontables.

Plusieurs années avant la publication de la *Princesse de Montpensier*, on discutait sur les romans à la mode, et dans le monde que fréquentait Mme de La Fayette, on croyait à la possibilité d'un roman plus vraisemblable, sinon plus vrai. En 1656, Segrais nous représente six personnes, dont Mademoiselle, rassemblées au château de Saint-Fargeau[2] et racontant des histoires à l'imitation de la reine de Navarre. Quand un conte était terminé, les personnes présentes le critiquaient ; leurs observations sont fort intéressantes, car elles donnent le pour et le contre sur les questions littéraires du moment. On vient à parler des romans où figurent des personnages à noms grecs et romains. L'un les attaque, l'autre les défend et enfin Aplanice (Mme de Valençay) dit : "Et combien est-il venu d'avantures à nostre connaissance qui ne seroient point désagréables si

[1] *Les plus belles lettres françaises.* Réflexions sur le portrait, p. 118.
[2] Appelé, *Le château des six tours.* Les personnes présentes étaient: Aurélie (Mademoiselle), Fronténie (Mme de Frontenac), Aplanice (Mme de Valençay), Gélonide (La comtesse de Fiesque), Silérite (La marquise de Mauny), et Uralie (Mme de Choisy).

elles étoient écrites? Sçait-on toutes les actions particulières? Je ne voudrois pas faire donner une Bataille où il ne s'en est point donné. Mais a-t-on publié tous les accidents qui sont arrivé dans celles qu'on a données? A-t-on divulgué toutes les galanteries qui se sont faites dans la vieille cour et sçaura-t-on toutes celles qui se font aujourdhuy[1]?"

En attendant que Madame de La Fayette divulgue de main de maître les galanteries de la vieille cour, ces dames, d'après Segrais, racontent des histoires qui font voir "les choses comme elles sont et non pas comme elles doivent être[2]." On va même plus loin, puisqu'on essaie de définir la nouvelle et de la distinguer du roman. Après la phrase que nous venons de citer, Segrais continue: "Au reste il me semble que c'est la différence qu'il y a entre le Roman et la Nouvelle que le Roman écrit les choses comme la bien-séance le veut et à la manière du Poète: mais que la Nouvelle doit un peu davantage tenir de l'histoire et s'attacher plustost à donner des images des choses comme d'ordinaire nous les voyons arriver que comme nostre imagination se les figure."

On ne peut pas dire que Segrais ait appliqué, dans le recueil, les principes qu'il énonce dans la préface et au cours des conversations critiques qui séparent les nouvelles. L'essai est pourtant fort intéressant, car il marque un pas en avant et montre que l'évolution fut graduelle—Segrais, pas plus que Madame de La Fayette, n'ayant d'un seul coup transformé le genre. On pourrait en juger d'après ce résumé de la première nouvelle du recueil. Le comte d'Arenberg, un Allemand, est attaqué par des brigands en Italie; malgré son courage il va succomber quand le comte d'Almont, un Français, se jette dans la mêlée et met lès brigands en fuite. Les deux voyageurs se lient d'amitié et voyagent ensemble jusqu'au moment où le comte d'Almont est rappelé en France. Plus tard, de passage à Paris, le comte d'Arenberg désire vivement revoir son ami. Il entre dans une église, assiste, par un pur hasard, au mariage de cet ami et, pendant la cérémonie devient amoureux de la jeune mariée. Naturellement, il lutte contre les sentiments qui le poussent à trahir celui à qui il doit la vie. Sa résistance n'est pas assez forte et il cède au désir d'être auprès de celle qu'il aime. Déguisé en fille, il se fait appeler Eugénie, et entre, par

---

[1] *Les Nouvelles Françoises, ou les divertissements de la Princesse Aurélie* (sans nom d'auteur). L'épître est signée: Segrais.

[2] Critique de la première nouvelle.

l'intermédiaire de sa logeuse, au service de la comtesse. Il gagne
la confiance de celle-ci et veut la pousser à avouer ses vrais
sentiments à l'égard de son mari. La confidence qu'il reçoit est
loin d'être conforme à ses désirs car il apprend que la comtesse
aima, avant son mariage, le chevalier de Florençal. Malheureusement, ce dernier qui était cadet de grande maison,
était trop pauvre pour l'épouser; il la respectait tout en l'aimant
passionnément et la traitait "comme une sœur." Le mariage
de la comtesse l'a mis au désespoir et, précisément au moment
où elle fait ses confidences à "Eugénie," il vient de lui demander
un rendez-vous d'adieu. Après avoir longuement hésité, la
comtesse lui accorde une entrevue dans les jardins du Palais
Royal. Sur ces entrefaites, elle apprend que son mari revient
de Saint-Germain ce jour-là. Aussitôt elle charge la fausse
Eugénie de porter une lettre au chevalier pour lui donner
rendez-vous dans son jardin, mais elle ordonne de ne remettre
cette lettre que si le destinataire est "bien opiniâtre." Non
seulement elle prie sa "femme" de confiance de persuader à
Florençal de ne pas chercher à la voir mais elle conclut : "ce soir
la porte du jardin qui regarde sur la petite rue sera ouverte mais
qu'il songe bien à ce que je fais pour lui." Arenberg souffre
beaucoup en apprenant qu'il a un rival aimé et il ne sait s'il
faut remettre la lettre ou appeler Florençal en duel. Après une
longue promenade, il se décide à remplacer le chevalier au
rendez-vous et, au moment où il traverse les Tuileries, il déchire
et jette la lettre. Le mari, en revenant, voit l'écriture de
sa femme sur les morceaux de papier jetés par terre, il les ra-
masse. De retour chez lui, il les rassemble et lit le billet fixant
le rendez-vous. Il cherche dans les cassettes de sa femme, mais
ne trouve rien, la comtesse ayant brûlé les lettres de Florençal
après avoir confié son secret à "Eugénie." Un examen des
cassettes de cette dernière met à jour des lettres écrites par le
comte à Arenberg. Le comte est, naturellement, complètement
dérouté. Pour être renseigné sur l'amant de sa femme, il attend
derrière la petite porte. La comtesse, prévenue des recherches
de son mari, se garde bien d'y aller et pour empêcher Florençal
de pénétrer dans le jardin elle fait pousser les verrous avant
l'arrivée de son mari. Arenberg essaie d'ouvrir la porte et la trouve
fermée. Le comte le voit faire les cent pas dans la rue, sans
pouvoir le reconnaître. À la fin, exaspéré, il fond sur lui, l'épée
à la main. Arenberg se défend et bat en retraite, mais le comte,
furieux, se jette sur son épée et s'enferre. On le rapporte à la

maison et la comtesse est au désespoir. "Elle s'imaginoit que toute innocente qu'elle estoit elle estoit coupable d'un si grand crime." Malgré le récit de son mari elle est convaincue que c'est Florençal qui l'a frappé. Après la mort de son mari qui, au dernier moment, apprend la vérité par la bouche de certains moines et pardonne à son ami meurtrier, la comtesse poursuit Arenberg, mais sans succès, puisqu'il s'est fait religieux en Italie. Enfin, deux années après la mort du mari, étant maintenant riche de ses biens, elle épouse le chevalier de Florençal.

Certes, ce récit est assez romanesque et les coïncidences heureuses pour la marche de l'action jouent encore un trop grand rôle, mais il faut remarquer que les incidents se produisent en France, qu'il s'agit d'un Français et d'un Allemand contemporains, et que l'époque est bien moderne puisqu'il est fait mention de la bataille de Lens[1] et du départ du roi pour Saint-Germain avant le siège de Paris. Nous relevons, parmi les critiques qui suivent la nouvelle, celle-ci : au lieu de faire retirer l'Allemand dans un couvent on aurait mieux fait de le faire périr à la bataille de Cambrai qui eut lieu la même année. On remarquera ce souci d'actualité et de vraisemblance.

Réduire un peu l'élément romanesque, sans toutefois éliminer toutes les coïncidences, châtier un peu le style, sans le débarrasser complètement de sa préciosité, développer l'étude psychologique, donner des noms historiques aux personnages et punir l'épouse, bien qu'elle n'ait péché qu'à moitié, voilà ce que semble s'être proposé Mme de La Fayette en écrivant la *Princesse de Montpensier*, qui dès lors apparaît, non plus comme un miracle surgi on ne sait comment ni pourquoi, mais comme le corollaire des œuvres qui l'ont précédée, et comme la mise en œuvre des opinions ambiantes[2].

Notre intention n'est pourtant pas de laisser croire que le progrès accompli ne fut pas grand. Il faut lire et relire cette nouvelle pour en apprécier toutes les qualités, mais le résumé suivant (venant aussitôt après celui que nous avons donné d'une nouvelle de Segrais) en fera ressortir quelques-unes.

Mademoiselle de Mézières est fiancée au duc du Maine, mais

[1] 1648.

[2] L'abbé d'Aubignac dans sa *Macarise*, 1663, réagit également contre les romans du genre Scudéry. "Quant aux romans d'imagination," dit-il, "les sages se contentent de les mépriser sans les blâmer." Voir au sujet d'Aubignac: Charles Arnaud, *Les théories dramatiques au XVIIe siècle*. Paris, 1881.

le frère de son fiancé, le duc de Guise, l'aime et en est aimé.
Pour des raisons politiques on désire unir Mlle de Mézières au
prince de Montpensier et elle accepte d'autant plus facilement
le revirement de ses parents qu'elle comprend combien il serait
dangereux pour elle d'avoir un beau-frère qu'elle aimerait. Le
prince son mari a un ami dévoué, le comte de Chabannes. Resté
auprès de la princesse pendant l'absence de son mari à la guerre,
il ne peut pourtant pas s'empêcher d'en devenir amoureux et
après avoir longtemps caché son amour il le déclare. La princesse écoute Chabannes sans s'emporter et lui dit froidement
qu'il ne réussira jamais auprès d'elle. Elle lui avait déjà confié
que son amour pour le duc de Guise était presque éteint; même
après sa déclaration elle ne cesse pas de lui faire des confidences
à ce sujet. Apprenant, peu après, que la renommée de Guise
commençait à faire du bruit, elle "avoue qu'elle en sent de la
joie." Après une absence de deux ans, le mari revient et l'ami
dévoué fait de son mieux pour le rapprocher de sa femme, sans
penser à sa propre passion. Malheureusement, le prince est
bientôt rappelé à la cour et cette fois-ci Chabannes l'accom-
pagne. Les hasards de la guerre amènent les ducs d'Anjou et
de Guise tout près de Champigny, où la princesse habite et où
son mari vient de temps à autre. La rencontre inévitable se
produit et non seulement Guise sent renaître tout son amour
pour la princesse mais Anjou en est également épris. Le prince
de Montpensier devient furieusement jaloux du duc de Guise.
Pour mettre sa femme à l'abri de la guerre, il l'installe à Paris
où le duc d'Anjou vient bientôt fréquenter la cour. Madame,
plus tard reine de Navarre, encourage le duc de Guise qui est
ainsi en bonne posture de faire un très beau mariage. Mais
Guise saisit une occasion pour déclarer son amour à la princesse
de Montpensier et pour lui faire plaisir abandonne toute visée
sur Madame. Touchée de ce désintéressement, la princesse
s'abandonne un peu à son amour, mais non sans honte. Le
mari jaloux veille et la femme qui connaît cette surveillance
voudrait prévenir Guise dans une assemblée et lui dire de s'occuper uniquement de Madame. Malheureusement une similitude
de costume trompe la princesse et ses paroles, adressées au
masque qui s'approche d'elle, sont recueillies, non pas par Guise,
mais par le duc d'Anjou, qui est ainsi renseigné, du coup, et du
succès de son rival et que ce dernier sacrifie Madame à la princesse. Le duc d'Anjou exploite ce qu'il vient d'apprendre pour
faire tort à Guise auprès du roi et pour faire croire à la princesse

de Montpensier que son "amant" la trahit. Ému par les reproches de la princesse, Guise fait annoncer son mariage avec la princesse de Portien. Ce sacrifice éclatant, suivi d'une explication entre lui et la princesse de Montpensier, fait faire un grand pas à leur amour et lorsque l'absence de la princesse à Champigny rend nécessaire un commerce de lettres, c'est au fidèle, bien que toujours amoureux, Chabannes que la princesse a recours pour les porter. C'est encore Chabannes qui organise l'entrevue inévitable, c'est lui encore que le mari réveillé trouve dans l'appartement de sa femme, car il fait échapper Guise et se sacrifie pour sauver la femme qu'il aime toujours. Délaissée par son mari qui la croit plus coupable qu'elle ne l'est en réalité, ayant perdu son ami Chabannes qui a été tué à la Saint-Barthélemy, abandonnée même par Guise qui est amoureux de la marquise de Noirmoutiers, la princesse tombe malade et succombe "dans la fleur de son âge."

Cette nouvelle est loin d'être parfaite; pourtant ce résumé montre qu'on a franchi une étape depuis les *Nouvelles Françaises* de Segrais. On ne trouve pas encore la lutte intérieure de la *Princesse de Clèves*, mais il y a déjà, ébauchée, l'étude d'un caractère de femme prise entre son devoir et son cœur. Cette ébauche ne laisse pas de nous fournir des observations psychologiques assez heureuses. Quand la princesse confie à Chabannes son "inclination" pour le duc de Guise, elle ajoute que cette inclination est "presque éteinte." Peu après "la renommée commençant alors à publier les grandes qualités qui paraissoient en ce prince, elle avoua qu'elle en sentoit de la joie." Quand elle le rencontra au bord de la rivière "sa vue lui apporta un trouble qui la fit un peu rougir." À Champigny elle lui témoigne de la froideur, mais après son départ, elle confie à Chabannes "qu'elle avoit été troublée par la honte du souvenir de l'inclination qu'elle lui avoit autrefois témoignée; qu'elle l'avoit trouvé beaucoup mieux fait qu'il n'étoit en ce temps-là, et que même il lui avoit paru qu'il vouloit lui persuader qu'il l'aimoit encore: mais elle l'assura en même temps que rien ne pouvoit ébranler la résolution qu'elle avoit prise de ne s'engager jamais." La future reine de Navarre eut quelque attachement pour le duc de Guise. "La princesse de Montpensier apprit cette nouvelle qui ne lui fut pas indifférente et qui lui fit sentir qu'elle prenoit plus d'intérêt au duc de Guise qu'elle ne pensoit." Madame de La Fayette suit ainsi les progrès de l'amour, marquant tantôt les mouvements qui répondent au sacrifice fait par Guise, et tantôt les remords de la princesse qui prend de bonnes résolutions pour l'avenir. Même lorsqu'elle a la faiblesse de faire venir le duc de Guise dans son appartement, la nuit, elle demande à Chabannes d'assister à leur conversation. Ne pouvant supporter cela, le fidèle Chabannes se tint à la porte, mais "La princesse de Montpensier qui avoit quelque honte de se trouver seule avec le duc de Guise, pria plusieurs fois le comte d'entrer dans sa chambre." La princesse ne trompe pas son mari —elle est trop fière pour cela, mais elle est faible, et c'est par suite de cette faiblesse qu'elle lui est infidèle dans le cœur. Elle ne désire pas le rendez-vous avec Guise, mais les circonstances s'y prêtent, Chabannes est tout prêt à se dévouer—et la princesse n'est pas assez forte pour l'en empêcher.

Le caractère du mari n'est qu'esquissé. Mme de La Fayette nous montre un jaloux, car elle aime à décrire "le jaloux" personnage qui se retrouve dans tous ses romans. L'amant est beau, bien fait, courageux, mais en fin de compte infidèle. L'ami est traité par la princesse d'une façon qui étonnerait un peu si l'on ne savait comment Mme de La Fayette en a usé avec Ménage. Elle croit fermement à la possibilité de l'amour platonique et pour cela elle croit même qu'il suffit que le platonisme n'existe que d'un côté. La princesse de Montpensier sait que Chabannes est passionnément amoureux d'elle, mais elle n'y prend pas garde, ne laisse pas de lui faire des confidences capables de le rendre fou de douleur, ni de le charger de commissions qui sont de véritables supplices.

On remarque encore la présence de tous les éléments de la *Princesse de Clèves*; le cadre historique, la vie et les intrigues de la cour au XVIᵉ siècle, une femme distinguée, mariée sans que son cœur ait été consulté, un "amant" connu avant le mariage. De Guise refuse la sœur du roi pour faire plaisir à la princesse de Montpensier; Nemours refusera une reine étrangère pour prouver son amour pour la princesse de Clèves. Cette dernière est encore moins coupable que la princesse de Montpensier parce qu'elle est plus forte; elle n'en est pas moins punie. L'infidélité de Guise est un peu incompréhensible parce qu'elle est annoncée trop brusquement. Dans la *Princesse de Clèves* Mme de La Fayette laisse entendre avec plus de finesse que le duc de Nemours n'aurait pas agi autrement.

Et ce n'est pas dans l'intrigue seule que les deux ouvrages se ressemblent. Nous avons déjà dans la *Princesse de Montpensier* la délicatesse et la simplicité du style—avec, il est vrai, un peu plus de préciosité que dans le chef-d'œuvre, sans rien cependant qui détonne.

On pourrait dire pour la *Princesse de Montpensier* comme pour la *Princesse de Clèves* que la vie qu'elle décrit et les sentiments qu'elle prête à ses personnages n'ont rien du seizième siècle. Mais on n'a pas attendu les fins critiques du vingtième siècle pour s'en rendre compte ; les contemporains estimaient à sa juste valeur cette mise en scène ; ils la regardaient comme un joli masque et allaient directement aux personnages qu'elle cachait. La préface les informait que les noms de Guise, de Montpensier, de Chabannes n'étaient là que pour rehausser le ton de l'histoire. "Quelques-uns croyent que c'est une advanture de ces derniers temps," écrit Rosteau, "ce que l'on en peut dire de plus asseuré est que rien ne peut estre plus galamment écrit[1]."

Intrigués par la source possible de l'histoire qui leur était contée, les contemporains ne le furent pas moins au sujet du nom de l'auteur. "Le bruit commun veut que ce soit une production de Madame de La Fayette," dit Rosteau, "assez cognue pour un des plus beaux esprits de notre cour, dautres y donnent part a Mr le duc de la Rochefoucault."

En effet, Madame de La Fayette n'avait publié ni le *Portrait*, ni la *Princesse de Montpensier* sous son nom. Le premier parut "sous le nom d'un inconnu"—le second sans aucune indication d'auteur. En agissant ainsi elle ne faisait que respecter les préjugés de son temps. Le métier d'écrivain n'était pas encore favorablement considéré et on n'admettait pas qu'un noble composât et publiât des "ouvrages de l'esprit." Celui qui succombait à la tentation devait à sa naissance de s'en cacher et de s'en excuser[2]. Mlle de Scudéry fait dire à Sapho : "Il n'y a rien de plus incommode que d'être bel esprit ou d'être traité comme l'étant, quand on a le cœur noble et quelque naissance. Car enfin je pose pour indubitable que, dès qu'on se tire de la multitude par les lumières de son esprit et qu'on acquiert la réputation d'en avoir plus qu'un autre, et d'écrire assez bien en vers et en prose, pour pouvoir faire des livres, on perd la moitié de sa noblesse si on en a, et l'on n'est point ce qu'est un autre de la même maison et du même sang qui ne se mêlera point d'écrire....On vous traiste tout autrement."

Madame de La Fayette ne faisait pourtant pas grand mystère du *Portrait*, puisqu'il se trouvait dans un recueil fait pour Mademoiselle, en la compagnie de portraits écrits par des per-

---

[1] Voir à l'appendice VII. cette critique inédite.
[2] Voir A. Barine, *La jeunesse de la Grande Mlle*, p. 35.

sonnes de même rang qu'elle. Il est même à remarquer que les
portraitistes de métier tels que Mlle de Scudéry, furent exclus de
la collaboration. Segrais est employé ainsi que Huet au tirage du
volume et on lui permet d'en écrire les louanges—mais c'est tout.

Il n'en fut pas de même pour la *Princesse de Montpensier*.
En publiant cette nouvelle, Madame de La Fayette faisait
franchement œuvre d'écrivain; elle prit donc grand soin de
cacher son nom[1]. Quand on lui vola une copie de sa nouvelle,
elle écrivit ainsi à Ménage: "....Cet honneste Ferrarois quy estoit
a moy ma desrobe une copie de la Princesse de Montpensier et
la donnee a vint personnes elle court le monde mais par bonheur
ce nest pas sous mon nom ie vous conjure si vous en entendes
parler de faire bien comme si vous ne laves jamais veue et de
nier quelle vienne de moy si par hasard on le disoit[2]."

Mais tout en gardant l'anonymat elle s'intéresse à la publication de son livre. "Je croyois avoir de vos nouvelles aujourdhuy
et de celles de la P. de M.," écrit-elle à Ménage, et plus tard, lorsque le livre est paru, elle fait relier des exemplaires que l'on donne
discrètement aux amis intimes "....Je vous prie de demander
au libraire," écrit-elle à Ménage, "jusque à 30 exemplaires de
nostre Princesses (sic) ie ne me soucie pas trop qu'ils soient tous
si parfaitement bien relies ien voudrois seulement une demye
douzaine quy le fussent fort et ie les voudrois de maroquin et
dores sur tranche sils nen veulent pas tant donner comme cela
ie m'en contenteray de quatres ie vous en renvoye deux afin
que vous en donnies a Mlle de Scudery et a Me Amelot et vous
en prendriez pr vous de ceux quy seront bien relies que vous
garderes s'il vous plait car ie pretends que mes œuvres ayent
place dans vostre bibliotheque[3]."

Elle écrit encore à ce sujet: "Je nay pris que deux exemplaires et ie renvoye les autres puisque vous les trouves mal
relies ien ay marque un avec un petit papier il y a une faute
espouvantable a la 58ᵉᵐᵉ page quy oste tout le sens[4] mais cela

[1] Elle a peur de passer pour un écrivain de profession et écrit à Huet:
"Je vous avois bien donné un Princesse de Montpensier pour Araminte
mais je ne vous l'avois pas remise pour la lui donner comme une de mes
œuvres. Elle croira que je suis un vrai auteur de profession de donner
ainsi mes livres. Je vous prie, racommoder un peu ce que cette imagination pourroit avoir gâté a l'opinion que je souhaite qu'elle ait de moi."

[2] Inédite: Coll. F. de C. Cette lettre est à rapprocher de celle que
Mme de La Fayette adressait à Lescheraine et où elle niait qu'elle fût
l'auteur de la *Princesse de Clèves*.

[3] Inédite.

[4] Lettre inédite. Madame de La Fayette exagère un peu. Voici le

est sans remede voules vous venir demain disner et estudier avec moy."

Il est évident, d'après ces lettres, que c'est Ménage qui veilla sur l'impression de la nouvelle et on peut supposer qu'il avait aidé son élève à préparer le manuscrit pour l'impression. Toujours est-il que Mme de La Fayette écrit "nostre Princesses," et, tout en admettant qu'elle veut amadouer Ménage pour qu'il accepte les corvées désagréables, on est en droit de croire qu'elle avoue ainsi l'aide qu'il lui avait donnée. Si petite que soit sa part dans la *Princesse de Montpensier* il faudrait la lui allouer, et ne plus laisser à Segrais l'honneur d'un travail auquel il fut complètement étranger. Nous ignorons si Ménage aida à revoir la seconde édition de la *Princesse de Montpensier* publiée en 1674. La "faute épouvantable à la 58ème page" est bien corrigée mais on y en a laissé glisser de plus graves[1].

Par la publication de cette nouvelle Madame de La Fayette entre dans la voie où elle devait trouver une renommée durable; non seulement elle s'exerce utilement en vue de son chef-d'œuvre mais elle gagne parmi ses amis, et auprès d'un public choisi[2] la

passage en question: "Le duc d'Anjou de son côté n'oublioit rien pour lui témoigner son amour en tous les lieux où il la pouvoit voir et il la suivoico-tinuellement (sic) chez la Reine sa mère." Malgré la lettre tombée et l'espace supprimé on comprend facilement.

[1] Par exemple le passage au sujet du Prince de Condé (p. 10, éd. 1662, p. 8, éd. 1674). De plus les caractères de la première édition sont plus gros et l'impression en général plus claire que dans celle de 1674.

[2] C'est une erreur de dire, comme on l'a fait si souvent, que la *Princesse de Montpensier* passa inaperçue. Malgré les dénégations de son auteur la nouvelle fut généralement attribuée à Mme de La Fayette, dont la renommée littéraire date de ce moment. En 1663 Jean de la Forge écrit (*Le cercle des femmes sçavantes*, Paris, J. B. Loyson, 1663, in 12o, p. 13):

D'autres avec ardeur s'appliquant à l'Histoire,
Par des chemins divers obtiendront même gloire
Et scauront ajuster dans leurs doctes romans
Les tendres passions aux grands évènements.
Mindatte et Félicie* usant de ces adresses,
Tireront du tombeau deux illustres Princesses,
Et trouveront cet art, en leur rendant le jour,
D'accommoder leur gloire aux soins de leur amour.

* Félicie désigne, d'après la clef, Mme de La Fayette.

Dans les *Silhouettes jansénistes*, publiées par M. Griselle, nous lisons: "La Comtesse de Montpensier. C'est un petit roman fait par Mad. de La Fayette. Il n'y a rien de mieux escrit. Il y a seulement trop d'esprit. De Brienne." Voir *Rev. d'hist. litt.*, jan.-juin 1916, p. 224.

réputation de bien écrire. Cette réputation lui vaudra, comme nous le verrons par la suite, d'être chargée d'un travail littéraire qui rehaussera encore sa renommée et lui fera étudier de près et sur le vif les sentiments qu'elle dépeindra plus tard avec tant de délicatesse et de maîtrise.

CHAPITRE V

LA PARISIENNE ET SES AMIS

Lorsque Madame de La Fayette revint à Paris, elle y retrouva ses anciens amis et il semble qu'elle ait alors repris dans une certaine mesure sa vie de jeune fille. Dès qu'elle eut une demeure fixe à Paris, elle ne manqua pas de prévenir Ménage chaque fois qu'elle revint d'un court séjour à Fresnes ou à Saint-Cloud. Il eut parfois le privilège d'être le seul invité comme le billet suivant en fait foi:

"Ie vous prie," écrit-elle, "de ne venir que ce soir et ne dittes point par le monde que je sois revenue car ie croy que je m'en retourne demain et ie ne veux voir personne."

Elle fit mieux, elle reprit ses leçons avec son ancien professeur: "Je pense," écrit-elle un jour, "que vostre heureux destin sopose que vous venies faire icy meschante chere il faut que jaille demain sur le midy faire une recommandation....pour Mr de Limoges et entre une heure et deux tous ces gens quy se meslent de nostre acomodement doive (sic) venir ceans. Ainsi nostre lecon seroit trop courte et comme elles ne sont pas frequentes il faut au moins qu'elles soient longues ce sera donc pour jeudy si vous le voules bien ainsi[1]."

Ses devoirs auprès de Madame dont nous parlerons dans un autre chapitre ne l'empêchèrent pas d'aller dans le monde; tout au contraire, ils lui permirent d'élargir le cercle de ses amis. Et pourtant, ses journées devaient être assez remplies, car elle écrit elle-même: "C'est une chose admirable que ce que fait l'interest que (l'on)[2] prend aux affaires. Si celle-cy n'estoient point les miennes, je n'y comprendrois que le haut allemand, et je les scay dans ma teste comme mon Pater et dispute tous les jours contre nos gens d'affaires des choses dont je n'ai nulle cognoissance et où mon interest seul me donne de la lumière[3]."

Malgré ses nombreuses occupations, elle recevait beaucoup. "Ce jeudi soir—Je croyois avoir de vos nouvelles aujourduy,"

---

[1] Je ne peux garantir que cette lettre fut écrite après le mariage mais l'accommodement doit s'appliquer aux procès dont il a déjà été question. À moins qu'il ne s'agisse d'une conciliation entre mari et femme?—ce que nous ne croyons pas.   [2] Mot oublié en tournant la page.
[3] La version que donne M. d'Haussonville, op. cit. p. 95, corrige et l'orthographe et le style. Nous les rétablissons d'après le manuscrit.

écrit-elle à Ménage, "et de celles de la P. de M. (sic). Vous auriés eu des miennes ce matin pour vous prier de venir voir (sic) cette apres dinee sans que mon beau-pere ma mande qu'il y viendroit incontinent apres disner et j'estois asseuree qu'il y viendroit tant d'autres gens le reste du jour que j'ay creu que vous aimeries autant ne point venir icy que dy estre avec tant de gens vous quy n'aimes pas la foule...."

Bientôt elle fait la connaissance de gens de lettres destinés à être bien plus célèbres que le fidèle Ménage. Pendant les années qui vont suivre elle rencontre—sans parler de Scarron[1] qu'elle connaissait déjà et qui devait bientôt disparaître, de Benserade et de Segrais qui ne sont guère plus connus que Ménage—Racine, Bossuet, La Fontaine, Boileau et probablement Perrault et Molière[2]. Mademoiselle de Scudéry[3] était de ses amies, le savant Huet correspondait avec elle, Madame de Sévigné et La Rochefoucauld comptaient au nombre de ses intimes. Non moins glorieux, mais d'un genre de célébrité bien différent, le prince de Condé, le duc d'Enghien, Louvois[4] et le cardinal de Retz[5] avaient une part dans son amitié et, à un degré bien moindre, Mesdames de Maintenon[6] et de Montespan[7].

[1] Nous connaissons déjà l'opinion de Scarron sur la jeune La Vergne. Elle a dû visiter le poète en compagnie de Mme de Sévigné. Cette dernière ne frequentait pas trop la maison car Ninon de l'Enclos y allait souvent, et il s'y retrouvait en même temps plusieurs des admirateurs de Mme de Sévigné. Voir à ce sujet: Scarron, *Œuvres*, Madrigal à Mme de Sévigné, VII. p. 230; J. Babou, *Les Amoureux de Mme de Sévigné*; Émile Magne, *Scarron et son milieu*. Dans une de ses lettres inédites Mme de La Fayette remercie Ménage pour des vers du "petit Scarron."

[2] Pour des détails sur ces amitiés voir plus loin.

[3] "Je vous prie, mais ie vous en prie de tout mon cœur, de faire mille compliments de ma part à Mlle de Scudery," écrit Mme de La Fayette, "et de l'asseurer que j'ay pour elle toute lestime imaginable et beaucoup de disposition a avoir bien de la tendresse moy quy n'en ay guere ordinairement." M. d'Haussonville a corrigé l'orthographe et le style de cette lettre en la publiant.

[4] Voir *Rev. de Paris*, 1er sept. 1907. J. Lemoine, *Mme de La Fayette et Louvois*.   [5] Sév. III. 21, et passim.

[6] Du temps où elle était Mme Scarron, l'amitié était assez forte. Plus tard elle s'est refroidie. D'après ses lettres Mme de Maintenon estimait Mme de La Fayette trop "vraie" et, d'après ses *Mém. de la Cour*, celle-ci trouvait que la fondatrice de Saint-Cyr ne l'était peut-être pas assez. Mme de Maintenon découvre chez son amie l'amour de la dépense, et à tort, car le lit galonné d'or qu'elle lui reproche est tout simplement un cadeau de sa marraine. Personne n'a signalé ce fait en reproduisant la critique de Mme de Maintenon. Voir notre appendice III.

[7] Sév. III. 273.

Les trois demeures où elle faisait connaissance avec les gens
illustres de son temps étaient la Cour de Madame, le Luxembourg[1] et l'Hôtel de Nevers. Ce dernier milieu, le moins connu
de tous, est peut-être celui qui a influencé le plus l'esprit de
Madame de La Fayette; il mérite de retenir notre attention.

Nous avons déjà longuement parlé de l'Hôtel de Rambouillet, sans insister sur l'influence qu'il dut exercer sur Mme de
La Fayette. Or, l'Hôtel de Nevers est en quelque sorte un
prolongement de l'Hôtel de Rambouillet; on y trouve beaucoup d'anciens habitués, des réunions de chez la marquise, et les
qualités et les défauts y sont à peu près les mêmes. De plus, si
Mlle de La Vergne n'était pas suffisamment assidue à l'Hôtel
de Rambouillet pour tomber dans les excès de la préciosité,
elle allait assez souvent à l'Hôtel de Nevers pour en subir l'influence. Madame de La Fayette était précieuse[2]. Elle se
dirigea plus tard vers le vrai but de la préciosité, au lieu de
tomber dans le ridicule, mais en cours de route elle n'échappa
pas toujours aux accusations qu'on peut porter contre la *mauvaise préciosité*. Nous verrons plus tard des lettres à Huet qui
laissent voir que Mme de La Fayette traversa, elle aussi, sa
crise, et jusque dans la *Princesse de Clèves* il y a des passages
qui décèlent plutôt une précieuse guérie qu'une femme indemne.
Créer d'abord un milieu faux pour représenter l'Hôtel de Rambouillet, exagérer tantôt ses qualités, tantôt ses défauts, et
conclure dans ce dernier cas que Mme de La Fayette fut trop
spirituelle pour avoir été touchée par le mal, c'est là une tendance commune à plusieurs de ses biographes, et de plus
une façon de voir aussi inutile que fausse. Examinons ce
milieu de l'Hôtel de Nevers et sa "succursale" à la campagne,

[1] Il est fort probable que Mme de La Fayette fréquentait le Luxembourg, mais nous ne croyons pas avoir vu de documents probants à ce
sujet. Il est vrai qu'un jour elle dit dans une lettre à Ménage, qu'elle
lui écrit dans les jardins du Luxembourg, mais alors, comme aujourd'hui,
ces jardins étaient publics. A. Barine, *Louis XIV et la Gr. Mlle*, dit
catégoriquement que Mme de La Fayette se trouvait souvent au Palais
avec La R., Segrais, Mme de Sév. et Mademoiselle.

[2] Non seulement elle figure dans la liste des Précieuses donnée par
Somaize (*Dict.* T. I. p. 96), et son salon parmi les Réduits (p. 205), mais
nous avons des citations de son style parmi les "Quelques expressions
précieuses" (p. 211). Jean de la Forge (*Cercle des femmes sçavantes*) loue
la *Princesse de Montpensier* ou plutôt son auteur qu'il appelle Félicie.
Dans la "clef" il écrit: "Félicie: Son nom seul fait son éloge et partout
où les charmes de l'esprit et du corps et les belles lettres régneront, ce
nom fameux régnera avec elles."

Fresnes: nous verrons que Mme de La Fayette a suivi la mode sans se soucier de ce qu'il pouvait y avoir de bon ou de mauvais dans le mouvement littéraire qui naissait.

À l'Hôtel de Nevers on se réunissait pour s'amuser et pour discourir[1]. Lorsqu'on est du tout Paris—si j'ose m'exprimer ainsi en parlant du XVIIe siècle—il y a des nouvelles politiques et littéraires (en dehors de la mode qui s'applique aussi bien au vocabulaire et à l'expression qu'aux vêtements) que l'on ne doit pas ignorer. On les apprenait à l'Hôtel.

La maison était située au bout du Pont-Neuf, à l'emplacement actuel, nous semble-t-il, de l'Hôtel de la Monnaie. À cette époque, elle était renommée pour la bonne chère. "La table y était d'une grande délicatesse et d'une grande somptuosité," nous dit le Père Rapin[2] qui n'aimait guère les gens qui la fréquentaient. La compagnie était la plus choisie de Paris et comprenait des gens de cour et de robe. La maîtresse de la maison, la comtesse du Plessis-Guénégaud, organisait "toutes sortes de divertissements d'esprit" et comme elle avait elle-même "de l'honnêteté, de la politesse et de l'esprit[3]" elle attirait des gens "honnêtes," polis et spirituels. Parmi ceux-ci il y avait l'évêque de Comminges, cousin germain de la comtesse, le prince de Marcillac, le duc de La Rochefoucauld, le maréchal d'Albret, parent de M. de La Fayette, la marquise de Liancourt, la comtesse de La Fayette, la marquise de Sévigné, d'Andilly de Pomponne, l'abbé Testu[4], l'abbé de Rance, les Barillon. Lorsque Pomponne arrive à Paris en 1665, il n'hésite pas à visiter l'Hôtel et "le grand monde qu'il apprit estre en haut ne l'empêcha point de paroître en habit gris." "J'y trouvai seulement," écrit-il, "Madame et Mademoiselle de Sévigné, Madame de Fouquières et Madame de la Fayette, M. de la Rochefoucauld, M. de Sens, de Xaintes et de Laon; MM. d'Avaux, de Barillon, de Châtillon,

---

[1] Et pour propager les opinions jansénistes dirait le Père Rapin qui accuse l'Hôtel de Nevers d'être "le grand théâtre où se débattait avec plus de bruit et même avec plus d'applaudissement le nouvel évangile de Port-Royal," *Mém.* I. 403.   [2] Ouv. cité ci-dessus.

[3] Rapin, op. cit. Arnaud d'Andilly écrit dans ses *Mémoires*: "J'ai trouvé en Madame du Plessis tout ce que l'on peut souhaiter pour rendre une amitié parfaite. Son esprit, son cœur, sa vertu semblent disputer à qui doit avoir l'avantage. Son esprit est capable de tout sans que son application aux plus grandes choses l'empêche d'en avoir en même temps pour les moindres." Petitot, 2e série, XXXIV. p. 92.

[4] Jacques Testu (1626–1706), abbé de Belval. Reçu à l'Acad. fr. en 1665.

de Caumartin et quelques autres : et sur le tout Boileau que vous connaissez, qui y étoit venu réciter de ses satyres, qui me parurent admirables ; et Racine, qui y récita aussi trois actes et demi d'une Comédie de Porus, si celèbre contre Alexandre, qui est assurément d'une fort grande beauté[1]."

Comment ne pas fréquenter une maison où l'on pouvait entendre le même jour et Boileau et Racine ? Madame de La Fayette se garde bien de manquer à de telles fêtes. Non seulement elle dînait et soupait à l'Hôtel, mais elle y couchait. À ce sujet la lettre suivante qu'elle écrivit à Pomponne est fort intéressante[2] :

"de lhostel de Nevers ce 24me mars (1662).

"Il ny a jour que lon ne parle icy de vous escrire toutes les soirees se finissent en disant mon dieu escrivons donc a ce pauvre Mr de Pomponne mandons luy combien nous nous ennuyons de ne lavoir plus et lenuie que nous avons quil revienne cela ce (sic) dit touts les soirs et ce remet toujours au lendemain et le plaisir de la conversation ou le raisonnement sur les nouvelles fait quon ne lexecute non plus le lendemain que lon lavoit fait le jour auparavant pour moy quy suis ennuyee de voir que tout le monde fasse si mal son devoir ie me separe de la troupe pour faire le mien et vous escris en mon particulier et quoy que se soit de lhostel de Nevers ne croyes pas que personne ait part a ma lettre je suis toute seule dans ma chambre vous voila bien estonne que ie dise ma chambre mais attendes ie ne faisois que disner et souper ceans quand vous esties a Paris presentement iy couche il est vray que la peur des voleurs quy sont deschaines en mon faubourg y a contribue pr cette nuit et vous juges bien quil faut quelque bonne raison pr obliger une mere de famille comme moy a quitter ses anfans jay donne une nourice aux vostres quy est une creature admirable et ie pretends bien que vous men remercires autant que fait Me de Pomponne quy men scait le mesme gre que si ie luy avois fait un present considerable[3]."

---

[1] *Mém.* de Coulanges, 1820, p. 470.

[2] Elle donne en passant un renseignement sur l'état des rues à cette époque (1662) et doit être rapprochée d'une lettre où Mme de Sévigné raconte en 1673, son retour du "fin fond du Faubourg St Germain, fort au-delà de Mme de La Fayette." "Nous revînmes gaiement," écrit-elle, " à la faveur des lanternes, et dans la sûreté des voleurs." Ces lanternes, qui contenaient des chandelles, étaient installées dans les rues de Paris en 1666 et allumées pendant neuf mois de l'année : on exceptait les huit jours de lune.   [3] Bibl. Arsenal, Papiers Arnauld.

Lorsque les invités s'en allaient à Fresnes, Madame de La Fayette ajoutait au "plaisir de la conversation" et du "raisonnement sur les nouvelles" celui de la vie à la campagne qu'elle savait apprécier.

Le château de Fresnes, situé un peu au-delà de Clays près du confluent de la Beuvronne et de la Marne, avait été presque entièrement reconstruit par Mansard. Par la beauté des perspectives, la proximité de lieux pour la promenade, et la splendeur des appartements, aucune des riches demeures qui abondaient dans les environs de Paris ne surpassait le château de Fresnes. Ses jardins et son parc rappelaient Vaux, le trop magnifique château de l'infortuné Fouquet. L'esprit cultivé de l'hôtesse et de ses invités, la vie qu'on y menait, rappelaient les beaux jours de l'Hôtel de Rambouillet. On y retrouvait la même culture intellectuelle et la même gaîté. La plupart des personnes qui le fréquentaient étaient celles qu'on rencontrait autrefois à l'Hôtel, et elles gardaient jusqu'à l'habitude de s'appeler par des noms d'emprunt—par des noms de précieux[1].

Madame de Sévigné nous trace ce joli tableau de l'intérieur de Fresnes[2]: "...Il faut que je vous dise comme je suis présentement. J'ai M. d'Andilly à ma main gauche, c'est à dire du côté de mon cœur; j'ai Mme de la Fayette à ma droite; Mme du Plessis devant moi, qui s'amuse à barbouiller de petites images; Mme de Motteville un peu plus loin, qui rêve profondément; notre oncle de Cessac, que je crains parce que je ne le connois guère; Mme de Caderousse; sa sœur qui est un fruit nouveau que vous ne connoissez pas, et Mlle de Sévigné sur le tout, allant et venant par le cabinet comme de petits frelons."

Lorsqu'on n'écrivait pas, on jouait au jeu des rimes ou des proverbes, des poètes ou des peintres[3] mais sans interrompre la

[1] Voir Walckenaer, III. 21. Rapin, op. cit. admet que "Tout ce qu'il y avoit de brillant parmi la jeunesse de qualité, qui florissoit alors dans la ville ou à la Cour...alloient à Fresnes pour y faire des conférences d'esprit: car c'étoit un lieu agréable, délicieux et propre à cela." I. p. 403.

[2] Sév. I. p. 493.

[3] Pour les jeux des précieuses voir Ch. Sorel, *La Maison des Jeux*, 1687, 2 vols. de 700 et de 600 pp. À côté de jeux littéraires on en trouve qui sont pour nous surprendre un peu. En voici un: On leur propose que si elles étaient dans un grand lit au milieu de deux hommes qui les aiment et que l'on nomme, la bienséance les obligerait de se tourner d'un côté ou de l'autre et on leur demande quel côté elles choisiraient du droit ou du gauche. On ne leur dit qu'après celui de droit et celui de gauche. Elles embrassent l'élu et donnent un bouquet à l'autre."

conversation, qui était considérée comme un art auquel chacun travaillait pour son perfectionnement. C'est chez Madame de Plessis-Guénégaud et dans son propre salon que Madame de La Fayette acheva de devenir la directrice de la conversation polie de son temps. Pour se faire une idée du charme et du raffinement de ces causeries, on n'a pas besoin de consulter les guides mondains[1] de l'époque: il suffit de lire la *Princesse de Clèves.* "Aimable et spirituelle, d'un esprit enjoué, d'un abord agréable; elle (Mme de La Fayette) est civile, obligeante et un peu railleuse," nous dit Somaize qui l'appelle de son nom de Précieuse—Féliciane, et pour ne pas nous laisser sur une impression défavorable, il continue: "mais elle raille de si bonne grâce qu'elle se fait aimer de ceux qu'elle traite le plus mal, ou du moins elle ne s'en fait pas haïr[2]." Bien que ce portrait soit de quelques années antérieur, nous pouvons supposer qu'elle savait encore railler quand elle allait à l'Hôtel de Nevers, à en juger par la façon dont elle traite Mme de Marans[3]. Toujours est-il qu'elle n'est pas seule à badiner à Fresnes et lorsqu'elle se trouve parmi les victimes, elle écrit ainsi à son ami Pomponne:

"Je suis si honteuse de ne vous avoir point escrit depuis que vous estes party que je croy que je n'aurois jamais osé m'y hasarder sans une belle occasion comme celle cy à labry de noms qui sont de l'autre coste de cette lettre. J'espère que vous apercevres du mien aussi bien il y en a un qui le suit assez souvent mais apparemment puis qu'il est question de Mlle de Sévigné vous jugez bien que l'on ne parlera plus de moy au moins sur ce propos: car pour ne plus parler de moy ce n'est pas chose possible a Fr. & a l'h de N. J'y suis le souffre douleurs on s'y mocque de moy excessivement. Si la douceur de Mr de C. et de Me de Sevigne ne me consoloit un peu je croy que je m'enfuirois dans le nord[4]."

Ce Monsieur de Pomponne, fils d'Arnauld d'Andilly, avait été reçu dès sa première jeunesse à l'Hôtel de Rambouillet et a dû souffrir de son éloignement en Suède où il était ambassadeur

[1] Tels que: Ortigues de Vaumorières, *L'Art de plaire dans la Conversation,* 1695. Voici quelques titres de chapitres: De quelle manière la bien-séance veut que l'on agisse et que l'on parle quand on mange en compagnie. Avec quelles précautions il est permis de railler. De quelle manière on doit dire des nouvelles, etc. Voir aussi Bary (René), *L'Esprit de cour ou les conversations galantes,* 1662.

[2] Somaize, op. cit.   [3] Sév. II. 153.

[4] Copie de lettres 12 mars 1666, Bibl. Ars. 6037. Pap. Arn. IV. pièce 491, p. 18.

extraordinaire. Ainsi exilé, il ne comprenait plus certaines expressions de ses anciens confrères en préciosité et se demandait s'il ne faudrait pas "apprendre une langue nouvelle" en rentrant dans son pays. Sa réponse nous fera connaître le milieu, et la tentation de la donner presqu'en entier est d'autant plus forte que cette lettre, adressée à Mme de Sévigné, ne figure pas dans l'édition des "Grands Écrivains."

"Rien ne fait un effet si bizarre qu'un billet de Fr. receu dans le Nord. Il donne mille joyes et mille chagrins. Il adoucit et augmente la douleur de leloignement, et aide a supporter le poids de l'amb^de en le rendant encore plus pesan. Vous jugez bien en effet incomparable Amathee—et vous illustre Alcandre, car Dieu me garde de vous separer—combien lon est sensible au plaisir de voir dans une mesme lettre les noms de Se—— de la F—— et de la R—— et combien lon souffre en mesme temps nayant manque aucune des actions memorables de F—— de ne mestre pas trouve a l'une des plus signalees. J'y ay veu la Brevonne sortir plus d'une fois de sa grotte. J'y ay joue mon roole dans la surprenante avanture de la Comtesse de Bourgogne. J'ay este temoin des diverses transformations de Louis Bayard. J'ay este present au fameux opera de Vittoria et de Don Carlos. Mais surtout je me suis trouve a l'avanture celebre des deux Paladins, dont l'un fort ingambe, l'autre avec sa permission un peu bequillard disputerent l'espee enchantee pour dellivrer l'Infante que l'on enlevoit. Enfin rien ne m'etoit echappe de remarquable depuis la naissance des Quiquois mais aujourd'hui j'ay bien envie de murmurer contre l'ame j'ay manque le salement de ——[1]. De tout ce que j'ay jamais veu et entendu au pays de Brevonne rien ne m'a paru si digne de curiosite. Je ne scay pas si nostre —— en a salle beaucoup en sa vie: je respons bien qu'il n'en a jamais de telle. Mais nestes vous pas cruels tous tant que vous estes de ne me point expliquer de tels mots et faudra-t-il que j'apprenne une langue nouvelle lorsque je reviendray en mon cher pays de la Ver^te? Quelle honte de ne me point expliquer de tels mots qu'il ne se trouve personne parmy vous qui ait cette charite pour un pauvre Quiquoy depaise. Et cette Me de la F—— a qui lon me renvoye n'aurait-

[1] Cette lettre a été imprimée par Monmerqué dans son édition des *Mém.* de Coulanges (1820), p. 405, et à cet endroit il imprime: "Mlle de Sévigné." Plus loin dans cette lettre, Pomponne écrit, en effet, qu'il s'agit de la fille de Mme de Sévigné.

elle pas mieux fait de me le dire que de m'apprendre que l'on se mocque delle depuis le matin jusques au soir comme si ce mestoit une chose fort nouvelle? Elle a ete mocquee et le sera. Je lay este avant elle, et le seray. Enfin cest un honneur que nous partagerons longtemps ensemble —— etc.[1]"

D'après la réponse de Pomponne, nous voyons que non seulement Madame de Sévigné lui écrivit en même temps que Madame de La Fayette mais qu'il reçut aussi un billet de M. de La Rochefoucauld, billet qui, par malheur, n'a pas été retrouvé. C'est probablement à lui que la comtesse fait allusion lorsqu'elle dit qu'il y a un nom qui suit le sien assez souvent. En 1666 donc, on taquinait Madame de La Fayette au sujet du duc qui, semble-t-il, s'intéressait à elle. En effet Madame de La Fayette doit au salon de Madame du Plessis non seulement d'avoir pu perfectionner son style dans la conversation du beau monde, d'avoir épuré sa langue et affiné son goût, d'avoir appris à discuter sur des questions de psychologie et de religion, mais aussi de s'être ménagé une amitié des plus précieuses, avec un homme qui, après avoir cherché son chemin dans une tout autre voie, devait se faire, lui aussi, un nom dans l'histoire littéraire de son pays. Nous avons nommé La Rochefoucauld.

C'est à Fresnes que Madame de La Fayette lut les *Maximes* et son impression ne fut guère favorable à l'auteur. Aussitôt après cette lecture, elle écrivit à Madame de Sablé: "….Je viens d'arriver à Fresne, ou j'ay esté deux jours en solitude avec madame du Plessis; en ces deux jours-là….nous y avons leu les *Maximes* de M. de La Rochefoucauld. Ha Madame! quelle corruption il faut avoir dans l'esprit et dans le cœur pour estre capable d'imaginer tout cela! J'en suis si espouvantée que je vous asseure que si les plaisanteries estoient des choses sérieuses de telles maximes gasteroient plus ses affaires que touts les potages qu'il mangea l'autre jour chez vous."

Et lorsqu'elle écrit à son amie pour lui demander ses *Maximes*, elle dit: "Madame du Plessis m'a donné une curiosité estrange de les voir, et c'est justement parcequ'elles sont honnestes et raisonnables que j'en ay envie, et qu'elles me persuaderont que toutes les personnes de bon sens ne sont pas si persuadées de la corruption générale que l'est M. de la Rochefoucauld[2]."

C'est aussi à Fresnes qu'elle rencontra assez souvent le duc, ou pour se rendre compte qu'elle l'avait mal jugé, ou pour être

---

[1] Papiers d'Arnauld, IV. f° 25.
[2] Fournier, *Var. Hist.* x.

tentée d'entreprendre une réforme de son caractère. De cette rencontre, une liaison célèbre dans l'histoire littéraire....

*   *   *   *   *   *   *   *   *   *

On a déjà commis, au sujet de l'amitié du duc de La Rochefoucauld et de Madame de La Fayette, tant d'erreurs, on a montré tant de curiosité malsaine, on a prononcé tant de jugements peu charitables, que nous n'avons guère envie de rien ajouter à tout cela. Au reste, si l'on tient à tout savoir, nous inclinons à penser que Sainte-Beuve, en cette affaire, dit le dernier mot. Il n'avait pas entre les mains tous les documents (nous sommes encore loin de les avoir aujourd'hui) mais sa haute intelligence, sa sympathie pénétrante, et ce don qu'il avait de regarder vivre les personnages littéraires de toutes les époques, lui permirent de traiter cette délicate question comme personne ne l'avait fait avant lui. Depuis ce moment (1836) on n'a rien écrit qui ait la valeur de son étude et, à moins de trouver d'autres documents, on ne dépassera jamais, croyons-nous, son portrait de Mme de La Fayette[1].

Cependant on ne peut passer sous silence cette liaison importante et surtout on ne peut pas laisser croire à ceux qui, depuis 1836, ont accumulé des jugements téméraires et des erreurs de faits, qu'ils sont arrivés plus près de la vérité que leurs prédécesseurs. Nous allons suivre les traces d'un grand critique comme Sainte-Beuve, être en contradiction avec un érudit tel qu'Anatole France, et nous n'oserions pas entreprendre la tâche si nous ne nous trouvions fort de la pensée que nous avons connu des documents qu'ils ignoraient tous les deux. Ces documents, certes, ne disent rien, ou presque rien, de la liaison, mais ils nous font mieux connaître le caractère de Mme de La Fayette et si l'on a mal compris les rapports entre La Rochefoucauld et son amie, c'est, croyons-nous, parce qu'on n'avait pas compris le vrai caractère—et parce qu'on ignorait l'état de santé—de cette amie.

Quand l'amitié de Mme de La Fayette et de La Rochefoucauld commença-t-elle? En 1665? En 1655, à l'époque du mariage de Mlle de La Vergne? Avant le mariage? On s'est amusé à compliquer cette question, en disant que la liaison est antérieure à 1665 et puis en insinuant en fin de compte que— peut-être bien elle remontait plus haut que son mariage.

Il faudrait au contraire simplifier la question et distinguer

[1] Dans les *Portraits de femmes*.

entre deux choses : (*a*) l'amitié de Mme de La Fayette avec La Rochefoucauld, qui ne différait en rien de ses amitiés avec les personnes mentionnées au début de ce chapitre, (*b*) l'amitié intime que nous appellerons faute d'un meilleur mot—la liaison.

La première amitié date probablement de l'époque du mariage de Mme de La Fayette ou du temps qui suivit immédiatement le mariage. Segrais dit que l'amitié dura vingt-cinq ans[1]. La Rochefoucauld étant mort en 1680, l'amitié remonterait donc en 1655, l'année même du mariage de Mme de La Fayette[2]. Peut-être ne faudrait-il pas attacher trop d'importance à la date fixée par Segrais. C'est un souvenir de vieillard qui ne regarde pas à quelques années près. En 1653, La Rochefoucauld était à Verteuil, où il passa quelques années dans la gêne, s'efforçant de refaire sa fortune. En 1656, il est vrai, il était de retour à Paris, et très assidu auprès de la reine de Suède[3]. Madame de La Fayette n'était plus là mais elle pouvait le rencontrer de temps à autre pendant ses visites. Paul Lacroix[4] parlant d'une date assez vague ("dès l'année 1655" est la dernière mention de date dans le chapitre) dit que Mme de La Fayette "estima que le moment était bon pour ouvrir sa maison aux beaux esprits les plus renommés et *pour y attirer le Duc de La Rochefoucauld*." Il ne donne aucun document à l'appui de ses dires—ce qui leur enlève toute valeur. La première mention de l'amitié dans la correspondance de Mme de La Fayette est dans une lettre où elle écrit à Ménage "...Je suis infiniment obligée à Mr de La Rochefoucauld de son compliment, c'est en effet de la belle sympathie qui est entre nous." M. d'Haussonville reproduit cette phrase[5] (avec "sentiment" pour "compliment") et dit catégoriquement que la lettre est de 1663 et le "sentiment" peut-être à l'occasion de la *Princesse de Montpensier* qui venait de paraître. "Venir de paraître" n'est évidemment qu'une façon de parler puisque la *Princesse de Montpensier* est du 20 août 1662 et cette lettre du 5 septembre—1663, d'après M. d'Haussonville. Mais comment M. d'Haussonville sait-il qu'elle est de 1663 ? La lettre que nous avons vue

[1] *Segraisiana.*

[2] C'est probablement ce passage de *Segraisiana* qui fait dire à Taine qu'à la mort de son mari, survenue quelques années après le mariage, Mme de La Fayette céda à son affection *déjà ancienne* pour le duc de La Rochefoucauld. Voir Taine, éd. de la *P. de C.*

[3] Mme de Motteville, *Mém.* iv. 65.

[4] *Le XVIIe siècle, Lettres, Sciences et Arts*, p. 190.

[5] Op. cit. pp. 66–67.

est du "5me septembre" sans mention d'année. La date est pourtant facile à établir. Ménage s'était amusé à tendre un piège à ses amis en leur envoyant des madrigaux à critiquer. Il en est question dans une lettre de Madame de Sévigné du 12 septembre 1656[1] et dans une lettre de Madame de La Fayette du 22 août. Or la lettre du 5 septembre où elle fait allusion à La Rochefoucauld débute ainsi : "Si l'on pouvoit tirer quelque vanité de mon choix je vous asseure que vous en pouries tirer de celuy que j'ai fait de votre madrigal preferablement a celui du Guarini et a celuy de Mr du Raincy...." Les trois quarts de la lettre sont sur ce même sujet. Elle y parle également d'une chanson italienne dont il était question dans sa lettre du 1er septembre 1656 (date qui nous est fournie par une mention de la visite de la reine de Suède). Nous n'avons donc aucune hésitation à dater du 5 septembre 1656 celle où se trouve l'allusion à La Rochefoucauld. Le compliment ne serait donc qu'une politesse de La Rochefoucauld au sujet du mariage de Madame de La Fayette. Le duc était à Paris en 1656. Il y rencontra Ménage qu'il n'avait pas vu depuis le mariage car il habitait Verteuil à cette époque. Quoi de plus naturel que de présenter ses compliments par l'intermédiaire du fidèle Ménage ?

Segrais aurait donc raison, car une année après le mariage, l'amitié entre La Rochefoucauld et Mme de La Fayette donne lieu à une remarque de Ménage, si bien que Mme de La Fayette se doit d'intervenir. Cependant tout nous porte à croire que le raisonnement de Sainte-Beuve est juste et que l'intimité n'a pu remplacer la "belle sympathie" avant 1665[2]. En effet la liaison de La Rochefoucauld avec Madame de Longueville—tellement intime que le duc pleura le comte de Saint-Paul comme un fils —n'était alors un secret pour personne. Plus tard il se lia avec la marquise de Sablé et leurs relations ne se refroidirent que vers 1663[3]. Un peu après cette époque Madame de La Fayette écrit à la marquise :

"Ce jeudi au soir.

"Voilà un billet que je vous suplie de vouloir lire, il vous instruira de ce que l'on demande de vous. Je n'ay rien à y adjouster, sinon que l'homme qu'il l'escrit (sic) est un des hommes

[1] Voir *Lettres*, T. I. p. 415.   [2] Voir *Portraits de femmes*.
[3] C'est vers cette époque que Mme de Sablé connut intimement Mme de Longueville rattachée à Port-Royal par sa pénitence. Sa confession générale est de 1662. Le duc ne pouvait guère la fréquenter à partir de cette époque.

du monde que j'ayme autant, et qu'ainsi, c'est une des plus
grandes obligations que je vous puisse avoir que de luy accorder
ce qu'il souhaitte pour son amy.   Je viens d'arriver à Fresne, où
j'ay esté deux jours en solitude avec madame du Plessis; en ces
deux jours-là nous avons parlé de vous deux ou trois mille fois;
il est inutile de vous dire comment nous en avons parlé, vous le
devines aisément.   Nous y avons leu les *Maximes* de M. de La
Rochefoucauld.   Ha Madame! quelle corruption il faut avoir
dans l'esprit et dans le cœur pour estre capable d'imaginer tout
cela!   J'en suis si espouvantée que je vous asseure que si les
plaisanteries estoient des choses sérieuses de telles maximes
gasteroient plus ses affaires que touts les potages qu'il mangea
l'autre jour chez vous[1]."

D'après la dernière phrase, La Rochefoucauld essaya de se
rapprocher de Mme de La Fayette et de transformer le commerce de politesse que, jusqu'alors, il avait eu avec elle en une
intimité plus grande.   On en parlait évidemment et il est probable qu'on taquinait un peu la comtesse.   Elle acceptait ces
taquineries avec bonne humeur lorsqu'elles venaient de ses
amies, de tous ceux qui la connaissaient bien et qu'elle jugeait
susceptibles de bien comprendre la situation, mais elle avait en
horreur d'être considérée comme une coquette déjà mûre.   La
situation devenait plus délicate encore lorsque celui qui s'éri-
geait en juge était le fils illégitime de La Rochefoucauld; elle
donna lieu à la lettre suivante:

"Ce lundy au soir.

"Ie ne pus hier respondre a vostre billet, parce que j'avois
du monde, et je croys que je n'y respondray pas aujourd'huy
parce que je le trouve trop obligeant.   Je suis honteuse des
louanges que vous me donnés et d'un autre costé j'ayme que
vous ayés bonne opinion de moy, et je ne veux vous rien dire
de contraire à ce que vous en pensés.   Ainsi je ne vous respondray
qu'en vous disant que M. le comte de Saint-Paul[2] sort de céans
et que nous avons parlé de vous une heure durant, comme vous
sçavez que j'en sçay parler.   Nous avons aussi parlé d'un homme
que je prends toujours la liberté de mettre en comparaison avec
vous[3] pour l'agrément de l'esprit.   Je ne sçay si la comparaison
vous offense; mais quand elle vous offenseroit dans la bouche

[1] Fournier, op. cit.
[2] Fils de Mme de Longueville et probablement du duc de La Rochefoucauld.
[3] Cet "homme" est évidemment La Rochefoucauld.

A₄   7

d'une autre, elle est une grande louange dans la mienne, si tout
ce qu'on dit est vray. J'ay bien veu que M. le comte de Saint-
Paul avoit ouy parler de ces dits-là et j'y suis un peu entrée avec
luy : mais j'ay peur qu'il n'ait pris tout sérieusement ce que je
luy en ay dit. Je vous conjure, la première fois que vous le verrés
de lui parler de vous-mesme de ces bruits-là. Cela viendra aisément à propos, car je luy ay donné les Maximes, il vous le dira
sans doute, mais je vous prie de luy en parler bien comme il faut
pour le mettre dans la teste que ce n'est autre chose qu'une
plaisanterie[1]. Je ne suis pas assez asseurée de ce que vous en
pensés pour respondre que vous direz bien et je pense qu'il
faudroit commencer par persuader l'ambassadeur. Néanmoins
il faut s'en fier à vostre habilité : elle est au-dessus des maximes
ordinaires mais enfin persuadés-le ! je hays comme la mort que
les gens de son âge puissent croire que j'ay des galanteries. Il
me semble qu'on leur paroist cent ans dès que l'on est plus
vieille qu'eux et ils sont touts propres à s'estonner qu'il soit
encore question des gens ; et de plus il croiroit plus aisément ce
qu'on luy diroit de M. de la R. F. que d'un autre. Enfin je ne
veux pas qu'il en pense rien, sinon qu'il est de mes amis, et je
vous suplie de n'oublier non plus de luy oster de la teste, si tant
est qui le l'eût que j'ay oublié vostre message. Cela n'est pas
généreux de vous faire souvenir d'un service en vous en deman-
dant un autre.

(En marge.) Je ne veux pas oublier de vous dire que j'ay
trouvé terriblement d'esprit au comte de Saint-Paul[2]."

Voilà, à notre avis, une des lettres les plus intéressantes de
Mme de La Fayette, tant elle s'y montre femme. Elle hait
comme la mort que les gens de l'âge du comte de Saint-Paul
puissent croire qu'elle ait des galanteries, mais elle fait un peu
la moue quand elle pense qu'elle leur paraît cent ans—ce n'est
pas qu'elle soit trop vieille pour avoir des galanteries—c'est
qu'elle n'en veut pas. Puis le fils naturel de La Rochefoucauld
était plutôt disposé à croire ce qu'on disait de son père que ce
qu'on pouvait dire d'un autre. En fin de compte, elle écrit à
Mme de Sablé pour que le jeune homme soit détrompé—ou

---

[1] Ce qu'il a pu entendre dire au sujet de la liaison, d'après nous, et
non pas les *Maximes*, comme le croyait Fournier. (Voir *Var. Hist.* x. 128.)

[2] Cette lettre était dans les Portefeuilles de Valant, N° 4. Elle fut
volée en 1842. Voir Lalanne et Bordier, *Dict. des Pièces Volées*. Pour sa
publication par Delort, etc. voir notre bibliographie (Corr.).

trompé. Se défend-elle si mollement au début pour ne pas avoir l'air d'attacher trop d'importance à l'attaque? Supplie-t-elle ensuite en toute sincérité? Cette femme qui a la réputation d'être franche et sincère, et qui était en effet d'une franchise cruelle au besoin, savait bien garder les secrets des autres et ne se hâtait pas de divulguer les siens.

Cette lettre nous ramène à la question délicate, posée plus haut: quelle fut la nature de la liaison entre Mme de La Fayette et La Rochefoucauld? Si l'on s'appuie sur les jugements des critiques, souvent téméraires, basés sur des données insuffisantes ou erronées, il est difficile de se former une opinion et de savoir ce qui a pu réunir les deux personnes dont il s'agit. Pour les uns, la liaison a été connue et respectée de tous les contemporains. "Toujours est-il," écrit M. de Lescure[1], "que la liaison trouva moyen d'échapper même au danger, presque inévitable en pareil cas, des satires et des chansons." D'autres prononcent le mot "adultère."

Or, la liaison n'échappa pas aux chansonniers de l'époque. Dans le recueil fait par Blot, qui, d'après le jugement de Madame de Sévigné, avait le diable au corps, on trouve la chanson suivante:

> La nymphe Sagiette
> Et le berger Foucaut
> Font l'histoiriette (sic)
> De Moulin et de Gombeau
> Chantant dessus leur lyre
> Chacun a son tour
> Qu'en amour
> Il faut écrire
> Et faire comme le grand Saucour[2].

D'autre part, l'avis de ceux qui crient à l'adultère, aussitôt après la découverte que M. de La Fayette n'est pas mort quelques années après son mariage, est assez amusant. Les premiers jugements avaient pour point de départ l'idée que M. de La Fayette était mort. Quoi de plus naturel que de voir la veuve chercher en La Rochefoucauld ce dont elle avait joui auprès de

---

[1] Intro. *P. de C.*

[2] Bibl. Nat. ms. 9348, Blot. D'autres recueils donnent cette chanson avec des variantes: La nymphe Fayette | De Macé de Gombaut | De nuit et de jour | etc. Voir *Chansonnier fr.*, ms. 12639, p. 177; 15135, p. 190; 12667, p. 339. "Le Marquis de Soyecour, Grand Veneur de France, fut d'une grande réputation pour ses exploits et sa grande vigueur avec les dames." Note du ms.

son mari, etc.? Puis tout à coup on trouve que le mari était toujours là, et sans comprendre que ce fait nouveau exige une revision de toute la question, des critiques modernes ont usé de cette trouvaille et en ont fait un argument pour nous montrer que Mme de La Fayette était adultère. Ainsi dans ces raisonnements abracadabrants les mêmes conclusions sont tirées d'abord du fait que le mari était mort, et ensuite du fait qu'il était encore en vie. Il y a même des critiques qui se rangent tantôt d'un côté, tantôt de l'autre. M. Anatole France dans la préface de son édition de la *Princesse de Clèves*[1] suit de très près Sainte-Beuve et penche du côté de l'amitié, comme étant la seule relation possible entre des gens malades—presque mourants, dont l'un était vieux—et prince, l'autre pas belle—et dévote. Mais lorsque M. d'Haussonville[2] semble trop convaincu de l'innocence de la liaison, M. Anatole France se met en verve et écrit: "Mme de La Fayette avait 25 ans, le duc en avait 46. On se demandera comment, de l'humeur qu'il était, elle put l'attacher sans se donner à lui. Il ne vivait que pour elle et près d'elle, il ne la quittait pas. Cela donne à penser, quoiqu'on ne veuille. M. d'Haussonville ne croit pas lui-même à la continence volontaire de M. de La Rochefoucauld et je doute, malgré moi, de la piété de Mme de la Fayette. L'âme de cette charmante femme lui semble limpide. J'ai beau m'appliquer à la comprendre, elle reste pour moi tout à fait obscure."

Loin de croire que Madame de La Fayette n'ait pu s'attacher le duc de La Rochefoucauld sans se donner à lui, nous croyons fermement que si elle a pu se l'attacher comme aucune autre femme n'avait pu le faire avant elle, *c'est précisément parce qu'elle ne se donna pas.* Voici ce qu'il importe de savoir: la liaison de Mme de La Fayette et de La Rochefoucauld fut-elle basée sur la passion ou sur un autre sentiment, où il entrait peut-être de l'amitié, de la pitié, de la sympathie, le besoin d'un confident, le désir de vivre auprès d'un autre qui souffre? Parler d'amour maternel entre une femme de 31 ans et un homme de 52[3] prête, peut-être, à la risée et pourtant nous sommes d'avis qu'il put y en avoir un peu dans l'affection de Mme de La Fayette pour La Rochefoucauld. Ce dernier ne paraît jamais avoir été

---

[1] Voir notre bibliog.   [2] Op. cit.

[3] Nous acceptons ici la même date pour le commencement de la liaison qu'ont acceptée MM. France et d'Haussonville. Dans le second passage de M. A. France, l'illustre écrivain rajeunit les deux amis pour renforcer son argument.

le maître dans ses liaisons. C'est un nerveux, qui a le désir de
bien faire et d'être honnête homme au point de demander à ses
ımis de lui corriger ses défauts, et de prendre en bonne part
leurs observations[1]! C'est aussi un sensible qui pleure à chaudes
larmes pour des deuils de famille[2] et il est toujours d'une
"irrésolution habituelle[3]." Il est timide, "Cet air de honte et
de timidité que vous lui voyez dans la vie civile," écrit Retz,
"s'était tourné, dans les affaires, en air d'apologie[4]." S'il se
montra bon soldat c'est grâce à l'influence de Madame de Longueville, sa maîtresse, dans le sens plein du mot. Madame de Sablé
ne devait pas être très romanesque et ce qui attirait le duc chez
elle c'était probablement qu'elle avait cette sorte d' "esprit
bien fait" qui lui faisait souvent préférer la conversation des
femmes à celle des hommes. Il y trouvait "une certaine
douceur" qu'on ne rencontre pas chez les hommes. Peu avant
de se tourner vers Madame de La Fayette il écrit[5] : "Pour galant,
je l'ai été un peu autrefois, présentement je ne le suis plus,
quelque jeune que je sois. J'ai renoncé aux fleurettes et je
m'étonne seulement de ce qu'il y a encore tant d'honnêtes gens
qui s'occupent à en débiter. J'approuve extrêmement les
belles passions; elles marquent la grandeur de l'âme, et quoique
dans les inquiétudes qu'elles donnent, il y a quelque chose de
contraire à la sévère sagesse, elles s'accommodent si bien d'ailleurs avec la plus austère vertu, que je crois qu'on ne les sauroit
condamner avec justice. Moi qui connois tout ce qu'il y a de
délicat et de fort dans les grands sentiments de l'amour, si
jamais je viens à aimer, ce sera assurément de cette sorte mais
de la façon dont je suis, je ne crois pas que cette connoissance
que j'ai me passe jamais de l'esprit au cœur."

La femme qui l'attira à cette époque avait dépassé la tren-
taine et depuis dix ans elle était malade. Elle l'avait remarqué
à cause de son pessimisme et était un peu effrayée par son état
d'esprit. Elle avait toujours eu la réputation d'être éminemment raisonnable et c'est ainsi qu'elle apparaît dans ses œuvres
littéraires. Il se trouve, en effet, dans la *Princesse de Clèves*, un

---

[1] Voir *Portrait fait par lui-même.*   [2] Sév. III. 108.

[3] Card. de Retz, *Portrait de La Rochefoucauld, Œuvres* de La Rochef.
T. I.

[4] Retz n'aimait pas La R. mais ce qu'il dit de sa timidité est confirmé par le fait que La R. trop timide pour se présenter devant l'Académie, refusa le fauteuil qu'on lui offrit.

[5] *Portrait fait par lui-même.*

passage assez significatif. Après la mort de son mari, la princesse refuse d'écouter le duc de Nemours pour deux raisons:
(1) parce qu'elle l'avait aimé du vivant de son mari, ce qui fut
cause de la mort de ce dernier; (2) parce qu'elle craignait qu'il
ne fût pas fidèle, une fois qu'elle se serait donnée à lui, même
dans le mariage. "Les hommes," dit-elle, "conservent-ils de
la passion dans ces engagements éternels; dois-je espérer un
miracle en ma faveur, & puis-je me mettre en estat de voir certainement finir cette passion dont je ferois toute ma félicité....?"
Elle se demande si son mari ne conserva sa passion que parce
qu'il n'en avait pas trouvé en elle. Elle dit à Nemours qu'elle
n'aurait pas le même moyen de conserver la sienne et conclut
"je croy même que les obstacles ont fait vostre constance[1]."

Sans croire à la continence de La Rochefoucauld, malgré
ses désillusions, malgré son âge, malgré sa santé, malgré son
besoin de sympathie et d'affection désintéressée, nous pouvons
croire qu'une femme aussi fine psychologue que celle qui a écrit
ces lignes ne fut pas assez folle pour écouter ce pessimiste quin-
quagénaire. Nous admettrons, qu'attirée vers lui par l'espoir de
lui "réformer le cœur[2]" elle put se piquer au jeu et s'y laisser
prendre. Mais, vu son expérience et son état de santé, cela est
peu probable.

Qu'est-ce donc qui les unit si étroitement? De la part de
Mme de La Fayette, le désir d'exercer une influence sur cet
homme illustre et de modifier son opinion sur les femmes. En
cours de route, elle estima qu'ils avaient beaucoup de traits
communs. Ils aimaient la lecture, la discussion psychologique,
les travaux littéraires. Peu à peu cet homme, qui ne croyait en
rien, crut en elle—le plaisir en était doux—et lui confia ses soucis,
ses préoccupations. Cette intimité était en accord avec tout ce
que Madame de La Fayette avait appris de l'amour platonique[3].

---

[1] Éd. Lemerre, 249–257.

[2] Segrais écrit que La Rochefoucauld donna de l'esprit à Mme de La
Fayette mais qu'elle réforma son cœur. (Une faute de ponctuation dans
Segraisiana, p. 28, lui fait dire le contraire.) Il nous dit en outre que La
R. "avoit donné dans tous les vices qui régnoient à la cour dans le tems
de sa jeunesse" (p. 28), qu'il "n'avoit pas étudié, mais qu'il avoit un bon
sens merveilleux" (p. 15). C'est encore Segrais qui nous fait savoir que
Mme de La Fayette se servit de ses connaissances des procès pour
sauver "le plus beau" des biens de La R. (p. 101).

[3] Voir *Le Grand Cyrus*, VI. 113; V. Cousin, *Soc. fr.* II. 6–7; F. Hédelin
d'Aubignac, *Les conseils d'Ariste*. D'Aubignac ne croyait pas trop à
l'amour platonique.

De plus, pour un malade, c'est une chose agréable que d'avoir un ami à peine plus ingambe que lui et qui peut venir tous les jours s'informer de sa santé et lui apporter des nouvelles.

La Rochefoucauld, après avoir été jeté de côté et d'autre par son ambition, fut retenu par la douce affection de cette femme qui ne demandait rien que de l'amitié et qui rassemblait chez elle tous ceux qu'il serait allé voir à la cour, si sa santé le lui avait permis. Elle habitait tout près, et malgré ses propres souffrances, elle réussissait à égayer le pauvre goutteux lorsqu'il voyait tout en noir. Elle commença par lui être utile[1] et peu à peu elle lui fut indispensable.

Quel que soit le détail de cette intimité, les bases en sont une belle amitié, ou un amour singulièrement dépourvu de passion; elle fut respectée par tous ceux qui la voyaient de près[2] et les plus médisants ne pourraient qu'enlever le mérite sans nier les faits: "M. de La Rochefoucauld," écrit Mlle de Scudéry à Bussy, "vit fort honnêtement avec Madame de La Fayette: il n'y paroit que de l'amitié. Enfin la crainte de Dieu de part et d'autre et peut-être aussi la politique a coupé les ailes à l'amour. Elle est sa favorite et sa première amie. Rien n'est plus heureux pour elle que cela, ni plus honnête pour lui[3]." Bussy répond: "Quand on ne voit rien que d'honnête à présent entre M. de La Rochefoucauld et Mme de La Fayette, ce n'est pas à dire qu'il n'y ait que de l'amitié. Pour moi je vous maintiens qu'il y a toujours de l'amour et quand il seroit possible qu'il n'y eût plus, il y a toujours quelque chose qui, dans la religion, est aussi condamné que l'amour même[4]." Bussy n'aimait guère La Rochefoucauld et il avait déjà médit de Mme de La Fayette du temps où elle était jeune fille; ici, il a tout l'air de dire: "Elle ne fait rien de mal mais elle a tort quand même!" Mlle de Scudéry tient à son opinion, sans être trop charitable, et deux ans plus tard, elle écrit: "M. de la Rochefoucauld et Madame de La Fayette ont fait un roman des galanteries de la cour de Henri second, qu'on dit être admirablement bien écrit; ils ne sont pas en âge de faire autre chose ensemble....[5]." Bussy répond sur le

---

[1] Lettre de La R. au comte de Guitaut 15 nov. 1664: "Je parle souvent de vous avec ma voisine et elle m'est d'un grand secours." *Œuvres*, G. É. III. 173.

[2] Les chansonniers voyaient le plus souvent de bien loin et tenaient surtout à avoir des chansons égrillardes à tort ou à raison.

[3] Bussy-Rabutin, *Corr.* III. 116, Lettre du 6 déc. 1675.

[4] Op. cit. 117.   [5] Op. cit. 451, 8 déc. 1677.

même ton: "Je serois bien fâché que ces auteurs fussent plus jeunes car ils s'amuseroient à faire autre chose ensemble qui ne nous divertiroit pas tant que leurs livres."

Malgré l'intimité de Mme de La Fayette avec La Rochefoucauld, il y avait encore place dans le cœur de la première pour une autre amitié avec Mme de Sévigné. Cette amitié date de la jeunesse de Mlle de La Vergne et du mariage de sa mère avec le chevalier de Sévigné. Si nous n'en avons parlé qu'en passant, c'est que nous n'avions que peu de renseignements sur ses débuts. Mais Madame de Sévigné elle-même nous renseigne sur ses relations avec Madame de La Fayette à partir de l'époque où nous sommes et elle nous donne en même temps une idée de la vie que menaient La Rochefoucauld et son amie.

La première mention de Mlle de La Vergne dans la correspondance de Mme de Sévigné est de 1652, lorsque la marquise écrit à Ménage pour lui dire "Vous ne me faites cette querelle d'Allemand que pour vous donner tout entier à Mlle de La Vergne[1]," mais ces mentions ne sont pas fréquentes avant 1670. À partir de cette date et jusqu'à la mort de la comtesse il est question d'elle à peu près à chaque page. Malgré son affection pour sa fille, malgré le peu d'amitié de celle-ci pour Mme de La Fayette, les deux amies ne se sont jamais brouillées et la force de leur amitié ne faiblit jamais, quoi qu'en dise Walckenaer. Il est ridicule de dire que Mme de La Fayette ménagea son crédit à la cour et qu'elle ne voulut pas l'employer pour son amie[2]. À part quelques billets au sujet de son fils, toute sa correspondance avec Louvois, dont il sera question plus tard, est destinée à rendre service à d'autres qu'aux membres de sa famille, et d'après la correspondance de Mme de Sévigné même, on voit assez que Mme de La Fayette faisait son possible pour lui être utile. Pour ne donner que quelques exemples—c'est tantôt le fils de la marquise qui veut changer de garnison[3], tantôt les Grignan qui ont besoin de son appui[4], tantôt des demandes à faire pour la députation de Charles de Sévigné[5]. Certes elle ne réussit pas toujours, mais il faut lui savoir gré de ses efforts et la marquise elle-même le fait à plusieurs reprises. "Il me paraît

[1] I. 374.
[2] Walckenaer, III.: "Elle ménageait son crédit et se montra peu empressée à en user pour ses amis."
[3] Sév. VII. 91.
[4] Ibid. VII. 364, IX. 5 juin 1689, VI. 58, 117.
[5] Ibid. IX. 190, 192, 198, 204, 214, 218, 224, 241–2, 243, 250, 279.

qu'elle a bien envie de servir M. de Grignan," écrit-elle, "elle sera alerte sur les Chevaliers" etc.[1]

Mais si Madame de Sévigné resta fidèle jusqu'au bout, il est certain que ses enfants n'aimaient pas trop la comtesse. De la part de la fille, c'était peut-être tout simplement de la jalousie. Quant au fils, il trouvait Mme de La Fayette un peu trop "raisonnable." Tout en faisant comprendre à sa mère la nécessité de lui fournir de l'argent[2] elle essayait également de l'éloigner de Ninon[3]. Lui aussi semble être un peu jaloux de l'influence de Madame de La Fayette et de ce qu'elle arrive à faire pour ses fils[4]. Madame de Sévigné sent bien l'hostilité de sa fille et en maints endroits de sa correspondance elle s'efforce de montrer combien son amie s'intéresse à Mme de Grignan[5]. Cependant elle est obligée d'avouer son peu de succès, "Vous êtes toujours bien méchante quand vous parlez de Mme de La Fayette," écrit-elle, "je lui ferai quelques légères amitiés de votre part[6]."

Madame de Sévigné était naturellement attirée vers sa parente, et savait apprécier en elle des qualités qui lui manquaient à elle-même. Elle paraît la regarder comme une personne supérieure et ne manque pas de lui demander conseil dans les cas difficiles. Mais parfois, pourtant, elle était toute prête à imiter la jalousie envieuse de ses enfants. Aussitôt, il est vrai, elle reconnaissait les réelles qualités de son amie. Dans sa jeunesse, Mme de Sévigné était un peu écervelée. Son humeur était d'une liberté et d'une gaieté qui la faisaient parfois mal juger. Tallemant nous dit qu'elle avait l'habitude de "dire tout ce qu'elle croyoit joli, quoique ce fussent souvent des choses un peu gaillardes[7]" et Bussy admet que "pour une femme de qualité on trouvoit son caractère un peu trop badin[8]." Madame de La Fayette était plus posée, mais elle était loin de la froideur et de la pudibonderie que l'on voudrait lui attribuer; elle était capable de pardonner, et même d'apprécier la forte gaieté de son amie. Au besoin, et malgré sa maladie, elle lui écrivait des "gaillardises[9]." La marquise aimait son amie parce que la comtesse pouvait sympathiser avec ses faiblesses de mère, louer sa fille, et la guider dans les démarches à faire pour l'avancement de ses enfants. Si parfois sa maladie amenait

[1] Ibid. vi. 58.   [2] iii. 194.
[3] ii. 137.   [4] iv. 286, etc.
[5] ii. 67, 107, 173, 182, 194, iii. 263, viii. 306.   [6] iv. 218.
[7] Tallemant, *Hist. de Sév. et de sa Femme.* Voir aussi Sév. G. É. i. p. 48.   [8] Sév. i. 48.   [9] Sév. ii. 350.

la tristesse, sa maison restait généralement gaie, car on y rencontrait des gens fort intéressants. Madame de La Fayette tenait salon[1] et Madame de Sévigné retrouvait là le cardinal de Retz et tous ses amis de la Fronde "avec les beaux esprits de ce temps, Segrais, Huet, La Fontaine et Molière[2]." Elle y trouvait également La Rochefoucauld et peut-être Bossuet, Boileau, Racine, Benserade. Ce salon devait ressembler certains jours à cette *"Chambre du Sublime"* que Mme de Thianges donna en 1675 comme étrennes au duc du Maine[3].

Segrais, pour s'être trop occupé du mariage de Mademoiselle et de Lauzun et non pas dans le sens qu'aurait voulu la princesse, fut chassé de chez elle. Madame de La Fayette l'accueillit[4].

Quant à Huet, évêque d'Avranches, nous connaissons depuis quelques mois[5] l'opinion de Pierre Bayle à son sujet, opinion exprimée à cette époque, en 1675. "Et Monsieur Huet," écrit-il

[1] Somaize, *Dict.* I. p. 205, dans sa liste des réduits les plus connus et les plus considérables donne: Celui de la charmante Féliciane. "À ceux que nous avons déjà cités jadis," écrit A. Bourgoin (*Valentin Conrart....* p. 253, note), "il faudrait peut-être ajouter comme étant contemporains de la première société Conrart les salons de Mme de La Fayette, de Mme d'Aiguillon, de Scarron, de Mme de Sablé, de Ninon....Quand s'ouvrit ou se ferma chacun d'eux il est difficile de le dire." Évidemment: il est même difficile de dire que le salon de Mme de La Fayette était contemporain de celui de Conrart. D'après Pellisson et d'Olivet, que M. Bourgoin cite lui-même, la société Conrart s'assemblait "Environ l'année 1629." Avant de mettre Mme de La Fayette à la tête d'un salon il faudrait lui donner le temps de devenir Mme de La Fayette, ce qui n'eut lieu qu'en 1655, ou même de naître, ce qui ne lui advint qu'en 1634.

[2] Voir Walckenaer, III. Ch. XIX. On peut supposer que Molière fréquentait la maison mais nous n'oserions pas l'affirmer comme le fait Walckenaer.

[3] On y avait représenté en cire le duc du Maine, "Auprès de lui M. de la Rochefoucauld, auquel il donnait des vers pour les examiner: autour du fauteuil M. de Marcillac et M. Bossuet....Au bout de l'alcove Mme de Thianges et Mme de La Fayette lisaient des vers ensemble. Au dehors du balustre Despréaux, avec une fourche, empêchait sept ou huit méchants poètes d'approcher. Racine était auprès de Despréaux, et un peu plus loin La Fontaine auquel il faisait signe d'avancer." *Ménagiana.*

[4] Sur Segrais voir Brédif, *Segrais,* pp. 64–72. Mme de Sévigné écrit (II. 199), "Mais comment pourrois-je vous dire les tendresses, les amitiés, les remerciements de M. de la Rochefoucauld, de Segrais, de Mme de La Fayette avec qui je passai le soir."

[5] Lettres inédites de Bayle pub. dans *Rev. d'Hist. litt. de la Fr.* avril-juin 1912, p. 427.

à l'un de ses amis de Montauban, "dont j'ay à vous dire deux
mots puisque vous le souhaitez. C'est un des plus savans hommes
de France. Il a donné au public toutes les œuvres d'Origène,
un beau livre latin de la manière de bien traduire, avec un
examen de presque toutes les traductions qui se sont faittes
jamais, outre la savante lettre de l'Origine des romans[1] de laquelle il me semble vous avoir autrefois parlé....il est sous-
précepteur de M. le Dauphin." C'est à Huet que Mme de La
Fayette adresse une lettre qui suffirait pour prouver qu'elle n'a
pas échappé complètement à la mauvaise influence de la préciosité—et, fait piquant, elle commence sa lettre par accuser
Mlle de la Trousse d'être précieuse.

"ce 14 9bre 1662.

"Toute précieuse que soit Mlle de la Trousse[2] elle a de l'esprit, et par là je suis assurée qu'elle vous distingue comme elle
le doit du reste de ces Messieurs de Caen que je ne crois pas tous
aussi distinguables que vous l'êtes. Pour Me de Coulanges elle
est toute propre à mettre le feu dans des cœurs moins com-
bustibles que ne le sont pour l'ordinaire ceux de Province. Je
ne sais si je me trompe, mais je trouve que les cœurs de campagne
brûlent à bien plus grand feu que ceux de la Cour; et il me semble
même que ceux de la cour brûlent mieux à la campagne qu'à
Paris. Ce pauvre Segrais aura tout loisir de brûler à Saint-Fargeau, il ne lui manquera que du feu, mais je ne crois pas qu'il
puisse trouver là pour allumer une allumette. Toutes les lettres
que je lui ai écrites en Normandie ont été perdues. Depuis qu'il
est à St Fargeau, notre commerce est rétabli. Le mien est quasi
rompu au pays latin; mon maître n'est pas ici: Mr Ménage est
occupé aux louanges de Mr le Cardinal: ainsi je n'ai personne
qui me tire de ma paresse naturelle. Je fais une vie fort inutile;
elle n'en est pas moins agréable, hors de travailler pour le ciel
je commence à trouver qu'il n'y a rien de meilleur à faire que
de rien faire. Mandez-moi un peu si Madame votre sœur et vous
avez renoncé à toutes les pensées de vous établir ici et si nous
ne vous y verrons de longtemps l'un et l'autre[3]."

[1] En tête de *Zaïde*, voir notre bibliographie.
[2] Fille de Mme de la Trousse qui était tante de Mme de Sévigné.
[3] D'après une copie conservée à la Bibl. Nat. MS. Fonds fr. 15188–
15190. L'orig. est probablement à la Bibl. Laurentienne à Florence. Pour
l'histoire de ces lettres voir Delisle (Léopold), *Cat. des Manuscrits*, I.
437–8; *Cat. des fonds Libri et Barrois* par le même, Bibl. Nat. N. Ac.
Fr. 6202.

Sa correspondance avec Huet est bien une correspondance de femme savante. L'évêque lui envoie des vers latins qu'elle lit avec l'aide de Ménage[1] et des vers français qu'on lui a demandé de critiquer. Elle se contente de dire quels sont ceux qu'elle aime[2].

Moins savant peut-être, ou tout au moins, savant d'une façon plus aimable, La Fontaine fréquentait le salon et s'entendait bien avec La Rochefoucauld et la comtesse. Le premier lui suggérait des sujets de fables[3] et son hôtesse, malgré sa réputation de prude, savait apprécier les contes qui, bien avant ses fables, l'ont fait remarquer. De son côté il l'estimait fort et trouvait l'occasion d'accompagner le cadeau d'un petit billard des vers suivants:

> Ce billard est petit; ne l'en prisez pas moins:
>   Je prouverai par bons témoins
>   Qu'autrefois Vénus en fit faire
>   Un tout semblable pour son fils.
> Ce plaisir occupoit les Amours et les Ris,
>   Tout le peuple enfin de Cythère.
> Au joli jeu d'aimer je pourrois aisément
> Comparer après tout ce divertissement,
> Et donner au billard un sens allégorique:
> Le but est un cœur fier; la bille, un pauvre amant;
> La passe et les billards, c'est ce que l'on pratique
> Pour toucher au plus tôt l'objet de son amour;
> Les belouses, ce sont maint périlleux détour,
> Force pas dangereux, où souvent de soi-même
>   On s'en va se précipiter,
> Où souvent un rival s'en vient nous y jeter
>   Par adresse et par stratagème.
> Toute comparaison cloche, à ce que l'on dit:
>   Celle-ci n'est qu'un jeu d'esprit
>   Au-dessous de votre génie.
> Que vous dirai-je donc pour vous plaire, Uranie?
> Le Faste et l'Amitié sont deux divinités
> Enclines, comme on sait, aux libéralités:
> Discerner leurs présents n'est pas petite affaire:
> L'Amitié donne peu, le Faste beaucoup plus,
>   Beaucoup plus aux yeux du vulgaire;
> Vous jugez autrement de ces dons superflus,

---

[1] Lettre de Mme de La Fayette du 18 déc. 1662.

[2] Ibid. 25 fév. 1663.

[3] *Les Lapins*, discours à M. le duc de La Rochefoucauld, se terminent ainsi:

> Permettez moi du moins d'apprendre à tout le monde
> Que vous m'avez donné le sujet de ces vers.

Mon billard est succinct, mon billet ne l'est guère.
Je n'ajouterai donc à tout ce long discours
Que ceci seulement, qui part d'un cœur sincère:
Je vous aime, aimez-moi toujours[1].

Vingt ans plus tard, après la mort de La Rochefoucauld et de son mari, Mme de La Fayette lit encore les contes et quand elle veut faire plaisir à un ami illustre elle lui en fait parvenir un nouveau—comme la lettre suivante[2] en fait foi:

"A Paris, ce 23ème Janvier 1685.
Monseigneur,

Made de La Fayette m'a chargé d'envoyer à V. A. S. un nouveau conte de La Fontaine, qu'elle croit que vous n'avez point veu. Elle m'a dit en mesme temps que dans peu de jours elle me donneroit trois actes d'un opéra de Roland commencé par M. de Segrais il y a huit ou neuf ans et qu'il n'a point achevé. S'il l'avoit esté elle croit qu'a en juger par ce qui est fait il auroit esté fort au dessus de celuy de Quinaut. Si tost qu'elle me l'aura donné je ne manqueray pas de l'envoyer à Chantilli. Je suis avec respect

Le très humble et très obéissant serviteur
Monseigneur de V. A. S.   Des Champs."

(M. des Champs au Prince de Condé.)

Quelques jours plus tard Madame de La Fayette tient sa promesse et Des Champs écrit de nouveau:

"Ce 30e Janvier 1685.
Monseigneur,

J'envoye à V. A. S. les trois actes de l'opéra de Roland dont j'eus l'honneur de luy parler dans ma dernière lettre. Elle verra par le billet avec lequel Me de La Fayette me les a envoyez qu'il n'y en a de copie que celle l'a (sic) qu'elle prie V. A. S. de vouloir bien renvoyer quand elle ne voudra plus les lire.

Cela est accompagné d'une lettre sur le mariage de Mlle Pelissari avec un Anglois. Je suis avec respect

Le très humble et très obéissant serviteur
Monseigneur De V. A. S.   Des Champs[3]."

[1] La Fontaine, *Œuvres*, Éd. G. É. IX. pp. 136–7.
[2] Inédite.   [3] Chantilly, MS. série P. T. XCIX. fos 214, 159.

Mais Madame de La Fayette connaissait bien le prince de Condé et n'avait pas toujours recours à un intermédiaire tel que Des Champs. Il allait parfois la voir. "Monsieur le Prince," écrit Madame de Sévigné[1], "fut voir l'autre jour Mme de La Fayette: ce prince alla cui spada ogni vittoria è certa[2]. Le moyen de n'être pas flattée d'une telle estime, et d'autant plus qu'il ne la jette pas à la tête des dames?" Madame la princesse rendait visite également à Mme de La Fayette[3] et la comtesse allait à son tour à Chantilly, dont elle appréciait les beautés, même quand elle était malade au point qu'il fallait la porter en litière[4]. Le fils du grand Condé "M. le duc" était assidu au salon de Madame de La Fayette où Madame de Sévigné le rencontra souvent[5]. C'est dans le salon de Mme de La Fayette que La Rochefoucauld et son Égérie, causant avec M. le duc, réveillèrent de vagues souvenirs d'enfance et lui firent reconnaître les beautés de Chantilly[6].

Parmi les autres personnes qui fréquentaient les samedis[7] de Mme de La Fayette on peut probablement compter Bossuet qu'elle avait rencontré à la cour de Madame Henriette[8], Racine et Boileau qu'elle voyait à l'Hôtel de Nevers d'après une lettre de Pomponne à Arnauld d'Andilly[9]. Racine lui-même, si son manuscrit est authentique[10], écrit: "Votre amie Mme de La Fayette nous a été d'un bien triste entretien. Je n'avais malheureusement eu l'honneur de la voir dans les dernières années

---

[1] IV. 549.   [2] À l'épée duquel toute victoire est assurée.
[3] VIII. 231.   [4] IV. 506, 523.
[5] II. 140, VI. 331. Voir aussi VII. 277. La duchesse, écrivant au duc d'Enghien en 1678, dit, en parlant de Mme de La Fayette: "C'est une amye aimable et admirable comme je scay qu'elle est tout particulièrement la vôtre je croy que vous serez bien aise que je vous en parle." Chantilly, série P. vol. LXXI. T. VII. p. 148. Voir aussi: Duc d'Aumale, *Hist. des Princes de Condé.*   [6] D'Aumale, op. cit. VII. 178.

[7] C'est le comte Gabriel Jules de Cosnac qui fixe ainsi le jour de la réunion formelle chez Mme de La Fayette. Nous acceptons ses dires parce que nous ne pouvons prouver le contraire. Voir ses *Souvenirs du règne de Louis XIV.*

[8] Voir notre chapitre sur Mme de La Fayette et Mme Henriette, et Hémon, *La vraie Mme de La Fayette, Rev. Pol. et Litt.*, oct. 1880.

[9] Fév. 1665. Voir *Mém.* de Coulanges, p. 470 et plus haut à la page 88.

[10] Ce paragraphe se trouve dans une lettre de Racine à M. de Bonrepas, Paris, 28 juillet (1693), d'après la version conservée dans la Coll. Feuillet de Conches. Il ne se trouve pas, cependant, dans l'autographe de la Bibl. Nat. L'éditeur de l'édition des G. É. regarde la version citée ci-dessus comme suspecte. Voir *Œuvres* de Racine (Éd. Paul Mesnard), VII. 105, note.

de sa vie. Dieu avoit jeté une amertume solitaire sur ses occupations mondaines" etc. Boileau, de son côté, était d'avis que Madame de La Fayette était "la femme de France qui avoit le plus d'esprit et qui écrivoit le mieux....[1]." Molière lut chez La Rochefoucauld une comédie—probablement *Les Femmes Savantes*—et cette lecture n'ayant eu lieu qu'en 1672, il est fort probable que Mme de La Fayette y assista[2]. Nous ne pouvons pourtant affirmer que Molière fréquentait son salon: nous croyons qu'il n'en fréquentait aucun. Enfin Perrault figurait peut-être parmi les habitués, car Madame de La Fayette écrit vers la fin de sa vie: "J'ai un goût très particulier pour ce qui vient de lui. Je vous supplie de l'asseurer que je suis sensible (sic) touchée du plaisir qu'il me fait de m'envoyer ses œuvres. Il faut qu'il ayt bonne mémoire pour se souvenir encor de ma beauté. Il n'y en a plus de trace....[3]."

Et si Corneille était trop provincial pour venir en ce salon, on le voyait chez La Rochefoucauld. "Il nous lut l'autre jour," écrit Mme de Sévigné en 1672, "une comédie....qui fait souvenir de la Reine mère[4]." Cette "comédie" fut probablement *Pulchérie*, représentée en 1672.

Ces noms ne suffisent-ils pas pour nous expliquer le charme qui attirait Mme de Sévigné chez son amie? Et ce n'est pas tout. En dehors de ces réunions ordinaires, à jour fixe, il y avait des réunions d'amis qui, pour être moins cérémonieuses, n'étaient peut-être pas moins agréables à fréquenter. Madame de Sévigné écrit qu'elle a vu "Madame de La Fayette avec sa petite fièvre, et toujours bonne compagnie[5]." Un autre jour elle trouve chez son amie "*uniquement* M. de Pompone et M. Barillon[6]." Régulièrement, il s'y rencontrait avec Madame de Sévigné, Mesdames de Lavardin et d'Huxelles: on y contait les nouvelles du jour, pour lesquelles la marquise était sans doute particulièrement recherchée[7]. On y discutait sur certaines questions[8].

[1] Pellisson et d'Olivet, *Hist. de l'Académie fr.* II. 109.
[2] Sév. II. 515.
[3] Lettre à Ménage. Coll. Feuillet de Conches. Inédite.
[4] II. 470.   [5] III. 419.   [6] VIII. 470.
[7] Voir Barthélemy, *La Marquise d'Huxelles*, pp. 28–9, et Sév. V. 34, où la marquise de Sév. écrit: "Cependant la bonne marquise d'Uxelles que j'aime il y a bien des années, m'avoit priée de ne point manquer de revenir pour ce dîner qu'elle donnoit à M. de La Rochefoucauld, M. et Mme de Coulanges, Mme de La Fayette et d'autres."
[8] Discussions où l'on se perdait quelques fois d'après une lettre de Mme de La Fayette.

On y lisait des lettres et des romans. Paraissaient aussi Mme de Marans—dont on se moquait assez cruellement—Gourville, qui s'y trouvait fréquemment mais que Mme de La Fayette traitait toujours un peu en laquais, Madame du Plessis-Guénégaud, l'hôtesse de l'Hôtel de Nevers et de Fresnes, Courtin, de la Trousse, le duc d'Estrées qui parlait politique avec Pomponne et Lauzun qui se pavanait devant Mme de La Fayette avec l'ordre de la Jarretière que le roi d'Angleterre venait de lui donner[1].

Malgré tant de visites reçues, si, par hasard, une ancienne amie telle que Mme de Sablé se renferme chez elle, Madame de La Fayette trouve encore le temps de lui écrire, d'aller la voir, de l'arracher à son isolement.

"Il y a une éternité que je vous ay veue," lui écrit-elle, "et si vous croyés Madame, qu'il ne m'en ennuye point, vous me faittes une grande injustice. Je suis résolue à avoir l'honneur de vous voir quand vous seriés ensevelie dans le plus noir de vos chagrins: je vous donne le choix de lundy ou de mardy, et de ces deux jours-là, je vous laisse à choisir l'heure depuis huit du matin à sept du soir. Si vous me refusés après toutes ces offres-là vous vous souviendrés au moins que ce sera par une volonté très determinée que vous n'aurés voulu me voir, et que ce ne sera pas ma faute.

Ce dimanche au soir[2]."

Une conséquence de toutes ces relations, c'est que Mme de La Fayette était très bien en cour. Mme de Montespan lui fait cadeau d'une "petite écritoire en bois de Santa-Lucie bien garnie....et un crucifix tout simple[3]." Elle va aux fêtes à Versailles et lorsqu'elle va à Saint-Germain "en un mois une fois" ou à Versailles, elle est fort bien reçue. À propos d'une de ces visites, Madame de Sévigné écrit, "Elle y fut reçue très bien, mais très bien, c'est à dire que le Roi la fit mettre dans sa calèche avec les dames, et prit plaisir de lui montrer toutes les beautés de Versailles, comme un particulier que l'on va voir dans sa maison de campagne. Il ne parla qu'à elle et reçut avec beaucoup de plaisir et de politesse toutes les louanges qu'elle donna aux merveilleuses beautés qu'il lui montroit. Vous pouvez penser si l'on est contente d'un tel voyage."

---

[1] Sév. passim. Pour la conversation politique, VIII. 502. Pour Lauzun, VIII. 493.

[2] Fournier, *Var. Hist.* x.   [3] Sév. III. 273.

Malgré toutes ces occupations—ou peut-être à cause de cette vie intense—Madame de La Fayette allait souvent à "sa petite campagne" à Fleury près Meudon "pour être comme suspendue entre le ciel et la terre." Dans ces moments "elle ne vouloit ni penser, ni parler, ni répondre, ni écouter: elle étoit fatiguée de dire bonjour et bonsoir[1]." On ne s'en étonne pas outre mesure. Elle allait aussi se reposer à Issy, à Livry, à Chantilly et à St Maur. D'après Gourville elle s'installait un peu trop à son aise dans cette dernière maison, elle y prolongeait ses séjours et ne se gênait pas d'y accaparer une chambre pour son ami La Rochefoucauld[2].

Mais on a beau essayer de s'étourdir dans un tel va-et-vient de personnes illustres, de bonnes amies, on a beau goûter à la campagne, en une illustre compagnie, un peu de calme, on peut quand même éprouver un sentiment de tristesse, et c'est l'impression qu'on garde après avoir lu les lettres de Mme de La Fayette. Cette tristesse était due non seulement à la maladie et aux souffrances de Mme de La Fayette, mais aussi à celles de son ami La Rochefoucauld. Voici un passage entre mille qui, à ce sujet, est tout à fait caractéristique:—"Mme de La Fayette est toujours languissante; M. de La Rochefoucauld toujours éclopé: nous faisons quelque fois des conversations d'une tristesse qu'il semble qu'il n'y ait plus qu'à nous enterrer. Le jardin de Mme de La Fayette est la plus jolie chose du monde: tout est fleurs, tout est parfumé: nous y passons bien des soirées, car la pauvre femme n'ose plus aller en carrosse[3]."

Dans ces moments de tristesse et d'abattement les deux malades devaient apprécier l'amitié de Mme de Sévigné qui apportait avec elle la gaîté et la santé. Mais en suivant les lettres de Mme de Sévigné jusqu'en 1672, nous nous sommes laissé entraîner un peu trop loin et il faut revenir en arrière pour voir une autre phase de la vie de notre auteur.

---

[1] III. 20.

[2] Gourville, *Mém.* II. 63–66. Se rappeler le passage suivant d'une lettre de Mme de Coulanges à Mme de Grignan (Sév. x. 491) (Gourville): "Ses Mémoires sont charmants...tout ce qui m'en a déplu, car je les ai entièrement lus, c'est un portrait, ou plutôt un caractère de Mme de La Fayette, très-offensant par la tourner très-finement en ridicule. Je le trouvai quatre jours avant sa mort avec la comtesse de Gramont, et je l'assurai que je passois toujours cet endroit de ses Mémoires."

[3] Sév. III. 92.

CHAPITRE VI

LA DAME D'HONNEUR. 1660–1670

MONSIEUR DE LA FAYETTE, en épousant Mademoiselle de La Vergne, lui rendit au moins un service qui compte. Il l'a faite en effet belle-sœur de Louise de La Fayette et c'est cette qualité qui lui permit d'approcher la princesse Henriette d'Angleterre de plus près qu'elle ne pouvait l'espérer. Et puisque Madame de La Fayette raconte elle-même avec la clarté qui lui est habituelle les circonstances de cette rencontre, nous ne pouvons mieux faire que de lui laisser la parole[1].

"Henriette de France, veuve de Charles Ier, roi d'Angleterre," écrit-elle dans sa préface de l'*Histoire d'Henriette d'Angleterre*, "avoit été obligée par ses malheurs de se retirer en France et avoit choisi pour sa retraite ordinaire le couvent de Sainte-Marie de Chaillot. Elle y etoit attirée par la beauté du lieu et plus encore par l'amitié qu'elle avoit pour la Mère Angélique[2] supérieure de cette maison. Cette princesse étoit venue fort jeune à la Cour, fille d'honneur d'Anne d'Autriche, femme de Louis XIII.

"Ce prince dont les passions étoient pleines d'innocence en étoit devenu amoureux, et elle avoit répondu à sa passion par une amitié fort tendre et par une si grande fidélité pour la con-

---

[1] Pour contrôler et pour apprécier le récit de Mme de La Fayette nous avons consulté sur Mme Henriette les ouvrages suivants: Bossuet, *Or. Fun.* (Jouaust); *Mémoires* de Mme de Motteville (Petitot, XXXVII. 414, XL. 232); de Retz (Feillet, II. 197); de Mlle de Montpensier (Pet. XLIII. 157, XLII. 389); de la Fare (Pet. LXV. 176); de Daniel de Cosnac, I. 420; de Choisy (Pet. LXIII. 385); *Lettres* de Guy Patin, 1846, II. 127; *La Princesse ou les Amours de Madame* dans *L'Hist. am. des Gaules*, 1754, II. 119; Baillon, *Henriette-Anne d'Angleterre*; Ibid. *Henriette-Marie de France*; La Fayette, *Henriette d'A.* (Éd. Anatole France); Ibid. *Mém.* (et H. d'A.), Éd. Asse, etc.

[2] Louise Motier de La Fayette. Sur elle et ses relations avec Louis XIII, voir Griffet, *Hist....Louis XIII*; Michel Le Vassor, Idem (III. 6–13, et IX. 266–272, respectivement), et les *Mém.* de Madame de Motteville, et de La Porte, Montglat, Richelieu, et Nicolas de Goulas. L'article de la *Grande Encyclopédie* renvoie à un livre par l'abbé Sorin, *Louise Angèle de la Fayette*, Paris, 1892, 8º. Le nom de cet auteur est inconnu à la Bibl. Nat. et nous n'avons rien trouvé dans le *Cat. de la Librairie* de l'année indiquée. Y a-t-il quelque faute d'impression?

fiance dont il l'honoroit, qu'elle avoit été à l'épreuve de tous les
avantages que le cardinal de Richelieu lui avoit fait envisager[1].
Comme ce ministre vit qu'il ne la pouvoit gagner, il crut, avec
quelque apparence, qu'elle étoit gouvernée par l'évêque de
Limoges[2], son oncle, attaché à la Reine par madame de Senecey[3].
Dans cette vue il résolut de la perdre et de l'obliger à se retirer
de la Cour; il gagna le premier valet de chambre du Roi[4] qui
avoit leur confiance entière, et l'obligea à rapporter de part et
d'autre des choses entièrement opposées à la vérité. Elle étoit
jeune et sans expérience, et crut ce qu'on lui dit; elle s'imagina
qu'on l'alloit abandonner et se jeta dans les Filles de Sainte-
Marie. Le Roi fit tous ses efforts pour l'en tirer[5]; il lui montra
clairement son erreur et la fausseté de ce qu'elle avoit cru; mais
elle résista à tout et se fit religieuse quand le temps le lui put
permettre[6].

"Le Roi conserva pour elle beaucoup d'amitié et lui donna sa
confiance[7]; ainsi, quoique religieuse, elle étoit très considérée,

[1] D'après Asse, Art. La Fayette, *Gr. Encycl.* c'est Richelieu qui
chercha à substituer Louise de la Fayette à Madame de Hautefort dans
les affections du roi.

[2] François de La Fayette, abbé de Dalon, évêque de Limoges de
1628 à 1676.

[3] Marie-Catherine de La Rochefoucauld-Randan (1588–1677), mariée
en 1607 à Henri de Bauffremont, marquis de Senecey, veuve en 1622,
première dame d'honneur d'Anne d'Autriche, et, de 1642 à 1646, gouver-
nante du roi et de son frère. Elle était parente de Louise de La Fayette
du côté maternel.

[4] Un nommé Boisenval "qui n'étoit suspect ni au roi ni à mademoiselle
de la Fayette, c'étoit elle qui lui avoit fait avoir la charge de premier
valet de chambre; mais quand il la vit résolue de quitter le monde, il
l'abandonna, pour se livrer au cardinal, qui lui promit dans une conférence secrète qu'ils eurent à Rueil, de prendre soin de sa fortune."
Le P. Griffet, op. cit. III. 11. D'après Le Vassor, op. cit. IX. 267, aussitôt
que Boisenval fut nommé premier valet de chambre Richelieu proféra
contre lui des menaces qui l'ont fait agir ainsi en traître.

[5] Voir Mme de Motteville, qui donne à croire qu'il n'en fit guère, et
Griffet, op. cit. III. 12.

[6] D'après certains historiens elle y avait souvent songé dans sa jeunesse. D'après d'autres c'est Richelieu qui choisit pour Louise un confesseur chargé de la pousser vers la religion.

[7] Et il alla la voir dans son couvent au grand désespoir de Richelieu.
C'est après une de ces visites trop prolongées que le roi, se trouvant dans
l'impossibilité de rentrer à Saint-Germain, a dû partager au Louvre le
lit de la reine. Les historiens de l'époque nous racontent, sans ambages,
que c'est à ce hasard que nous devons le grand roi Louis XIV.

et elle le méritoit. J'épousai son frère quelques années avant sa profession[1] et, comme j'allois souvent dans son cloître j'y vis la jeune princesse d'Angleterre[2] dont l'esprit et le mérite me charmèrent. Cette connoissance me donna depuis l'honneur de sa familiarité; en sorte que, quand elle fut mariée, j'eus toutes les entrées particulières chez elle, et, quoique je fusse plus agée de dix ans qu'elle, elle me témoigna jusqu'à la mort beaucoup de bonté et eut beaucoup d'égards pour moi."

Madame de La Fayette paraît s'étonner d'avoir pu plaire à la princesse et elle revient sur ce sujet dans le texte de son histoire pour dire qu'elle "lui avoit été agréable par son bonheur; car, bien qu'on lui trouvât du mérite c'étoit une sorte de mérite si sérieux en apparence, qu'il ne sembloit pas qu'il dût plaire à une princesse aussi jeune que Madame[3]."

Pourtant les deux femmes avaient des traits communs: Madame, malgré sa coquetterie et le désir qu'elle avait d'être aimée, malgré ses imprudences aussi, nous paraît avoir été d'un caractère franc et sincère. Peut-être était-ce la présence de cette même qualité chez Madame de La Fayette, que La Rochefoucauld qualifie de *vraie*, qui, parmi les intrigues et les trahisons de sa cour, a captivé le cœur de la princesse.

De plus, bien que par modestie Madame de La Fayette n'en parle pas, peut-être existait-il un sentiment de reconnaissance chez Madame. En effet la princesse pouvait se rappeler, à cette époque où son frère était roi d'Angleterre et elle-même femme de Monsieur, que Madame de La Fayette avait jadis été de ses amies lorsque son frère errait de France en Hollande, et de la Hollande en Écosse[4] et qu'elle-même devait rester couchée dans sa chambre au Louvre, faute d'argent pour faire du feu[5].

[1] Ici on se trouve en face d'une difficulté qu'aucun des commentateurs du texte n'a relevée autant que nous sachions. Mme de La Fayette s'est mariée en 1655. Mlle de La Fayette fit profession le 28 juillet 1638. Est-ce que le mot "avant" est une faute de copiste pour "après"? Nous sommes allé consulter le seul manuscrit que nous connaissons et c'est bien "devant" que nous avons trouvé. L'explication la plus naturelle est celle-ci: Mme de La Fayette pensait au moment où Louise a succédé à Mme l'Huillier, première supérieure du couvent.

[2] Henriette-Anne, dernière fille de Charles Ier et d'Henriette de France (qui était fille de Henri IV et de Marie de Médicis), née le 16 juin 1644, à Exeter en pleine guerre civile.

[3] *Histoire d'Henriette d'Angleterre*, Éd. A. France, p. 41.

[4] Voir aussi de Retz, *Mém.* III. 112.

[5] Ibid. II. 197, et Mme de Motteville, Petitot, XXXVII. 414.

Quoi qu'il en soit, il est certain que Madame de La Fayette devint la favorite de la princesse après le mariage d'Henriette d'Angleterre. Peu de temps après ce mariage Loret[1] en nous décrivant une fête à Fontainebleau (le 5 septembre 1661) fait mention de

La Reyne mère d'Angleterre
Anne et Therèze nos deux reines
Monsieur et Madame——
La Fayette et la jeune Guiche.

Aux fêtes, elle n'était que dame d'honneur, mais elle passait ses après-midi chez Madame, la suivait au Cours, soupait chez Monsieur et terminait la journée "parmi les plaisirs de la comédie, du jeu et des violons[2]." À certains moments de cette vie brillante, elle cessait d'être une dame d'honneur pour devenir une amie. C'est un de ces moments d'intimité qu'Olivier d'Ormesson[3] nous dépeint dans son journal. "En effet l'on sçut depuis que, le dimanche précédent Madame étant à Saint-Cloud avec Monsieur, avoit disné en public, s'estoit amusée avec Madame de La Fayette à la décoiffer pour voir les blessures qu'elle avoit eues à la teste d'une chute d'un chassis sur la teste; qu'elle luy avoit demandé si elle avoit eu peur de la mort....etc."

Ce petit tableau est charmant. On voit que Madame, renommée pour sa douceur[4], parlait sur un ton autrement sympathique que cette mauvaise langue de Bussy qui, répondant à Madame de Montmorency, écrit: "Je suis fâché, *pour l'intérêt de Madame*, qu'une corniche ait cassé une tête qui lui plaît. Si l'on peut vous dire une turlupinade, ce n'est pas la plus illustre tête que les corniches et meme les cornes n'ont pas respectée" etc.[5]

Pourtant, même dans ces moments d'intimité, Madame ne parlait pas à son amie de "certaines affaires"—du cœur. Avait-elle peur que la divine raison de sa dame d'honneur ne lui fît honte ou que celle-ci lui donnât des conseils trop sages et trop sensés pour qu'une princesse romanesque pût les suivre? Toujours est-il, que Madame de La Fayette écrit: "Je n'avois aucune part à sa confidence sur de certaines affaires, mais quand elles étoient passées, et presque rendues publiques, elle prenoit plaisir à me les raconter[6]." C'est pendant une de ces conversations qui eut lieu après l'exil du comte de Guiche en 1665,

[1] III. 401. [2] La Fayette, op. cit. 42. [3] *Journal*, II. 592.
[4] Voir Cosnac, I. 420, et Bossuet, *Or. Funèbres*.
[5] *Corr.* I. 264. [6] La Fayette, op. cit. p. 5.

que Madame lui dit: "Ne trouvez-vous pas....que si tout ce
qui m'est arrivé et les choses qui y ont relation étoit écrit, cela
composeroit une jolie histoire? Vous écrivez bien, ajouta-t-elle;
écrivez, je vous fournirai de bons mémoires[1]."

Madame de La Fayette entra "avec plaisir dans cette
pensée" et sur le champ dressa un plan de l'histoire de Madame
Henriette. Mais de la part de la princesse ce n'était qu'une idée
passagère; le travail fut bientôt abandonné par elle, et Madame
de La Fayette n'y songea plus pendant quatre ou cinq ans. En
1665, ce projet revint à l'esprit de Madame et elle désira qu'on
le reprît. Elle revit le lendemain tout ce que Madame de La
Fayette avait écrit la veille et elle y prit tant de goût, nous dit
cette dernière, que, pendant un voyage de deux jours à Paris,
"elle écrivit elle-meme ce que j'ai marqué pour être de sa main
et que j'ai encore." Ces marques n'ont malheureusement pas
été conservées à l'impression, mais voici sans doute un des
passages en question: "Il (le roi) envoya prier Montalais de
lui dire la vérité; *vous saurez ce détail d'elle.* Je vous dirai seulement que le maréchal (de Gramont), qui n'avoit tenu que par
miracle une aussi bonne conduite" etc.

Voilà donc Madame de La Fayette historiographe de
Madame. M. Eugène Asse s'efforce de montrer qu'elle possédait
les qualités nécessaires à cette fonction. "Cette femme si bien
douée par la nature pour devenir un historien," écrit-il[2], "n'y
fut pas moins aidée par les circonstances, par les exemples
qu'elle eut de très bonne heure sous les yeux, et peut-être par
les leçons qu'elle reçut. On a dit que l'histoire n'était jamais
mieux écrite que par les hommes d'état. Madame de La Fayette
fut élevée au milieu des plus grands de son temps" etc. Van
Laun[3] fait mieux encore: il ne parle de Madame de La Fayette
dans son gros ouvrage sur la littérature française qu'à propos
de ses études historiques. "Her chief talent," écrit-il, "was in
romantic biography and she left behind two books containing
the ripest fruit of her well trained and judicious mind, *History
of Henrietta of England* and *Memoirs of the Court of France during
the years* 1688 *and* 1689."

Il est vrai qu'il mentionne incidemment que cette même La
Fayette écrivit la *Princesse de Clèves*. "The story of an honest
married woman in love with another than her husband."

[1] Ibid. p. 6.
[2] À la page v de la préface de son éd. des *Mém.* (Jouaust).
[3] *Hist. of French Lit.* II. 160.

Certes, nous sommes loin de contester la valeur d'*Henriette d'Angleterre* en tant qu'œuvre historique. Monsieur Jules Lair, en écrivant sa charmante histoire de Louise de La Vallière[1], met souvent le récit de Madame de La Fayette en regard des documents contemporains et toujours cette confrontation atteste l'exactitude du récit. Mais a-t-on assez examiné la nature de cette œuvre? À force de la prendre pour un travail historique on en arrive à en faire une critique telle que celle-ci: "Entre Madame et lui (Monsieur) leur cour était un lieu d'une agitation inconcevable, une sentine de médisances et de calomnies, de petites perfidies, de petites trahisons, de quoi donner la nausée, même lorsqu'elle est racontée par Madame de La Fayette. Je ne sais, en vérité, si cette dernière a rendu service à sa chère princesse en écrivant son *Histoire de Madame Henriette*. À part les premières pages jusqu'au mariage, et la belle scène de la mort tout à la fin, le reste est un tissu de riens si méprisables, à tous égards, que le livre en tombe des mains. Voilà donc tout ce que l'auteur de la *Princesse de Clèves* a trouvé à dire d'une personne aussi en vue, d'une belle-sœur à qui Louis XIV confiait les secrets de sa politique et qu'il avait failli trop aimer[2]."

L'auteur de cette page nous paraît s'être laissé entraîner un peu trop loin. L'historien peut avoir une déception s'il a recours au livre de Madame de La Fayette pour avoir des renseignements sur les grands événements de l'époque. Arvède Barine aurait dû se rendre compte de la véritable nature du livre. Elle aurait vu ensuite que *le tissu de riens* n'est pas si méprisable qu'elle le croyait.

Relisons attentivement quelques passages de la préface d'*Henriette d'Angleterre*. "L'année 1665 le comte de Guiche fut exilé. Un jour qu'elle (Madame) me faisoit le récit de quelques circonstances assez extraordinaires de sa passion pour elle; 'Ne trouvez-vous pas,' me dit-elle, 'que, si tout ce qui m'est arrivé et les choses qui y ont relation étoit écrit, cela composeroit une jolie histoire? Vous écrivez bien,' ajouta-t-elle, 'écrivez, je vous fournirai de bons mémoires.' "

Notons sans plus tarder qu'il s'agit d'un récit rapportant des faits réels *avec les choses qui y ont relation*, tout en n'ayant

---

[1] Voir bibliog. Voir aussi à ce sujet D'Aumale, *Hist. des Pr. de Condé*, VII. 206, note: "Les lettres adressées à la reine de Pologne confirment ce charmant récit....par Mme de La Fayette....Rien de plus exact et de plus juste que l'ensemble du récit, rien de plus vrai que cette peinture."

[2] A. Barine, *Louis XIV et la Grande Mademoiselle*, p. 158.

qu'un intérêt secondaire, et que c'est une conversation *sur le comte de Guiche* qui en donne l'idée à la princesse. Madame de La Fayette qualifie cette idée de "fantaisie" et nous dit que ce fut une fantaisie qui passa bientôt. Elle revint cinq ans plus tard et de nouveau l'on s'amusa à écrire. "Madame 'badinoit' avec moi," dit Madame de La Fayette, "sur les endroits qui me donnoient le plus de peine." Le travail est encore abandonné, pour n'être plus repris, car le récit de la mort de Madame est ajouté comme un appendice et l'auteur ne fait àucun effort pour combler la lacune qui existe entre le moment où est interrompue l'histoire proprement dite et le dénouement tragique. "La mort de Madame," explique-t-elle, "ne me laissa ni le dessein ni le goût de continuer cette histoire et j'écrivis seulement les circonstances de sa mort, dont je fus témoin." Quels motifs dictèrent cette résolution? Quel moyen plus agréable et plus sûr pour perpétuer la mémoire de sa chère princesse que d'achever l'histoire de sa vie? Nous croyons que si Madame de La Fayette ne continua pas son œuvre, c'est parce qu'elle sentait que c'était une histoire trop frivole pour être continuée après la mort terrible de l'héroïne. Peut-être aussi la considérait-elle comme finie déjà en tant qu'œuvre d'art. Pour nous le vrai titre de ce livre c'est *Le roman de Madame et du comte de Guiche* "avec les choses qui y ont relation." Et voici le passage qui clôt ce roman. "Enfin le jour du départ arriva; le comte avoit toujours la fièvre, il ne laissa pas de se trouver dans la rue avec son déguisement ordinaire; mais les forces lui manquèrent quand il fallut prendre le dernier congé. Il tomba évanoui, et Madame resta dans la douleur de le voir dans cet état, au hasard d'être reconnu, ou de demeurer sans secours. Depuis ce temps-là Madame ne l'a point revu." C'est là la fin du roman de Guiche et de *l'Histoire de Madame*.

Pour nous, c'est la pensée que la galanterie de ce récit ferait un trop saisissant contraste avec le tableau tragique de la fin de Madame, qui empêcha Madame de La Fayette de le publier. Elle l'écrivit pour amuser Madame, et non pas pour lui "rendre service"; elle le garda ensuite parmi ses lettres et ses papiers intimes. Arvède Barine aurait pu lui en savoir gré et s'en prendre aux indiscrets qui n'ont pas respecté l'intention de Madame de La Fayette.

Quant à nous, nous leur sommes bien reconnaissant d'avoir sauvé cet ouvrage de l'oubli et tout ce que nous venons de dire à son sujet n'est pas pour diminuer la valeur de l'œuvre. Si nous ne voulons y voir qu'un simple récit, nous ne nions pas

comme nous l'avons déjà dit, sa valeur historique, mais nous
goûtons surtout ce travail comme *Histoire morale de Madame
Henriette.*

Si le sieur Rosteau se trompa—et son erreur ne lui échappa
pas entièrement—en classant la *Princesse de Montpensier* sous
la rubrique "*Histoire,*" de notre côté nous nous trompons peut-
être en donnant à l'*Histoire de Madame Henriette* le titre de
roman. C'est pourtant sous ce jour que nous aimons à regarder
cet ouvrage. Pour nous c'est un roman vrai—et en l'écrivant
Madame de La Fayette fait un excellent apprentissage de son
métier de romancier.

La première partie nous introduit à la cour et nous présente,
par le moyen d'une série de portraits, faits selon les règles[1],
tous ceux qui s'y trouvent. Les amours du roi tiennent relative-
ment beaucoup de place et donnent le ton à tout le livre, et
l'objet principal n'est pas de faire une galerie de portraits mais
de créer l'atmosphère de la cour. Madame de La Fayette termine ainsi: "Le reste des belles personnes qui étoient à la Cour
ont trop peu de part à ce que nous avons à dire pour m'obliger
d'en parler; et nous ferons seulement mention de celles qui
s'y trouveront mêlées selon que la suite nous y engagera."

Dès le début de la seconde partie, Madame de La Fayette
fait l'historique du mariage de Madame, et aussitôt elle remonte
en arrière pour faire mention du roi, qui, pendant un instant,
fut regardé comme un mari possible pour la princesse d'Angleterre, mais "Le Roi, au contraire, témoigna de l'aversion pour
ce mariage et même pour sa personne." Buckingham apparaît
à la page suivante et c'est ensuite le comte de Guiche.

Avec lui nous entrons dans le roman. De Guiche "voyoit
Madame à tous moments—avec tous ses charmes; Monsieur
prenoit même le soin de les lui faire admirer: enfin il l'exposoit
à un péril qu'il étoit presque impossible d'éviter[2]."

Mais si ce qui doit arriver est inévitable, il peut se rencontrer
des difficultés en chemin. Le roi changera d'avis au sujet des
charmes de la princesse, autrefois meprisée, et Madame de La
Fayette nous le fait savoir dans un paragraphe qui dépeint bien
Madame dans le milieu "galant" où elle vivait. "Après quelque
séjour à Paris, Monsieur et Madame s'en allèrent à Fontainebleau. Madame y porta la joie et les plaisirs. Le Roi connut,
en la voyant de plus près, combien il avoit été injuste en ne la

---

[1] L'imprimeur de l'édition de 1720 a intercalé des titres pour chacun
de ces portraits.   [2] P. 42.

trouvant pas la plus belle personne du monde. Il s'attacha fort à elle et lui témoigna une complaisance extrême. Elle disposoit de toutes les parties de divertissement; elles se faisoient toutes pour elle, et il paroissoit que le Roi n'y avoit de plaisir que par celui qu'elle en recevoit. C'étoit dans le milieu de l'été: Madame s'alloit baigner tous les jours; elle partoit en carosse, à cause de la chaleur et revenoit à cheval, suivie de toutes les dames, habillées galamment avec mille plumes sur leur tête, accompagnées du Roi et de la jeunesse de la Cour; après souper on montoit dans les calèches et, au bruit des violons, on s'alloit promener une partie de la nuit autour du canal."

Cet attachement fit du bruit, à un tel point qu'il fut convenu que le roi ferait semblant d'être amoureux de quelque autre personne de la cour. Parmi les trois personnes qui servaient ainsi de masques pour égarer la cour, se trouvait La Vallière. Le roi s'y attacha sérieusement, au grand chagrin de Madame et ainsi il éloigna Guiche, amoureux lui aussi de Mademoiselle de la Vallière, mais pas assez "pour s'opiniâtrer contre un rival si redoutable." Guiche revint donc à Madame, et tous deux s'avancèrent d'un pas vers l'inévitable que Madame de La Fayette n'était pas seule à prévoir. "Longtemps avant qu'elle fût mariée, on avoit prédit que le comte de Guiche seroit amoureux d'elle."

La troisième partie, toute d'intrigues, raconte l'histoire du roi et de La Vallière, l'exil de Guiche, le rôle de Vardes et de Montalais. Pendant l'exil, Madame rompt avec de Guiche. Cette partie commence ainsi: "Le comte de Guiche n'avoit point suivi le Roi au voyage de Nantes," elle se termine par un éclaircissement de toutes les fantaisies de Vardes.

La quatrième partie débute par les paroles suivantes: "Dans ce temps le comte de Guiche, revint de Pologne." Il "se raccommoda" avec Madame, mais se croyant forcé de quitter le pays par suite des intrigues dans lesquelles il avait été mêlé et qui furent connues du roi, il eut avec Madame cette dernière entrevue dont nous avons déjà parlé. "Il tomba évanoui, et Madame resta dans la douleur de le voir dans cet état, au hasard d'être reconnu, ou de demeurer sans secours. Depuis ce temps-là Madame ne l'a point revu." (Fin de l'Histoire de Madame.)

On publia à la fin de cette histoire de Madame de belles pages de Madame de La Fayette sur la mort d'Henriette. Comme il existe une lacune entre ce dernier tableau et la quatrième partie, on éprouva le besoin de la combler en citant d'autres mémoires de l'époque. Cela est utile pour l'histoire; car la *Vie de Madame* en tant qu'*histoire* est incomplète. Mais si l'on veut bien la considérer au point de vue roman (et si l'on admet que la *Relation de la Mort de Madame* est une chose à part) elle est complète. Il y a en effet, une exposition, des péripéties, un nœud et un dénouement. On peut même voir des ressemblances entre cette "Histoire" et la *Princesse de Clèves*. Tous les deux débutent par des portraits et des intrigues de cour; tous les deux traitent d'une femme mariée sans amour, qui est tentée par un amoureux séduisant; elles pèchent un peu, mais résistent et ne tombent pas complètement. Les deux œuvres montrent un mari jaloux, toutes les deux s'achèvent dans la tristesse. Certes nous ne dirons pas que Madame a l'étoffe d'une princesse de Clèves, ni que Monsieur est l'esquisse du prince.

D'autre part, entre de Guiche et de Nemours, nous préférerions peut-être Guiche, comme plus romanesque et moins dangereux au fond, que l'homme "admirablement bien fait" que fut Nemours. En somme nous voyons dans l'*Histoire d'Henriette*, un exercice fort utile pour celle qui a déjà écrit la *Princesse de Montpensier* et qui écrira plus tard la *Princesse de Clèves*.

Cet exercice ne fut pas des plus faciles. Madame de La Fayette elle-même admet que "C'étoit un ouvrage assez difficile que de tourner la vérité, en de certains endroits, d'une manière qui la fît connoître, et qui ne fût pas néanmoins offensante ni désagréable à la Princesse[1]." En effet, elle se trouvait prise entre son amour de la vérité et ses devoirs envers sa maîtresse. Elle s'en est tirée à merveille car, bien qu'elle ait pu lire à Madame Henriette le récit qu'elle avait fait et mériter son approbation, il n'y a nulle servilité dans ce petit livre. "Le comte de Guiche et elle (Montalais)," écrivit-elle, "se mirent dans l'esprit qu'il falloit qu'il vît Madame en particulier. *Madame qui avoit de la timidité pour parler sérieusement n'en avoit point pour ces sortes de choses. Elle n'en voyoit point les conséquences[2].*" Et ailleurs elle parle ainsi du roi à l'occasion de la disgrâce de Fouquet: "Il y avoit longtemps que le Roi avoit dit qu'il vouloit aller à Vaux....et quoique la prudence dût l'empêcher (Fouquet) de faire voir au Roi une chose qui marquoit si fort le mauvais usage des finances et qu'aussi *la bonté du Roi dût le retenir d'aller chez un homme qu'il alloit perdre*, néanmoins ni l'un ni l'autre n'y firent aucune réflexion[3]."

[1] Préf. par Mme de La Fayette, p. 7, Éd. France.
[2] Op. cit. p. 64.   [3] P. 53.

Dans toute cette histoire, pleine d'intrigues et d'amours, Madame de La Fayette montre cette délicatesse qui lui est particulière; une jeune fille lirait sans rougir ces pages où figurent à tour de rôle le roi, le comte de Guiche, Buckingham, Marsillac et Vardes—pourvu qu'elle fût très innocente. Madame de La Fayette est fine et maligne et ce qu'elle ne dit pas en toutes lettres elle permet aux initiés de le lire entre les lignes. "Il étoit beau, bien fait," dit-elle de Monsieur, "mais d'une beauté et d'une taille plus convenables à une princesse qu'à un prince: aussi avoit-il plus songé à faire admirer sa beauté de tout le monde, qu'à s'en servir pour se faire aimer des femmes, quoiqu'il fût continuellement avec elles. Son amour-propre sembloit ne le rendre capable que d'attachement pour lui-même[1]."

L'embrouillement de toutes les intrigues et contre-intrigues n'empêche pas l'auteur d'écrire un récit fort clair et fort simple. Malgré cette simplicité il y a des pages qui ne manquent pas de grandeur: celle par exemple où Madame de La Fayette fait voir l'ombre de Mazarin qui "étoit encore la maîtresse de toutes choses." La pénétration, le sens psychologique ne sont pas absents de passages exquis comme celui-ci: "Cette Reine[2] s'appliquoit tout entière au soin de son éducation[3] et le malheur de ses affaires la faisant plutôt vivre en personne privée qu'en souveraine, *cette jeune princesse prit toutes les lumières, toute la civilité et toute l'humanité des conditions ordinaires*[4]." Nous avons signalé tout-à-l'heure la relation de la mort d'Henriette. Que ne pouvons-nous transcrire certains passages de cet émouvant récit? L'auteur, qui connaissait si bien la princesse[5] et qui était douée d'une vive sensibilité, dont on ne lui a pas assez fait mérite, se retient malgré sa douleur et nous fait un récit dont la simplicité va droit au cœur. Pour bien comprendre combien cette nuit fut tragique, c'est à ce récit qu'il faut aller et non pas à la magnifique oraison funèbre de Bossuet.

Bossuet nous émeut lui aussi, et parfois les larmes arrêtent sa parole; mais il s'élève bien vite à des considérations philosophiques; il est le prophète, le Père de l'Eglise qui parle de

[1] P. 16.

[2] Henriette-Marie, veuve de Charles Ier.

[3] C. à d. à l'éducation de sa fille, plus tard Madame.

[4] P. 33.

[5] "Il y a aujourd'hui trois ans," écrit-elle le 30 juin 1673 à Mme de Sévigné, "que je vis mourir Madame: je relus hier plusieurs de ses lettres, je suis toute pleine d'elle."

la mort et non pas d'*une mort*. Chez Madame de La Fayette on sent la souffrance de l'amie et on devine les sentiments qui étreignaient son cœur dans cette chambre de Saint-Cloud où roi, princes, évêques, prêtres, médecins couraient, discutaient en chuchotant dans les antichambres, tous également impuissants devant l'ange de la mort. Et cependant la victime qui se croyait empoisonnée, qui souffrait physiquement et moralement, tantôt demandait si la mort viendrait sans tarder et tantôt se préparait à "mourir dans les formes." Le dix-septième siècle avait toujours écarté de sa littérature l'image de la mort; au théâtre on meurt dans les coulisses ou si, comme dans *Phèdre*, on meurt en scène, c'est pour que la punition et le châtiment d'une pécheresse soient complets et publics. À part les orateurs sacrés, on dirait que les écrivains de l'époque n'ont jamais imaginé pour un instant qu'il pût y avoir de la beauté grandiose dans la mort même, sans l'aide d'embellissements poétiques. La mort de Madame Henriette a fourni un thème à plusieurs personnes qui l'ont développé sans nulle prétention littéraire[1] et leurs récits sont très émouvants. Celui de Madame de La Fayette cependant les dépasse de beaucoup, car d'une part elle était fortement émue et d'autre part elle se gardait bien de laisser déborder sa douleur. Cette émotion contenue nous a donné quelques pages qui suffiraient presque seules à faire vivre le nom de l'auteur et à la faire aimer.

Nous avons dit plus haut pourquoi Madame de La Fayette n'acheva pas l'histoire d'Henriette d'Angleterre. Elle n'eut donc pas la tentation de livrer son œuvre aux libraires et au public....

Quand enfin, en 1720, le manuscrit trouva un imprimeur, ce fut en Hollande. L'éditeur, Michel Charles le Cêne, ne le distingua nullement d'un tas d'autres libelles qui encombraient ses ateliers. Les noms propres, mal lus, furent pour la plupart défigurés. Un éditeur ignorant y ajouta des notes qui ne pouvaient qu'égarer le lecteur.

En 1853 A. Bazin réédita le volume "à peu près parfaitement" dit un de ses critiques[2]. Mais cet ouvrage paraît avoir joué de malheur car Bazin mourut avant l'impression de son manuscrit et l'imprimeur laissa subsister plusieurs coquilles. Enfin en 1882, Madame de La Fayette trouva, en la personne de M. Anatole France, un éditeur digne d'elle et le lecteur moderne pourra lire la *Vie de Madame Henriette* dans

---

[1] P. e. le récit de Feillet, MS. Arsenal.
[2] Louis Énault dans l'*Athenaeum français*, 16 avr. 1853.

la jolie édition de la Bibliothèque des Dames où l'éminent romancier épuise à peu près le sujet dans une préface aimable et savante[1].

[1] Cette édition, pourtant, n'est pas exempte de fautes. À la page 5, note 1, Madame de La Fayette pour Mademoiselle de La Fayette pourrait induire en erreur: Cambont pour Cambout, p. 127, note 1 (avec une faute d'impression, 3 pour 1). P. xliii, note 1, le Nº de la p. est liv et non xliv. Page 1, la lettre de Marie de Gonzague est datée 1644 au lieu de 1664. Mais ce ne sont là que coquilles d'impression sans importance.

CHAPITRE VII

LE ROMANCIER—*ZAÏDE*

APRÈS la nouvelle et le roman vécu que sont respectivement la *Princesse de Montpensier* et *Henriette d'Angleterre*, Madame de La Fayette aborda le roman romanesque. Elle n'y a qu'à demi réussi, d'abord parce que le genre ne lui convenait pas et surtout, nous semble-t-il, parce qu'elle fut gênée par ses collaborateurs. On s'est plu à démontrer que *Zaïde* est bien d'elle et non pas de Segrais. Nous reparlerons de cela plus loin, mais il faut dire d'ores et déjà que Madame de La Fayette n'est que l'un des auteurs de ce roman.

Nous croyons—sans oser l'affirmer—que Madame de La Fayette commença de bonne heure à écrire des nouvelles. L'une d'elles, qui relevait du genre historique, fut publiée sous le titre de *La Princesse de Montpensier*; il restait parmi ses papiers d'autres essais, dont quelques-uns remontaient peut-être à l'époque du séjour au Havre[1]. Lorsque Madame de La Fayette relut avec La Rochefoucauld[2] et Segrais l'*Astrée*, l'*Amadis* et les romans de Mlle de Scudéry, l'idée lui vint peu à peu ou bien d'utiliser ses essais de jeunesse, ou bien même d'essayer de composer un roman tout d'une pièce. Mais il nous semble que si elle avait suivi ses propres inclinations elle n'aurait pas "remonté le courant" qui entraînait le roman vers des directions nouvelles pour écrire un ouvrage tel que *Zaïde*. Son imagination

---

[1] On remarquera que *Zaïde* est le seul de ses romans où il est question des voyages en mer et des aventures; les scènes principales se passent aux bords de la mer. Tout ce mouvement semblerait indiquer une œuvre de jeunesse, et le cadre aurait pu être suggéré par un séjour près de l'océan. Nous n'insistons pas sur cette hypothèse, n'étant pas tout à fait sûr que Mlle de La Vergne ait séjourné au Havre.

[2] Longuerue, L. du F. de, *Longueruana....* 1754, p. 81. "....Tous les après-midi il s'assembloit avec Segrais chez Madame de La Fayette, et on y faisoit une lecture de l'*Astrée*." Mme de La Fayette recueillit Segrais chez elle quand il quitta le Luxembourg. Du Pradel, dans sa liste des membres de l'Académie (1676), donne l'adresse de Segrais "rue de Vaugirard, vers le Calvaire "—c'est à dire chez Madame de La Fayette. Voir *Le Livre Commode des adresses de Paris*, II. p. 281 dans l'Édition Elzév.

n'était pas assez puissante pour cela, ce n'était pas dans ses goûts, et le travail était de trop longue haleine pour une femme qui "aimait le changement en toutes choses." Or, il arriva qu'au moment où elle entreprit ce travail, elle avait auprès d'elle La Rochefoucauld, Segrais et Ménage. Segrais nous dit la part qu'il eut au travail: "*La Princesse de Clèves* est de Madame de La Fayette qui a méprisé de répondre à la critique que le P. Bouhours en a faite[1]. *Zaïde* qui a paru sous son nom est aussi d'elle. Il est vrai que j'y ai eu quelque part, mais surtout pour la disposition du Roman où les règles de l'art sont observées avec grande exactitude[2]." Eh bien ! n'en déplaise à Segrais, nous osons croire que si Mme de La Fayette avait eu un peu plus de confiance en elle-même, elle aurait produit, sans le secours de Segrais, un roman moins touffu et, disons le mot, moins ennuyeux. On a beau s'extasier sur *Zaïde* parce que ce livre est de Mme de La Fayette, on a beau faire remarquer qu'il est plus court que d'autres romans de l'époque, on a beau souligner les réelles qualités du style, il n'en reste pas moins vrai que l'intérêt en est très inégal et l'obligation de le lire d'un trait est extrêmement pénible. Le lecteur qui ne voudra pas s'y résoudre, (et il aura tort, car il est des épisodes où l'on retrouve Madame de La Fayette) pourra juger des efforts de Segrais d'après ce résumé de l'œuvre. *L'Histoire de Consalve et de Zaïde commence*—Consalve raconte sa vie à Alphonse—*Récit principal* —Histoire d'Alphonse et de Bélasire—*Récit principal*—Histoire de don Garcie et d'Herménésilde[3]—*Récit principal*—Histoire de Zaïde et de Félime—*Histoire d'Alamir, prince de Tharse*—Suite de l'histoire de Zaïde et de Félime—*Récit principal*—Suite et fin de l'histoire de Zaïde—*Suite et fin du récit principal.*

La composition est mauvaise pour deux raisons, qui toutes les deux ont du poids. D'abord, l'action est double : (*a*) l'histoire de Consalve et de Zaïde, (*b*) l'histoire d'Alamir et de Félime ; de plus, on sent l'effort à chaque pas. Il est par trop évident que l'histoire épisodique d'Alphonse et Bélasire menace depuis le début du récit et qu'elle pourrait bien des fois venir assez naturellement, si le récit de Consalve, héros du roman, ne devait passer le premier et s'il n'exigeait qu'aucun autre récit ne vienne immédiatement après lui. Le résultat de cet effort

---

[1] Segrais se trompe comme l'ont fait la plupart de ses contemporains. La critique n'était pas de Bouhours. Voir chap. sur la *P. de Clèves*.

[2] *Segraisiana*, Paris, 1722, in 12°, p. 9.

[3] Histoire nécessaire, il est vrai, au récit principal.

vers une composition régulière est que l'histoire d'Alphonse est située à sa place, quand le départ de Zaïde arrête l'action, mais qu'il vient d'une façon tout à fait inattendue. Enfin, malgré les grands mérites de ce récit, mérites sur lesquels nous insisterons plus tard, on se demande vraiment pourquoi Alphonse figure dans l'histoire de Zaïde, si ce n'est pour faire parler Consalve dans son désert et pour que son récit fasse pendant "selon les règles de l'art" à celui d'Alphonse. Toujours est-il qu'une fois que Consalve a quitté son "désert," Alphonse disparaît du roman.

En somme si Segrais n'a fait qu'arranger les choses, de sorte que chaque fois que le récit fait un pas en avant, un épisode intervienne pour en arrêter la marche—à tel point que l'esprit se fatigue à suivre l'action principale à travers ces parenthèses —il n'avait pas lieu de se vanter.

Quant à La Rochefoucauld, l'éditeur de ses œuvres réclame en sa faveur une intervention, qui se serait manifestée par sa critique, ses conseils, de détail au moins, dans la rédaction de ce livre. Cette intervention est plus difficile à préciser que ne l'est celle de Segrais; mais on peut admettre, au besoin, que là où les personnages font un examen de conscience et s'expriment en des phrases qui ressemblent à des maximes, la voix d'un homme qui était spécialiste en la matière fut sans doute écoutée. Est-ce lui qui fait dire : "On est jaloux sans sujet....quand on est bien amoureux" et ailleurs : "les jalousies des amants ne sont que fâcheuses, mais celles des maris sont fâcheuses et offensantes"? Quelle que soit la part qu'il ait prise à la rédaction de *Zaïde*, il est certain qu'il a soumis certains passages à ses amis pour en avoir leur opinion. Voici un de ces passages; on remarquera que c'est justement l'une de ces analyses de sentiments dont nous venons de parler, et on pourra supposer, sans trop hasarder, que la page est de La Rochefoucauld.

"J'ai cessé d'aimer toutes celles qui m'ont aimé et j'adore Zaïde qui me méprise. Est-ce sa beauté qui produit un effet si extraordinaire, ou si ses rigueurs causent mon attachement? Seroit-il possible que j'eusse un si bizarre sentiment dans le cœur et que le seul moyen de m'attacher fût de ne m'aimer pas? Ha! Zaïde, ne serai-je jamais assez heureux pour être en état de connoître si ce sont vos charmes ou vos rigueurs qui m'attachent à vous[1]?"

---

[1] Portefeuille de Valant, Bibl. Nat. MS. T. II. fᵒˢ 162–3. Voir à ce sujet La Rochefoucauld, Éd. G. É. III. 10–11, et l'album.

Après avoir été examiné par ses amis et remanié par les collaborateurs, ce passage devient dans *Zaïde*:

"Je n'ai pu aimer toutes celles qui m'ont aimé: Zaïde me méprise et je l'adore. Est-ce son admirable beauté qui produit un effet si extraordinaire? ou seroit-il possible que le seul moyen de m'attacher fût de ne m'aimer pas? Ah! Zaïde, ne me mettrez-vous jamais en état de connoître que ce ne sont pas vos rigueurs qui m'attachent à vous[1]?"

Madame de La Fayette paraît avoir appliqué à cet endroit son principe qu' "une période retranchée d'un ouvrage vaut un louis d'or, un mot, vingt sous." Il est de toute évidence que le passage tel qu'on l'a imprimé est bien supérieur au brouillon.

Mais La Rochefoucauld ne fut pas le seul à soumettre le brouillon de *Zaïde* aux critiques compétents. Ménage aussi était au courant de la situation d'après un fragment de lettre à Huet où Madame de La Fayette écrit: "que la paresse ne vous prenne pas ce seroit une honte de ne pas achever d'embellir Zahyde[2]." Ménage a-t-il eu une part plus considérable à la rédaction du roman? fut-il employé par son ancienne élève à veiller à l'impression de *Zaïde*, comme nous avons déjà vu qu'il l'avait été pour la *Princesse de Montpensier*? Nous l'ignorons. Dans la correspondance contemporaine il n'est jamais question de lui à ce sujet, mais ceci ne prouve rien car il en fut de même pour sa collaboration à la première œuvre de Mme de La Fayette. Il est fort probable qu'il reçut le brouillon avant qu'on l'ait envoyé à Huet.

Ce dernier revit le roman au fur et à mesure de sa rédaction, et c'est lui qui appuie ce que dit Segrais lui-même au sujet de la part prépondérante qu'a prise Madame de La Fayette dans la composition de l'ouvrage. "Ses nouvelles," écrit l'évêque d'Avranches dans une notice sur Segrais, "furent bien reçues du public, moins toutefois que *Zayde* et quelques autres ouvrages de ce genre qui parurent sous son nom[3] et qui étaient en effet de la Comtesse de La Fayette, comme lui et la Comtesse l'ont déclaré souvent à plusieurs de leurs amis qui en peuvent rendre un témoignage assuré. Pour *Zayde*, je le sais d'original,

[1] Éd. Garnier, p. 193.

[2] *Corr.* de Huet. Bibl. Nat. ms. Lettre XIII. et Henry, *Un érudit homme du monde*....

[3] Si l'on admet que Huet ne tombe pas dans l'erreur commune de croire que la *P. de M.* et la *P. de C.* furent publiées sous le nom de Segrais parce qu'on les lui attribuait, quels furent ces ouvrages?

car j'ay souvent vu Mme de La Fayette occupée à ce travail et elle me le communiqua tout entier pièce à pièce avant que de le rendre public. Et comme ce fut pour cet ouvrage que je composai le *Traité de l'origine des Romans*, qui fut mis en tête[1] elle me disoit souvent que nous avions marié nos enfants ensemble. Je rapporte ce détail pour désabuser quelques personnes qui, bien que peu instruites de la vérité de ce fait, ont voulu le contester....[2]"

Malgré ce témoignage, certaines personnes refusaient d'être "désabusées" et Huet écrit dans ses *Mémoires* "....Elle se soucioit si peu des justes éloges dont elle étoit l'objet qu'elle voulut que son agréable roman de *Zayde* parût sous le nom de Segrais. Ce fait ayant été rapporté par moi dans les *Origines de Caen* on s'en plaignit comme d'une injure faite à la réputation de Segrais. Des gens mal avisés, auteurs de ces plaintes, ignoroient parfaitement la vérité. On me l'avoit confiée, et outre que j'en étois surabondamment instruit par le témoignage irrécusable de mes yeux, je puis en fournir une foule de preuves tirées des lettres de Mlle de Lavergne laquelle m'envoyoit au fur et à mesure qu'elle les avoit écrites les différentes parties de cet ouvrage, avec ordre de les reviser[3]."

En effet, on avait recours à Huet pour juger d'abord le fond du roman et lorsqu'on avait terminé le travail de rédaction, on le lui remettait encore pour qu'il critiquât la forme. Une de ces lettres de Mme de La Fayette, dont il est fait mention plus haut, est venue jusqu'à nous, parmi les copies des papiers de Huet conservées à la Bibliothèque Nationale. "Je vous envoye le troisième et le quatrième cahier," lui écrit-elle, "Ce dernier n'est point du tout corrigé ni revu, aussi vous y trouverez bien à mordre; mais ne vous amusez guère aux expressions et prenez seulement garde aux choses; car quand nous l'aurons corrigé, vous y repasserez encore. Si je n'avois point eu mille affaires j'aurois été vous rendre visite...." etc. Et elle termine par un post-scriptum "Servez-vous de crayon rouge, on ne voit pas le noir."

Il est regrettable que Huet n'ait pas profité de l'autorisation que lui donnait son amie et qu'il n'ait pas fait remarquer le nombre de coïncidences qui, nécessaires à l'action, nuisent par trop à la vraisemblance. Avec les défauts attachés à la com-

---

[1] Voir les premières éditions de *Zaïde* dans notre bibliog.
[2] *Les Origines de Caen*, pp. 408 et suiv.
[3] *Mém.* de Dan. Huet.... trad. Nisard, pp. 132–3.

position, l'intervention du *deus ex machina* est une des imperfections les plus visibles du roman. Même si l'on admet le rôle dévolu au portrait[1] (qui correspond à "la croix de ma mère" du mélodrame français) les coïncidences d'ordre secondaire sont beaucoup trop nombreuses et trop peu vraisemblables.

Nous pouvons au besoin admettre l'existence de la maison d'Alphonse, ses galeries et ses peintures, l'habileté avec laquelle Zaïde se fait belle sous ses vêtements, qui pourtant n'ont pas manqué d'être abîmés par la mer. Ce ne sont là que détails sans importance. Mais nous nous étonnons de ces autres coïncidences essentielles pour le progrès de l'action. Nugna Bella, ambitieuse, habituée aux intrigues de la cour, pas du tout évaporée, mais tout au contraire en pleine possession d'elle-même, se trompe en envoyant deux lettres fort importantes. C'est possible—mais c'est surprenant. Don Manrique va faire un tour de promenade, il s'arrête précisément sous la fenêtre de Bélasire, un soir où, par hasard, Alphonse revient sur ses pas, à l'instant où Bélasire ouvre la fenêtre avec l'intention de lui parler. L'infortuné périt, victime de tant de coïncidences. Consalve est plus heureux: il entend parler Zaïde qu'il croit être passée en Afrique. Il la voit dans une barque. Mais alors la chance le quitte, car ses amis qui viennent le chercher pour qu'il rentre à la cour le traitent assez sévèrement et l'empêchent de communiquer avec celle qu'il aime. Mais pendant la guerre qui suit, dans la première ville prise, dans la première maison où il entre, dans la première salle de cette maison, il rencontre—qui donc? Zaïde elle-même! Et il ne s'était arrêté en chemin que pour sauver la vie à un nommé Zuléma qui se trouvait être père de la dite Zaïde! Et tout cela repose sur ce portrait du futur fiancé que l'astrologue croyait être celui du prince de Fez, et qui, bien entendu, représentait les traits de Consalve lui-même. Ce père du prince de Fez n'avait-il pas épousé en justes noces la sœur de Nugnez Fernando, captive des Maures? Si!—et la personne fictive dont Consalve était jaloux sans raison n'aurait pu être que son cousin si elle avait existé. Or les cousins se ressemblent toujours étonnamment!

Ces faiblesses ne passèrent pas inaperçues, plus tard, lorsque l'ouvrage fut rendu public mais les amis qui lurent le manuscrit étaient tellement habitués aux extravagances des romans de

[1] Était-ce un lointain souvenir du portrait qui, dans *Polexandre,* fait partir le roi des Canaries vers des aventures merveilleuses?

ce genre que, fort probablement, *Zaïde* leur paraissait d'un naturel parfait.

Il est certain que le roman ne fut pas inventé de toutes pièces, malgré l'invraisemblance de certains incidents. Koerting[1] a déjà indiqué comme source de la partie "historique" un roman de Hita[2] que Madame de La Fayette aurait pu lire dans une traduction française publiée à Paris en 1660. La Rochefoucauld et elle aimaient à passer l'après-midi à lire des romans et les libraires de Paris exploitaient à cette époque la vogue des histoires espagnoles. Cette vogue était plus grande qu'on ne le croit généralement et les gens capables de lire l'espagnol étaient assez nombreux à Paris pour que les libraires fissent des éditions en cette langue, portant en marge la traduction des mots difficiles[3].

Il est une autre source qu'il faudrait rechercher—Mme de La Fayette qu'a-t-elle emprunté à la vie quotidienne? La réponse demande un travail minutieux qui sera fait plus tard. Nous pouvons toujours indiquer quelques détails dont l'intérêt nous conseille d'entreprendre ce travail. Segrais écrit: "La jalousie d'Alphonse, qui paroit extraordinaire, est depeinte sur le vrai, mais moins outrée qu'elle ne l'étoit en effet...." L'étude de la jalousie paraît avoir toujours intéressé Madame de La Fayette, et même sans l'indication de Segrais, on serait naturellement tenté de rechercher dans la vie réelle les sources de certaines parties de *Zaïde*. La comtesse avait eu sous les yeux quelques grands de la cour qui furent tourmentés par la jalousie. Elle avait déjà écrit, à propos de Monsieur: "La jalousie dominoit en lui; mais cette jalousie le faisoit plus souffrir que personne, la douceur de son humeur le rendant incapable des actions violentes que la grandeur de son rang auroit pu lui permettre[4]."

Nous avons déjà vu avec quel soin Mme de La Fayette cherchait à découvrir sous les noms romanesques des personnages de la *Clélie*, les véritables caractères de ses amis de la cour. N'a-t-elle pu être tentée de faire elle-même le jeu con-

---

[1] *Gesch. der Fr. Rom.* I. p. 476.

[2] *Caballeros moros de Granada, de las civiles guerras....* Saragossa, 1595–1604.

[3] M. Reynier, professeur en Sorbonne, prépare depuis longtemps une bibliog. des livres espagnols imprimés à Paris et de leurs traductions. C'est de lui que nous tenons ce détail concernant les éditions spéciales pour lecteurs français.

[4] *Henriette d'Angleterre*, Éd. France. p. 17.

traire dans les pages de *Zaïde* et de cacher, par ci par là, sinon des portraits en pied, du moins des esquisses susceptibles d'être reconnues par une élite?

Les faits d'armes eux-mêmes semblent avoir été empruntés à quelque gazette de l'époque aussi bien qu'à Hita. Nous ne pouvons rien affirmer encore sur cette question, mais il faudrait expliquer pourquoi la description de la bataille de Rocroi, faite par Bossuet dans son éloge du prince de Condé, ressemble si étonnamment à celle de la bataille d'Almaras dans *Zaïde*. Consalve "touché de voir périr de si braves gens, cria qu'on leur fit quartier." Condé "qui ne put voir égorger ces lions comme de timides brebis, calma les courages émus et joignit au plaisir de vaincre celui de pardonner." Les vaincus dans *Zaïde* "sembloient n'avoir d'autre application qu'à admirer sa clémence après avoir éprouvé sa valeur." Quant aux Espagnols vaincus par Condé "De quels yeux regardèrent-ils le jeune Prince," dit Bossuet, "dont la victoire avoit relevé la haute contenance, à qui la clémence ajoutoit de nouvelles grâces[1]!" Que penser de ces rencontres? Sont-elles dues à des souvenirs de *Zaïde* qui ont inspiré Bossuet? Ou ne faudrait-il pas admettre une source commune dans quelque description officielle de la bataille? C'est un point à éclaircir.

Le travail de préparation, de rédaction et de refonte fut achevé vers la fin de l'année 1669 et bien que la première édition porte, selon l'habitude que l'on observe encore pour les livres publiés à la fin d'une année, la date de l'année suivante, il est certain que *Zaïde* se trouva entre les mains des Parisiens au mois de décembre 1669[2]. L'opinion générale lui était favorable et Segrais reçut des louanges de son côté, car on croyait, puisque son nom seul figurait sur la page de titre, que l'ouvrage était de lui. En effet, on pourrait se demander, étant donné le rôle secondaire qui avait été le sien lors de la composition du roman, pourquoi il fut choisi pour servir de masque à Mme de La Fayette. À vrai dire, il était tout à fait indigne. La Rochefoucauld ne pouvait pas signer un roman—lui qui osait à peine signer des maximes. Madame de La Fayette ne voulait pas passer "pour un auteur de profession." Par contre, rien n'empêchait

[1] *Or. Fun.* (Jouaust, pp. 229–30). Voir Fournel, *Litt. indép.*, Paris, 12º, p. 198.

[2] Madame du Bouchet écrit à Bussy le 18 déc. 1669: "Je vous envoie *Zaïde* de Segrais...." Bussy-Rabutin, *Corr.* I. 228. L'achevé d'imprimer est du 20 nov. 1669.

son protégé Segrais, qui n'avait d'autre profession que celle d'auteur et de bel esprit, de signer un ouvrage, où il avait eu d'ailleurs peu de part. Il donna donc son nom, il accepta les louanges, et au besoin il parla de *sa Zaïde*[1] sans oublier, en honnête homme qu'il était, de laisser derrière lui le témoignage que *sa Zaïde* n'était pas de lui.

Peu de temps après la publication du livre, le Père Bouhours lui dit : "qu'il croyoit qu'il n'y auroit pas grand-mal à lire les Romans s'ils étoient écrits de même." Segrais ajoute : "C'est que les effets de l'amour y sont décrits d'une manière plus historique qu'ailleurs et que cela ne fait pas tant d'impression[2]."

Bussy-Rabutin se montre critique plus avisé et son opinion, comme celle d'un lecteur éclairé de l'époque, est intéressante à consulter. "Je viens de lire le roman de Segrais," écrit-il à Mme du Bouchet. "Rien n'est mieux écrit. Si tous les romans étoient comme celui-là, j'en ferois ma lecture[3] ; mais comme il n'y a rien de parfait, je vais vous en dire mon sentiment, sans prétendre que ce soit une décision sans réplique.

"Les histoires de Gonzalve, de Nugnabella, de Don Garcie et de Don Ramire sont très jolies ; il ne s'y peut rien désirer. Quant aux amours de Gonzalve pour Zaïde elles sont extravagantes. On la lui fait aimer sitôt qu'il la voit, ayant encore le cœur rempli de douleur des infidélités de sa première maîtresse et de la trahison de son ami ; d'ailleurs n'entendant point la langue de Zaïde. Tout cela m'a paru hors de la vraisemblance, et je ne puis souffrir que le héros du roman fasse le personnage d'un fou. Si c'était une histoire, il faudroit supprimer ce qui n'est pas vraisemblable, car les choses extraordinaires qui choquent le bon sens discréditent les vérités. Mais dans un roman où l'on est maître des événements, il les faut rendre croyables, et qu'au moins le héros ne fasse pas des extravagances[4]....Il me parait encore qu'Alphonse devoit taire tout

---

[1] *Segraisiana*, p. 66. "Alors que ma Zayde fut imprimée...."

[2] Ibid. p. 194.

[3] Il lui avait déjà écrit en réponse à sa lettre mentionnée à la note 2, page 134, "Je ne lis plus de romans depuis le collège, mais je me prépare à lire avec un grand plaisir celui de Segrais. Il ne peut rien écrire qui ne soit joli."

[4] Ces idées représentent bien l'attitude des critiques de l'époque. Huet lui-même écrit, et en tête de *Zaïde*, "....la vraysemblance, qui ne se trouve pas toujours dans l'histoire, est essentielle au Roman." Cette opinion ne l'empêche pas, d'ailleurs, de dire : "Pour vous Monsieur, puisqu'il est vray comme je l'ay montré et comme Plutarque l'assure qu'un

ce que la jalousie lui faisoit penser. Segrais nous le représente dans sa retraite avec un caractère de sagesse qui ne s'accorde pas avec les discours qu'il lui fait tenir. Je sais bien que la jalousie fait imaginer toutes les plus ridicules sottises, mais les honnêtes gens ne les font pas paroître. On croit voir dans Alphonse et dans Gonzalve deux fous qui se veulent guérir l'un l'autre de leur folie....[1]"

Évidemment, Bussy, qui voudrait supprimer la jalousie d'Alphonse mais qui se délecte aux autres histoires, qui trouve à critiquer dans l'amour de Consalve pour Zaïde mais qui accepte les invraisemblances de l'action, ne juge pas d'après les mêmes règles que nous. Au reste, ses contemporains, qui lisaient avec l'intention de se distraire et non pas de critiquer, furent moins sévères: *Zaïde* obtint un grand succès, même auprès des lecteurs cultivés. Pour comprendre ce succès, il suffit de se rappeler ce qu'étaient les romans avec lesquels on pouvait comparer celui-ci. Sans vouloir refaire l'histoire du roman avant *Zaïde*, contentons-nous d'ouvrir un livre qui prit place sur les rayons de la bibliothèque de Huet peu après la publication de l'ouvrage de Mme de La Fayette. On y lira, exprimée par Sorel, l'opinion suivante sur les "romans modernes." "Ce sont," écrit-il, "des amours de Seigneurs et de Dames de hautes qualités et mesme de Princes et de Princesses qui sont accompagnéz de Balets, de Carrouzels, & d'autres galanteries de cour, et mesme de combats singuliers, de batailles et de voyages, desquels les événements sont donnéz pour tout naturels, parce qu'il n'y a ny miracle, ny magie; neantmoins la pluspart ne sont pas faisables & il y en a une telle quantité les uns sur les autres qu'il n'est pas croyable qu'il arrive de si bizarres avantures à un homme seul. Afin de leur faire avoir plus de crédit le sujet en est pris d'ordinaire des fortunes de quelques Rois ou Capitaines anciens comme d'Alexandre, de Pyrrhus, de César ou de Pompée....[2]"

Une partie de ces critiques peut s'appliquer avec raison à *Zaïde*, mais il n'en reste pas moins vrai que ce roman marque un pas en avant. Malgré les épisodes, les dimensions du livre

des plus grands charmes de l'esprit humain, c'est le tissu d'une fable bien inventée et bien racontée, quel succez ne devez-vous pas espérer de *Zayde* dont les avantures sont si nouvelles et si touchantes et dont la narration est si juste et si jolie."

[1] Bussy-Rabutin, op. cit. I. 241.

[2] (Ch. Sorel), *De la connoissance des bons livres*, 1671, 12°.

sont réduites et si l'on ne tient pas compte de la durée des incidents épisodiques, celle de l'action principale est ramenée à des
proportions plus normales. Consalve arrive aux bords de la
mer en été; il est séparé de Zaïde pendant un hiver que tous les
deux passent à apprendre la langue l'un de l'autre[1] et ils se
marient à la fin de l'été suivant. La scène se passe chez un peuple
voisin, à une époque pas trop reculée et les aventures de Consalve quoiqu'elles soient pour nous étonner un peu, ne sont pas
trop nombreuses. La psychologie, qui certes ne manque pas
dans les autres romans, ne s'étale pas ici en dissertation: elle
est dans les actes des personnages. Le roman entier est une
étude de la jalousie—sujet qui paraît avoir hanté Mme de La
Fayette sa vie durant—et une telle étude lui permet d'écrire
une histoire (celle de Don Alphonse et de Bélasire) où l'on rencontre déjà plus d'une qualité de la *Princesse de Clèves* et qui
n'est point exempte de certains de ses défauts. Il faut admettre
avec Bussy-Rabutin que la jalousie d'Alphonse y est poussée
jusqu'à la folie; mais ce que Bussy n'a pas remarqué c'est que
la gradation y est si bien observée qu'on sent à peine le point
où l'exagération commence. Tout comme dans la *Princesse de
Clèves*, nous avons ici une peinture impitoyable qui laisse une
impression douloureuse. Peu à peu et presque malgré lui,
poussé par le "green-eyed monster" de la jalousie, Alphonse
détruit son propre bonheur, puis celui de sa "maîtresse." Il la
compromet par un éclat scandaleux, tue son meilleur ami, et
force Bélasire à se retirer du monde. C'est à quelques détails
près la situation de la *Princesse de Clèves*—mais avant le mariage.
Et pourtant nous sommes encore loin de l'excellence de ce chef-
d'œuvre, car la peinture des personnages de *Zaïde* laisse à
désirer. La femme la plus intéressante, le mieux dessinée, celle
qui a le plus de caractère, ce n'est pas Zaïde, c'est Bélasire.
Zaïde qui a le talent d'être belle en sortant tout habillée de la
mer, ne fait que croître en beauté pendant le récit. On ne peut
qu'admirer chez une femme qui refuse énergiquement d'épouser
un homme parce qu'il n'est pas de sa religion, l'obstination avec
laquelle elle tient à s'unir à l'original du portrait—qu'elle croit
pourtant être un Maure. Et si, par un coup de théâtre vraiment
inattendu, ce brave Zuléma n'avait changé d'avis à la fin du
récit, on se demande comment elle s'en serait tirée. Il est vrai
qu'étant femme elle eut trouvé quelque moyen.

Pour le reste, elle est tellement ballottée par les événements

[1] "Pendant l'hiver qu'elle passa en Catalogne." Éd. Garnier, p. 211.

multiples qu'on ne saurait dire qu'elle a un caractère propre. Quand une fois elle agit, ou plutôt elle écrit, avec énergie, sa lettre n'arrive pas à bon port. Cet insuccès semble la décourager au point qu'elle n'essaie plus de réagir contre le sort, jusqu'au moment où elle défend à Alamir de venir la voir. Son amie Félime aime en silence, et a toutes les peines du monde à se confier à Zaïde. Sa présence est utile pour compliquer la situation et pour faire souffrir Consalve, mais Félime est toujours sacrifiée à Zaïde et le roman aurait été plus simple et plus facile à lire si on l'avait noyée en même temps que la mère de son amie.

Il y a pourtant un sentiment qui expliquerait les caractères de ces deux femmes, sentiment dont nous reparlerons au sujet de la princesse de Clèves—c'est l'orgueil.

Alphonse était assez intéressant pour être le seul objet d'un roman au lieu de venir dans *Zaïde* où il n'a que faire. Après une jeunesse orageuse et une grande passion qui le fit souffrir, il imite au bord de la mer le recueillement de La Rochefoucauld. On aimerait savoir que plus tard il écrivit des Maximes.

Consalve s'entend à analyser ses sentiments, il est presque aussi enclin qu'Alphonse à se torturer sans raison, mais quelle étrange naïveté chez un héros de roman! La facilité avec laquelle Nugna Bella et ses comparses le trompent est pour étonner quand il s'agit d'un courtisan aussi en vue que lui. Il manque de curiosité, sans cela il aurait demandé plus tôt à voir le fameux portrait—dont le lecteur lui-même se lasse d'entendre parler. Et puis, ce n'est pas un homme. Non, il a beau être admirablement bien fait, il a beau faire un carnage horrible parmi les Maures, il a beau se défendre contre les cavaliers qui viennent le mener à la cour de Don Garcie, il a beau enfin larder Alamir de coups, ce n'est pas un homme. Il sacrifie trop l'action à une réflexion inutile—qui se traduit par des apostrophes. Parfois, il fait presque songer au lamentable Joseph Delorme.

Alamir, sa victime, est le duc de Nemours de l'ouvrage. Il est volage, fait souffrir les femmes, devient vraiment amoureux à la fin—il est encore puni par où il a péché. C'est juste, mais cela manque d'intérêt, car Alamir nous est indifférent: nous le connaissons à peine.

Le grand progrès que marque ce roman n'est ni dans les caractères des personnages qui ne sont pas encore assez fortement dessinés, ni dans l'étude de la jalousie qui pourtant est excellente, mais bien dans le style. Il serait nécessaire de citer des passages des romans de Mlle de Scudéry pour faire sentir au lecteur la différence entre le style de ses prédécesseurs et celui de Mme de La Fayette, si l'on n'avait déjà donné le passage que La Rochefoucauld soumit à Huet. Qu'on se dise donc, que le brouillon de ce passage est déjà un progrès sur le style ampoulé ou seulement lâche, des _Cyrus_ et autres romans; qu'on remarque ensuite les différences entre ce brouillon et la rédaction définitive. On verra aussitôt et mieux que nous ne pourrions le faire voir, tout le chemin qu'a parcouru Mme de La Fayette. Certes, ce n'est pas encore le style de la _Princesse de Clèves_—il reste trop d'apostrophes, mais ce défaut même va en s'atténuant; le travail ne se traduit pas en complications, il se cache sous le naturel de la forme donnée en dernier lieu à la pensée. Madame de La Fayette, avant d'avoir essayé dans _Zaïde_ le roman de longue haleine, manquait de confiance en elle-même; elle avait besoin d'une collaboration, elle soumettait son ouvrage à ses amis pour qu'ils en critiquassent et le fond et la forme. Bien plus, après la publication du roman "elle en fit relier un exemplaire avec du papier blanc entre chaque page afin de le revoir tout de nouveau, et d'y faire des corrections, particulièrement sur le langage, mais elle ne trouva rien à y corriger même en plusieurs années....[1]"

Après _Zaïde_ elle peut prendre courage, se remettre à ses lectures, noter ses souvenirs et préparer l'ouvrage qui la rendra plus célèbre que n'aurait pu faire le beau nom de son mari, ou sa faveur auprès du Roi Soleil.

[1] _Segraisiana_, p. 66.

CHAPITRE VIII

LA MÈRE

Madame de La Fayette laisse le souvenir d'une femme d'esprit, qui fut un grand écrivain, capable d'apprécier les lettres latines ou italiennes, de critiquer des ouvrages français et d'une Dame d'Honneur qui sut tenir habilement sa place au milieu des intrigues d'une cour, sans cesser d'être une femme d'intérieur, entourée de nombreux amis. Mais derrière la femme d'apparat, figée dans l'attitude que l'histoire littéraire a déclarée la sienne, il y a une véritable femme et une mère.

Au début du siècle dernier on écrivait encore que Madame de La Fayette: "est une femme qui, délivrée des occupations domestiques et paisibles de son état, est transportée dans les sociétés de beaux esprits, et tourmentée des prétentions du savoir: à qui le nom de mère et d'épouse, de femme vertueuse, douce et modeste est moins cher que celui d'auteur[1]!" L'excellente leçon pour les femmes ambitieuses d'écrire! Inutile de dire que celui que nous citons est La Beaumelle. Voyons si l'exactitude de son jugement en égale la moralité.

D'abord on ne peut pas dire qui a nourri les deux bébés; s'ils étaient en nourrice en Auvergne ou à Paris; nous ne connaissons rien de leur première enfance, mais la remarque serait également vraie de presque tous les enfants de l'époque—qu'ils soient de femmes de lettres ou de femmes "vertueuses douces et modestes." C'est Jean-Jacques Rousseau qui a découvert que l'enfant est intéressant en tant qu'enfant, Madame de La Fayette ne partageait pas cet avis. Pour elle comme pour ses contemporaines, les enfants n'avaient le droit de prendre rang ni dans la société, ni dans la correspondance ni dans la littérature. Mais cela ne veut pas dire qu'ils ne tenaient pas dans sa vie autant de place que dans celle des autres mères du XVIIe siècle.

On croirait même qu'elle s'en occupait un peu plus que les autres car elle écrit à Pomponne, comme nous l'avons déjà vu: "....Ie ne faisois que disner et souper ceans quand vous esties a Paris presentement iy couche il est vray que la peur des

---

[1] Cité par De Feller (F. X. l'abbé), *Dict. hist.* IV. 520.

voleurs quy sont deschaines en mon faubourg y a contribue pr cette nuit et vous juges bien quil faut quelque bonne raison pr obliger une mere de famille comme moy a quitter ses anfans j'ay donne une nourice aux vostres quy est une creature admirable," etc.[1]

À l'époque où Madame de La Fayette écrivait cette lettre, l'aîné de ses enfants n'avait pas plus de cinq ans. Ils étaient tous deux à Paris avec leur mère; elle avait l'habitude de s'en occuper, et on avait recours à elle quand il s'agissait des enfants d'autrui, ne fût-ce que pour trouver une nourice.

Mais on la consultait aussi sur des questions plus importantes et si l'on en juge par ce qu'elle conseillait à la jeune Madame de Grignan, elle savait bien élever les enfants. En parlant de Pauline, Madame de Sévigné écrit: "Je l'ai dépeinte à Madame de La Fayette: elle ne croit pas que vous puissiez ne vous y point attacher; elle vous conseille d'observer la pente de son esprit et de la conduire selon vos lumières: elle approuve extrêmement que vous causiez souvent avec elle, qu'elle travaille, qu'elle lise, qu'elle vous écrive et qu'elle exerce son esprit et sa mémoire[2]." Elle n'avait donc pas la réputation d'être une mauvaise mère.

À l'époque où elle voyageait entre Paris et l'Auvergne il semble qu'elle ait laissé ses enfants à Paris aux soins d'un précepteur[3] mais dès qu'ils furent d'âge à tenir un rôle dans la vie ce fut elle et non pas leur père qui s'occupa de leur établissement.

On s'est plu à représenter Madame de La Fayette comme un *bas bleu*, souffrant de vapeurs, passant la plus grande partie de sa journée sur son lit galonné d'or; ce fut donc un étonnement général lorsqu'on apprit, il y a quelques années, qu'elle s'était mêlée aux affaires de Savoie. On avait même l'air d'en vouloir à la comtesse d'avoir été trop secrète et d'avoir égaré l'opinion commune. L'opinion s'obstinait à être trompée presque malgré Madame de La Fayette et maintenant elle court à l'autre extrême et l'on veut faire d'elle une femme intéressée au dernier point.

Nous avons démontré que le reproche d'avoir ménagé son crédit au lieu de l'employer pour les Sévigné n'est pas fondé. Son désintéressement va plus loin et l'on s'étonne que cette

---

[1] Voir la lettre à la page 89. [2] Sév. VIII. pp. 235-6.
[3] Dans une lettre de la Coll. Feuillet de Conches elle fait mention d'un "M. Fournier qui est le precepteur de mes anfans."

accusation ait pu être portée lorsqu'on lit la correspondance de Louvois, certaines lettres de Madame de Sablé, et surtout cette appréciation formulée aussitôt après sa mort: "Elle avait partout un grand crédit, dont elle ne faisait usage que pour rendre service à tout le monde[1]." Il est vrai que, d'une part, l'on n'a pas pris la peine de consulter ces documents manuscrits, et que, d'autre part, on a le droit de se méfier un peu d'une notice nécrologique. Et cependant l'auteur de cet article dans le *Mercure Galant* était probablement mieux renseigné sur le vrai caractère de Madame de La Fayette que ne l'étaient certains critiques du XIXe siècle.

Il ne s'ensuit pas que la comtesse ait négligé ses propres intérêts—ou plutôt les intérêts de ses enfants. On n'a qu'à lire ses lettres adressées à Ménage à l'occasion de son premier voyage à Paris après 1655, pour voir que la jeune femme n'a pas eu la tête tournée par son beau mariage. Elle met en location sa propre maison à Paris pour une certaine somme et en loue une autre pour son séjour à un prix moins élevé. Plus tard, lorsqu'elle vit qu'il fallait placer ses deux fils et que son mari ne l'y aiderait guère, elle sentit la nécessité qu'il y avait de se "former un esprit liant." C'est ce que fait toute bonne mère française et loin d'en faire un grief à Madame de La Fayette il faudrait admettre que ce trait montre combien elle prenait au sérieux ses devoirs maternels. Lorsque Pomponne tombe en disgrâce, la première pensée de Madame de La Fayette va aux nombreux enfants dont l'avenir est ainsi compromis[2]. Bien des fois dans sa vie, lorsqu'elle aurait dû être au lit, elle prit la plume pour solliciter, ou fit atteler sa voiture pour aller quémander à la cour. Il n'y eut rien—ni fièvre, ni vapeurs, ni points de côté—qui put l'empêcher d'assurer l'avenir de ses enfants.

Elle en fut bien récompensée. Son fils aîné n'entra dans l'église que pour en connaître les avantages. "Il avait des abbayes," dit Saint-Simon, "et nul ordre." En 1670 il reçut l'abbaye de Valmont; l'évêque François de La Fayette, son grand oncle, lui céda en 1676 l'abbaye de Dalon et en 1677 le roi lui donna l'abbaye de La Grenetière en Poitou[3]. D'après Saint-Simon ce fils était "homme d'esprit, de lettres....cynique et singulier qui avoit de l'honneur et des amis[4]." Son éducation

---

[1] *Mercure Galant*, juin 1693, p. 195.

[2] Arsenal, MS. 6626, f° 385, 2e lettre à Pomponne.

[3] *Gazette*, N° 18, 4 mars 1679, p. 108.

[4] Note de Saint-Simon au *Journal de Dangeau*, v. p. 57.

ne fut pas sans causer des soucis, mais Madame de La Fayette
veillait sur lui et lorsqu'elle s'aperçut, par exemple, que Lassay
voulait l'entraîner avec lui en Italie, elle ne manqua pas de
montrer au marquis ce qu'elle pensait. Elle saisit l'occasion
pour dire également à cet étrange ami que puisqu'il savait que
l'abbé empruntait de l'argent il aurait dû la prévenir au lieu
de laisser venir la faillite. Elle conseille à Lassay de faire un
séjour à l'étranger et lui laisse entendre que sa réputation à
Paris n'est pas pour l'encourager à y rester[1]. Évidemment
Madame de La Fayette prenait son rôle de mère tout à fait au
sérieux.

Ce même Lassay dans une lettre écrite en 1686 raconte à
Madame de Maintenon une histoire invraisemblable : Madame
de La Fayette aurait été une mère trop attentive et une bien
mauvaise amie. Lassay serait allé en Hongrie et, au moment de
partir, il aurait confié à Madame de La Fayette, qu'il croyait
lui être dévouée, toutes ses affaires, en lui disant qui étaient
ses amis et qui ses ennemis. Parmi ces derniers se trouvait un
Monsieur de Sauleux, grand oncle maternel de la propre fille
de Lassay. Lassay accusa Madame de La Fayette : (1) de s'être
liée avec Monsieur de Sauleux pour marier Mlle de Lassay au
jeune de La Fayette : (2) d'avoir tout fait, dans ses lettres à
Lassay, pour le persuader de ne pas revenir en France : (3) d'avoir
répandu à la cour des médisances sur son compte : (4) d'avoir
fait écrire Segrais à Lassay pour proposer le mariage en question
comme si Segrais en avait eu l'idée le premier : (5) d'avoir obtenu
de Louvois, en se servant du nom de Sauleux, une lettre de
cachet pour empêcher Lassay de faire sortir sa fille du couvent
à son retour.

Il demande à Madame de Maintenon de faire lever cette
lettre de cachet et dit, en passant, qu'il a conservé toutes les
lettres de Madame de La Fayette à ce sujet. On a beau traiter
Lassay de visionnaire et supposer qu'il avait la manie de la
persécution, son réquisitoire est clair et il offre ses documents
sur un ton assuré. Il est fort probable que Madame de La Fayette essaya d'arranger ce mariage. Il serait difficile de dire dans
quelle proportion Lassay a brodé sur ce thème et il est regrettable
que nous n'ayons plus les lettres qu'il possédait, car elles auraient
pu nous montrer l'affaire sous un tout autre jour. Dans les
minutes de Louvois nous n'avons trouvé aucune trace de correspondance au sujet de cette lettre de cachet.

[1] Lassay, *Recueil de diff. choses*, I. 380.

D'après ce que dit Saint-Simon[1] l'abbé de La Fayette aurait pu se marier, car il écrit: "Il avoit des abbayes et nul ordre. Il est mort....sans avoir été tenté de se marier[2]." Madame de La Fayette qui ne songeait "qu'à remettre ce nom et cette maison à la cour et dans le monde[3]" ne pouvait donc compter que sur son second fils. Il fut de tout temps destiné à l'armée et dès qu'il eut l'âge d'y avoir un emploi, sa mère s'en occupa, auprès de Louvois, avec succès, puisque celui-ci lui répondait de Versailles le 13 octobre 1675: "J'ai reçu Madame le billet que vous m'avez fait l'honneur de m'escrire le 2ᵉ de ce mois. J'ay rendu compte au Roy de ce que vous désirez, qui a bien voulu accorder à Monsieur votre fils l'enseigne colonelle de son régiment pour en estre pourvu aussitôt qu'elle sera vacante. Quand il vous plaira m'employer en des choses plus considérables j'essayerai de vous faire connoître que je ne puis être plus véritablement que je suis votre très devoué et très obéissant serviteur[4]." Madame de La Fayette ne veut pas en rester là et une nouvelle intervention lui vaut le billet suivant:

"À Fontainebleau le 7 septembre 1678.

Madame,

J'ai différé de répondre à la lettre que vous m'avez fait l'honneur de m'escrire pour procurer à Monsieur votre fils une des compagnies vacantes au régiment du Roy, jusqu'à ce que sa Majesté en eut disposé. Je vous donne présentement advis avec bien du plaisir que le Roy lui en a accordé une, et bien de la joye de pouvoir profiter de cette occasion pour vous assurer que je suis...." etc.[5]

Mais ce n'est pas tout d'avoir un emploi—il faut aussi être payé—ce qui motive une lettre de Madame de La Fayette, à laquelle Louvois répond en ces termes:

---

[1] *Jour. de Dangeau,* cité.

[2] Le 2 mai 1729, âgé de 71 ans. *Mercure,* juin 1729, p. 1259.

[3] Lettre de Coulanges à Mme de Sév. le 27 août 1694.

[4] Vol. 528, p. 316. Les lettres seront données ici d'après les minutes manuscrites de Louvois conservées aux archives du Ministère de la Guerre, à Paris. Des passages de la plupart de ces lettres ont été publiés par M. Jean Lemoine dans la *Revue de Paris* du 1ᵉʳ sept. 1907. Nous donnerons, autant que possible, les lettres in extenso mais nous en serons empêché parfois, car à certains endroits l'écriture est illisible—tellement elles ont été griffonnées à la hâte.

[5] Vol. 578, p. 49.

"À Saint-Germain le 15 avril 1679.

"Suivant ce que vous avez désiré par la lettre que vous m'avez fait l'honneur de m'escrire je vous envoie un ordre à Monsieur du Monceau pour faire payer à Monsieur de La Fayette ce qui lui peut être dû depuis le jour qu'il est party de sa garnison jusque à la fin de ce mois. Je souhaiterais, Madame, avoir de meilleures occasions de vous témoigner combien je suis....[1]"

Son fils lui écrit ce même mois pour lui dire qu'il risque d'être envoyé en garnison dans une ville quelconque, ce qui nuirait probablement à ses chances d'avancement. Madame de La Fayette ne craint pas d'écrire de nouveau à Louvois qui la tranquillise ainsi:

"À Saint-Germain le 25 avril 1679.

"J'ay reçu, Madame, la lettre que vous m'avez fait l'honneur de m'écrire hier. L'avis que Monsieur votre fils vous a donné que l'on allait séparer un des bataillons du régiment du Roy pour l'envoyer en garnison dans des villes, est sans fondement puisque ce corps est désigné pour servir avec trois bataillons en campagne. Ainsi vous ne devez avoir aucune inquiétude, et je n'ay qu'à vous assurer que je suis toujours votre très humble et très obéissant serviteur[2]."

Le mariage du Dauphin au début de 1680 fournit à Madame de La Fayette une autre occasion de faire avancer son fils. Il s'agit de nommer dix hommes pour être, comme dit Madame de Sévigné, ses "dames du palais," et le choix doit être fait dans les plus illustres familles du royaume. Louvois écrit à ce sujet:

"À Saint-Germain le 20 février 1680.

"J'ai reçu Madame le billet que vous m'avez fait l'honneur de m'escrire ce matin. Je ne voy rien de plus désirable pour un homme de l'âge de Monsieur de La Fayette que d'être choisi pour suivre Monsieur le Dauphin, mais il serait fâcheux d'y être sans y pouvoir faire la dépense qu'y feront ceux qui auront de

[1] Vol. 620, p. 227, Lettre inédite. Nous ne reproduisons pas scrupuleusement l'orthographe de ces brouillons de lettres.
[2] Vol. 620, p. 416, inédite. Mme de La Fayette qui veut pour son fils des occasions de gloire, demande également en sa faveur des congés: "J'ai reçu, Madame," lui écrit Louvois de St Germain le 13 oct. 1679, "la lettre que vous m'avez fait l'honneur de m'escrire pour le congé de M. votre fils. Je l'ay aussitôt fait expedier et vous le trouverez ci joint. Je vous supplie...." etc. (Vol. 625, p. 269).

pareils emplois. Il n'y a personne qui puisse vous donner des conseils sur cela, et c'est a vous de voir si vous êtes en état de lui donner 14 ou 1500 pistoles par an qu'il faudrait au moins y dépenser, outre ce qu'on tirera du Roy.

"Après avoir étably que vos affaires sont en état de l'y soutenir, je dois vous dire qu'il n'y a pas d'autre voie que celle d'escrire au Roy, si vous n'êtes pas en état de lui en venir parler; si Madame de Montespan veut rendre votre lettre et l'appuyer de ses offices, il y aura lieu de bien espérer de votre demande; Que si vous ne voulez pas l'en importuner, je m'offre à vous pour présenter la lettre que vous écrirez sur cela au Roy. Soyez bien sûre...." etc.[1]

Madame de La Fayette trouva-t-elle la dépense trop considérable? Ne reçut-elle pas satisfaction? Toujours est-il que le nom de son fils ne figure pas dans la liste des *menins* du Dauphin. Mais moins de trois mois plus tard Madame de La Fayette reçut ce petit mot qui dut la consoler de son échec:

"À Saint-Germain le 5 mai 1680.

"Le Roy ayant donné cette après-dînée le régiment royal à Monsieur le Marquis de Créqui, sa majesté a disposé du régiment de la Fère en faveur de Monsieur le Marquis de La Fayette. Je m'en réjouis avec vous, et vous assure qu'il ne peut rien vous arriver d'agréable à quoy je ne prenne une très sensible part[2]."

L'influence de Madame de La Fayette va en grandissant car Louvois lui écrit bientôt le billet suivant:

"À Charleville le 28 aoust 1680.

"J'ay reçu le billet que vous m'avez fait l'honneur de m'escrire le 16 de ce mois. Je suis un peu scandalisé des remerciements que vous me faites de ce que j'ay dit à Monsieur de la Trousse, et je croyais que vous étiez assez persuadée de la part que je prends à ce qui vous touche pour ce qu'il vous a mandé ne vous paraisse pas nouveau. Je feray avec plaisir ce que vous m'ordonnez à l'égard de Monsieur de La Fayette et en toute occasion, vous et luy connoitrez que je ne puis être plus que je suis...." etc.[3]

On croirait volontiers que la phrase "Je feray avec plaisir ce que vous m'ordonnez à l'égard de Monsieur de La Fayette"

---

[1] Vol. 638, p. 378. [2] Vol. 642, p. 68.
[3] Vol. 643, 2ᵉ partie, p. 159.

n'est qu'une formule à laquelle il ne faut pas trop ajouter foi, si bientôt après on ne voyait pas que Madame de La Fayette "désira" et obtint le déplacement d'un régiment. Voici la lettre de Louvois à ce sujet:

"À Versailles le 22 octobre 1680.

"J'ay reçu votre billet d'hier, par lequel j'ay appris avec beaucoup de déplaisir la maladie de Monsieur votre fils. Les officiers de son régiment ne savent ce qu'ils désirent quand ils demandent à changer de garnison, mais puisque vous le désirez il ira à Fribourg; les ordres du Roy en seront envoyés demain.

"Je ne l'ay point fait marcher en Loraine, ainsi que vous le demandez, parce que comme on n'y travaille point je vous réponds qu'il n'y serait pas arrivé que vous recevriez des lettres des officiers par lesquelles ils se plaindraient de leur mauvaise destinée. Je vous supplie...." (formule de politesse illisible)[1].

En même temps elle ne cesse de s'occuper des plus petits détails. "Elle eut une recrue à faire pour son fils," raconte Gourville, "et en parla à plusieurs personnes pour lui trouver des hommes et surtout à bon marché. Elle me conta un jour que, ayant employé un maître des comptes à cet usage, il lui avait fait effectivement quinze bons hommes." Ceci fait, elle recommence à importuner Louvois pour lui dire du bien de son fils qui, d'après elle, n'est pas quelqu'un qu'on puisse négliger. Le ministre en vient même à faire des excuses au jeune officier pour un motif que nous ignorons. Lorsqu'il en informa Madame de La Fayette, Louvois nous fait savoir du même coup que les lettres de l'auteur de la *Princesse de Clèves* étaient appréciées de ses contemporains:

"À Sainte-Marie aux Mines le 13 octobre 1681.

"Je quitterais toutes les affaires que j'ai, avec plaisir, pour lire souvent de pareilles lettres à celle que vous m'avez fait l'honneur de m'écrire le 4 de ce mois. Je vous rends très humbles grâces des marques qu'il vous plait me donner de votre amitié dont je connais assez le prix pour profiter de toutes les occasions que vous me donnerez de la mériter.

"J'ai fait mes excuses à Monsieur de La Fayette de ce qui s'est passé entre lui et moi à Fontainebleau, et je ne crois pas être mal avec lui. Conservez-moi toujours quelque part à

[1] Vol. 645, p. 481.

l'honneur de vos bonnes grâces et soyez persuadée qu'on ne peut être plus véritablement que je suis, votre très humble et très obéissant serviteur[1]."

L'année suivante c'est un congé qu'il faut, et Louvois répond :

"À Versailles le 12 juin 1682.

"Je ne vois point d'inconvénient à ce que Monsieur de La Fayette aille voir Monsieur de Bouflers et y demeure autant de temps que vous le désirerez. Je vous supplie de me conserver toujours un peu de part à l'honneur de vos bonnes graces et de me croire aussi véritablement que je suis...." etc.[2]

Mais peu après ce congé le fils de Mme de La Fayette donne lieu à un mécontentement que Louvois exprime avec toute la délicatesse que la situation exige :

"À Versailles le 4 août 1682.

"Je suis obligé avec déplaisir de vous avertir, Madame, que la conduite que tient Monsieur de La Fayette à Strasbourg, n'est pas bonne, qu'il boit souvent et avec excès, ce que vous jugerez bien qui ne peut pas donner à sa Majesté des impressions favorables de sa conduite. Je suis bien fâché du chagrin que cet avis vous donnera, mais je ne prendrais pas autant de part que je fais en tout ce qui vous touche, si je vous cachais une pareille chose. Je suis, Madame, votre très humble et très obéissant serviteur[3]."

En écrivant ainsi, Louvois adoucit beaucoup la gravité des faits. La Fayette fut accusé avec de Biron et de Créquy d'avoir mangé de la viande les jours maigres, d'avoir insulté des bourgeois la nuit et d'avoir jeté des cailloux dans leurs fenêtres, d'être entré de force dans un cortège de noce l'épée à la main, et enfin d'avoir fait venir la garde pour maltraiter les bourgeois qui y assistaient[4]. Voilà ce que Louvois appelle "boit souvent et avec excès."

Mais tout s'arrange quand on a des amis en cour et l'incident se termine par les trois billets suivants :

[1] Vol. 659, p. 110.   [2] Vol. 678, p. 263.   [3] Vol. 680, p. 96.
[4] Lettre de Louvois au Marquis de Chantilly qui a ordre du roi de faire vivre sans scandale ces messieurs ou de les arrêter jusqu'à nouvel ordre.

"À Versailles le 11 août, 1682.

"J'ai rendu au Roy la lettre que vous m'avez adressée pour Sa Majesté, qui l'a lue tout entière et m'a commandé de vous assurer que c'était toujours avec plaisir qu'elle en recevait de votre part, et qu'elle était bien aise de voir l'apparence qu'il y avait que ce qui lui avait été mandé de Monsieur de La Fayette n'était pas véritable, et qu'elle m'avait commandé d'écrire pour en etre informée, ce que vous ne douterez pas, je m'assure, que je n'aie fait avec beaucoup de plaisir, m'intéressant autant que je fais à tout ce qui vous touche. Je vous ferai part de la réponse que j'aurai....Je suis toujours véritablement...." etc.[1]

"À Versailles le 17 août 1682.

"C'est avec plaisir que je vous donne avis que le Roy, ayant été informé que Monsieur de La Fayette n'a failli à Strasbourg que pour avoir hanté mauvaise compagnie, elle m'a commandé de lui escrire de partir....pour retourner au dit Strasbourg et continuer à y prendre soin de son régiment....

"Je prends part à la satisfaction que vous devez avoir de la résolution de Sa Majesté et je vous supplie d'être persuadée que l'on ne peut être plus véritablement que je suis....[2]"

Voici la lettre à Monsieur de La Fayette :

"Monsieur—Sur le compte que j'ay rendu au Roy que votre conduite n'avait pas été aussi mauvaise qu'on avait mandé à Sa Majesté, elle a trouvé bon de vous permettre de retourner à Strasbourg pour prendre soin de votre régiment. Je suis...."

Madame de La Fayette sollicite encore une fois une faveur et reçoit la réponse suivante :

"À Versailles le 8 avril 1684.

"J'ai vu par le billet que vous m'avez fait l'honneur de m'escrire le déplaisir que vous avez de ce que le régiment de la Fère n'est pas destiné à servir en campagne. Je vous remercie de la manière honnête dont vous vous en plaignez et je m'assure que vous ne doutez pas que je ne prenne part à la peine que cela vous fait, mais la première fois que je verrai Monsieur de La Trousse je l'entretiendrai plus amplement et lui dirai ce que je crois qu'il y a à faire pour essayer que ce régiment soit des premiers qui sortiront des garnisons pour servir en campagne. Je suis toujours de tout mon cœur....[3]"

[1] Vol. 680, p. 309.   [2] Vol. 680, p. 420.
[3] Vol 712, p. 156. Lettre copiée par un secrétaire et revue par Louvois

À partir de cette date les affaires de son fils n'accaparent plus la première place dans la correspondance de Madame de La Fayette avec Louvois; les affaires de Savoie y passent, naturellement, au premier rang. En 1689, cependant, Louvois écrit à Madame de La Fayette pour la féliciter du mariage qu'elle allait conclure pour son fils.

"Versailles le 14 septembre 1689.

"J'ai reçu, Madame, la lettre que vous m'avez fait l'honneur de m'escrire le 11 de ce mois. Je vous supplie d'être bien persuadée que je prends une grande part à ce qui vous touche. Je ne puis que me réjouir avec vous du mariage que vous êtes sur le point de conclure pour Monsieur votre fils auquel je rendrai toujours tout le service qui pourra dépendre de moy. Je suis, Madame, votre très humble et très obéissant serviteur[1]."

Ce mariage projeté est celui qui fut conclu entre Mademoiselle de Marillac, fille du doyen du conseil[2], et René-Armand de La Fayette. "Ce mariage est fort bien," écrit Madame de Sévigné[3]. "Elle est de bonne maison, une alliance agréable, tous les Lamoignons, deux-cent-mille-francs[4], des nourritures à l'infini. Madame de La Fayette assure tout son bien, elle n'en veut que l'usufruit, n'est-ce pas assez? Elle est fort contente; le mariage ne se fait qu'après la campagne."

Voilà pour la fiancée. Quelques jours plus tard, la marquise revient sur la question pour nous donner plus de détails sur le futur mari. "À propos de sublime Monsieur de Marillac ne fait point mal, il me semble: La Fayette est joli, exempt de toute mauvaise qualité; il a un bon nom, il est dans le chemin de la guerre, et a tous les amis de sa mère qui sont à l'infini: le mérite de cette mère est distingué: elle donne tout son bien, et l'abbé

[1] Vol. 856, p. 332.
[2] "René de Marillac, chevalier d'Attichy, la Ferté sur Paroy, et autres lieux, conseilleur d'état ordinaire et d'honneur en tous les parlements de France" d'après le contrat de ce mariage (Archives de l'Allier, Reg. B 746).
[3] ix. p. 205.
[4] On retrouve un peu partout la mention de cette somme. Dangeau écrit de Marly le 16 sept. 1689, "M. de la Fayette épousera après la campagne Mademoiselle de Marillac à qui on donne 200,000 francs" (*Journal*, ii. 471). C'est confirmé par le contrat de mariage, déjà cité, où on lit: "En faveur duquel mariage les seigneur et dame de Marillac, père et mère de la demoiselle future épouse, s'obligent à lui donner en avancement d'hoirie la somme de deux cent mille livres...."

le sien[1]; il aura un jour trente mille livres de rente: il ne doit pas une pistole, ce n'est point une manière de parler: qui trouvez-vous qui vaille mieux, quand on ne veut point de conseiller? La demoiselle a deux-cent-mille francs, bien des nourritures. Madame de La Fayette pouvait-elle espérer moins[2]?"

Le jeune colonel se marie en décembre de cette même année et dans les premiers jours de janvier 1690 Dangeau note que "Madame de La Fayette la jeune vient de paraître à la Cour pour la première fois[3]." Mais lorsqu'on est soldat il ne faut pas se laisser distraire de son métier, même par l'amour d'une jeune épouse, et son mariage brillant n'empêcha pas La Fayette de recevoir le petit mot suivant du ministre Louvois.

"À Versailles le 8 janvier 1690.
"Monsieur,
Le Roy apprend que le régiment de la Fère ne fournit pour les travaux de Belfort que treize hommes par compagnie. Comme l'intention de Sa Majesté est que les capitaines en donnent tout le plus grand nombre qu'il se pourra il est bien à propos que vous y teniez la main, si vous voulez que Sa Majesté soit contente de vous. Je suis....[4]"

On peut supposer que malgré ce ton bref, et la nécessité où fut Louvois de réitérer son ordre poli mais tout militaire le 18 du même mois[5], le colonel réussit à rendre "Sa Majesté contente de lui" car en avril 1693 le roi nomma le marquis de La Fayette brigadier d'infanterie[6]. Il arriva donc, juste avant la mort de sa mère, au plus haut degré de sa belle carrière. Madame de La Fayette n'eut pas la douleur de voir cette carrière brisée l'année suivante, car lorsque son fils mourut, de maladie, à Landau en 1694[7], elle avait cessé de souffrir elle-même depuis une année. "Je vous fais mes compliments quoiqu'un peu tard, sur la mort de Monsieur de La Fayette," écrit de Coulanges à Madame de

---

[1] L'abbé avait des rentes sur Chouvigny en même temps que sur ses abbayes. Il se trouve dans le fonds paroissial de Chouvigny (Archives de l'Allier) un "extrait du contrat de rente fait au profit de M. l'abbé de la Fayette contre les habitants de Chouvigny en 1684." Il ne garda pour lui que 4000 livres de rente, Mme de La Fayette en avait 6000 (Dangeau, op. cit. XI. 64).

[2] IX. 25 sept. 1689.   [3] III. 52.
[4] Vol. 910, p. 140.   [5] Vol. 911, p. 46.
[6] *Gazette* du 4 avril 1693, p. 168 et Dangeau, IV. 254.
[7] *Gazette* du 21 août 1694, p. 405 et Dangeau, V. 57.

Sévigné[1]. Sa pauvre mère n'avait songé qu'à remettre ce nom
et cette maison à la cour et dans le monde et le voilà soutenu
par les frêles épaules d'une fillette[2]. On dit que le testament de
Monsieur de La Fayette *fait par les soins et du vivant de Madame
sa mère*, a consolé sa femme et Monsieur de Marillac, "qui étoient
fort affligés avant que d'avoir vu ce testament lequel est tres
désavantageux pour la veuve...." Madame de La Fayette mère
protège les intérêts des La Fayette par delà la tombe! Voilà qui
détruit la réputation qu'on lui a faite de n'être pas *bonne mère*
et de tenir moins à ce titre qu'à celui d'auteur. Ses fils ne s'y
trompaient pas et ils se groupaient autour de leur mère malade
ainsi qu'elle dit dans la lettre suivante :

(Sans date)

"Ma sante est pire que jamais j'ay tant de maux que ie ne
puis vous en rendre conte cependant ie vais toujours mais aussy
ie ne vais pas loin car je n'ay presque point de jambes. J'ay
ceans toute ma famille. Mon fils est revenu de l'armee : il ne se
porte pas trop bien non plus que moi il a une colique qui le tourmente et eut avant-hier un acces de fievre nous verrons aujourd'hui si se sera la tierce. J'ay aussy sa femme qui ne se remet
point de sa couche. Mon fils l'abbe est arrive de Normandie
depuis deux ou trois jours sa sante est parfaite je n'aie rien a
vous en dire il est a Versailles presentement et vous vera si tost
apres son retour. J'ay escrit a Monsieur de Segrais que vous
l'aviez fait recommander au premier President de Rouen. Je
vous remercie de m'avoir retrouve cette stance de l'Arioste de
Zerbin que j'avois tant d'envie de trouver; avez-vous veu le livre
de Monsieur d'Avranches du *Paradis terestre* je vous fais la une
sotte question puisqu'il m'a envoye ce livre il ne faut pas douter
qu'il ne vous l'ait envoye. Toute a vous Monsieur et de tout mon
cœur au pied de la lettre.   LA C. DE LA FAYETTE[3]."

En avril 1690 elle écrit à Ménage : "Mon estat est assez doux
je suis tres contente de ma famille mais ma sante est une chose

[1] Sév. x. le 27 août 1694.

[2] Cette fille épousa le prince de Tarente, fils de Charles, duc de la
Trémouille (*Mercure Galant*, avril 1706, p. 307 : Saint-Simon, II. 397 etc.).
Sa mère est morte assez jeune "d'une longue apoplexie," dit Saint-
Simon, op. cit. x. 222. Dangeau en annonçant sa mort, dit, "Elle était
tombée en enfance il y a deux mois quoiqu'elle n'eût que quarante-deux
ans" (op. cit. XIV. 224, 14 sept. 1712).

[3] L'allusion au *Paradis terestre* (1691) fixe la date de cette lettre.
Les citations qui suivent sont de la Coll. Feuillet de Conches.

deplorable" et dans une autre lettre où elle prévoit sa fin toute proche elle lui demande d'être un ami pour ses enfants et de veiller sur eux.

Enfin il nous est permis de la voir un instant grand'mère, accablée par sa maladie, mais courageuse. Elle est heureuse de pouvoir se dire qu'elle fut une mère accomplie et son cœur affectueux ne fait pas supporter à sa petite-fille le chagrin qu'elle a de n'être pas la grand'mère d'un garçon. "Je ne suis triste que par mes vapeurs," écrit-elle, "mes vapeurs font tout mon mal. Je n'ay aucun sujet de tristesse. Je suis heureuse a pindre (sic) comme disoit Me de Choisi. M^{le} de La Fayette est une plaisante demoiselle je suis si esloignee de me fascher que je ne suis pas mesme faschee d'avoir cette belle demoiselle plustost qu'un garcon...."

CHAPITRE IX

LE PSYCHOLOGUE—*LA PRINCESSE DE CLÈVES*

I

UNE manière classique de faire ressortir les mérites du livre de Mme de La Fayette, c'est de ridiculiser les interminables romans qui l'ont précédé et de le présenter au public comme le premier roman de dimensions raisonnables. Or, la *Princesse de Clèves* n'est pas, en date, le premier roman en un volume. Ce n'est pas, non plus, le premier roman où l'auteur raconte des aventures contemporaines tout en les situant à une autre époque.

Quant à la psychologie de la plupart des longs romans antérieurs à la *Princesse de Clèves*, il est certain qu'elle se trouve plutôt dans les discours que dans les actions des personnages. Mais il existe d'autres romans, assez peu connus, d'où l'étude psychologique n'est pas absente et dont l'auteur éprouve le besoin de dire : "Je n'ay rien mis qu'un homme ne pust faire, ie me suis tenu dedans les termes d'une vie privée, afin que chacun se pust mouler sur les actions que ie descry[1]." On nous a déjà montré le caractère psychologique de quelques-uns des romans du début du XVIIe siècle[2] sans dire qu'il en est un, du siècle précédent, qui a quelques points communs, malgré ses nombreux et graves défauts, avec la *Princesse de Clèves* ; nous en parlerons ici. Il s'agit d'un roman d'Hélisenne de Crenne dont le titre seul éveille l'attention : *Les Angoisses douloureuses qui procèdent d'amours*. C'est un roman romanesque, où l'on assiste à des batailles contre des brigands, à des tournois, à des emprisonnements ; on y voit aussi une femme épouser un mari sympathique, qu'elle connaît à peine, mais qu'elle aime au début parce qu'elle en est aimée. Et quand, plus tard, le mari vit que sa femme aimait ailleurs il "ne monstroit aucun mauvais semblant. Mais au contraire....monstroit plus grande amitié que jamais[3]." Voici maintenant les titres des chapitres de la première partie : La jeune fille épouse un étranger qu'elle aime—L'origine du diver-

---

[1] *Le Chrysolite* d'après Kuchler. Voir la note 2 ci-dessous.

[2] Walther Kuchler, *Zu den Anfängen des psy. Rom.* etc. Voir bibliog.

[3] Helysenne de Crenne, *Les angoisses....* etc. B. N. Res. Z. 2745, Chap. III.

tissement de Hélisenne (l'héroïne) pour aymer à reproche—
Hélisenne, surprise d'amours est apperceu de son mari—avec le
résultat que nous avons déjà noté—Hélisenne change de logis
mais pas de cœur (car l'aimé habitait en face de chez elle)—
Hélisenne se passionne pour son ami—La jalousie du mari....—
Les approches des deux amans pour parler ensemble—Les
amans....usent de lettres—La lecture de ces lettres—Lettres
de la dame—Courroux du mari jaloux et l'excuse de la femme—
L'impatience d'amour par despit cherche la mort—Le conseil du
serviteur fidèle....Hélisenne est enfermée dans une tour.

Pendant la seconde partie Guenelic cherche "s'amye" à
travers le monde. Il continue ses recherches au début de la
troisième partie—reçoit des nouvelles de sa "maîtresse"—
échange des lettres avec elle—lui parle—la délivre de sa prison.
Puis viennent les chapitres: De la repentance d'Hélisenne et de
son trespas—Regrets de l'ami—Trespas de Guenelic.

Certes, ce roman est loin d'avoir la délicatesse de la *Princesse de Clèves*, mais pour le moment il ne s'agit que de la psychologie et de la longueur ordinaire des romans. Or, ce roman
n'est pas exempt de psychologie et il n'est pas interminable, car
il est plus petit de format que la *Princesse*, ne comprend que
trois parties, et pourrait se mettre aisément en poche[1]. Il en
est de même des ouvrages qu'a étudiés Kuchler: et si l'on veut
se rapprocher un peu plus de la date de la *Princesse de Clèves*,
Mlle de Scudéry elle-même publia, en 1667, *Mathilde d'Aguilar*
qui n'a que 618 pages!

Par crainte d'allonger par trop un chapitre qui, vu l'importance même du sujet qu'il traite, ne peut être que long, nous ne
nous attarderons pas aux romans secondaires qui ont précédé
l'ouvrage de Mme de La Fayette et qui, pourtant, ont un grand
intérêt. Il suffit de dire que pour qui a fréquenté les rayons d'une
vieille bibliothèque, il est impossible de regarder la *Princesse de
Clèves* ou comme le premier roman de modeste longueur, ou
comme le premier roman psychologique.

En réalité, cet ouvrage est le premier où l'intérêt psychologique est plus important que les intrigues et que les aventures.
L'auteur en le faisant a franchi une étape dans l'évolution du
roman et une étape importante. En combattant les exagérations
de ce qu'il a fait, nous n'avons pas la moindre intention de diminuer
son mérite. Nous tenons seulement à ne pas oublier les mérites
moindres de ceux qui l'ont précédé et qui n'ont pas été assez

[1] Le volume que nous avons vu n'est pas paginé.

heureux pour trouver une place dans toutes les bibliothèques. De plus, seul un critique ignorant totalement les conversations et les discussions qui avaient lieu dans l'entourage de Mademoiselle et dont nous avons déjà parlé à propos de la *Princesse de Montpensier*, pourrait croire que le fait de situer l'action en France est une nouveauté.

II

Et s'il est exagéré de dire que Madame de La Fayette a eu la première l'idée d'étudier ses semblables au lieu de ne faire appel qu'à la sagesse des anciens, comme on faisait le plus souvent au XVIᵉ siècle, il est également exagéré de prétendre que la *Princesse de Clèves* est une autobiographie.

Depuis que Sainte-Beuve a écrit : "Il est touchant de penser dans quelle situation particulière naquirent ces êtres si charmants, si purs, ces personnages nobles et sans tache, ces sentiments si frais, si accomplis, si tendres ; comme Mme de La Fayette mit là tout ce que son âme aimante et poétique tenait en réserve de premiers rêves toujours chéris, et comme M. de La Rochefoucauld se plut sans doute à retrouver dans M. de Nemours....[1]," depuis ce moment, disons-nous, on n'a pu résister à la tentation d'écrire des "pages charmantes[2]" sur ce sujet. Il ne faudrait pourtant pas que le plaisir d'écrire des "pages charmantes" entraîne à fausser la vérité. C'est ce que, malgré nous, nous sommes obligés de reprocher à M. Auguste Dorchain lorsqu'il continue, après avoir cité le passage de Sainte-Beuve : "Par l'imagination aussi, avec une générosité magnifique, Mme de La Fayette transfigure sa faible et inconséquente mère—celle qui, si imprudemment, pour ne pas dire plus, la conduisait à vingt ans vers le dangereux cardinal de Retz—en cette admirable Mme de Chartres dont la tendresse divinatrice et la haute sagesse veillent, jusqu'à la mort, sur Mme de Clèves. Mais il y a un personnage encore plus complètement transfiguré, s'il est possible, c'est le mari ; car au lamentable M. de La Fayette, elle a substitué M. de Clèves, parangon de toutes les délicatesses et de toutes les vertus. Est-ce générosité ici encore ? Non, c'est plutôt amour....[3]"

Avec ce système, on est sûr d'atteindre le succès. Voici, nous

[1] *Portraits de femmes.*
[2] C'est ainsi que le Supp. litt. du *Figaro* qualifie, et avec raison d'ailleurs, les pages qu'il donne de la préface de M. Dorchain (Voir notre bibliog.), *Fig.* 14, XII. 1912.
[3] Pp. xxx–xxxi de l'éd. Voir bibliog.

semble-t-il, le procédé: il y a telle page de la *Princesse* qui rappelle tel épisode de la vie de l'auteur. Il est de toute évidence
que l'auteur fait ici de l'autobiographie. Mais voici une autre
page qui ne ressemble en rien à la réalité autobiographique.
Admirez donc la générosité—ou l'amour—qui présente l'autobiographie sous un si beau jour. Le procédé est dangereux et
pourrait mener loin. Comment sait-on que Madame Renaud
de Sévigné était si faible et si inconséquente, où a-t-on pris que
M. de La Fayette était lamentable? Comme nous l'avons déjà
démontré, les documents que nous possédons ne motivent guère
ces dires. D'ailleurs ce parallélisme entre la vie de l'auteur et
la vie de l'héroïne du roman était plus complet tant que l'on
croyait M. de La Fayette mort peu de temps après le mariage.
On avait alors beau jeu, le mari mort—peut-être de jalousie—La
Rochefoucauld, après la mort de sa femme, insiste auprès de
Madame de La Fayette pour qu'elle l'épouse. Elle refuse—à
l'imitation de la princesse—se retire du monde, écrit à Du Guet,
etc.…Madame de La Fayette n'aurait fait qu'écrire ses mémoires
dans la *Princesse de Clèves*. Malheureusement, la découverte de
la date de la mort du mari a infirmé un peu le parallèle—sans
qu'on ait voulu l'avouer jusqu'ici. En 1678, M. de La Fayette
se portait très bien et, comme les auteurs du roman n'étaient
pas inconnus dans le cercle intime de leurs amis, il est à supposer
que, même si Mme de La Fayette n'avait pas eu l'idée d'en
envoyer un exemplaire à son mari, il se serait trouvé parmi ces
amis des âmes assez charitables pour lui faire cette délicate
attention. Et ce mari avait beau être "sot et benêt," vulgaire,
et lamentable—il savait lire et aurait pu apprécier les allusions
de la *Princesse de Clèves* aussi bien qu'un critique du XIXe
siècle. Il ne faut donc pas répéter avec M. Dorchain, "Jamais
confession de femme ne fut à la fois plus entière et, sous le voile
de la fiction romanesque, plus pudique." Pudique, une telle
confession du vivant du mari? non pas! À moins que l'on ne
veuille pousser l'analogie encore plus loin et nous dire que
c'est l'aveu de la *Princesse de Clèves* que fait ainsi Mme de La
Fayette à son mari. Cela se pourrait—mais il y a une nuance.
La princesse de Clèves ne se doutait même pas de la présence de
M. de Nemours quand elle fit son aveu—elle n'en eût pas fait
un prétexte à littérature. Et enfin, si la *Princesse de Clèves* est
une autobiographie, pourquoi la *Princesse de Montpensier*—ou
la *Comtesse de Tendre*—n'en serait-elle pas une?

Il est une autre façon d'envisager le roman. C'est, dit-on,

un roman historique, sur la cour de Henri II, mais—ici on sourit avec indulgence et on ajoute—bien entendu, il ne représente pas la cour des Valois avec sa rudesse....etc., mais bel et bien la cour polie de Louis XIV. Madame de La Fayette n'a fait qu'observer ce qui se passait autour d'elle, elle l'a décrit avec la finesse d'observation psychologique qui lui est propre....C'est encore une demi-vérité que l'on nous offre.

Madame de La Fayette croyait faire un roman historique[1], elle pensait fermement que la cour qu'elle voulait décrire était une cour polie et ses contemporains auraient été étonnés de la voir représentée d'une autre façon[2]. Si elle n'a pas dépeint la grossièreté de l'époque ce n'est pas qu'elle l'ignorait: ce n'est pas non plus, parce qu'elle ne rédigeait qu'une autobiographie, c'est parce qu'elle faisait des concessions au goût de son monde, et qu'elle avait du respect pour son sexe et pour son art. Certes le résultat est peut-être tel qu'on le présente—mais il y a la manière —et il ne faut pas sous-entendre que Madame de La Fayette ne s'était pas mise en peine de savoir ce qu'était la cour qu'elle décrivait. Elle avait lu Brantôme et d'autres mémoires de l'époque[3] qu'elle a suivis de près pendant la rédaction de son

---

[1] Elle écrivait à Lescheraine que ce n'était pas un roman mais "des mémoires."

[2] Arvède Barine l'a bien fait remarquer (et non pas à propos de la *Princesse de Clèves*) dans le passage que voici: (La société des Valois) "On sait assez qu'il n'en fut guère de plus corrompue. Ceux qui l'avaient connue en avaient néanmoins gardé un éblouissement, et eux-mêmes passaient sous Louis XIII pour les survivants d'une civilisation supérieure, exquise de politesse et d'élégance. Les femmes de la cour d'Anne d'Autriche tenaient à grand honneur d'attirer l'attention de ces vieillards grâce auxquels 'il y avoit encore en France quelque reste de la politesse que Catherine de Médicis y avoit apportée d'Italie'" (*Mém. de Mme de Motteville*). A. Barine, *La jeunesse de la Gr. Mlle.*

L'Orasie de Mézeray avait déjà dépeint "la plus pompeuse cour que l'on ayt jamais veue....une cour où régnoient les vrayes civilités & la plus pure politesse: où les fausses galanteries & les bassesses ne s'estoient point introduites." Épître, 1646.

[3] Ceux de Castelnau, p. e. (avec add. de Jean Laboureur, 1659, F°). Cette documentation ne fut pas ignorée des contemporains. Valincour écrit...."Il n'est rien de plus véritable et l'on trouve dans les mémoires d'un courtisan qui fut présent à ce spectacle...." Il ne nomme pas Brantôme mais les détails qu'il remarque sont dans les *Mémoires*. C'est M. L. Lalanne qui indiqua l'usage qu'en avait fait Mme de La Fayette. Voir *Brantôme, sa vie et ses écrits*, p. 367.

Nous avions l'intention, au début de ce travail, d'étudier en détail

roman. Mais il y avait dans Brantôme beaucoup de choses qui déplaisaient à Mme de La Fayette et qui juraient avec l'atmosphère de son roman. Elle a donc exercé son droit d'artiste et a atténué et, au besoin, supprimé ce qui aurait fait tache dans la *Princesse de Clèves*.

Voici, à titre d'exemple, le portrait de Nemours par Brantôme: "Qui n'a veu Monsieur de Nemours en ses années guayes il n'a rien veu, et qui l'a veu le peut baptiser par tout le monde la fleur de toute chevallerie; et pour ce fort aymé de tout le monde et principallement des dames desquelles (au moins d'aucunes) il en a tiré des faveurs et bonnes fortunes plus qu'il n'en vouloit et plusieurs en a il refusé qui lui en eussent bien voulu departir. J'ai cogneu deux fort grandes dames, des belles du monde qui l'ont bien aymé, et qui en ont bruslé à feu descouvert, et couvert, que les cendres de discrétion ne pouvoient tant couvrir qu'il ne parust. Plusieurs fois leur ay-je veu laisser les vespres à demy dictes pour l'aller veoir jouer ou à la paulme, ou au ballon, en la bassecour des logis de nos rois. Pour en aymer trop une et

---

les sources historiques de la *Princesse de Clèves*, et si nous ne l'avons pas fait, ce n'est pas parce que le sujet manque d'intérêt ou parce que ces sources sont introuvables, c'est tout simplement parce que nous avons appris en cours de route que cette tâche a été entreprise avant nous par des personnes plus compétentes et plus susceptibles de la mener à bien. En effet, parmi nos confrères de la Société d'histoire littéraire de la France il y a tout d'abord M. Chamard qui a cette question en main— et depuis longtemps M. Rudler est venu se joindre à lui, après avoir travaillé seul pendant quelque temps. Voilà même, nous apprend-on, qu'un troisième membre de la Société s'est occupé du même sujet. De tout ceci rien n'est publié au moment où nous écrivons ces lignes. Les travaux de MM. Chamard et Rudler paraîtront sous forme d'édition critique. La troisième personne s'est désistée en faveur de ses confrères—mais publiera peut-être son travail après eux. Nous aurions mal employé notre temps si, avec tant d'autres recherches à faire sur notre auteur, nous nous étions obstiné à travailler dans le champ qui occupe seul l'attention de ces messieurs, et cela aurait été même indélicat, car c'est en assistant aux excellentes leçons de M. Chamard que nous avons eu l'idée d'entreprendre ce travail. Nous ne donnerons ici que quelques détails déjà connus—ou les résultats de nos petites recherches—très content de pouvoir laisser cette question entre les mains de travailleurs aussi compétents.

Nous venons de recevoir, quand la première partie de ce travail est déjà sous presse, le numéro de la *Revue du XVIe siècle* contenant le premier article de MM. Chamard et Rudler sur cette question des sources de la *Princesse de Clèves*. Nous nous faisons un plaisir d'appeler l'attention des travailleurs sur cet article très documenté et du plus haut intérêt.

lui estre fort fidelle, il ne voulut aymer l'autre, qui pourtant l'aymoit tousjours. Je luy ay ouy raconter plusieurs fois de ses advantures d'amours, mais il disoit que la plus propre recepte pour jouyr de ses amours estoit la hardiesse; et qui seroit bien hardy en sa première poincte infailliblement il emporteroit la forteresse de sa dame; et qu'il en avoit ainsy conquis de ceste façon plusieurs et moictié à demy force et moictié en jouant."

On n'a qu'à comparer ce portrait avec celui qu'écrit Mme de La Fayette, pour discerner, en même temps que de grandes ressemblances, des différences importantes et caractéristiques. Elle ne tient aucun compte de la dernière phrase[1], qui détonnerait dans son roman. Partout ailleurs, en utilisant Brantôme, elle supprime ses gaillardises et adapte son esprit de camp aux besoins des gens de la cour. Brantôme est trop prolixe en parlant de Henri II—elle le résume. Elle fait faire un brin de cour à Madame la Dauphine par le duc de Nemours, bien que Brantôme n'en dise rien, mais lorsqu'elle raconte le projet de mariage entre le duc et Élisabeth d'Angleterre elle suit les mémoires d'assez près. "Ceste mesme reine," écrit Brantôme, "ayant ouy tant renommer M. de Nemours des perfections et valleurs qui estoient en luy, fut curieux d'en demander des nouvelles à feu M. de Randan, lorsque le roy François second l'envoya en Escosse faire la paix devant le Petit Lictz qui estoit assiegé." C'est là qu'on voit le roi faire des efforts pour persuader Nemours d'essayer sa bonne fortune, qu'on apprend les préparatifs de Nemours, et que ce dernier se fait précéder de M. de Lignerolles. "Tout à coup ledict voyage se rompit," dit Brantôme et il ajoute: "Je dirois aussy bien qu'homme de France, à quoy il tint que ceste rupture se fist, si-non qu'en passant, ce seul mot: que d'autres amours, possible, luy serroient plus le cœur et le tenoient plus captif et arresté[2]."

Madame de La Fayette fait une transposition chronologique puisque le fait se passe sous François II, et elle profite de la vague raison donnée par Brantôme pour attribuer à un amour pour la princesse de Clèves le changement survenu dans les projets de Nemours.

[1] Et Bayle, dans ses *Nouvelles lettres*, 1685, T. II. 652 lui en fait un grief. Il trouve que Nemours a trop de timidité et trop de respect pour être dans le siècle ("dans notre siècle" écrit Bayle) et cite le passage de Brantôme ci-dessus pour prouver que Mme de La Fayette a gâté "la nature et la vérité."   [2] Brantôme, Éd. Elzév. XII. 350–352.

On remarquera que Madame de La Fayette use de l'histoire à peu près de la même façon que Corneille et Racine. Corneille prend un homme au-dessus de la nature, mais son choix s'appuie sur l'histoire. Racine est plus humain, mais lui aussi se sert de l'histoire et de la légende. Dans la *Princesse de Clèves*, il n'y a que les personnages secondaires qui soient historiques. Le prince de Clèves ne s'est jamais marié. Mademoiselle de Chartres n'a jamais existé, mais le Vidame de Chartres auquel l'auteur du roman la rattache est un personnage historique et trouve place dans les récits de Brantôme. Les projets de mariage de Madame, sœur du roi, se lisent également dans les *Vies des Dames illustres*; Madame de La Fayette est plus concise que Brantôme. Pour l'histoire de Diane de Poitiers les sources en sont éparses dans les *Mémoires*, mais Madame de La Fayette dut avoir sous la main d'autres mémoires de l'époque qu'elle utilisa en vue de ce chapitre. Au tournoi, les couleurs du duc de Nemours que donne Brantôme, sont celles-là même que donne Madame de La Fayette...."Monsieur de Nemours jaune et noir qui signifient jouissance et fermeté ou ferme en jouissance, car il estoit alors, ce disoit-on, jouissant d'une des plus belles dames du monde et pour ce devoit-il estre ferme et fidèle à elle pour bonne raison car ailleurs n'eut-il sceu mieux rencontrer et avoir[1]."

Brantôme ne fait qu'une allusion discrète à la liaison du Vidame de Chartres et de la reine ("Une très grande dame fut fort blamée...."), mais Castelnau dit ouvertement, "....la Reine Catherine, qu'il avoit longtems servie par une pure inclination...."

Ces quelques citations[2] suffisent pour indiquer la façon dont Mme de La Fayette se documentait. Lorsque les travaux qui sont actuellement entrepris, et dont nous avons parlé dans une note, seront publiés, nous pourrons pénétrer encore plus avant dans les méthodes de notre auteur. Mais on ne se contente pas de rechercher, en ce moment, les sources historiques de la *Princesse de Clèves*, on va plus loin: on en recherche les sources romanesques. La tâche est plus difficile. Et pourtant on peut croire que les lectures de Mme de La Fayette ont influé sur le romanesque de son livre. L'*Amadis* (IV. p. 151) peut lui avoir

---

[1] Citation de Brantôme dans les *Mém.* de Castelnau, 1731, I. Add. de Laboureur au Liv. I. Chap. I. p. 271. Laboureur publia dans l'édition de 1659 des notes tirées des manuscrits de Brantôme. Cette édition a servi à Mme de La Fayette.

[2] Voir aussi Lalanne, op. cit. Appendice "Brantôme et la *Princesse de Clèves*."

donné l'idée de la scène mélancolique où Nemours se promène le long de la rivière bordée de saules[1]. Les saules même—bien que leur présence résulte probablement d'une observation directe de Mme de La Fayette—peuvent être un souvenir du passage que voici: "Il n'y a nulle avenue que quelques arbres qui sont plantés sans ordre des deux costés d'un mail. Mais les saules qui bordent la rivière fort près l'un de l'autre composent de l'espaisseur de leur testes un ombrage....etc.[2]" C'est Segrais qui écrit cela dans une de ses nouvelles. On fait remarquer aussi que "la fin pénétrante de Madame de Clèves semble un souvenir lointain de la conclusion mélancolique des amours de Guenièvre et de Lancelot. Partagée entre la passion la plus légitime et le remords d'avoir involontairement abrégé la vie de son mari, Madame de Clèves prend le même parti que l'épouse coupable d'Artus et avec quelle élévation![3]" On se rappelle que dans l'*Amadis*, Lisvart aime Gradafilée du vivant de sa propre femme. Gradafilée ne lui cède pas. Lorsque Lisvart se trouve libéré par la mort de sa femme, Gradafilée le marie avec l'impératrice de Babylone[4].

Nous admettrions plus volontiers une influence générale de l'*Amadis* et de l'*Astrée*, une influence telle qu'un livre lu pour le plaisir, et non pas pour le profit, peut exercer sur les idées du lecteur. Ces deux romans ont pu aider à cette conception exaltée de l'amour, à cette élévation continue, à cette générosité magnanime qui se trouvent dans tous les romans de Madame de La Fayette.

Mais Madame de La Fayette ne manquait pas de se servir des incidents de la vie réelle. Par exemple, elle avait déjà raconté, dans l'*Histoire d'Henriette d'Angleterre*, comment le comte de Guiche avait été blessé. Madame en entendit des nouvelles alarmantes chez le roi et elle "en fut si saisie qu'elle fut heureuse que l'attention que tout le monde avoit pour la relation empêchât de remarquer le trouble où elle étoit." Le duc de Nemours est blessé de même; la princesse de Clèves, présente, éprouve un

---

[1] On doit cette remarque à Eug. Baret, *De l'Amadis de Gaule et de son influence*, p. 173 et suiv.

[2] La rivière bordée de saules revient souvent dans les écrits des contemporains de Mme de La Fayette. "Anaxandre et Amalthée ont une maison à vingt milles de Syracuse—une petite rivière qui après avoir serpenté dans les prairies bordées de saules...." (*Clélie*, T. VI. 1658, p. 825). Ce serait donc un souvenir de cette maison?

[3] Baret, op. cit.

[4] Voir V. du Bled, *La Soc. fr.* I. 49.

saisissement tout comme Madame, mais elle n'a pas le même bonheur de pouvoir le cacher à tout le monde. Pour le caractère de Nemours, sa vie galante, le changement brusque qui s'opère en lui après sa rencontre avec la princesse de Clèves, certains de nos prédécesseurs ont suffisamment démontré que Madame de La Fayette avait sous les yeux un modèle en la personne de La Rochefoucauld. Il en est de même pour la princesse—et, comme nous l'avons déjà vu, la mère serait un souvenir de Madame de La Vergne. Sans transformer le roman en autobiographie, on doit admettre que l'auteur a puisé dans son expérience personnelle aussi bien pour certains événements que pour les sentiments des personnages.

Mémoires historiques, vieux romans, expériences personnelles, voilà des sources que l'on ne saurait reprocher à Madame de La Fayette. Ce n'est pas tout. Elle aurait, dit-on, utilisé un roman contemporain écrit par Mme de Villedieu. Elle lui aurait pris, non pas un détail, mais l'idée fondamentale de son roman—l'aveu d'une femme, coupable seulement dans son cœur, aveu fait à son mari qui l'aime et n'en est pas aimé. Cet emprunt, si c'en est un, ne passa pas inaperçu aux yeux du critique Valincour qui fait dire à une "personne de qualité," "Je sçay bien que dans le second tome d'un certain livre que l'on appelle, si je ne me trompe, *Les Désordres de l'amour*, on trouve une histoire qui a quelque rapport avec celle-cy. On y voit le Marquis de Termes amoureux de sa propre femme: on voit cette femme répondre aux empressements de son mari avec beaucoup de froideur et d'insensibilité, chercher la solitude, fuir le grand monde, & enfin devenir malade de chagrin. Son mari en est au désespoir; il ne la quitte point: & l'ayant un jour surprise comme elle fondoit en larmes, il la presse de luy découvrir le sujet qui les faisoit couler. Elle s'en défend long-temps, & enfin elle luy avoue qu'elle aimoit le jeune Baron de Bellegarde....Il répond....ce que vous ne devineriez pas sans doute: il asseure sa femme qu'il ne sera jamais content qu'elle n'ait épousé celuy qu'elle aime. Il part de la main pour aller solliciter la dispense auprès du Saint Père: & jugeant que l'affaire pourroit trainer en longueur de ce costé-la il se fait tuer à la première occasion qu'il en trouve, apres avoir fait son Testament, dans lequel il fait son neveu son légataire universel, à condition d'épouser celle qu'il laissoit veuve par sa mort. C'estoit un mari, cela, ajousta-t-il en riant....[1]"

[1] Valincour, *Lettres à la Marquise*, pp. 216–218.

Aussitôt le défenseur de Mme de La Fayette répond dans ses *Conversations sur la critique de la Princesse de Clèves*[1]: "Ce qu'il y a de seur à l'égard de l'Auteur de la *Princesse de Clèves* & que je sçay de bonne part, c'est qu'il avoit fait son Histoire longtems avant l'impression du Livre des *Désordres de l'Amour*."

La question en resta là jusqu'en 1898; à cette époque M. Armand Praviel publia dans la *Revue littéraire* un article que nous n'avons vu mentionné sur aucune bibliographie et qui paraît n'être guère connu. Dans cet article, consacré à l'aveu et à l'emprunt prétendu fait au roman de Mme de Villedieu, M. Praviel date ce dernier de 1664 ou 1665, et pour cela il s'appuie sur l'*Histoire littéraire des femmes françaises*. Il est difficile de fixer la date exacte de ce roman, devenu très rare[2], mais nous ne croyons pas qu'il soit de 1665. Dans la sixième partie du *Journal Amoureux* Madame de Villedieu dresse une liste de ses ouvrages et ajoute qu'elle est "fidèle jusqu'à la fin d'Avril de l'année 1671, et je proteste," ajoute-t-elle, "que je n'ai jamais fait imprimer que les livres dont il fait mention[3]." Il n'y est pas question des *Désordres de l'Amour*. Langlet du Fresnoy attribue la date 1676 à ce roman[4]. Sans savoir si la *Princesse de Clèves* fut achevée avant la publication des *Désordres de l'Amour* comme le prétend l'abbé de Charnes, nous pouvons croire ou à une source commune pour cette scène qui se retrouve dans les deux romans et dans le fait-divers du *Mercure* de janvier 1678, ou même à une indiscrétion de Madame de La Fayette qui en aurait donné ainsi l'idée à Mme de Villedieu et à de Visé. M. Baldensperger qui a rapproché le fait-divers et la *Princesse de Clèves* a envisagé la possibilité d'une telle indiscrétion mais il objecte "L'espèce de stupeur que la scène de l'aveu provoqua après la publication du livre (la *Princesse de Clèves*) chez des lecteurs qui auraient été en mesure de la connaître et qui auraient eu le loisir de s'en inquiéter[5]." Cette objection a moins de force que l'on pourrait le croire car il est certain que les *Désordres de l'Amour* contenaient un aveu analogue—ce qui aurait dû diminuer encore davantage la "stupeur." Et puis, qui éprouva cette "stupeur"? Bussy-Rabutin surtout qui, d'après sa propre affirmation, ne

[1] Anon. (L'abbé de Charnes), Paris, Barbin, 1679, in 12°, p. 231.
[2] La Bibl. Nat. ne possède qu'un exemplaire incomplet.
[3] Voir le Cap. Derome, *Madame de Villedieu inconnue*, Mamers, 1911.
[4] *Bibl. des Romans*, II. 55.
[5] *Rev. de philol. fr. et de litt.* XV. 1901, 26. À propos de l'aveu de la princesse de Clèves. Voir aussi le *Mercure* de janv. 1677, p. 35.

lisait plus de romans depuis le collège. Rien d'étonnant donc qu'il n'eût pas vu celui de Madame de Villedieu.

Mais si Madame de Villedieu, qui travaillait vite, a su profiter d'une indiscrétion due au fait que Madame de La Fayette communiquait facilement son manuscrit, il est certain que cette dernière de son côté ne pouvait ajouter cette scène au dernier moment, après l'avoir lue dans un roman publié en 1676[1]. Il est de toute évidence que tout le roman de la *Princesse de Clèves* fut écrit en vue de l'aveu. En voici la preuve, si elle est nécessaire.

À la page 66[2], le prince de Clèves dit à sa femme, en racontant l'histoire de Sancerre, "....la sincérité me touche d'une telle sorte que je crois que si ma maîtresse, et même ma femme, m'avouaient que quelqu'un lui plût, j'en serois affligé sans en être aigri : je quitterois le personnage d'amant ou de mari, pour la conseiller et pour la plaindre." Madame de La Fayette ajoute, "Ces paroles firent rougir Mme de Clèves, et elle y trouva un certain rapport avec l'état où elle étoit...."

À la page 96, Mme de Clèves se rappelle ces paroles de son mari et "il lui sembla qu'elle lui devoit avouer l'inclination qu'elle avoit pour M. de Nemours." À la page 107, la princesse se repent "de n'avoir pas suivi la pensée qu'elle avoit eue de lui avouer (c. à d. à son mari) l'inclination qu'elle avoit pour M. de Nemours."

À la page 130, à propos de la lettre perdue, Madame la Dauphine dit à la princesse de Clèves, "....Il n'y a que vous de femme au monde qui fasse confidence à son mari de toutes les choses qu'elle sait."

À la page 136, la princesse se dit "si M. de Clèves s'opiniâtre à l'empêcher ou à vouloir en savoir les raisons, peut-être lui ferai-je le mal, et à moi-même aussi, de les lui apprendre." À la page 140 vient l'aveu.

En somme, bien que nous ne puissions encore préciser la date du roman de Mme de Villedieu et trancher ainsi la question, nous penchons du côté de Mme de La Fayette et nous croyons jusqu'à nouvel avis que c'est elle qui eut la première cette idée de l'aveu.

Madame de La Fayette ne se serait pas contentée de l'aide des livres, elle aurait profité aussi de l'aide de ses amis Segrais et La Rochefoucauld. Nous avons déjà vu au sujet de la *Princesse de Montpensier* qu'on attribua à Segrais un rôle qui fut

---

[1] On trouvera à l'appendice x. le passage tel que M. Praviel l'a donné dans son article.

[2] Éd. de Lescure, 1881.

tenu en réalité par Ménage[1]. De plus, Segrais, qui pour *Zaïde* ne peut s'empêcher de réclamer une part de collaboration, dit simplement dans le même paragraphe[2], "La *Princesse de Clèves* est de Madame de La Fayette." Enfin, lorsque le roman parut chez Barbin en 1678 il y avait déjà deux ans que Segrais s'était retiré en province. Nous n'ignorons pas que l'on a souvent écrit que le roman était terminé en 1672, mais pour nous convaincre il faudrait nous mettre sous les yeux le manuscrit de la lettre de Madame de Sévigné sur laquelle repose cette assertion. Si vraiment elle écrivit[3] le 16 mars 1672 le passage que voici: "Je suis au désepoir que vous ayez eu *Bajazet* par d'autres que moi. C'est ce chien de Barbin qui me hait parce que je ne fais pas des *Princesses de Clèves* et de *Montpensier*," pourquoi éprouve-t-elle le besoin de faire la première allusion au texte de ce roman le 18 mars 1678 et d'expliquer que c'est un petit livre qui vient de paraître? Mme de Scudéry, écrivant à Bussy le 8 décembre 1677, annonçait comme une grande nouvelle que "M. de la Rochefoucauld et Madame de La Fayette ont fait un roman des galanteries de la cour de Henri second qu'on dit être admirablement bien écrit....[4]" Dans le cercle le plus intime de Mme de La Fayette, le roman circulait donc en manuscrit, comme une nouveauté, à la fin de l'année 1677[5]. Nous n'ignorons pas la difficulté qu'il y a à attribuer la part qui revient à tel ou tel collaborateur dans une œuvre de ce genre, mais nous avouons franchement ne pouvoir rien trouver dans ce roman qui montre le rôle important qu'aurait joué Segrais. Dieu merci! rien n'est fait "selon les règles de l'art";—de ces "règles de l'art" qu'il avait appliquées à *Zaïde*.

[1] Brédif, *Segrais*, 1863, pp. 64 et suiv. "En 1662 quand elle eut composé *Mme de Montpensier* elle n'osa s'en avouer l'auteur. Segrais qui l'avait aidée à composer l'ouvrage le publia sans la nommer." Et voilà pourquoi elle écrivit à Ménage pour avoir des nouvelles de l'impression et pour traiter avec son libraire!!!

[2] *Segraisiana*, p. 9. Cité plus haut à propos de *Zaïde*. Il est vrai que dans un autre passage il insinue qu'il aurait dû répondre aux critiques de Valincour mais ailleurs il se contredit comme il avait fait pour *Zaïde*.

[3] D'après l'autre explication elle avait écrit "*Zaïde*" et Perrin crut devoir substituer la "*Princesse de Clèves*" à "*Zaïde*" comme étant plus célèbre. Voir la note à ce passage dans le T. II. de l'éd. des G. É. p. 534.

[4] Déjà citée à propos de la liaison.

[5] Valincour écrit: "Jamais ouvrage ne m'a donné plus de curiosité. On l'avoit annoncé longtemps avant sa naissance: des personnes très eclairées et très capables d'en juger, l'avoient loué comme un chef-d'œuvre en ce genre là" (op. cit. page 2).

Et si nous écartons ainsi la collaboration de Segrais, ce n'est certes pas pour donner à La Rochefoucauld un rôle plus prépondérant. Nous sommes tout prêt à croire qu'il fut consulté sur des questions de style, qu'il discuta avec son amie des questions de psychologie—par exemple, la question toute "précieuse" de savoir si ce n'est pas "une chose fâcheuse pour un amant que de voir (au bal) la personne qu'il aime"—qu'il fournit, au besoin, quelques livres de sa bibliothèque, quelques souvenirs de ses lectures[1], quelques traits pour le personnage de Nemours, mais nous ne pouvons croire qu'il ait travaillé régulièrement à ce roman, qu'il y ait collaboré dans le vrai sens du mot, car cela ne serait pas en harmonie avec son caractère. Quant à l'hypothèse d'après laquelle il y aurait introduit des maximes, soit dit avec tout le respect qu'on doit au savant éditeur des œuvres de La Rochefoucauld[2], elle frise le ridicule. Veut-on insinuer que La Rochefoucauld émettait des maximes comme d'autres disent "Bonjour"? Il semble plutôt qu'il demanda pas mal de conseils pour celles qu'il publia sous son nom et qu'il refit si souvent. Veut-on dire que Madame de La Fayette était incapable d'en faire? En voici une de son cru: "L'on donne des conseils....mais l'on n'imprime point de conduite. C'est une maxime que j'ay prié Mr de La Rochefoucauld de mettre dans les siennes[3]." (Prière qui fut exaucée.) Et enfin y a-t-il tant de maximes dans la *Princesse de Clèves*?

Lorsque le roman parut il ne portait pas de nom d'auteur[4] tout comme la *Princesse de Montpensier*. Malgré le changement qui s'était produit d'après M. Anatole France[5] entre la publication de ces deux ouvrages, changement qui lui aurait permis d'avouer le premier en date, et non pas le second, Mme de La Fayette agit à propos de la *Princesse de Clèves* exactement comme elle avait agi pour la *Princesse de Montpensier*. Si l'on avait connu la lettre que nous avons déjà citée et qui désavoue la *Princesse de Montpensier*, la lettre suivante publiée par M. Perrero n'aurait pas tant fait s'exclamer les critiques français[6]: "....Un petit livre qu'a couru il y a quinse ans," écrit-elle le

---

[1] Pas très étendues d'ailleurs, en dehors des romans.

[2] G. É. I. p. lxxxiii.

[3] Lettres à Lescheraine, *Curios....di Stor. subalp.* Fasc. xv. 1880, p. 499.

[4] Ce qui n'empêche pas toute une série de critiques (Fournel, *Litt. ind.* p. 209; Petitot, vol. LXIV. p. 353; Morillot, *Le rom. au XVIIe*, p. 12; Jay en tête de son édition, etc. etc.) de dire qu'il parut sous le nom de Segrais.

[5] Intro. *P. de C.* pp. xv, xvi.

[6] Voir la bibliog. pour les articles de M. Hémon à ce sujet.

13 avril (1678), "et ou il plut au public de me donner part ce fait qu'on men donne encore a la P. de Cleves. Mais je vous asseure que je ny en ay aucune et que Mr de la Rochefoucauld a qui on la voulu donner aussi y en a aussi peu que moy; il en fait tant de serments qu'il est impossible de ne le pas croire surtout pour une chose qui peut estre avouee sans honte, pour moy ie suis flatee que lon me soupconne et ie croye que iavourois le livre si cestoit asseuree que l'autheur ne vint jamais me le redemander. Ie le trouve tres agreable bien escrit sans estre extremement chatie plain de choses d'une delicatesse admirable et qu'il faut mesme relire plus d'une fois, et surtout ce que cy trouve cest une parfaite imitation du monde de la court et de la maniere dont on y vit il ny a rien de romanesque et de grimpe, aussi nest ce pas un roman cest proprement des memoires et cestoit, a ce que lon ma dit, le tiltre du livre mais on la change. Voila, Monsieur, mon jugement sur Me de Cleves, ie vous demande aussi le vostre, on est partage sur ce livre la a se manger, les uns en condanne ce que les autres en admirent[1] aynsi quoi que vous diré ne craignes point d'estre seul de vostre party....[2]"

On n'a qu'à rapprocher cette lettre de celle qui est transcrite, dans notre chapitre IV., pour se rendre compte que Madame de La Fayette ne faisait en l'écrivant que ce qu'elle avait prié Ménage de faire dans le cas où l'on attribuerait, devant lui, la *Princesse de Montpensier* à son élève. Il serait oiseux de chercher dans le nom de Nemours que portait Madame Royale une raison à ce mensonge de son amie. Nous en avons donné d'assez bonnes à propos de la *Princesse de Montpensier*. Depuis la publication de cet ouvrage, Bossuet avait dit devant elle que les romans étaient de "frivoles et dangereuses fictions[3]" et un de ses amis de Port-Royal[4] s'exprimait ainsi: "un faiseur de romans....est un empoisonneur public." Ce n'était pas pour encourager Madame de La Fayette à changer d'attitude.

Il serait ridicule pourtant d'ajouter foi à cette lettre de Madame de La Fayette et de croire que le roman n'est pas d'elle. Elle écrivait ainsi à Lescheraine qu'elle accusait d'avoir "la langue bien longue" mais elle parlait tout autrement à son ami Ménage. Ce n'est qu'après avoir écrit les pages qui précèdent

---

[1] Fontenelle, par exemple, admire ce que Bussy-Rabutin condamne. Il est tout naturel que la même différence de jugement se trouve entre Valincour et l'abbé de Charnes.

[2] Perrero, *Curiosità*, etc. cité plus haut, pp. 496–7.

[3] *Or. fun.* Jouaust, p. 51.   [4] Nicole.

que nous avons trouvé dans la correspondance de Madame de La Fayette le billet suivant:

"Vous pouves parler dans vostre histoire de Sablé des deux petites histoires dont vous me parlastes hier mais je vous demande en grace de nommer personne ny pour lune ny pour l'autre. Je ne croy pas que les deux personnes que vous me nommés y ayent nulle part qu'un peu de correction. Les personnes qui sont de vos amis n'advouent point y en avoir mais a vous que n'advourait-elle point (sic). Je suis dans un estat qui me conduit entièrem* à songer à mon salut je suis ravie de ce que vous me mandés de vos dispositions cela fortifiera les miennes....etc.[1]" (Inédite.)

Nous étions tout prêt à croire qu'il s'agissait de la *Princesse de Montpensier* et de la *Princesse de Clèves*. Heureusement, ce brouillon de lettre de la main de Ménage vient confirmer cette hypothèse.

"....Il y a cinq ou six ans que ie fis imprimer un livre de généalogies intitulé l'Histoire de Sablé, le livre doit estre suivi d'un autre sur la mesme matière dans lequel au sujet de votre Princesse de Montpensier j'ay dit que c'estoit cette Princesse de Montpensier dont vous avies escrite l'Histoire avec toute sorte d'élégance et d'agrément et que cette Histoire seroit incomparable si vous n'aviez point escrit celle de la Duchesse de Clèves qui lui est comparable. Je vous demande premièrement Madame si vous voulez bien qu'on disse que vous avez fait des livres et je vous demande en segond lieu si vous avez fait cette Histoire de la Duchesse de Clèves comme je l'ay dit et comme j'en suis persuadé car quelques uns disent que c'est Mr de la Rochefoucaut qui l'a faite; et d'autres que c'est Mr de Segrais. Aiant l'honneur de vous connoistre depuis que vous estes née & aiant eu l'honneur de vous voir aussi long-tems, aussi longtems et aussi particulièrement que j'ay fait il me seroit honteux d'avoir été mal informé de cette particularité & d'en avoir mal informé le public. Je vous supplie donc Madame de me faire savoir la vérité de la chose....etc." (Inédite.)

Et Madame de La Fayette à une époque où elle pense entièrement à son salut fait savoir "la vérité de la chose." C'est bien elle qui fut l'auteur de la *Princesse de Clèves*. Les critiques français étaient trop perspicaces pour en douter—même après

[1] Corresp. inédite de Mme de La Fayette. Collection Feuillet de Conches. Ménage semble avoir respecté les désirs de son amie, et même d'avoir poussé la délicatesse au point de ne pas faire mention des deux ouvrages en question dans le second tome de l'*Histoire de Sablé*.

la publication de la lettre trouvée par M. Perrero; nous sommes heureux, pourtant, de pouvoir apporter un document à l'appui de leurs arguments.

III

D'après Madame de La Fayette elle-même ses contemporains étaient partagés sur ce livre "à se manger." En effet, il paraît avoir soulevé beaucoup de discussions auxquelles prirent part, entre autres, Bussy-Rabutin, Madame de Sévigné, Fontenelle, Mlle de Scudéry. On trouvera mention de leurs appréciations à l'appendice, faute de place pour les examiner ici. Mais une autre appréciation prit les dimensions d'un livre et elle mérite de retenir notre attention pendant quelques instants. Il s'agit de "lettres" qu'on attribuait généralement, mais à tort, au Père Bouhours[1]. Elles étaient de Valincour et suffirent à faire la réputation du jeune critique aussitôt que l'on sut qu'elles étaient de lui. Il serait injuste de le chicaner, car son petit livre, préparé à la hâte et publié quelques mois après celui qu'il critiquait, est plein d'observations motivées qui prouvent un goût littéraire délicat et un sens critique fort développé. Certes, on rencontre des exagérations et parfois la critique est poussée trop loin, mais le moyen d'éviter ces défauts dans un livre de ce genre? Certaines contradictions sont plus graves. Valincour raille à la page 15 un passage qu'il trouve "d'une grande délicatesse" à la page 139. Mais il faut retenir des observations justes. C'est Valincour qui critique la description du début comme trop longue, le récit de Madame de Chartres comme inutile, la lettre perdue comme une coïncidence un peu trop chargée de conséquences, l'indiscrétion de Nemours, le peu d'intelligence du monsieur chargé par le mari d'épier Nemours, la rencontre de Madame de Clèves et de Nemours dans le jardin hors les faubourgs. Jusque là il a raison, mais lorsqu'il estime que le roman prend trop de libertés avec l'histoire, que la princesse manque d'esprit, que les recommandations de la mère mourante viennent trop tard, etc....nous ne sommes plus avec lui. Nous revenons de nouveau nous ranger de son côté lorsqu'il loue la psychologie de l'œuvre, admire le trait de la princesse qui cache à sa mère sa première passion, trouve peu naturelle la

---

[1] *Les Lettres à la Marquise de....sur le sujet de la Princesse de Clèves*, Paris, Sebastien Cramoisy, 1678, in 12º, étaient en réalité par de Trousset de Valincour, mais le Père Bouhours a pu collaborer avec l'auteur pour les remarques sur le style. Voir l'art. de M. Faguet dans la *Rev. des deux mondes*, 15 mai 1909.

fameuse lettre, fait remarquer la ressemblance de l'aveu avec celui des *Désordres de l'Amour*, admire que la princesse ne réponde pas à sa mère mourante, et critique quelques détours de préciosité. Lorsqu'il critique la langue, nous sommes souvent de son avis—pas toujours, cependant; il nous est malheureusement impossible d'entrer dans de tels détails qui sont pourtant fort intéressants pour l'étude de la langue. Contentons-nous de renvoyer le lecteur au petit livre en question ou à l'article de M. Faguet cité dans notre note.

Madame de La Fayette, d'après Segrais, "a méprisé à répondre" à ce critique. Segrais lui-même ne voulut pas prendre la peine de le faire parce que cet auteur, qu'il croyait être le Père Bouhours, "n'avoit aucune connoissance des règles de ces sortes d'ouvrages, ni de l'usage du monde[1]." L'abbé de Charnes[2] crut bien faire en se chargeant de cet office. Nous aurions mieux aimé qu'un autre eût entrepris la tâche—ou même que tout le monde eût fait comme Segrais. La réponse de l'abbé de Charnes à un petit livre léger, agréable à lire, poli, et exempt de toute critique touchant la personne de l'auteur, commence par quelques traits qui sont évidemment destinés au critique ou à celui qu'on croyait être le critique. L'abbé de Charnes a tout l'air de répondre au Père Bouhours et non pas au jeune Valincour. Le procédé qu'il emploie consiste à retourner contre le critique lui-même, en les appliquant à son livre, les reproches faits à l'auteur de la *Princesse de Clèves*. De Charnes trouve à redire jusque dans les petits procédés imaginés par Valincour pour présenter ses observations d'une façon intéressante. En somme, bien que plusieurs de ses réponses soient bien trouvées et d'autres bien fondées, l'ensemble est moins délicat et moins digne de la *Princesse de Clèves* que ne l'est le livre qui avait pour but de l'attaquer.

Si Madame de La Fayette ne répondit pas directement à la critique, elle l'a fait indirectement, en ce qui concerne l'aveu, dans une petite nouvelle qui passa de main en main parmi ses amis, mais qu'elle ne publia pas: la *Comtesse de Tende*. Cette nouvelle ne fut livrée à l'impression qu'en 1724, date à laquelle elle parut

---

[1] C'est ici que Segrais a l'air de revendiquer une part au roman car il ajoute "et que je faisois beaucoup plus d'état de l'approbation de Mad la comtesse de la Fayette et de M. de La Rochefoucauld qui avoient ces connoissances en perfection."

[2] *Conversations sur la Critique de la Princesse de Clèves*, Paris, 1697, in 12º.

dans le *Mercure de France*[1]. Est-ce son fils l'abbé qui en communiqua le manuscrit? Est-ce un des manuscrits qu'il prêta et que l'on donna à imprimer au lieu de le lui rendre? A-t-on envoyé au *Mercure* l'une des nombreuses copies[2]? Toujours est-il que la nouvelle y fut imprimée, et sous le nom de Madame de La Fayette. Elle eut ainsi l'honneur d'être le premier de ses romans paru sous son nom.

La tradition[3] veut que la *Comtesse de Tende* ait été écrite uniquement pour motiver l'aveu contenu dans la *Princesse de Clèves* en mettant en scène encore une fois une femme qui avoue une infidélité à son mari. Mais cette fois-ci la femme attend d'être grosse de son amant pour faire l'aveu. Et la raison de cette attente serait que Madame de La Fayette aurait voulu démontrer qu'une femme peut faire l'aveu d'une culpabilité plus grande que celle de la princesse de Clèves. Piquée par les critiques adressées à cette partie de son roman, elle a pu avoir cette intention, mais elle eut raison de ne pas livrer son manuscrit à l'impression, car après la *Princesse de Clèves*, la *Comtesse de Tende* nous semble être bien faible. Autant l'aveu de la princesse est émouvant parce que sa conscience seule l'y forçait, autant cet aveu de la comtesse nous paraît banal et dépourvu de dignité. Elle n'a plus de relations avec son mari depuis longtemps, elle est grosse, qu'elle fasse un aveu tout de suite ou qu'elle laisse à l'enfant le soin de le faire, il est dorénavant certain que sa faute sera connue. La lettre qu'elle écrit—car c'est ainsi qu'elle fait son aveu et non pas de vive voix comme la princesse de Clèves—dut être pénible à écrire, nous l'admettons, mais ce n'est pas la difficulté seule qui fait la beauté de tels aveux. La princesse de Clèves ressent la lutte engagée entre sa passion et sa volonté, elle veut que cette dernière triomphe, mais elle craint que la première ne l'emporte sur elle, et elle se tourne du côté de son mari pour lui demander, dans cet aveu que rien ne lui arrache, et auquel elle a déjà souvent pensé, un soutien pour bien faire plutôt qu'un pardon. Chez la comtesse de Tende il n'y a presque pas de lutte. Son mari, qui ne l'aime pas et dont le cœur est occupé ailleurs, ne compte plus pour elle. Au moment de céder à sa passion, son seul regret—et il ne dure guère—c'est de trahir son amie qui va épouser celui qui est

---

[1] Celle-ci n'est pas la date que donnent les bibliog. mais elle est bien la date exacte. Voir notre bibliog.

[2] Voir à la bibliog. la mention d'une de ces copies qui existe encore.

[3] Voir *Bibl. des Romans*, v. 187.

destiné à devenir son amant dans tous les sens du mot. En lisant la *Princesse de Clèves* on plaint sincèrement l'héroïne (ce qui ne veut pas dire qu'on l'excuse). En lisant la *Comtesse de Tende* on se demande qui était à plaindre, qui avait tort. Malgré la sévérité atroce de l'auteur, qui vers la fin de la nouvelle, est d'une dureté et, disons le mot, d'une brutalité à faire frissonner, on n'a guère de sympathie pour la comtesse ; et pourtant, les grands torts du mari nous empêchent, d'autre part, de nous intéresser à lui. Quant à l'amant, la nouvelle de sa mort nous laisse absolument indifférents, car nous sentons trop bien qu'il n'était dans la nouvelle que pour permettre à la comtesse d'écrire à son mari "Je suis grosse."

Et pourtant, il ne manque pas de petites études psychologiques dans cette courte nouvelle, qui suffiraient à la rendre agréable si l'on ne sentait, par trop, la thèse.

On peut remarquer aussi avec quelle hardiesse Madame de La Fayette choisit le cadre historique de sa nouvelle. La princesse de Clèves, qui n'avait péché que dans son cœur, n'exista jamais, tandis que pour faire jouer le rôle de la femme coupable l'auteur choisit un personnage historique. "Mademoiselle de Strozzi," écrit-elle, "fille du maréchal, et proche parente de Catherine de Médicis, épousa la première année de la régence de cette reine, le comte de Tende, de la maison de Savoie...."

Ce choix des personnages nous encourage à émettre une hypothèse que nous donnons sous toutes réserves, car nous n'avons pu jusqu'ici trouver aucun document susceptible de l'appuyer. En écrivant la *Comtesse de Tende* qui, comme nous venons de le démontrer, diffère beaucoup en son genre, de la délicatesse habituelle de son auteur, Madame de La Fayette n'a fait que livrer au public la véritable source de l'aveu de la *Princesse de Clèves*. Elle l'aurait adoucie pour son roman, comme elle avait adouci certains passages de Brantôme, elle aurait relevé le ton de toute l'histoire en la développant, ainsi qu'elle avait fait pour tout son tableau de la cour. La seule raison qui motive si peu que ce soit cette hypothèse c'est l'exactitude des faits et des dates. Il est absolument exact que Honoré de Savoie, comte de Sommerive et de Tende, ait épousé en 1558 Clarisse Strozzi. Cette femme mourut cinq ans après le mariage, à Paris, en 1563. Quelle est la source de l'histoire racontée par Madame de La Fayette si toutefois il y a une source en dehors de son imagination? C'est ce que nous ne savons pas encore. Brantôme en parle, mais pour dire que la comtesse tomba dans la mer à Marseille et qu'à partir de ce moment elle fut toujours souffrante. Madame de

La Fayette n'est pas partisan de secondes noces et en disant à la fin que le comte de Tende ne voulut jamais se remarier, elle fausse la vérité, car il épousa Madeleine de la Tour d'Auvergne l'année même de sa propre mort, qui n'eut pas lieu "à un âge fort avancé."

IV

Revenons à la *Princesse de Clèves*. Nous n'avons pas l'intention de faire, après Valincour, la critique de ce roman, ni, après de Charnes, son panégyrique. Nous avons déjà présenté, en passant, quelques critiques du premier, qui montrent que le roman n'est pas parfait. Il y a, au début, des pages où l'histoire est trop visible; la série de portraits faite à l'imitation de l'*Histoire de Madame Henriette* est bien dans le goût de l'époque, comme le sont aussi certains épisodes tels que le récit de Madame de Chartres, l'histoire d'Anne de Boulen et celle de Sancerre. Ces pages du début sont quelque peu décousues et, certainement, elles sont trop longues. D'autre part, l'épisode de Sancerre est le seul qui se rattache à l'histoire. Il y a encore des coïncidences—celles de la lettre perdue, de la présence de Nemours à l'aveu, du salon à Coulommiers où la princesse se laisse entraîner par sa passion et la laisse voir juste au moment où, à son insu, M. de Nemours la guette, et d'autres encore. On peut relever des inadvertances; le duc de Nemours déclare (p. 160), "Il ne s'en faut guère....que je ne sois de l'avis de Mme de Clèves, qui soutient que cette aventure ne peut être véritable," or, le duc n'était pas présent quand Mme de Clèves tint ce propos. Mais on peut oublier quelques fautes de détail, et même un peu de gaucherie dans la disposition, tant il y a de beautés dans l'étude des cœurs. Nemours ne nous intéresse pas outre mesure. Il a beau être un chef d'œuvre de la nature, il est un peu fat avec ses succès auprès des dames—même auprès de celles qu'il ne daignait pas regarder. Puis il est trop indiscret et il essaie, après l'aveu, de nuire au mari auprès de la princesse et d'une manière assez lâche (p. 160). Nous préférons le mari qui aime sa femme avant et après le mariage—même après l'aveu. C'est l'honnête homme par excellence qui conquiert notre sympathie; nous regrettons son entêtement à ne pas comprendre ce que son ami avait vu à Coulommiers, et sa santé délicate qui le fait succomber à son chagrin. Il est vrai que sa mort était nécessaire pour le développement de l'intrigue et pour la complète étude des caractères. Nous aimons aussi la mère avec ses idées un peu avancées sur l'éducation morale des filles et nous sommes tout prêt à croire que son mérite et sa vertu étaient "extraordinaires." Mais notre prédilection va à la princesse à cheveux blonds qui, faute d'esprit, avait de l'intelligence et qui avait surtout un cœur. Car, malgré son petit air froid, et son habitude de trouver certaines choses au-dessus de ses connaissances, c'était une passionnée que la princesse de Clèves. Elle était également orgueilleuse. Même après la mort de son mari elle hésite à épouser le duc de Nemours et ce n'est pas une simple question de devoir, de bienséance, ou de responsabilité morale. "Je sçais que vous estes libre," dit-elle à Nemours, "que je le suis, et que les choses sont d'une sorte que le public n'auroit peut-estre pas sujet de vous blâmer, ny moy non plus, quand nous nous engagerions ensemble pour jamais (Voilà donc son orgueil à l'abri). Mais les hommes conservent-ils de la passion dans ces engagements éternels? Dois-je espérer un miracle en ma faveur, et puis-je me mettre en estat de voir certainement finir cette passion dont je ferois toute ma félicité? Monsieur de Cleves etoit peut-estre l'unique homme du monde capable de conserver de l'amour dans le mariage[1]" (Voilà la passionnée inquiète).

Que n'est-il possible de suivre en détail le développement de cette passion? Tout au début, la princesse raconte à sa mère l'amour de Guise. Elle fait de même pour sa première rencontre avec Nemours. Lorsque le prince de Clèves trouve qu'elle est un peu froide avant le mariage—elle ne le comprend pas. Elle s'intéresse à Nemours, n'en parle pas à sa mère, elle ne va pas au bal pour faire plaisir au duc; elle est satisfaite lorsque sa mère explique pour le monde son action; elle n'est pas aussi contente quand elle voit que sa mère donne une explication qui est claire aux yeux de Nemours; elle fait son examen de conscience, et comprend. Ainsi, à petits pas, elle s'avance vers le dénouement. Une déclaration couverte de Nemours est suivie par de la joie, la joie entraîne le remords, elle se reprend. La jalousie s'éveille en elle, elle est heureuse de trouver ses craintes mal fondées, elle est malheureuse d'avoir éprouvé ce bonheur. Elle prend des résolutions, ne les tient pas, change d'avis, commet des imprudences, les regrette, et les renouvelle. Elle s'éloigne de son mari,

---

[1] Madame de La Fayette croyait pourtant au bonheur dans le mariage d'après une annotation à une maxime de La Rochefoucauld qu'on lui a attribuée. Il n'est pas question ailleurs dans ce travail de ces annotations parce que nous ne pouvons pas dire si elles sont de Mme de la Fayette. M. d'Haussonville en cite suffisamment, dans son ouvrage, pour en donner une idée.

se rapproche de lui, cherche sa protection contre le danger qu'elle ne veut pas envisager. Elle agit tout comme ferait une femme dont l'existence ne devrait rien à une fiction, mais se réaliserait dans la vie. Voilà son charme. Tout comme Mme de La Fayette elle-même quand le jeune de Saint-Paul lui attribue "une galanterie" la princesse s'émeut à la pensée qu'elle sera "bientôt regardée de tout le monde comme une personne qui a une folle et violente passion." La lutte qui se livra entre le cœur et le devoir se livre aussi quelque peu entre le cœur et l'orgueil, mais la princesse n'en est pas moins aimable.

Disons, tout de suite, que ce n'est pas là l'idée qu'on se fait ordinairement du caractère de la princesse. M. Victor du Bled dit à propos de ce roman : "Une peinture admirable de l'amour platonique nous est présentée par Mme de La Fayette dans la *Princesse de Clèves*[1]." Il était donc platonique cet amour de la princesse et de Nemours? Nous ne pouvons le croire. Soutenir que la princesse était froide, prétendre qu'elle n'aima que d'un amour platonique, c'est avouer qu'on n'a pas bien lu le roman, à moins que l'on ne regarde comme platonique tout amour qui, à cause des circonstances seulement, ne peut se satisfaire. Ce livre est plein de passion—d'une passion contenue et maîtrisée si l'on veut—mais elle est là, et décrite comme on ne la peindra plus avant Prévost.

Nous trouvons précisément une partie de l'intérêt du roman dans cette lutte entre la passion et les règles de l'étiquette dans ce monde poli. C'est une lutte qui continue de nos jours. Est-ce que chez nous le "vieil homme" n'est pas encore aux prises de temps à autre avec ce code social qui nous régit?

Il nous est impossible d'entrer dans les détails du style. Ce serait pourtant intéressant à faire. On pourrait démontrer que malgré son "classicisme" Madame de La Fayette fut une innovatrice et que certaines tournures ont dû paraître du "dernier nouveau" à ses contemporains. Inutile de démontrer combien son style alerte différait du mauvais style périodique de ses prédécesseurs—elle devait cette qualité de style, croyons-nous, à son tempérament autant qu'à son goût littéraire[2]. Il y a encore

---

[1] *La Soc. fr.* 4ᵉ série, p. 289.

[2] Quand Mme de La Fayette écrit des billets à la hâte, son style est alerte et naturel. Il en est de même pour ses longues lettres d'affaires. Seules les lettres adressées à Huet et certains billets envoyés à Ménage dans la première période de leur amitié, trahissent l'effort et laissent apparaître la précieuse.

trop de *qui* et de *que*, car elle faisait passer la vigueur avant l'harmonie. Le vocabulaire est pauvre, mais il exprime tout ce que l'auteur veut dire et le plus souvent ce qui frappe chez Mme de La Fayette ce n'est pas ce qu'elle dit, mais ce qu'elle insinue, ce qu'elle suggère. Il n'y a guère d'images, le style n'est pas coloré, mais il est inexact de dire qu'il soit complètement dépourvu d'harmonie, et il est faux de prétendre qu'il n'ait pas de valeur artistique. Nous ne donnerons qu'un exemple du contraire—mais un exemple assez probant: "Si d'autres raisons que celles de la vertu & de votre devoir," dit la mère de la princesse, "vous pouvoient obliger à ce que je souhaite, je vous dirois que si quelque chose estoit capable de troubler le bonheur que j'espère en sortant de ce monde, ce seroit de vous voir tomber comme les autres femmes; mais si ce malheur vous doit arriver, je reçois la mort avec joie, pour n'en estre pas le temoin." Ne sent-on pas que ces phrases cadencées, rythmées, aident à marquer la majesté de la pensée et qu'elles traduisent à merveille la sévérité d'une honnête femme qui attend la mort avec calme et qui la souhaite pour ne voir aucun tache en sa famille?

Il est encore une qualité que l'on remarque dans le style de Mme de La Fayette. La délicatesse de ton est bien appropriée aux gens "admirablement bien faits" qui fréquentent une cour polie. Lorsque M. de Clèves reproche à sa fiancée sa froideur avant le mariage, le mot "amour" n'est même pas prononcé. M. de Nemours n'agit pas autrement; il demande à celle qu'il aime de rendre heureux un homme qu'elle ne hait pas. On a assez fait ressortir cette délicatesse de ton. On est allé même à l'extrême[1].

---

[1] Il est étonnant qu'un critique comme Taine se soit laissé aller à souligner, à propos de cette finesse, le *déplaisir* qu'a Madame de Chartres de quitter sa fille (Préface, Éd. Quantin, 1878, p. 15). Si ce mot, comme beaucoup d'autres d'ailleurs, n'a que peu de force de nos jours il n'en était pas de même du temps de Mme de La Fayette. Et il ne faut pas lui faire un mérite d'avoir employé le mot usuel et fort, parce que pour nous il est devenu un mot plus faible que celui dont nous serions tentés d'user. Corneille ne pensa certes pas à chercher un mot de demi-teinte lorsqu'il écrivit:

> Ce coup est un peu rude à l'esprit le plus fort
> Et je doute comment vous portez cette mort.
> —Sire, avec *déplaisir*, mais avec patience.
>
> (*Horace*, v. 2.)

La Rochefoucauld emploie le mot qu'aurait employé l'hypocrite lui-même dans la maxime que voici: "Il y a une autre hypocrisie, qui n'est

Le style alerte, châtié, fin et bien approprié de Madame de La Fayette, style sans recherche, sans enflure, éloquent par sa sobriété même, a bien assez de qualités pour qu'on ne se mette pas en mal d'exagération afin de le faire mieux apprécier.

Nous ne pouvons suivre, comme nous l'aurions voulu, les jugements de ceux qui ont lu et relu la *Princesse de Clèves* depuis que le livre fut mis par Barbin entre les mains des contemporains de la comtesse. Un appendice d'histoire littéraire viendra, à la fin de ce travail, combler dans une certaine mesure cette lacune. Il suffira ici, de dire que le succès de la *Princesse de Clèves* fut grand dès le début. Le roman fut traduit en anglais dès l'année 1679, mais ne paraît pas avoir eu beaucoup d'influence en Angleterre. On était en pleine licence à cette époque et si Lee a emprunté le sujet pour le mettre au théâtre c'est dans une pièce ignoble qui n'est qu'une indigne caricature de la *Princesse* et qui montre combien l'original fut au-dessus des esprits grossiers des Anglo-saxons de l'époque. Depuis, on a pu l'apprécier à sa juste valeur. Une traduction récente, avec la charmante étude de M. Anatole France en tête, s'est vendue en Amérique et en Angleterre; une des plus récentes éditions à bon marché, et de beaucoup la plus belle, est sortie d'une presse anglaise. Voilà qui fait oublier la pièce de Lee.

Ce petit roman eut aussi les honneurs de la traduction en allemand, mais c'est surtout en France, où il n'a jamais manqué de lecteurs éclairés, qu'il obtint le meilleur succès. Inutile de dire que même dans ce pays, c'est auprès des femmes que son succès a été le plus complet. Il est intéressant de remarquer, d'après le nombre d'éditions publiées, que c'est vers 1830, en plein mouvement romantique, que la *Princesse de Clèves* fut le plus appréciée et, en ce moment, elle atteint encore une fois au maximum de succès[1].

pas si innocente parce qu'elle impose à tout le monde: c'est l'affliction de certaines personnes qui aspirent à la gloire d'une belle et immortelle douleur. Après que le temps, qui consume tout, a fait cesser celle qu'elles avoient en effet, elles ne laissent pas d'opiniâtrer leurs pleurs, leurs plaintes et leurs soupirs; elles prennent un personnage lugubre et travaillent à persuader, par toutes leurs actions, que leur *déplaisir* ne finira qu'avec leur vie" (*Maximes*, 233).

[1] L'année dernière même, la revue *Femina* mit au concours cette question: "Quel est le plus beau roman féminin?" Et, au grand étonnement du jury et des lecteurs de cette revue, c'est la *Princesse de Clèves* qui fut la favorite. Voici les résultats—et nous regrettons de ne pouvoir

Quelle victoire pour cette femme qui ne voulait pas être considérée comme un "auteur de profession" et qu'il avait raison, M. Pierre Lafitte, lorsqu'il écrivit il y a quelques années :
"Son œuvre sera lue tant qu'il restera des hommes de goût et de sens ; on est heureux de se sentir en communion avec l'élite qui, depuis le dix-septième siècle, goûte ce charmant chef-d'œuvre, et l'on pense à l'élite qui après nous en jouira encore[1]."

C'est sur cette pensée, que nous terminons, à regret, cette trop rapide et trop superficielle étude d'un roman qu'on ne peut pas étudier comme il le mérite mais qu'on lit et qu'on relira toujours avec autant de respect que d'admiration.

donner en même temps les raisons que trouvèrent certaines femmes de goût pour justifier leur choix :

La Princesse de Clèves, de Mme de La Fayette	591 voix
Corinne ou l'Italie, de Mme de Staël	168 ,,
La Maison du Péché, de Mme M. Tinayre	163 ,,
La Petite Fadette, de George Sand	118 ,,
L'Ombre de l'Amour, de Mme M. Tinayre	87 ,,
Le Marquis de Villemer, de George Sand	82 ,,
La Mare au Diable, de George Sand	74 ,,
Le Roman d'une Amoureuse, de J. Marni	40 ,,
La Force du Passé, de Mme Daniel Lesueur	31 ,,
La Branche, de Mme Pierre de Coulevain	27 ,,
Delphine, de Mme de Staël	14 ,,
Nietzchéenne, de Mme Daniel Lesueur	9 ,,
Les Lettres, de Mme de Sévigné	7 ,,
Marie-Claire, de Mme Marguerite Audoux	3 ,,
Lélia, de George Sand	1 ,,
Le Maître du Moulin Blanc, de Mme Alanic	1 ,,
Salutaire Orgueil, de Mlle Yvette Prost	1 ,,
	1417

[1] Lettre à M. Anatole France en tête de son édition de la *Princesse de Clèves*. Ce serait un plaisir de lire ce roman—même si cette lecture ne nous faisait pas entrer parmi "l'élite."

CHAPITRE X

LE DIPLOMATE

DEUX ans, mois pour mois, après la publication de la *Princesse de Clèves* Madame de Sévigné écrit: "Monsieur de La Rochefoucauld a été, est encore considérablement malade: il est mieux aujourd'hui; mais enfin c'étoit toute l'apparence de la mort: une grosse fièvre, une oppression, une goutte remontée; enfin c'étoit une pitié....Je donnerai le billet à Madame de La Fayette qui étoit hier très affligée[1]."

Hélas! c'était plus que l'apparence de la mort, la mort elle-même guettait l'illustre malade et son amie avait bien raison de s'affliger. Deux jours après avoir écrit cette première lettre Madame de Sévigné reprend la plume pour dire: "Je crains bien que nous ne perdions cette fois Monsieur de La Rochefoucauld: sa fièvre a continué; il reçut hier Notre-Seigneur....Il ne voyoit point hier matin Madame de La Fayette parce qu'elle pleuroit et qu'il recevoit Notre-Seigneur: il envoya savoir à midi de ses nouvelles....Je suis quasi toujours chez Madame de La Fayette, qui connoîtroit mal les délices de l'amitié et les tendresses du cœur si elle n'étoit aussi affligée qu'elle l'est[2]." Deux jours plus tard, Madame de Sévigné annonce la mort de La Rochefoucauld, et elle ajoute: "J'ai la tête si pleine de ce malheur, et de l'extrême affliction de notre pauvre amie qu'il faut que je vous en parle....mais où Madame de La Fayette retrouvera-t-elle un tel ami, une telle société, une pareille douceur, un agrément, une confiance, une considération pour elle et pour son fils? Elle est infirme, elle est toujours dans sa chambre, elle ne court point les rues; Monsieur de La Rochefoucauld étoit sédentaire aussi: cet état les rendoit nécessaires l'un à l'autre: rien ne pouvoit être comparé à la confiance et aux charmes de leur amitié[3]."

Le coup est trop rude pour Madame de La Fayette, elle tombe malade[4]: le temps ne fait qu'augmenter sa tristesse[5] et elle ne peut se consoler[6]. Le vide qui s'est fait dans sa vie est

---

[1] VI. 307, 13 mars 1680.   [2] 15 mars 1680.
[3] Ibid. p. 311.   [4] 315.   [5] 324.   [6] 327.

si grand qu'elle ne sait que faire. Madame de Sévigné dit que son amie n'a plus d'occupation et que "tous les autres reprennent leur place[1]." Monsieur le Duc pleure avec elle, Monsieur de Marsillac n'ose pas la voir[2]. Trouve-t-elle sous la main une page de l'écriture de son ami, aussitôt sa douleur augmente et de nouveau la terrasse[3]. Elle veut se rendre "bête," anéantir en elle la mémoire qui fait vivre les souvenirs dont le rappel la tourmente[4]. Elle agrandit sa maison, mais ne parvient pas à s'occuper suffisamment pour oublier. Le succès de son fils—qui vient d'obtenir un régiment—ne la console pas. Elle essaie de sortir un peu, va dîner chez l'abbé Têtu, noue des relations d'amitié avec Madame de Schomberg—mais un second choc, la mort de son ami Langlade[5], l'accable encore.

Madame de Sévigné nous tient bien au courant de l'état d'esprit de son amie, mais elle ne nous renseigne pas sur son activité qui n'a pas entièrement cessé. Elle ne voulait pas se rendre coupable de cette hypocrisie que nous avons déjà vu flétrir par La Rochefoucauld lui-même et de plus elle savait qu' "Après tout, le travail, c'est encore le meilleur moyen d'escamoter la vie[6]." Elle travaillait, d'abord pour son fils, ensuite pour ses amis, et surtout pour cette Madame de Savoie qui, d'après Madame de Sévigné, lui avait écrit de La Rochefoucauld comme de "son meilleur ami."

On n'a pas manqué de faire remarquer qu'elle s'occupait des affaires de Madame Royale à une époque où on la disait accablée de douleur par la mort de son ami et on lui en a fait grief. Le grand crime! Elle aurait dû, pour prouver la fidélité de son attachement, abandonner toutes ses amies, négliger son fils, rompre tous ses engagements, se retirer chez elle, vivre en parfaite égoïste. Heureusement pour elle, pour son fils, pour ses amis, et pour sa réputation de femme intelligente et raisonnable, elle ne s'attarda pas dans ce lâche abattement.

Elle continua donc d'user de son influence auprès de Louvois pour venir en aide à ceux qui lui étaient recommandés[7] et elle

---

[1] Ibid. 338.   [2] 331.   [3] 354.   [4] 404.   [5] VII. 77, 117, 120.   [6] Flaubert.

[7] Voici quatre lettres, dont trois inédites, tirées des archives du Ministère de la Guerre (Vol. 647, p. 45; 657/542; 677/560; 710/35):

Versailles, le 3 déc. 1680. J'ay receu ce matin le billet que vous m'avez fait l'honneur de m'escrire avant-hier. Le sieur Matha estant sorti du regiment de Tilladet pour une mauvaise action il n'y a pas d'apparence que le roy voulut luy donner de l'employ. Soyez je vous supplie bien persuadée que je ne peux prendre plus de part que je ne fais à ce qui vous touche ny estre plus véritablement dévoué....

s'occupa plus que jamais de son amie Madame Royale. Les démarches qu'elle faisait pour cette dernière avaient un certain caractère diplomatique et il ne faut pas s'étonner outre mesure si Madame de La Fayette, qui n'avait aucune envie de fournir à Mme de Sévigné la matière de longues lettres qui auraient été aussi intéressantes qu'indiscrètes, lui ait caché le détail de ses relations avec Madame Royale[1].

Pour bien comprendre ce qu'étaient ces relations il faut faire en peu de mots l'historique des affaires de Savoie[2].

Les relations des deux cours étaient tout d'abord extrêmement intimes. Elevé par sa mère dans des idées d'étroit attachement aux Bourbons, marié successivement à deux princesses

Fontainebleau le 26 août 1681. J'ay différé de répondre à la lettre que vous m'avez fait l'honneur de m'escrire le 20 de ce mois, jusqu'à ce que j'aie pu lire au Roy le placet que vous m'avez adressé sur lequel je suis bien fâché de vous dire que sa Majesté n'a pas répondu favorablement. Je ne vous dis rien sur le mémoire du nommé Le Gendre parce que il n'y a pas un mot de vérité dans tout ce qu'il contient. Vous ne doutez, je m'assure, de la mortification que j'ai d'avoir si mal réussi dans la commission que vous m'avez donnée. J'espère que je serai plus heureux une autre fois et....

Versailles, le 25 mars 1682. Je rendrai au sieur de Turménies (?) tout le service qui peut dépendre de moy qui est d'envoyer diligemment son placet à M. Pelisson....

Versailles, le 2 fév. 1684. J'ai reçu Madame votre billet d'hier par lequel je suis bien fâché d'apprendre que vous continuez à ne pas jouir d'une bonne santé. Le sieur George a beaucoup de prétentions contre le sieur Berthelot, dont je n'ai point connoissance. Mais à l'égard de la Société qu'ils ont eue ensemble pour la fourniture du pain, je sais que le sieur George a tort, et qu'au rapport de M. Colbert, il a été résolu un arrest contre le dit sieur George, lequel pour des raisons qui me sont inconnues, n'ayant pas été délivré au dit sieur Berthelot, avant la mort de M. Colbert, le dit sieur George a trouvé moyen de faire que la minute ne se trouvat (?) point. C'est tout ce qui est venu à ma connoissance touchant cette affaire. Je suis toujours....

[1] Mme de Sév. voit chez Mme de La Fayette le marquis de Saint-Maurice, "qui vient d'Angleterre," écrit-elle, "dire la mort de son duc," VIII. 127. Elle nous dit avoir vu chez la comtesse MM. de Pomponne, Courtin, de la Trousse, le duc d'Estrées et qu'on avait "fort politiqué," VIII. 501. Mais elle remarque surtout les cadeaux envoyés par Mme Royale, les cent aunes de velours, la doublure de satin, le portrait entouré de diamants (IV. 557) et le dessin qu'a préparé Mme de La Fayette pour un écran que le cardinal d'Estrées donnait à Mme Royale (VI. 143). Elle raconte le peu qu'elle voit mais on ne lui permet pas de trop voir.

[2] Tout le récit qui suit est pris presque mot à mot de la préface des *Instructions aux Ambassadeurs* (Horricq de Beaucaire).

françaises, d'abord à Françoise de Bourbon en 1663, puis à Jeanne-Baptiste de Nemours en 1665, peu enclin d'ailleurs à l'intrigue, le duc Charles-Emmanuel subit sans s'en défendre l'ascendant du grand roi. Lors de la mort du duc Charles-Emmanuel, le jeune duc alors âgé de neuf ans montre bien par son langage la familiarité qui existait entre les deux cours. "Il a dit en pleurant à Madame Servien," écrivait l'ambassadeur au roi, "qu'il suppliait votre Majesté de lui servir de Papa, puisqu'il avait perdu le sien." Cet appel à l'autorité paternelle de Louis XIV ne fut malheureusement que trop bien entendu.

Aussi longtemps que les relations des deux cours conservèrent ce caractère de facile confiance, le président Servien, agent indolent et crédule, suffit pour occuper les fonctions d'ambassadeur à Turin.

Mais l'arrogante politique de Louis XIV à l'égard des Hollandais modifia profondément les dispositions de l'Europe. En 1673, l'Empereur, l'Espagne, le Danemark, et la plupart des princes de l'Empire formèrent une ligue contre la France. Cette situation eut immédiatement son contre-coup à Turin. Du jour au lendemain l'Italie pouvait, comme au temps de Richelieu, devenir le théâtre des hostilités. Il fallait prendre des précautions du côté du Piémont. Le roi se décida à donner une allure plus vive à sa politique vis-à-vis des ducs de Savoie. L'influence de Louvois se substituait alors à celle de Mazarin et de Lionne dans l'entourage de Louis XIV. En même temps que les hommes, changeaient aussi les procédés. À la douceur, à la persuasion, succédèrent l'intimidation et la menace; à Turin le marquis de Villon succéda au président Servien. Charles-Emmanuel II venait de rendre le dernier soupir. Son fils, Victor-Amédée II, lui succéda sous la régence de la duchesse Jeanne-Baptiste. Éprise du pouvoir, ardente, passionnée, glorieuse, Madame Royale s'acquitta d'abord avec conviction de ses devoirs de chef d'état. Mère impérieuse et froide elle délaissa son fils, le futur roi de Sicile. L'enfant, doué d'une intelligence étrangement précoce, prit tout jeune encore des habitudes de réflexion solitaire et de dissimulation qui devinrent, pour le reste de sa vie, le fond même de son caractère. C'est la lutte entre la mère et le fils, compliquée par la légèreté de la mère et par les exigences de la politique de Louvois, qui rendit nécessaire à Paris l'intervention fréquente de Madame de La Fayette. Il n'y a pas à examiner si elle se rangea du côté de la justice. Elle avait connu Madame Royale avant son départ de Paris, elle entreprit de faire ses commissions et en même temps de la tenir au courant de ce qui se passait à la cour, de transmettre ses désirs, et de présenter à Louis XIV les événements de Savoie sous le jour que Madame Royale voulait qu'on les vît[1].

Elle s'acquitta bien de son devoir d'amie et il n'est pas besoin de l'appeler "intrigante, rouée, tenace, avisée" comme on l'a fait après la découverte en 1880 des lettres de Savoie, parce que jusqu'alors on la croyait tout autre qu'elle n'était en réalité. Ce changement brusque dans l'opinion des critiques, dû à la publication des lettres de Turin, est examiné à un autre endroit dans ce travail. Mais il est une autre exagération dont il faut parler ici.

N'a-t-on pas donné un peu trop d'importance à ce fameux rôle politique? Certes Madame de La Fayette a servi les intérêts de la France et contribué aux succès de la politique de Louvois, mais pour nous, au début, elle défendait une amie, et à la fin elle sauvegardait son amour-propre. Elle travaillait en personne désintéressée bien qu'on l'ait accusée d'être avide[2]. Cette accusation montre combien on a mal lu sa correspondance. Madame de La Fayette dut débourser de l'argent en vue d'achats faits à Paris pour Madame Royale. Au lieu de prier qu'on lui remboursât ces sommes elle commandait des produits de Turin ou demandait des bibelots que Madame Royale recevait de personnes amies.

"....Il faut pourtant que remercie (sic) de l'extrême soing que vous aves eu pour ma commission," écrit-elle à Lescheraine[3], "ie vous supplie de l'achever comme ie vous en prié par ma dernière lettre, cest a dire de men envoyer encore trente aulnes et de me mander combien il faut, et outre ces trente aulnes, d'employer l'argeant qui reste sur le mémoire que j'ay envoyé[4]."

La "commission" était une commande de damas "vint aulnes a bonne mesure" qui se transformèrent en cent cinquante. Madame de La Fayette ne veut pas acheter au petit bonheur et elle fait suivre sa commande de cet avis: "mais ie vous repette

---

[1] Ce n'est que cinq ans après avoir écrit ce chapitre que l'auteur a reçu la correspondance du chevalier de Sévigné publiée par Messieurs Lemoine et Saulnier, Paris, 1911, 8°. Le beau-père de Madame de La Fayette tenait Christine de France, duchesse de Savoie, au courant des affaires de France. Mme de L. F. aurait donc continué l'œuvre de son beau-père.   [2] De Lescure, Préf. de l'éd. de la *P. de C.* p. xxxiv.

[3] Secrétaire de Mme Royale.   [4] *Curiositá*, p. 513.

encore que devant que vous le fassies couper ie voudrois scavoir
le prix par ce qu'il y en a de fort differents." Lescheraine en
parle à Madame Royale qui fait envoyer le damas à ses frais et
Madame de La Fayette répond au secrétaire :

"Ce 18ème septembre (1680).

"Pourquoy aves vous eu la langue si longue que d'aller
rompre la teste de Madame Royale des commissions que ie vous
donne? Je la remercieray lundy. Je vous escris ce mot a la
haste afin que vous ne me renvoyez pas les deux louis que jay
fournis par le memoire que ie vous envoye lundy. Mettes les moy
encore en damas tant quils pourront sestendre et me mandes
ce quil faut pour les trente autres, que ie vous ay encore demandées et employés les deux pistoles au de là des trente aunes
parce qu'il me faut beaucoup plus de damas que ie nen voulois
dabord, et il me seroit impossible de l'assortir icy; ie suis honteuse que vous ayes parle à Madame R, elle me comble de
biens."

Voilà une lettre diplomatique qui ne risquait pas de bouleverser un état!

En voici une autre: "....Jay pris soing ces jours passés d'un
habit qui partira aujourduy pour S. A. R. mais ie nen ay ouy
parler que de mardy dernier. Dittes au Contrôleur de sa maison
quil doit estre assuré de ma diligence et de mon exactitude, et
que sans qu'il prenne la peine de mescrire si tost que son fils
me dira que cest pour S. A. R. ie lui croiray et feray de mon
mieux; mais dittes luy quil escrive un peu de meilleure heure la
lettre que ma monstrée son fils est du 27 du mois passé, où il
luy mande de me venir trouver pour un habit de bal à manteau.
Voyes du 27 avant que la lettre soit icy, qu'on choisi et fait
faire ce qu'il faut, que l'habit soit envoyé et fait à Turin, ce
quil reste du carnaval. Il demande aussi un habit brode, il faut
un temps considerable pour le faire faire. Je vous charge au
moins de dire à S. A. R. que jacepte avec un grand plaisir
lhonneur destre icy le maistre de sa garderobe et que pourveu
que je sois advertie à temps de ses intentions et que ie sache ses
goûts, il verra que ie le serviray parfaitement bien, à condition
aussi que jauray en payement de petits pots et des petittes
boëttes des Indes. Sérieusement faistes ma cour a S. A. R. de
la joye que jay destre employée pour son service. Lon na point
mande si lhabit à manteau seroit noir ny gris...." etc.

On trouve, tout au début de cette lettre, deux ou trois phrases sur les affaires de la cour—et c'est tout. Plusieurs messages sur le comte de Saint-Maurice n'ont rien de diplomatique; un autre au sujet d'une lettre publiée dans le *Mercure galant* est une charmante leçon de style français adressée à Lescheraine—mais ce n'est pas encore de la politique étrangère.

Voici enfin une lettre à Lescheraine que nous allons citer presque tout entière car elle montre mieux que nous pourrions le faire, le véritable rôle que Madame de La Fayette jouait à Paris.

"Ce 12ème may (1679).

"Vous estes un admirable homme! il y a un mois entier que ie nay recue de vos lettres; vous scaves l'interest que ie prends à la maison de Saint-Maurice : cest par le public que ie l'aprends, et par vostre lettre que je receus hier, vous men parles comme si vous men avies instruitte par touts les ordinaires précédents et que ie sceusse le fil de l'histoire. Je ne scay quelle bonne maxime vous aves de n'instruire jamais les personnes bien intentionnées des changements qui arrivent, afin quils puissent en rendre compte au public et les donner par le costé qui convient qu'on les voye; celuy-cy avoit besoing de cette préparation, il paroist estrange de voir chassé un ministre aussi zélé pour Madame Royale que le M. de Saint-Maurice et dans un temps ou il est accablé d'ailleurs pour la M. (marquise) de ne l'avoir pas chassée (sic) il y a trois ou quatre ans, et de la (sic) chasser présentement. Vous voyes bien ce que cela fait dire, que ce soit vous qui leur porties l'ordre de leur honneste exil, autre circonstance qui fait parler. Enfin je vous assure quil neust pas esté mauvais de nous donner des raisons pour le public, et par vostre lettre vous ne nous dittes pas une; ie ne scay que le gros que les uns et les autres m'ont apris. Ce nest pas que quoyque ie sois tres faschée du malheur de cette maison, ie ne croye pas que Madame R. a de tres bonnes raisons, ie cognais trop sa bonté et sa justice pour en douter; je croy mesme qu'elle en peut avoir qui ne sont pas propres à estre données au public, mais il y en a toujours qu'on y peut donner, et cest celles la qu'il vous falait envoyer icy, nous nen demandons point d'autre. Je nay pas de peine à croire la mauvaise conduitte du Comte de Saint-Maurice; une meilleure teste que la sienne seroit troublée! sa grande faute est d'avoir presumé qu'il put bien faire dans une occasion si difficile....ie seray ravie devoir a faire a vous pour les habits de Madame R....Ainsy que je vous gronde un peu ie ne laisse pas d'estre toute à vous."

En effet Madame Royale avait une façon de traiter ses amants qui avait besoin d'explication pour faire bon effet auprès du public; et si l'on demandait volontiers des conseils à Madame de La Fayette on ne suivait pas toujours ceux qu'elle donnait, ce qui lui faisait dire: "L'on donne des conseils, mon cher Monsieur, mais l'on n'imprime point de conduite. C'est une maxime que jay prié Monsieur de La Rochefoucauld de mettre dans les siennes...." Nous croyons que Rousset, bien qu'il ignorât l'existence de la correspondance avec Louvois, était assez près de la vérité lorsqu'il écrivait à propos de Madame Royale: "Son plus grand souci c'était l'opinion de la cour de France où elle avait jadis, dans le cercle d'Anne d'Autriche, tant médit des erreurs d'autrui. Elle y avait une amie sincère et dévouée, Madame de La Fayette, qui la tenait exactement au courant de tout ce qu'on disait d'elle et de ses amis[1]."

Nous verrons que plus tard elle gêna sérieusement les diplomates envoyés à Paris par Victor-Amédée, et qu'elle sut bien leur tenir tête. Nous n'avons donc l'intention de diminuer ni son rôle ni son mérite. Mais la simple vérité nous intéresse seule. Nous ne pouvons admettre qu'on prête à Madame de La Fayette un rôle qui n'a pas été le sien, et qu'elle n'aurait pas pu soutenir. Nous avons déjà démontré qu'elle ne se laissa pas abattre par la mort de La Rochefoucauld au point de négliger son fils et ses protégés. Elle resta femme et mère et nous allons voir maintenant qu'elle sut le rester tout en s'occupant des affaires de la cour de Savoie.

Elle n'écrit pas à Louvois en tant que "chargé d'affaires" de Madame Royale; elle est toujours mère de famille. Voici la première lettre dans les minutes de Louvois où il paraît être question des affaires de Savoie.

"À Cambrai le 29 avril 1684.

"J'ai reçu le billet que vous m'avez fait l'honneur de m'écrire le 24 de ce mois. Je ne puis rien dire sur le temps que le régiment de la Fère pourra sortir de garnison....Et vous devez être assurée que, si les affaires se tournent à la guerre, ce que je ne saurais *envier* (?), vu l'état où sont nos ennemis, votre fils et son régiment ne me seront point *inutiles* (?). *Je n'ai point ignoré les bruits qui ont couru cet hiver, qui étaient opposés à la*

---

[1] Camille Rousset, *Hist. de Louvois*, III. 84.

bonne intelligence que vous souhaitez. Je les ai crus d'abord faux, depuis ils m'ont paru plus vraisemblables sans que j'en sache plus de la raison que je n'en savais quand on les disait et qu'on ne les croyait point. Soyez très persuadée, Madame, du respect que j'ai pour vous, et qu'on ne peut être plus véritablement que je suis....¹"

Ce n'était pas seulement auprès de Louvois et du roi qu'elle avait à justifier Madame Royale, mais aussi auprès de leurs amis communs.

Madame de Savoie écrit au duc d'Enghien le 20 juin 1678:

"De peur de vous importuner par une longue lettre jay chargé Madame de La Fayette de vous dire toutes les nouvelles de ce pays icy et vous parler aussi d'une affaire qui y est arrivée et qui est finie de la manière dont ie le pouvois souhaiter....²"

Deux fois dans le courant du mois de juillet et une fois pendant le mois de novembre, Madame de La Fayette doit renseigner M. le Duc sur les affaires de Savoie³; puis le 26 novembre 1678 Madame Royale écrit au duc pour protester contre les inventions de la comtesse de Soissons et lui conseille de demander des nouvelles à Madame de La Fayette⁴. Au début de 1679 elle lui écrit:

"Lon dit que lon en invente beaucoup (de nouvelles) chez la Comtesse de Soissons et de cet hôtel vous savez que lon ny dit pas souvent vray aussi sella nest pas fort extraordinaire cela ne laissent (sic) pas de chocquer le feu a pris a mon appartement depuis peu il fit plus peur que de mal....Vous entendrez peut être encore parler d'autre chose sy vous avez curiosité den savoir la vérité Madame de La Fayette vous lapprendra mais tout cella en vaut si peu la peine....⁵"

Tout cela en effet ne mérite guère qu'elle se justifie et pourtant elle revient trois fois encore sur le sujet, tout en s'excusant d'en parler. Le passage suivant nous montrera pourquoi elle

¹ Vol. 712, p. 540 de la *Corr.* de Louvois. Des passages de cette correspondance furent donnés par M. Jean Lemoine dans la *Rev. de Paris* du 1ᵉʳ sept. 1907. Nous faisons imprimer en italique ce qu'il a déjà publié et que nous avons revu sur les ᴍꜱ.
² Chantilly, série P. vol. ʟxxɪ. Lettres autogr.
³ Ibid. 9 et 16 juillet, 9 nov.
⁴ Ibid.   ⁵ Ibid. ʟxxɪɪ. 364, inédite.

éprouve le besoin de se justifier, "le feu qui a pris dans le chateau sa (sic) esté un pur asard quoy quon layent (sic) voullu interpretter autrement[1]."

Madame Royale apprécie les services que lui rend Madame de La Fayette auprès du duc; elle écrit à ce dernier:

"Vous êtes un amy admirable par bien des endroits mais surtout par l'exactitude le soin et la sensibilité que vous avez pour ce qui regarde vos amies. Madame de La Fayette et moy traittent ce chapitre souvent ensemble elle le fait d'une délicatesse où je ne peux pas parvenir et aussi il n'appartient quà un esprit comme le sien de louer une personne comme vous...." etc.[2]

Elle lui avait déjà écrit à ce sujet:

"Ce 14ème de janvier (1678).

"....*Madame de La Fayette mescrit des nouvelles sur tout ce que vous luy dites à mon egard je suis ravie que vous approuviez ce que j'ai fait au sien elle mérite tout et la chose est sy peu digne de tels remerciements que je suis honteuse de les recevoir c'est une amie aimable et admirable comme je scay quelle est très particulierement la vôtre je croy que vous serez bien aise que je vous en parlent* (sic) je vous rends mille graces des nouvelles que vous avez pris la peine de m'escrire pour elle ditalie je nen scay pas plus que vous celle d'Angleterre sont les plus considerables et qui exitent plus la curiosité...." etc. etc.[3]

On remarque d'après les dates de ces lettres, que Madame de La Fayette était bien engagée auprès de Madame Royale, avant la mort de La Rochefoucauld. Dans la correspondance de Turin nous ne trouvons de lettres datées de l'année 1680 qu'à partir de la fin mai—deux mois après le décès de son ami. La lettre qui suit est du mois d'août—puis jusqu'à la fin de l'année il y en existe treize de sa main. La perte du duc a donc interrompu sa correspondance plus que certains critiques ne nous le laissaient croire et celle qu'elle entretenait avec Louvois pour l'avancement de son fils a *cessé complètement* à cette époque pour ne reprendre qu'après la mort de Monsieur de La Fayette.

[1] Ibid. LXXIII. 9, inédite; pp. 22 et 119 elle revient sur le même sujet.
[2] Ibid. LXXI. 9 avril 1678.
[3] Ibid. LXXI. 14 janv. 1678.

Ce n'est pas qu'à cette époque on n'avait pas besoin des services de Madame de La Fayette. Tout au contraire, la date de 1680 fut une date critique, car le 16 mai de cette année là, Victor-Amédée II fut proclamé majeur. La fréquence des lettres de Madame de La Fayette à partir de 1684 est due à la prise de pouvoir de Victor-Amédée qui vit confirmer en même temps son mariage avec Anne d'Orléans, nièce de Louis XIV. À partir de ce moment il lutta avec acharnement contre sa mère qui n'avait plus d'ambassadeur accrédité près du roi. Il fallait donc à tout prix qu'elle trouvât quelqu'un pour l'appuyer auprès de Louvois, et elle choisit naturellement l'amie qui, depuis son départ de France, l'avait tenue au courant de ce qui se passait à la cour.

Dans les lettres que Madame de La Fayette écrit à Louvois entre 1684 et 1689 elle s'applique surtout à justifier Madame Royale contre telle ou telle accusation, à faire parvenir des lettres au roi, et à se plaindre de la façon dont le fils agit envers sa mère. Mais Madame de La Fayette n'oublie, ni de s'occuper de son propre fils, René-Armand, ni, au besoin, d'intervenir en faveur des gens auxquels elle s'intéresse. Pour ne pas allonger davantage un chapitre qui concerne plus l'histoire que la littérature nous ne donnerons ici qu'un seul exemple de chacun de ces cas. Le lecteur qui voudra suivre en détail les démarches de Madame de La Fayette trouvera à l'appendice toutes les réponses de Louvois au sujet des affaires de Savoie. Voici à l'appui de ce que nous venons de dire, une lettre reçue par Madame de La Fayette qui était intervenue pour son fils:

"À Versailles le 7 juin 1685.

"J'ai reçu....le paquet qui contenait votre billet du 6 de ce mois, et les autres papiers qui y étaient joints, lesquels je vous renvoye. Je prends beaucoup de part au déplaisir de Madame la duchesse de Savoie, et souhaite de tout mon cœur que ce soit le dernier qu'elle reçoive de son fils. Les ordres du Roy ont été envoyés à M. l'abbé Destrades, tels que Madame la duchesse de Savoie le peut désirer, mais je doute fort que, vu l'humeur de Monsieur le duc de Savoie, ils fassent tous l'effet que l'on doit attendre.

"Je satisferay à l'ordre que vous me donnez de recommander vos (?) à M. le contrôleur général. Je n'ai eu aucun ordre d'avertir les colonels d'infanterie d'aller à leur régiment.

"Je vous rends tres humblement grâces de toutes les marques

d'amitié que vous me donnez et pour les occasions que j'ay de vous témoigner qu'on ne peut être plus véritablemeñt que je suis," etc.[1]

Voici maintenant quelques lignes répondant à une lettre où elle s'occupait d'une personne à qui elle portait de l'intérêt :

"À Versailles le 13 janvier 1686.

"J'ai reçu la lettre que vous m'avez fait l'honneur de m'écrire hier. Le Roy ne peut envoyer des ordres plus pressants sur ce qui regarde les intérêts de Madame de Savoie que ceux qui sont partis la semaine passée, et je n'estime point qu'il convienne de demander à Sa Majesté de faire plus parce que je craindrais qu'à la fin elle s'ennuyât d'entendre toujours parler de cette affaire et de voir qu'on lui proposerait tous les jours de nouvelles choses.

"Je prendrai l'ordre du roy sur ce qui regarde le sieur Chaillon et je ne doute point que Sa Majesté ne trouve bon que l'on le mette à Saint-Lazare en attendant que l'on ait des nouvelles de ses parents. Je vous rends très humble grâce de ce que vous me mandez sur ma fille, et je vous supplie d'être toujours bien persuadée que je suis très veritablement....[2]"

Il lui arrivait enfin de se rendre utile au ministre lui-même :

"À Versailles le 29 janvier 1686.

"La lettre que vous m'avez fait l'honneur de m'écrire avant-hier m'a été rendue. Quoiqu'elle ne désire point de réponse, je ne puis m'empêcher de vous remercier tres humblement de ce que vous me mandez touchant les intérêts de Monsieur de la Rocheguyon, sur lesquels je profiterai des vues que vous me donnez. Je vous supplie d'être bien persuadée de ma reconnaissance et qu'on ne peut être plus véritablement que je suis votre très humble et très obéissant serviteur[3]."

Il est inutile de rappeler les efforts que fit Madame de La Fayette pour faire arrêter le libelle *Les amours du Palais Royal de Turin*[4] ou la *Généalogie*. Elle poursuivait toujours le même but : soutenir la réputation de son amie qui ne paraît pas y avoir mis elle-même autant de soin qu'on aurait pu le désirer. Ses démarches lui ont valu cette appréciation peu galante d'un

---

[1] Vol. 746, p. 124, inédite. [2] Vol. 762, p. 274.
[3] Vol. 761, p. 617, inédite. [4] Voir Perrero, *Curiositá*, Intro.

envoyé de Turin: "Madame de La Fayette est un furet, qui va guetant et parlant à toute la France pour soutenir Madame Royale en tout ce qu'elle fait[1]." Lorsque les ambassadeurs de Victor-Amédée se rendaient chez elle pour la faire parler elle n'hésitait pas à leur dire ouvertement de quel côté elle se rangeait et au besoin elle se mettait en colère car ils ne voulaient pas entendre raison. Quant à la faire parler quand elle ne voulait pas le faire, c'était chose bien difficile; elle se montrait souvent plus diplomate que les diplomates de carrière.

En somme, si l'on avait tenu compte des documents qui existaient avant la découverte des lettres de Turin, cette découverte n'aurait pas modifié aussi profondément l'opinion qu'on se faisait ordinairement de Madame de La Fayette. Elle n'était certes pas intéressée car, à part quelques aunes de damas qu'elle n'avait pas demandées, quelques bibelots des Indes qu'elle demande en plaisantant, et quelques copies de tableaux, elle ne gagna rien à s'occuper de son amie pendant des années, sans parler de l'argent qu'elle déboursait pour l'habillement de la mère et du fils[2]. Les relations avec les ambassadeurs ne la montrent pas rusée et dissimulée, mais tout simplement intelligente, et capable de repousser les attaques habiles de ceux qu'elle regardait comme ses adversaires, ainsi que nous l'avons déjà démontré. Le reproche qu'on lui adressa d'avoir manqué de cœur et de s'être occupée de ses affaires après la mort de La Rochefoucauld n'est pas fondé. Pourquoi voudrait-on qu'une femme qui se remettait rapidement d'une maladie grave, qui s'occupait de ses enfants et de ses affaires dans des moments où une femme moins vaillante n'aurait pas quitté le lit, pourquoi, disons-nous, voudrait-on qu'une femme aussi courageuse eût négligé famille et amis sous le prétexte qu'elle avait subi une perte irréparable? En tout cela elle se montra femme de cœur, et femme d'esprit, aimable, dévouée, intelligente, désintéressée. Nous ne pouvons lui en faire un grief.

[1] Ibid. p. 480.
[2] Cet argent, comme on l'a déjà vu, fut remboursé en partie par des envois de marchandises, en partie en espèces, selon les désirs de Mme de La Fayette.

CHAPITRE XI

QUELQUES années après la mort de La Rochefoucauld, Mme de La Fayette perdit son mari.

Il ne laissa pas un vide aussi grand que La Rochefoucauld et quoi que la bienséance exigeât des condoléances, la tâche était délicate et difficile. Louvois écrit de Versailles, le 16 juillet 1683 : "J'ay appris avec bien du déplaisir la perte que vous avez faite de Mons. de La Fayette." Jusque là tout va bien, mais il a l'idée peut-être de parler des rapports entre les deux et continue : "Je sçay bien....," aussitôt il s'arrête, voit le danger, barre ces mots et reprend : "Je vous supplie d'être persuadée de la part que je prends à votre douleur, et que personne n'est plus véritablement que je suis votre très humble et obéissant serviteur[1]." Bien plus, lorsque ce court billet fut achevé, Louvois hésita, semble-t-il, à l'envoyer, puisqu'il se trouve dans ses minutes entouré de lettres datées du 22 juillet.

Madame de La Fayette était trop accablée par la perte de son ami et par sa mauvaise santé pour pouvoir souffrir encore de la perte de ce mari qu'elle ne voyait plus souvent depuis quelques années. Heureusement, elle reprend ses relations amicales et sa correspondance avec le fidèle Ménage, qu'elle a un peu négligé. Sa mauvaise santé est le sujet qui revient le plus souvent dans ces dernières lettres, comme dans les lettres de son amie Madame de Sévigné. Nous voyons d'après ces dernières que depuis des années Madame de La Fayette souffrait de temps à autre de fortes migraines[2], de fièvres, de coliques[3], mais surtout d'un certain mal de côté, suite d'un accouchement difficile ou symptôme de cette maladie des reins nettement accusée à sa mort. Avec une énergie digne de tout éloge, elle luttait contre sa maladie et ne désespérait pas. Elle chargeait Mme de Sévigné de dire à sa fille que "sa santé n'est jamais bonne et cependant ....qu'elle n'en aime pas mieux la mort, au contraire[4]." Elle essaya tous les remèdes, eau de Vichy, lait d'ânesse, bouillon

---

[1] *Arch. du Ministère de la Guerre*, Vol. 694 (2ᵉ partie), p. 192, inédit.
[2] Sév. II. 324. [3] Ibid. v. 184. [4] Ibid. III. 73.

de vipères, le remède anglais, saignées, purges, séjours à la
campagne, mais elle fut contrainte d'avouer à Ménage que "la
médecine ne fait que blanchir à ces sortes de maux et je n'ay
qu'à les souffrir tant qu'il plairai (sic) à dieu de me laisser en
ce monde." À cette époque, elle a perdu son beau courage dont
nous parlions tout à l'heure, elle ajoute donc "mais l'on ne
souette pas d'y demeurer[1]." Ces dernières lettres à Ménage sont
bien tristes, car elles rappellent des souvenirs du temps où elle
était belle et on voit qu'en les écrivant il lui revient à l'âme,
selon l'expression de Flaubert, "quelque chose de pareil à ces
mélodies oubliées que l'on retrouve au crépuscule, durant ces
heures lentes où la mémoire, ainsi qu'un spectre dans les ruines,
se promène dans nos souvenirs[2]."

  "Quoy que vous me diffandies de vous escrire," dit-elle par
la main d'un secrétaire, "je veux neantmoins vous dire combien je suis veritablement touchee de vostre amitié je la recon-
nois telle que je l'ay veue autrefois, elle m'est chere par son
propre prix, elle m'est chere parce qu'elle m'est unique pre-
sentemt le temps et la vieilesse m'ont osté tous mes amis jugés
à quel point la vivacité que vous me tesmoignés me touche
sansiblemt il faut que je vous dise l'estat ou je suis, je suis
premièremt une divinité mortelle et a un exces qui ne se peut
concevoir j'ay des obstructions dans les entrailles des vapeurs
tristes qui ne se peuvent representer, je n'ay plus du tout
d'espris (d'espoir?) ny d'esprit ny de force, je ne puis lire ny
m'appliquer. La plus petite chose du monde m'afflige une
mouche me paroist un Elephant voyla mon estat ordinaire
depuis quinze jours jay eu plusieurs fois la fievre et mon
poulx n'est point remis a son naturel jay un grand rhume dans
la teste et mes vapeurs qui n'estoient que periodiques sont
devenues continuelles apres que jay mangé quoy que je mange
tres peu je suis cinq a six heures à n'en pouvoir plus plus in-
commodee qu'aucune femme grosse, ce que jay de bon c'est
que je ne dors pas mal et le peu que je mange je le mange sans
degoust pour m'achever de peindre jay une foiblesse dans les
jambes et dans les cuisses qui m'est venue tout d'un coup en
sorte que je ne scaurois presque me lever qu'avec du secours et
je suis d'une maigreur estonnante voyla Monsieur l'estat de
cette personne que vous avés tant célébrée voyla ce que le temps
scait faire je ne crois pas pouvoir vivre longtemps en cet estat,
ma vie est trop desaggreable pour en craindre la fin je me sou-

[1] Coll. Feuillet de Conches.   [2] *Corresp.* I. 130.

mets sans peine à la volonté de Dieu. C'est le tout puissant et
de tous costés il faut enfin venir à luy. Lon m'a asseurée que
vous songiés fort serieusem^t à vostre salut et j'en ay bien de
la joye. Ce fut par vous que j'apris la défaite des Turcs.

LA C. DE LAFAYETTE[1]."

Il est évident, d'après la réponse de Mme de La Fayette, que
le galant Ménage éprouve une certaine difficulté à adapter son
langage à l'état de son ancienne élève—il persiste à lui adresser
les compliments qu'il faisait autrefois pour la belle Laverna.
Elle lui répond:

"Ce 2 octobre 1691.

"Vous m'appellés *ma divine Madame* mon cher Monsieur
je suis une maigre divinité vous me faites trembler de me parler
de faire mon portrait vostre amour-propre et le mien pattiroient
ce me semble beaucoup vous ne pouriez me peindre que telle
que j'ay esté car pour telle que ie suis il n'y auroit pas moyen
d'y penser et il n'y a plus personne en vie qui m'ait vue jeune.
L'on ne pouroit croire ce que vous diries de moy et en me voyant
on le croiroit encore moins ie vous prie laissons la cette ouvrage
le temps a trop détruit les matériaux j'ay encore de la taille,
des dents et des cheveus mais je vous asseure que je suis une
fort vieille femme.

"Ma sante n'empire pas Dieu mercy je me trouve mesme un
peu mieux aujourdhuy que ie ne fesois ces jours passés javois
desja un peu ouie parler du tailleur du M^r labbe Ferrare il me
semble que c'est un des articles de la noise. Je feray vostre
court à merveille à Mr Leger faites la mienne à Mr l'abbé
Bérault adieu mon cher Monsieur je suis en vérité bien sensible
à l'amitié que vous me tesmoignez cette reprise a de l'air de la
nouveauté je vous remercie bien de vos moyeux. Cest ma con-
fiture favorite parcequ'elle a un peu d'aigreur[2].

LA C. DE LAFAYETTE."

Ménage s'obstine à vouloir célébrer cette reprise d'amitié en
faisant un portrait et s'attire la lettre suivante qui tout en re-

[1] Coll. Feuillet de Conches.

[2] Elle ajoute en post-scriptum: "Quand j'étois jeune et que vous me
guidies j'aurois dit ce me semble qu'*erreurs* au pluriel est plus beau en
vers qu'*erreur* mais que dans l'endroit que vous me marques *plein d'erreur*
me paroit meilleur que *plein d'erreurs* je ne sais pas si je dis bien je voudrois bien savoir qui sont les gens de l'autre monde qui me prennent
pour un bon juge."

poussant d'une façon très aimable cette idée de son ami, lui montre en même temps qu'elle a en tête des pensées bien plus graves. Elle est mère, il lui faut penser à ses enfants car la mort la menace. Aussi la fin de la lettre que voici s'occupe-t-elle uniquement d'affaires. Nous en avons supprimé cette partie pour abréger :

"Ce lundy au soir.

"Mon esprit mon cher Monsieur est aussi changé que mon corps. Vous avez donne tant de belles idées de l'un et de l'autre que ie ne vous conseille plus de reparler d'aucun des deux. Laissons le monde sur ce que vous en aves dit. Vous avez asses surfait quand les marchandises sont à la vieille mode le temps de surfaire est passé, n'avez-vous point assez fait pour moy de m'avoir tant louée au dela de ce que je méritois et n'avez-vous point assez fait aussi de m'avoir donne une amitié du prix dont est la vôtre je vous demande seullement de la conserver à mes enfans si je meurs la première. Ce seroit le meilleur morceau de la succession qu'un amy tel que vous. Vous vivres encore longues années et ce que j'estime de vostre longue vie c'est que vous vivez tout entier presque tout le monde perd la moitié de soy mesme avant que d'avoir attrappé la mort...."

Parfois elle lui écrit de sa main et ajoute : "Je vous ecrits de ma main cest pr vous seul que je fais cet effort," mais lorsque Ménage loue ses lettres elle se récrie "....où pouvez-vous prendre bon dieu que mes lettres sont belles et éloquentes elles ne le peuvent jamais estre quelque soin que vous ayes pris de m'apprendre à escrire mais c'est toujours de fort mauvaises lettres que des lettres dictées tant que la main d'un secretaire peut aller." Elle termine : "J'ai receu la Griselidis de Monsieur Perrault dont je suis charmée ie vous prie de l'en remercier." Nous avons déjà noté au passage une allusion aux Turcs, la discussion d'une question de grammaire, voilà qu'elle mentionne un livre lu ; ailleurs elle "ne sait point" l'étymologie de falbala, tout ce qu'elle en sait "c'est que M. de Langlée est père de ce mot" et elle écrit : "qu'il est né dans sa teste." Elle a beau être malade, son esprit est sans cesse curieux.

De plus, le peu qui nous reste de ses *Mémoires de la cour* date de cette époque. Toujours mêlée à la vie politique, par son père, par sa marraine, par son beau-père, par son emploi de demoiselle d'honneur de la reine, par son mari (il pouvait en effet lui parler de Louise de La Fayette et de la cour de Louis XIII), par son amitié avec Henriette d'Angleterre et par les hommes brillants qui fréquentaient son salon, sans parler de La Rochefoucauld, de Louvois et de Madame Royale, Madame de La Fayette a, fort probablement, tenu un journal de ce qui se passait dans ce monde d'intrigues qui l'intéressait beaucoup[1]; mais son fils, l'abbé, n'attachait pas d'importance aux écrits de sa mère, il les prêtait à qui les demandait et oubliait de les réclamer par la suite. Après sa mort, on ne put publier, en 1731, que les mémoires des années 1688 et 1689, tout ce qui restait du travail. On conçoit facilement, après avoir lu ces pages, pourquoi Mme de La Fayette ne les avait pas livrées à l'impression. Certes elle aimait bien "voir ses œuvres sortant de la presse" comme elle dit elle-même dans une de ses lettres à Ménage, mais elle était trop railleuse, trop vraie, trop perspicace et trop peu éblouie par le Roi Soleil et par ses satellites pour se permettre de livrer au public les impressions qu'elle en formait. Elle connaissait personnellement la plupart des personnages qui jouent leur rôle, petit ou grand, dans les pages de son livre, et elle se permettait une franchise vraiment étonnante à l'époque pour une femme de sa position sociale. Il serait facile, avec notre connaissance des événements et de leurs résultats, de critiquer les *Mémoires* en tant qu'histoire, mais si l'on veut pour un instant se rappeler que ces appréciations suivirent de près ces événements, on est forcé d'admettre leur haute valeur. Lorsqu'elle parle d'un plan de campagne, c'est en général qu'elle le fait; lorsqu'elle regarde les événements d'outre-Manche, elle juge non plus en Française, mais en diplomate et en historien.

"On espéroit toujours en France," écrit-elle, "que l'humeur hautaine du prince d'Orange deviendroit insupportable aux Anglois, et, comme nous nous flattons tres volontiers, on ne doutoit point de voir en très peu de temps une révolte en Angleterre. Cependant le prince d'Orange avoit été couronné roi d'Angleterre avec de très grands applaudissements. La convention de l'Écosse lui avoit aussi envoyé la couronne, quoique le roi eût encore des partis fort puissans dans le nord de l'Écosse. Le prince d'Orange avoit fait assembler le parlement, qui lui avoit accordé généralement tout ce qu'il avoit demandé, c'est à dire de l'argent pour payer les troupes hollandoises et pour

---

[1] L'éditeur de la 1ère édition (1731) écrit: "Il est certain que Madame la comtesse de La Fayette avoit écrit des mémoires de tout ce qui s'étoit passé à la cour de France depuis sa première jeunesse."

rembourser les avances qui lui avoit faites la Hollande pour son dessein, de l'argent pour la subsistance, et les moyens d'en tirer pour faire la guerre à la France. Tout cela s'étoit fait avec une tranquilité étonnante. Londres, qui n'étoit point accoutumée à avoir des troupes, en étoit remplie sans oser souffler, et le prince d'Orange, en deux mois, étoit devenu plus maître de l'Angleterre qu'aucun roi ne l'avoit jamais été. Les Anglois, qui avoit chassé leur roi sous prétexte de défendre et conserver leur religion, la voyoient changer entièrement: car le prince d'Orange, tout en faisant semblant d'accommoder les deux religions, c'est à dire l'anglicane et la sienne, prétendue réformée, laissoit les ministres de la dernière entièrement les maîtres, et professoit publiquement son calvinisme, à quoi tous les Anglois applaudissoient[1]."

Il est des ministres qui seraient heureux de pouvoir lire aussi clairement dans l'histoire de leurs voisins. Il n'y a guère dans ces deux années de mémoires que des questions de politique extérieure, des récits de campagnes et surtout une relation des affaires d'Angleterre. Le tout est coupé de temps à autre par de petits tableaux de la cour. En lisant ce livre, on comprend pourquoi ses amis disaient qu'elle était éminemment *raisonnable*. Si elle critique les plaisirs du roi[2] et trouve qu'il est très vif dans un nouveau jeu "où il n'y a pas plus de finesse qu'à croix et pile[3]," si elle déplore les dépenses qui vident le trésor en temps de paix[4] elle reconnaît que dans un moment difficile il joue bien son rôle quand "il ne falloit pas une moindre grandeur d'âme et une moindre puissance que la sienne pour ne pas se laisser accabler[5]." La cour ne la charme pas, elle la trouve triste[6] ou ennuyeuse, "toujours les mêmes plaisirs, toujours aux mêmes heures, et toujours avec les mêmes gens[7]." Mais ce qui donne un charme tout particulier à ses mémoires, c'est la pointe d'ironie qui y perce parfois. Elle est si fine que l'on hésite sur la vraie portée de certaines réflexions—comme, par exemple, celle qui concerne les cordons bleus[8]. Il lui arrive de sortir de sa réserve et de railler ouvertement comme elle avait la réputation de le savoir faire dans la conversation. "Tout cet argent," écrit-elle, "servoit très utilement. Les troupes, à la vérité, en tiroient un très médiocre avantage, car on ne leur donnoit rien; mais c'est une habitude que l'on a prise en France, et dont on se trouve fort bien." Lorsqu'un empirique se présente pour guérir la Dauphine

[1] Éd. Asse, p. 248.   [2] Pp. 141 et 188.   [3] 215.
[4] 219.   [5] 190.   [6] 217.   [7] 198.   [8] 185.

XI] *L'Historien et ses Dernières Années* 199

qui se met entre ses mains, elle n'oublie pas de noter que "son premier métier avoit été, demeurant au collège de Navarre, d'apprendre à siffler à des linottes[1]." Elle remarque que les officiers que l'on donnait à Jacques II sont "d'une habileté très médiocre[2]." Elle ne manque pas l'occasion de rendre à Mme de Maintenon la monnaie de sa pièce. Mme Scarron avait été de ses amies, mais Mme de Maintenon jugea qu'il était impossible de continuer cette amitié, parce que Madame de La Fayette la mettait à trop haut prix. La favorite, qui devint femme légitime, trouva bon de critiquer le faste de son ancienne amie, représenté à ses yeux par son lit galonné d'or[3] et il est probable que Mme de La Fayette la trouva de son côté un peu trop hypocrite et pas assez *vraie*. Madame de Maintenon, nous dit la comtesse, est représentée par Esther dans la pièce de Racine, "Toute la différence fut qu'Esther étoit un peu plus jeune, et moins précieuse en fait de piété[4]." Certes, pour être historien, Madame de La Fayette n'en est pas moins femme! On voit ailleurs dans ses pages qu'elle n'est nullement cagote et le Pape est traité assez sévèrement par elle[5]. Elle trouve que les chapelets et les indulgences qu'il envoya à Jacques II lorsqu'il lui demanda du secours étaient "chose peu nécessaire à d'autres qu'à des dévots consommés et qui n'étoit d'aucune utilité pour reconquérir un royaume[6]." C'est parce qu'il fréquente les Jésuites que Mme de La Fayette juge assez sévèrement Jacques II[7]. Elle a des réflexions de bon sens pratique bien faites pour étonner ceux qui s'obstinent à la considérer comme une prude qui passa sa vie à languir dans un salon. "L'empereur opposa pour négociateur à Asfeld," écrit-elle, "le comte de Launitz, homme, à ce que l'on dit, de peu d'esprit, mais qui avoit pourtant réussi à mettre M. l'électeur de Bavière dans les intérêts de l'empereur: il est vrai que sa femme y avoit eu plus de part que lui, car M. l'électeur en étoit devenu amoureux, et il est difficile de trouver des gens qui persuadent mieux que les amans ou les maîtresses[8]." Elle admet que Saint-Cyr "maintenant que nous sommes dévots, est le séjour de la vertu et de la piété" mais elle entrevoit la possibilité qu'il puisse devenir "celui de la débauche et de l'impiété." "Car," écrit-elle, "de songer que trois cents jeunes filles, qui y demeurent jusqu'à vingt ans, et qui ont à leur porte

[1] P. 256.   [2] 218, 225.
[3] Lettre sur l'économie. Voir aussi VII. pp. 32, 49, etc., éd. 1757.
[4] *Mém. de la cour*, p. 214.   [5] Ibid. 145, 270, 271.
[6] Ibid. 271.   [7] Ibid. 211, 230.   [8] Ibid. 148.

une cour de gens éveillés, surtout quand l'autorité du roi n'y sera plus mêlée; de croire, dis-je, que des jeunes filles et des jeunes hommes soient si près les uns des autres sans sauter les murailles, cela n'est presque pas raisonnable[1]."

Sa critique n'épargne pas non plus son ami Racine "le meilleur poète du temps, que l'on a tiré de sa poésie, où il étoit inimitable, pour en faire, à son malheur et celui de ceux qui ont le goût du théâtre un historien très imitable[2]."

On ne peut pas porter un jugement sur l'ouvrage qui est l'objet de ce chapitre, car ce n'est qu'un fragment, mais quand on voit le talent de l'écrivain et son charme, son indépendance, sa connaissance de la politique et de la vie, on ne peut que regretter vivement la perte du reste de ce manuscrit. La jeunesse et la maturité de Madame de La Fayette coïncidaient avec la période de gloire de Louis XIV. Nous aurions voulu pouvoir ajouter encore un volume et peut-être le meilleur, à la bibliothèque des mémoires, qui, pour cette époque, est déjà si riche.

D'ailleurs cette perte des mémoires n'est peut-être pas la seule dont il faut rendre responsable devant la postérité Louis de La Fayette. Madame de La Fayette avait écrit un court roman, qui avait pour titre *Caraccio*. Il n'a jamais été publié, mais le manuscrit se trouvait en 1783 dans la bibliothèque du duc de La Vallière. M. le Comte d'Haussonville parle d'un "roman manuscrit intitulé *Caraccio* qui aurait figuré dans la bibliothèque du duc de La Vallière"; "cependant," ajoute-t-il, "le catalogue de cette célèbre bibliothèque, publié il est vrai en 1787, par Nizon, n'en fait pas mention....il n'est pas sûr que le roman ait jamais été écrit[3]." Heureusement, le catalogue publié en 1787 n'est ni le seul, ni le meilleur. Le catalogue de vente publié en 1783 par Guillaume de Bure fils aîné contient à la page 647 du Tome II. la mention suivante:

"N⁰ 4142, CARACCIO, histoire, par Mme de La Fayette, in 8⁰ v. b.

"Manuscrit sur papier du XVIIe siècle contenant 87 feuillets. Nous ne le connaissons pas imprimé[4]."

---

[1] Op. cit. 212–13.   [2] 213.

[3] *Madame de La Fayette* (Hachette), p. 218.

[4] Guillaume de Bure fils aîné, *Catalogue des livres de la bibliothèque de feu M. le duc de la Vallière.* 1ère partie, MSS. et livres rares. 3 vols. in 8⁰. Paris, 1783.

Nous n'avons pu trouver aucune trace de ce manuscrit depuis le moment où il fut vendu 20 livres 0 s.[1], à la vente aux enchères par de Bure aîné, mais, n'en déplaise à M. d'Haussonville, il a bel et bien existé.

Peu après avoir écrit les *Mémoires* dont nous venons de parler, Madame de La Fayette maria son fils. Il lui fallait oublier ses occupations littéraires, et elle devait "se faire brave pour la noce[2]," elle qui ne pensait plus guère à ses toilettes. Mais la maladie ne voulut pas l'épargner même dans ce moment si important dans sa vie. Elle souffrait "d'une colique cruelle" qui lui causa une grande faiblesse "ayant été saignée deux fois." La lutte pour l'établissement de ce fils avait été âpre; après le mariage il se produit une forte réaction, "elle ne se mêle plus de rien, elle sent la douceur et le soulagement de cette nouvelle famille[3]."

Et pourtant ni l'affaire du mariage, ni sa mauvaise santé, n'empêchent Mme de La Fayette de s'occuper de la députation de Charles de Sévigné. Elle écrit, elle fait des démarches, et enfin dans la lettre où elle s'avoue vaincue, elle s'occupe de Mme de Sévigné elle-même, fait des plans pour qu'elle économise, lui offre un prêt sans intérêt, le tout dans une longue lettre à un moment où elle n'a "point de tête" et lorsqu'elle a eu la fièvre[4]. Elle fait son testament que l'on verra dans un appendice et qui dénote un esprit fort clair et fort pratique. Un codicille mettra plus tard le tout au point.

Dès lors elle engage un rude combat contre la maladie et la mort. Madame de Sévigné a "confiance à la sagesse et à l'application de Mme de La Fayette pour la conservation de sa personne"; il lui semble "qu'elle sortira toujours de tous ses maux: Dieu le veuille....[5]" Son état ne laisse pas d'être triste. Ses domestiques lui volent une somme assez importante[6]. Elle se résigne et elle écrit "Je suis dans les vapeurs les plus tristes et les plus cruelles où l'on puisse être; il n'y a qu'à souffrir, quand c'est la volonté de Dieu[7]."

Mais elle ne désespère pas et aussitôt que sa santé s'améliore, tant soit peu, elle écrit à Mme de Sévigné pour lui dire d'être en repos sur la vie de sa "pauvre amie." "Vous aurez le loisir," écrit-elle, "d'être préparée à tout ce qui arrivera[8]." De même elle s'empresse d'envoyer un petit mot à Ménage pour le tranquilliser:

[1] *Prix des livres* relié à la fin du catalogue.   [2] Sév. IX. 327.
[3] Ibid. IX. 428.   [4] Ibid. IX. 243.   [5] Ibid. IX. 405.
[6] Ibid. IX. 434.   [7] Ibid. IX. 578.   [8] Ibid. X. 58.

"Mardy matin.

"Je vous apprens avec plaisir quand je me porte mieux quand je suis plus mal je ne scaurois m'empescher encore de vous le dire c'est un soulagement pour moy que de me plaindre avec quelqu'un que je suis asseuree qui prend part a mes maux il y a quattre ou cinq jours que je ne dors plus les vapeurs me reveillent a deux ou trois heures avec une agitation et une tristesse si profonde que la perte de tout ce que jayme et de tout mon bien ne me jettroit pas dans une pareille tristesse quand je seray un peu mieux je me hateray bien de vous le mander ces sortes de maux n'attaquent point la vie mais il (sic) la rendent bien insuportable."

Elle ne peut plus, hélas! se plaindre à son ami La Rochefoucauld, au coin du feu, et Valant "son médecin, son confesseur et son ami" n'est plus; Langlade est mort, et elle sent bien qu'il est trop tard pour faire de nouveaux amis. Elle écrit à ce sujet à Ménage:

"Samedi matin.

"Je vous escris aujourd'huy quoy que je sois dans un de mes plus meschants jours mais je veux vous dire combien jay de joye de vous scavoir bien logé agréablement par vostre belle vue et agréablement par vostre hoste ie n'en suis point connue mais ie vous prie de lui faire mes compliments et de lasseurer que par vous ie suis fort sa servante, ie n'aie jamais veu le Père Bouhours et ie suis trop vieille pour commanser des connoissances mais vous me ferez un vrai plaisir de me conserver ses bonnes graces pour M. l'abbé Regnier ie l'aie fort conneu autre fois et ie l'aie toujours fort estimé s'il se souvenoit assez de moy pour me vouloir faire l'honneur de me venir voir j'en serois tres aise et vous me ferez plaisir de l'en asseurer de ma part je suis si mal aujourdhuy que ie ne puis vous en dire davantage toute a vous.

LA C. DE LA FAYETTE."

Elle s'occupe toujours de sa famille mais elle se rend compte que son œuvre est presque terminée, et qu'il faut que "quelque autre Madame de La Fayette" continue sa tâche. En septembre 1691 elle fait écrire à Ménage:

"A paris ce premier 9bre 1691.

"Je suis si mal de mes vapeurs depuis quelques jours que je n'ay pu vous escrire, c'est un plaisir pour moi que de vous escrire que mes vapeurs ne me permette pas toujours de prendre, c'est un chien de mal que les vapeurs, on ne scait d'ou il vient ny a quoy il tient on ne scait que luy faire, on croit l'adoucir il s'aigrit, si jamais ie suis en estat d'escrire ie fairay un livre entier contre ce mal la. Il n'oste pas seulement la sante il oste l'esprit et la raison si jamais jay la plume a la main je vous assure que j'en fairay un beau traitte. La genealogie de mes enfans n'est point avancee du tout, j'en suis demeuree au grand-pere du mareschal que jay trouve chez les Comtes de St Jean de Lion dans le siecle 1300 jay le cartulaire des Souscilange ce dans le Siecle 1000 et 1100 ils sont qualifies miles(?). Jay encore trouve de leurs encestres entre ce cartulaire de Souscillange et les preuves (?) de St Jean de Lion, mais je n'en ay pas des tiltres certains comme de ceux que je viens de vous parler en l'estat ou est ma pauvre teste je ne travailleroient pas a leur genealogie quand ils seroient prince du sang. Il faut qu'il vienne apres moy quelque autre Madame de La Fayette qui fasse ce que je n'ay peu faire elle ne fairoit pas mal pourveu qu'elle en face autant que moy. Je m'admire quelquefois toute seule. Je ne crois pas aussi avoir bien des camarades en cette occupation cependant ie trouve que je dois estre admiree trouves men un autre qui eust une figure comme la mienne tournee au bel esprit comme vous m'y aviez tournee et qui ayt aussi bien fait pour sa maison sont des choses assez rares rassemblee (?). Il resulte de tout cela que je n'ay plus de cens commun. Je vous asseure que c'est un bel exemple a qui on voudroit faire un bon usage. Je voudrois bien en pouvoir profiter mais c'est une grace qu'il faut demander a dieu adieu Monsieur merveille ou imbecille ie suis toujours esgalement a vous et plus touchee de vostre amitie parceque j'en suis moins dignes par bien des cottees mais ie la merite pour en scavoir connoistre le prix et par santir ce prix tel qu'il est.

LA C. DE LA FAYETTE."

Vers Pâques 1692 (?) elle décrit son triste état dans une de ses dernières lettres à Ménage :

"Il y a trop longtemps que ie ne vous ay mande de mes nouvelles ie m'en ennuyes ma sante est toujours d'une langueur a faire pitie ie dors tres mal ie mange de mesme je suis aussy d'une maigreur aussy exessive que la graisse dont j'estois lors que nous allasmes en Anjou je suis toujours triste chagrine inquiette scachant tres bien que ie n'ay aucun sujet de tristesse

de chagrin ni d'inquietude ie me desapprouve continuellement
c'est un estat assez rude aussy ne croy ie pas y pouvoir subsister
et ie vous assure que ie ne me croid plus en droit que vous de faire
un bail de six ans je suis faschee que vous deslogiez premierem^t
parceque ce vous est une tres grande payne et de plus cest
que ie connoissois vostre logem^t et que mon imagination scavoit
ou vous prendre vous avez autrefois conduit mes lectures du
temps que ie lisois pour apprendre quelques chauses presentem^t
ie ne lis point et ie ne veux rien scavoir mais souvent ie fais
lire pour m'amuser et pour m'endormir. Indicquez moy quelq
livres il fault qu'ils soient de narration un livre de raisonnem^t
emporteroit mon pauvre esprit des la premiere periode. La
faiblesse de mon esprit et de mon corps est une chose surprenante
adieu mon cher Monsieur, nostre amithie ne finira jamais que
quand nous finirons.

LA C. DE LAFAYETTE."

L'année suivante, Ménage disparaît, et la comtesse écrit le
dernier de ses billets à Mme de Sévigné que l'on a pu retrouver.

"24 janvier (1692).

"Helas! ma belle, tout ce que j'ai à vous dire de ma santé
est bien mauvais : en un mot, je n'ai repos ni nuit ni jour, ni
dans le corps, ni dans l'esprit; je ne suis plus une personne ni
par l'un, ni par l'autre; je péris à vue d'œil; il faut finir quand il
plait à Dieu, et j'y suis soumise. L'horrible froid qu'il fait
m'empêche de voir Mme de Lavardin. Croyez, ma très chère,
que vous êtes la personne du monde que j'ai le plus véritablement aimée[1]."

C'est ainsi que Madame de La Fayette raconte tout au long
son lamentable calvaire. Quatre jours avant sa mort elle perdit
connaissance[2], et dans son hôtel de la rue de Vaugirard, le
25 mai 1693, elle succomba à une maladie de cœur[3]. Elle avait
également une maladie grave des intestins, cause de ses fréquentes coliques, une maladie des reins dont l'un fut trouvé dans
un état purulent, et deux polypes dans le cœur. On comprend

[1] Ibid. x. 68.
[2] Sév. x. 109 et Dangeau, op. cit. IV. 295: "Mardi, le 26 mai 1694....
On mande de Paris que Madame de La Fayette, la mère, a eu une rude
apoplexie, qu'elle a perdu la parole et ensuite la connoissance et on ne
doute pas qu'elle n'en meure."
[3] Ibid. p. 297: "On mande de Paris que Madame de La Fayette est

pourquoi elle ne sortait plus, pourquoi elle avait des vapeurs et était triste, mais on comprend moins facilement comment elle a pu s'occuper si activement de sa famille et de ses amis, malgré ses incessantes souffrances. Et connaissant cette activité, l'on ne comprend nullement que certains l'aient représentée comme une femme qui "se baignait dans la paresse" selon une expression qu'on lui emprunte et qu'elle ne savait pas destinée à une pareille fortune.

Elle ne put voir ses fils auprès d'elle avant de les quitter définitivement, l'un d'eux était en Allemagne en sa qualité de maréchal de camp[1]. Elle ne reçut pas le viatique, car elle ne reprit point connaissance, mais elle s'était confessée et avait communié quelques jours auparavant[2]. Le service funèbre eut lieu à St Sulpice le 1er juin[3] et quelques jours plus tard le *Mercure Galant* annonça ainsi sa mort:

"Voicy les noms de plusieurs personnes considérables de l'un et de l'autre sexe mortes depuis peu de temps....Dame Marguerite (sic) de La Vergne. Elle estoit veuve de M. le Comte de la Fayette et tellement distinguée par son esprit et par son mérite qu'elle s'étoit acquis l'estime et la considération de tout ce qu'il y avoit de plus grand en France. Lors que sa santé ne luy a plus permis d'aller à la Cour, on peut dire que toute la Cour a esté chez elle. De sorte que sans sortir de sa chambre elle avoit partout un grand crédit dont elle ne faisoit usage que pour rendre service à tout le monde. On tient qu'elle a eu part à quelques ouvrages qui ont esté leus du Public avec plaisir et avec admiration. Elle a laissé deux fils....[4]"

morte, c'étoit une femme de beaucoup d'esprit et de réputation." Copies de rég. de décès de St Sulpice, ms. fr. Bibl. Nat. 32594, p. 398:

"Mai, 1693, 27. inh. de De marie magdne de la Vergne agée d'env. 60 ans veuve de h. et p. Sgr Mre françois de la fayette Sgr du d. lieu morte le 25 en son hôtel rue de Vaugirard."

Archives de la Seine, Papiers Bégis. "St Sulpice, 1693, le 27e (mai 1693) a été fait le convoi et enterrement de dame Marie Magdelaine de la Vergne agée d'environ 60 ans, veuve de h. et p. Sgr messire françois de la fayette, Seigr. dudit lieu, décédée le 25e du présent mois en son hôtel rue de Vaugirard, proche la rue férou et ont assisté audit convoi et enterrement Msre Antoine Baillardeau, ecclésiastique et Msre charles fret bourgeois tous deux amis. Signé Charles fret. Baillardeau." (Cette notice fut publiée en partie par Jal, *Dict.*)

[1] *Mercure Galant*, juin 1693, pp. 186, 195. [2] Sév. x. 109.
[3] Papiers Bégis. "Le 1er juin a été fait le service de Dame Marie Magdelaine de la Vergne...." etc. [4] *Mercure*, cité ci-dessus.

La curiosité est bien légitime qui nous pousse à nous former une idée générale sur le caractère d'une personne qui vient d'être soustraite à notre attention ou qui vient de disparaître. Nous avons nous-mêmes vécu, en pensée, quelques années avec Madame de La Fayette et maintenant, avant de poser la plume, nous nous demandons quelle femme c'était. Si l'on n'avait eu les yeux fixés que sur elle, la tâche serait déjà assez difficile, à cause des siècles qui nous séparent, mais lorsqu'on a lu les jugements de ceux qui nous ont précédés, elle l'est encore davantage. Quand il devint nécessaire de présenter au public les œuvres complètes de Mme de La Fayette, précédées des quelques faits que l'on savait sur sa vie, le portrait fut tracé pour être en harmonie avec toute la galerie des contemporains. Peu à peu on arriva à regarder ce portrait comme sacré et, même lorsque des faits nouveaux prouvaient qu'il était faux, on n'osait pas y toucher car on ne pouvait pas admettre qu'un portrait ne fût pas en rapport avec tous les portraits de la même époque. La vérité est que toute la galerie avait besoin d'être modifiée. Lorsqu'un moment vint enfin où il ne fut plus permis d'ignorer des documents qui venaient d'être mis à jour, on refit le portrait de la tête aux pieds, on s'y acharna, il ne fallait pas qu'il restât un seul détail du premier portrait, mais que la nouvelle Mme de La Fayette fût le contraire exact de l'ancienne[1]. On est allé trop loin, comme il arrive souvent dans des articles de revue, qui sont faits pour attirer l'attention de lecteurs généralement assez blasés, et qui sont écrits à la hâte, sans étude préalable approfondie. Pour qui étudie en détail la vie de Mme de La Fayette, il n'y a aucune contradiction dans son caractère; ce n'est pas une femme qui changea complètement à un moment donné de sa vie, et surtout ce n'est pas le sphinx que l'on voudrait nous montrer[2].

Nous avons noté en passant plusieurs traits saillants de son caractère. Les accusations de Gourville et de Lassay dont nous avons parlé ne sont pas à négliger. Lorsqu'un homme critique une personne, il est rare qu'il invente de toutes pièces les faiblesses qu'il lui reproche. Il sait bien qu'il n'aurait aucune chance de porter atteinte à la personne s'il soutenait qu'elle était blonde

[1] Voir l'article d'A. Barine (bibliog.) et la réponse de F. Hémon (Ibid.).
[2] M. Anatole France, parmi d'autres, paraît hanté par cette idée. Même lorsqu'il évoque Mme de La Fayette dans son article sur Gyp dans la 4ᵉ série de *La Vie litt.* (p. 268) il écrit: "Elle était vraie mais ses amis ne savaient jamais ce qu'elle faisait, ni surtout ce qu'elle pensait."

lorsque de toute évidence elle est brune. D'habitude, il prend une faiblesse et il l'exagère, ou même il s'empare d'une qualité et, en forçant un peu la note, il en fait un défaut. On peut donc déduire de ces accusations, comme d'ailleurs de la correspondance de son amie Mme de Sévigné, que Mme de La Fayette était un peu plus "pratique" que ne l'étaient ses contemporaines. Elle avait, en même temps que sa sensibilité d'artiste, les qualités de la "business woman." Mais il ne faut pas croire qu'elle manquait de sentiment—on fausserait à nouveau son caractère. Madame de Sévigné en donne des exemples les plus probants[1] et cette sensibilité alla en augmentant pendant toute sa vie. Elle était d'une humeur enjouée comme son amie, mais la maladie la rendait sujette à des moments de tristesse et d'accablement. Dans ces crises, elle s'ennuyait et cherchait le changement—elle voulait oublier, sortir d'elle-même[2].

Costar loue son "esprit et ses rares connaissances....sa douceur, sa modération, sa sage et judicieuse conduite[3]." Certes, elle avait de l'esprit et certains de ses mots où l'esprit ne manquait pas faisaient le tour des salons. En voici un entre beaucoup et des moins connus: "L'illustre Comtesse de La Fayette après avoir vécu longtemps dans une étroite liaison d'amitié avec une dame de la cour, se brouilla enfin avec elle sur quelques mauvais procédés. Assez longtemps après, cette dame s'étant trouvée, par hasard, à côté d'elle dans un appartement de Versailles, lui dit: 'Ce pays ci est comme les Champs Élysées, tout le monde s'y trouve.' 'Il est vrai,' reprit la Comtesse, 'mais on ne s'y parle pas[4]!'"

Elle avait du cœur et savait être affectueuse, mais sa forte instruction et son naturel évitaient l'excès et elle mérite sa réputation d'avoir été éminemment raisonnable. C'est pourquoi, tout en étant d'une franchise et d'une véracité qui étonnaient parfois les habitués de la cour, (et d'ailleurs elle poussait quelquefois à l'extrême)[5] elle savait au besoin garder un secret. Sa raillerie était parfois tellement fine que ses victimes ne s'en apercevaient pas. Choisy nous raconte naïvement dans son *Histoire de la Comtesse des Barres* le fait suivant: "Il arriva même que Madame de La Fayette, que je voyais fort souvent, me voyant fort ajusté avec des pendants d'oreille et des mouches, me dit,

---

[1] Sév. III. 140, 358.   [2] Ibid. II. 97.

[3] Costar, *Lettres*, I. 550.

[4] Voir les documents pub. par F. Barrière dans *La Cour et la Ville sous Louis XIV*.   [5] Voir Sév. II. 179.

en bonne amie, que ce n'était point la mode pour les hommes et que je ferais bien mieux de m'habiller tout à fait en femme." Choisy suit ses conseils et va la voir ainsi attifé. "Elle s'écria en me voyant, Oh! la belle femme! Vous avez donc suivi mon avis et vous avez bien fait. Demandez plutôt à M. de La Rochefoucauld! Il était dans sa chambre. Ils me tournèrent et me retournèrent et furent contents. Les femmes aiment qu'on suive leur avis et Madame de La Fayette se crut engagée à faire approuver dans le monde ce qu'elle m'avait conseillé peut-être un peu légèrement." "Elle n'aurait pas donné le moindre los à qui que ce fût, si elle n'eût été persuadée qu'il le méritait" dit Segrais[1]. Elle allait même jusqu'à ne pas cacher son âge et "elle disoit librement en quelle année et en quel temps elle étoit née[2]." Veut-on de meilleures preuves de la franchise d'une femme?

Et malgré tout, comme nous venons de le dire, elle savait garder un secret. C'est, paraît-il, le tort qu'elle eut. On a poussé les hauts cris en découvrant son rôle politique parce qu'elle n'avait pas donné l'occasion à son amie Mme de Sévigné d'étaler dans ses lettres, quasi publiques, les progrès de ses négociations avec Louis XIV et son ministre Louvois. On lui en a fait un grief—c'est tout simplement l'accuser d'avoir été digne de la confiance qu'on mettait en elle et de ne pas avoir fait preuve d'une incapacité pitoyable dans cette affaire. Mais il ne s'ensuit pas qu'elle fut en tout supérieure à ses contemporaines, et ce n'est, certes, pas la peine de la mettre sur un piédestal comme une femme de toutes vertus et de toute pruderie si l'on doit en miner le socle avec cet argument: la liaison La Rochefoucauld. Nous avons dit à ce sujet tout ce que nous avons à dire; en ce qui concerne sa prétendue pruderie, il faut proclamer nettement qu'elle ne fut nullement bégueule. Nous avons mentionné ailleurs dans ce travail l'opinion d'un critique qui disait en substance: "Si Madame de La Fayette utilisa les œuvres de Brantôme, elle dut les lire par les yeux de La Rochefoucauld." Elle lisait bien les contes de La Fontaine et correspondait avec Madame de Sévigné qui ne se gênait pas tant que cela! Elle écrivait des gaillardises elle-même—c'est son amie qui le dit[3].

Madame de La Fayette avait de grandes qualités, elle était généreuse, bonne mère, bonne amie, pleine de courage et d'énergie en face de grands obstacles au bonheur, dont le plus grand était une santé déplorable; elle fit son devoir, mais elle eut

[1] *Segraisiana*, p. 45.   [2] Ibid.   [3] Sév. II. 350.

quelques-uns des défauts de son époque—si c'en est un de se mêler à la vie et d'appeler les choses par leur nom.—Enfin, sans se retirer du monde elle put doter la littérature d'un chef-d'œuvre et la biographie d'un portrait fort aimable.

On s'est demandé assez souvent quelles étaient les idées religieuses de Madame de La Fayette—si toutefois elle en avait. On s'est plu à faire remarquer que Dieu n'a aucune part dans la lutte intérieure de la princesse de Clèves. Le portrait de Mme de La Fayette que l'on aime à nous présenter est celui d'une femme à l'intelligence forte, nullement religieuse, peut-être bien franchement hostile à la religion, au moins pendant une certaine époque de sa vie, mais qui, plus tard, écrasée par la maladie et accablée par le poids des années, crut bon de se rendre et d'accepter la religion comme une nécessité de la vieillesse. La vérité nous paraît tout autre. Oui, Madame de La Fayette ne fut jamais cagote (le moyen de l'être lorsqu'on a une réputation de franchise et de sincérité?) mais elle paraît avoir été fortement intéressée par le mouvement janséniste. Nous avons déjà vu que le Père Rapin "de la compagnie de Jésus" accuse Mme de La Fayette de fréquenter l'hôtel de Nevers "le grand théâtre où se débitoit avec plus de bruit et même avec plus d'applaudissements le nouvel évangile de Port-Royal[1]." Dans les manuscrits à propos de Port-Royal publiés dans la *Revue d'Histoire littéraire de la France*, l'année dernière, nous lisons : "M. Nicolle a escrit, dit-on, une lettre contre les *Pensées* de monsieur Paschal. Madame de La Fayette l'a pulvérisé —Le Bon[2]." Monmerqué écrivit en marge du manuscrit : "Je ne connais pas cette défense des *Pensées* de Pascal par Mme de La Fayette. Elle n'est pas imprimée." En effet, non seulement on n'a pas trouvé cette défense imprimée, mais de plus les biographes de son auteur ne font aucune mention de la part active qu'elle prit dans les querelles des jansénistes. Et pourtant rien ne nous pousse à révoquer en doute la note de Le Bon, bien au contraire. Nous lisons dans une lettre de Charles de Sévigné que Madame de La Fayette, "nous fait une critique de l'oraison funèbre de Monsieur de Tulle contre laquelle je me révolte, parce que je trouve cette oraison tres belle. Elle en fait de même des *Essais de morale*, je me révolte un peu moins sur cet article....[3]" Elle avait dit aussi à propos des *Pensées* que "c'était méchant

[1] Rapin, *Mém.* I. 403.
[2] *Rev. d'Hist. litt. de la Fr.* av.-juin 1911, p. 422.
[3] Sév. IV. 12 janv. 1676 et voir Sainte-Beuve, *Port-Royal*, V. 465.

signe pour ceux qui ne goûteraient pas ce livre." Nicole parle de ce jugement en écrivant au marquis de Sévigné[1], peut-être n'a-t-il été "pulvérisé" que dans une lettre de Madame de La Fayette qui a circulé de main en main chez les jansénistes. De quelque façon qu'elle se soit occupée de la question, elle n'a pas été indifférente au mouvement religieux de son époque et de tout temps elle paraît avoir eu des rapports avec l'église. Peu après son mariage elle écrit à Ménage qu'elle a entendu un sermon admirable du Père Le Boux[2] et lorsque Costar lui envoie ses félicitations sur son mariage, il dit à propos de ses qualités: "En un mot vous les ferez servir à vostre réputation, ou mesme a quelque chose de plus important que l'excellent Père Le Boux vous diroit bien mieux que moy[3]." Et plus tard, lorsqu'il faut la consoler de la mort de sa mère il lui dit: "Cent fois j'ay souhaité un Père Le Boux auprès de vostre aimable personne, lorsqu'on vous annonça une si cruelle nouvelle[4]." Nous avons déjà vu la lettre où elle rappelle Ménage à l'ordre pour avoir employé des termes un peu trop galants à l'adresse de quelqu'un qui a observé les jeûnes de la semaine sainte, et cette autre où elle ne peut accorder qu'une conversation restreinte à son ami parce qu'il fallait "retrancher ses divertissements pendant la semaine sainte." On peut en conclure que Madame de La Fayette était catholique et catholique pratiquante—sans être bigote. A-t-elle evolué vers l'agnosticisme sous l'influence de La Rochefoucauld? C'est la conclusion que Sainte-Beuve semble tirer d'une lettre de Du Guet; nous ne lui connaissons pas d'autres autorités pour appuyer ses dires[5] et celle-là nous paraît insuffisante. Si, comme nous le croyons fermement, Madame de La Fayette a voulu faire jaillir un peu de lumière dans l'ombre qui planait sur le cœur de son ami, elle aurait eu une tendance à développer en face de lui ces pensées et ces croyances chrétiennes qui ne lui étaient pas inconnues. Elle fut assez raisonnable et—ce qui est peut-être une meilleure sauvegarde dans ce cas particulier—assez femme pour ne pas baisser pavillon devant les critiques de son ami. Il faut toutefois admettre que les documents nous manquent sur cette époque de sa vie. Mais une fois qu'elle eut établi son fils et qu'elle se trouva débarrassée des soucis de cette vie, elle pensa sérieusement à l'autre. En compagnie de Madame de Sévigné elle avait assisté à un sermon

[1] Voir Ste-Beuve, op. cit. v. 475. [2] Lettre, Coll. F. de C.
[3] Costar, op. cit. I. 550. [4] Ibid. 552.
[5] Sainte-Beuve, op. cit.

de Bourdaloue[1] et après la mort de La Rochefoucauld, son amie l'avait menée chez Mme de La Sablière dans l'espoir que le chemin qu'avait pris l'aimable dévote ferait sentir à Mme de La Fayette que sa douleur n'était pas incurable[2]. Mais jusqu'en 1689 il n'est pas souvent question de ces choses dans la correspondance de la marquise. C'est à cette date que Madame de La Fayette lui écrit "que Mme de Coulanges est tout à fait dans la bonne voie," et que quand son fils sera marié, elle tâchera de s'y mettre aussi[3]. Nous avons vu, en outre, que peu de temps après elle écrivit à Ménage: "Lon ma asseuree que vous songies fort serieusement a vostre salut et j'en ay bien de la joye."

C'est qu'elle s'était déjà adressée à Du Guet[4] qui lui démontrait, usant d'une psychologie aussi fine que la sienne, que tout ce qui lui restait de la vie était une réputation qui serait de peu de valeur en face de la mort, qu'il n'était plus temps de garder au second plan sa religion, que malgré sa lassitude et son dégoût pour la pensée—suites de sa maladie—il fallait bien penser à sa situation vis à vis de Dieu. Elle lui obéit. Elle envisagea la question, et les résultats de sa réflexion se voient dans la correspondance avec Ménage; elle demande son amitié pour ses enfants; elle fait son testament en toute humilité; et le tour de ses lettres change complètement. "Dieu avoit jetté une amertume salutaire sur ses occupations mondaines, et elle est morte, après avoir souffert, dans la solitude, avec une piété admirable, les rigueurs de ses infirmités, y ayant été fort aidée par M. l'abbé du Guet et par quelques-uns des Messieurs de Port-Royal[5]."

Gardons-nous bien de dire que ce fut un changement brusque —amené par la menace d'une mort prochaine, ou la victoire d'une âme séduite sur un esprit qui avait critiqué la foi. Il y avait bien longtemps qu'elle regardait cette fin comme la fin parfaite d'une femme qui, avec les meilleures intentions, avait lutté vaillamment sans pouvoir remporter une victoire autrement que partielle. Et ceci ramène naturellement notre esprit

---

[1] Sév. II. 107. [2] VI. 476. [3] IX. 346.

[4] Peut-être vers 1689. Nous ne voyons nulle raison pour convenir, avec M. d'Haussonville, que la fameuse lettre de Du Guet dont il a, après Sainte-Beuve, tiré tant de conclusions hardies, fut écrite peu après la mort de La Rochefoucauld. Si, comme le veut M. d'Haussonville, la direction de Du Guet ne fut pas inefficace, comment expliquer que ce détachement des choses de ce monde, et le mépris de la "réputation" que prêche le directeur, n'aient eu à cette époque qu'un résultat—la correspondance de Savoie?

[5] Racine, *Lettre à M. de Bonrepas*, déjà citée.

à la méditation des paroles connues: "Enfin des années entières s'estant passées, le temps et l'absence ralentirent sa douleur, et éteignirent sa passion. Madame de Clèves vescut d'une sorte qui ne laissa pas d'apparence qu'elle pust jamais revenir. Elle passoit une partie de l'année dans cette maison Religieuse, et l'autre chez elle, mais dans une retraite et dans des occupations plus saintes que celles des Convents les plus austères et sa vie qui fut assez courte, laissa des exemples de vertu inimitables."

CHAPITRE XII

L'ÉPISTOLIÈRE—L'ÉCRIVAIN—LE PHILOSOPHE

I

Le lecteur a certainement remarqué que nous avons eu fréquemment recours dans ce travail aux lettres de Madame de La Fayette et peut-être est-il d'avis que la citation va jusqu'à l'abus. Mais si nous avons ainsi usé de documents précieux, ce n'est pas seulement parce que nous estimons l'autorité de Madame de La Fayette elle-même bien supérieure à la nôtre mais aussi et surtout parce que nous tenons à utiliser des matériaux dont on s'obstinait à ignorer, voire à nier, l'existence, soit parce que Madame de Sévigné, correspondante infatigable, se plaint de la brièveté de son amie, soit tout simplement parce que Madame de La Fayette n'a pas trouvé jusqu'ici un Monmerqué pour recueillir ses lettres éparses. Toujours est-il que l'opinion la plus répandue est que Madame de La Fayette n'écrivait que rarement, que ses courts billets n'ont aucune prétention littéraire et n'ont qu'un intérêt purement documentaire.

Or, Madame de La Fayette, sans écrire autant que son amie, qui, si j'ose m'exprimer ainsi, en faisait un peu métier, ne laissa pas pourtant d'écrire autant et plus que la majorité de ses contemporains. Sa correspondance pourrait être classée en deux parties—dont l'une comprendrait des lettres écrites avec soin et formerait un recueil à comparer avec celui de Madame de Sévigné; l'autre serait d'un grand intérêt documentaire sans être dépourvue de qualités littéraires et renfermerait des billets d'affaires et d'autres billets également courts, adressés à ses amis, au milieu de la souffrance physique qui rendait impossible toute pensée soutenue. La première liasse—celle qui contribuerait le plus à la renommée littéraire de l'écrivain, n'est pas venue jusqu'à nous. Il en est échappé quelques lettres qui nous font voir ce qu'aurait été un tel recueil, mais il est certain que la plus grande partie reste à trouver, si toutefois elle existe encore.

Nous croyons que cette collection était entre les mains de Ménage et qu'elle fut destinée à la publication—fait qu'aucun de nos prédécesseurs ne paraît avoir indiqué. Madame de La Fayette écrit de Vichy, à une date que nous ne saurions encore préciser, mais qui n'est guère postérieure à son mariage[1], la lettre que voici, adressée à Ménage:

"14ᵉ may.

"....ie me resjouis avec vous de ce que vous alles vous retirer a Meudon, la solitude est si agreable et la campagne est si belle presentement que c'est asseuremt un plaisir extresme que dy estre. Vous y travailleres agreablement a nos lettres j'avois peur que vous n'en eussiez perdu la pensee et jay pense vous en faire souvenir deux ou trois fois ie vous promets de vous garder le secret et si vous n'en parles a personne qu'a moy asseures vous que cela ne sera point sceu...."

Le mois suivant (le 26 juin) à la fin d'une longue lettre d'affaires, elle rappelle encore ce travail à son correspondant: "Je ne vois point encore de vos lettres dattées de Meudon jay bien envie que vous y soyes afin que vous travaillies à ces lettres dont nous avons parlé ensemble."

À cette époque elle reçoit des lettres de Ménage "deux fois la sepmaine" et lui écrit "tous les huit jours sans y manquer." Ces lettres ont-elles été publiées sans que fût indiqué le nom des correspondants, ou bien avec un nom supposé? Ménage abandonna-t-il la tâche? C'est ce que nous ne pouvons encore décider. Il reste établi pourtant que Madame de La Fayette conçut l'idée de faire publier les lettres, que celles-ci étaient assez nombreuses à cette époque pour former un recueil et que Madame de La Fayette écrivait encore au seul Ménage une lettre par semaine. Elle prétendait ne pas prendre garde au style de ses lettres (de là vient parfois leur charme) et celle où elle le dit, tout en se montrant d'ailleurs jalouse de sa réputation littéraire, doit être citée *in extenso*, car elle n'a été imprimée que dans une brochure devenue assez rare. Elle est adressée à Huet.

"Le 15 may 1663.

"Vous êtes donc bien offensé contre moy? C'est bien fait à vous de vous fâcher sans savoir si c'est à tort ou à droit. Les beaux esprits vont quelque fois aussi vite en besogne que les autres et le même feu qui les rend beaux esprits les rend aussi esprits de feu c'est a dire étourdis en paroles couvertes. Je ne

[1] Un examen plus attentif de ces lettres nous a permis de dater celle-ci 1657.

pretends pas dire que vous le soyez. A Dieu ne plaise. Je dis seulement que cela arrive quelque fois. Mais revenons à nos moutons. Vous vous offenses de ce que j'ay trouve mauvais, dites-vous, que Mlle de la Trousse vous ait montré mes raisonnements contre l'amour et la dessus vous concluez que c'est une marque de peu de confiance de peu d'estime, enfin des merveilles. Cela seroit admirable si c'étoit vray il ne s'en faut que cela que vous ayez raison. Je n'ai point trouvé mauvais que Mlle de la Trousse vous ait montré ce raisonnement. Je vous aime mieux que je n'aime Mlle de la Trousse j'ai plus de confiance en vous qu'en Mlle de la Trousse et je ne vous cacherai jamais rien de ce que je lui montrerai mais j'ai trouvé mauvais et très mauvais que Corbinelly en qui j'ai une confiance si entière que je ne lui recommande même pas le secret parce qu'il est lui-même le secret en personne ait montré a Mlle de la Trousse une chose que j'écris à lui seul, à la campagne, sur le bout d'une table, pendant qu'il écrit de l'autre côté sur le même sujet et j'ai trouvé mauvais que ce que je n'ai écrit que pour lui et sans jamais l'avoir relu, que ce que je ne lui ai laissé qu'un moment parce que je le voulois bruler ne comptant non plus cela pour quelque chose que je compte les lettres que j'écris tous les jours à quoi je ne pense pas, que cela même enfin il le montre sans m'en rien dire à Mlle de la Trousse et qu'il lui en laisse prendre une copie et qu'il lui deffende même si peu de le montrer que vous m'écrivez sans y entendre de finesse que vous l'avez vu. Ha ça! êtes-vous encore fâché? trouvez-vous que j'ai grand tort? et n'en auriez vous pas vous-même si vous vous plaigniez encore de moi? Je me plaindrois à mon tour si vous n'étiés pas satisfait d'une si longue justification. Mr de la Fayette[1] est à Paris et fort votre serviteur. Mes complimens je vous prie à Made votre sœur. Adieu[2]."

Quelque préciosité dans le début de cette lettre et un style négligé ne masquent pas une pointe d'ironie et une allure qui rendent fort agréable la lecture de cette page. C'est surtout lorsqu'elle est légèrement irritée que Madame de La Fayette écrit le mieux. Dans ces moments elle a une virtuosité de style que Madame de Sévigné n'atteint jamais, car cette dernière

[1] Il s'agit, naturellement, du mari, bien que la lettre soit datée après la "séparation." Son fils aîné n'avait que cinq ans à cette époque.
[2] Je n'ai pu voir l'original de cette lettre qui se trouve à Florence. L'orthographe de cette copie a été modernisée en partie.

sent derrière elle le public critique qui assistera à la lecture de
sa lettre. On connaît le joli trait que lui lança Mme de La Fayette:
"Hé bien! Hé bien! ma belle, qu'avez-vous à crier comme un
aigle?"

Voici une lettre écrite à Lescheraine où on n'aperçoit point
la femme souffreteuse qui aimait à "se baigner dans la paresse"
et pourtant elle vient de perdre La Rochefoucauld:

"Ce 22me septembre (1680) Je vous ay grondé par une de
mes lettres, par d'autres ie vous ay dit que vous avies la langue
bien longue, ie m'en vais vous dire encore pis: vous me mentés,
vous me contés des contes borgnes, et je ne veux pas vous laisser
croire que ie vous croye, ce qui me racomode avec moy cest que
je croy que vous pensés bien que ie ne vous croy pas. Pourquoy
me comtés-vous quon ne parle a Turin du retour de l'abbe de
Verue que depuis quil sen est plaint? On en parloit devant, car
on en escrivoit et on escrivoit en destail parfait. Ne croyés pas
aussi que ie sois bien persuadee que vous me parlés de cette
affaire que fort superficiellement parce que vous nestes point
instruit des affaires d'Estat? Ne venés point me tenter ny me
faire parler sur les choses dont vous estes instruit; vous estes
fort bien instruit, monsieur, et encore une fois, fort bien instruit,
et ie suis mieux instruite que vous ne croyés: ne venés point me
comter de telles choses et ie ne vous diray rien, mais quand vous
voudrés men faire accroire, oh ie ne vous le souffriray pas; en-
tendés-vous bien cela? Je ne vous en dis pas davantage et ie
viens a mon damas, dont vous me parlés avec tant de soing
comme un homme qui se borne aux petites choses. Je viens den
rendre mil tres humbles graces a Me R....et ie vous dis encore
que vous avés eu la langue bien longue de luy en parler. Vous
voyés que ie ne suis pas en train de vous loué...."

Lorsqu'elle écrit à Huet, le style est généralement plus
travaillé; en dépit de ce qu'elle lui dit au sujet de sa négligence,
elle ne peut s'empêcher de se souvenir qu'elle s'adresse à un bel
esprit. Le résultat—lorsque la préciosité est évitée—est parfois
des plus heureux. On verra dans la lettre suivante le plaisir
qu'elle éprouve à tourner de jolies phrases, à jouer avec une
pensée, et à faire avec un rien une lettre charmante.

"J'ai aujourd'hui la main à la bourse pour payer mes dettes,
c'est à dire à la plume pour faire réponse à tous ceux à qui je
la dois. Je vous paye des derniers et vous courrez risque d'avoir

la méchante monnaie voici la dixième lettre que j'écris depuis
deux heures cela veut dire que je suis si lasse d'écrire que je ne
sais tantôt plus ce que j'écris. Vous perdez beaucoup que je
n'aie pas commencé par vous car je vous assure que mes premières lettres sont très éloquentes. Je m'en suis surprise moi-
même et j'ai songé si je n'ai pas lu Balsac depuis peu. De mon
ordinaire je ne donne pas dans l'éloquence si bien que je ne sais
à qui ni à quoi me prendre de la mienne. Enfin vous avez
Mr Ménage il partit hier avec Mr Montausier. S'il vous plait de
me le renvoyer bientôt quoiqu'il renonce au commerce du monde
et que je le vois bien moins que je n'ai accoutumé je ne veux
pourtant pas le perdre pour longtemps. Si vous me le gardez
plus que je ne le veux je ne vous le pardonnerois pas à moins
que vous ne le ramenassiez vous-même. Je suis tantôt au bout
de mon latin, c'est le mien dont je parle et non du latin en
général. Je n'étudie plus du tout qu'une demi-heure par jour
encore n'est ce que trois fois la semaine avec cette belle application là je fais un tel progrès que j'ai tantôt oublié tout ce que
j'avois appris. À proportion de cela si je m'engage à apprendre
l'hébreu de votre Grandeur devant que de mourir il faut que
je m'engage à obtenir une manière d'immortalité pour vous et
pour moi les années de la Sybille y suffiroient à peine. Adieu
on va encore bien loin quand on est las car voila une longue
lettre pour une femme qui n'en peut plus."

Nous craignons encore d'abuser des citations; quel que soit
notre regret, nous ne les multiplierons pas. Elles suffiront à
donner une idée du talent d'épistolière de Madame de La Fayette.
Leur style, naturellement, diffère beaucoup de celui de ses romans, mais il diffère presqu'autant de celui de son amie Madame
de Sévigné. Ce qui nous paraît caractéristique de ce style c'est,
pour user d'un néologisme, sa modernité. Il faut attendre les
romantiques pour retrouver après elle cette rapidité, ces in-
versions, cet esprit éveillé. Elle ne "donne pas dans l'éloquence"
et c'est là un des grands charmes de sa correspondance. Tout
comme elle tenait la seconde place dans le cœur de Madame de
Sévigné, elle tient facilement la seconde place parmi les épis-
tolières du XVIIᵉ siècle et on trouverait peut-être des gens
d'un goût éclairé qui lui accorderaient la première—car il se
peut que le style de son amie ne plaise pas également à tout le
monde. Nous osons espérer que le moment n'est pas encore
trop tardif pour rassembler ces lettres éparses et donner ainsi
à Mme de La Fayette la place qu'elle mérite de tenir aux côtés

de Madame de Sévigné. Un tel recueil aurait un intérêt moins général à cause des sujets traités et parce que le plus souvent Mme de La Fayette écrivait pour un particulier et non pas pour le public; il y manquerait aussi cet amour maternel, réel sans doute, mais que Madame de Sévigné a su si bien utiliser pour embellir ses lettres; on y trouverait par contre un naturel et une simplicité qui font parfois défaut dans la correspondance de la marquise.

II

Dire que les classiques transformaient une matière de peu d'importance en une grande œuvre est aujourd'hui un lieu commun, mais on chercherait longtemps parmi eux sans trouver un auteur qui sert aussi bien que Madame de La Fayette à appuyer cette vérité. Elle ne se contentait pas de reprendre des sujets traités par ses prédécesseurs; elle allait encore plus avant dans ce chemin et reprenait un sujet qu'elle avait déjà traité elle-même. Si l'on excepte *Zaïde*, Madame de La Fayette n'exploite qu'un sujet—qui est celui de la *Princesse de Montpensier*, de l'*Histoire d'Henriette d'Angleterre*, de la *Princesse de Clèves*, et de la *Comtesse de Tende*—une femme se marie (ou plutôt on la marie); pour une raison ou pour une autre, cette union ne satisfait pas son cœur; un homme survient qui peut éveiller l'amour en elle. De là une lutte entre le devoir et le cœur, et c'est tantôt l'un, tantôt l'autre, qui sort vainqueur de ce combat. Cette situation avait été assez souvent traitée avant elle, mais en véritable artiste elle sut la renouveler. D'abord elle comprend qu'un mari ridicule affaiblit l'intérêt, elle le remplace par un mari sympathique[1]. Ensuite elle voit que la lutte cornélienne trouve naturellement sa place dans un récit de ce genre; puis comme les autres classiques, elle renforce l'intrigue en la ramenant à la vie réelle, en la naturalisant, mais en lui donnant des traits assez généraux pour qu'elle puisse être de tous les temps. Une part d'expérience personnelle qui enlève à la psychologie ce qu'elle pourrait avoir de trop abstrait, un style qui n'absorbe pas l'attention du lecteur au détriment du fond, voilà qui complète l'œuvre d'art.

On a pu dire que la méthode était cornélienne, mais on a dit également que la *Princesse de Clèves* était du Racine. La vérité est que la *Princesse de Clèves* n'est ni du Corneille ni du Racine.

---

[1] Nous avons déjà suffisamment démontré qu'elle n'était pas la première à le faire.

XII] *L'Épistolière—L'Écrivain—Le Philosophe* 219

C'est du La Fayette et c'est aussi le type du roman classique. Elle ne peut pas être sans point de contact avec les autres œuvres contemporaines qui procédaient du même principe. On y trouverait donc aussi des ressemblances avec Descartes ou Molière. Et tout cela montre combien Mme de La Fayette a le droit de n'être pas séparée des grands classiques.

Nous l'avons déjà vue à l'œuvre, prenant dans Brantôme des matériaux pour son roman. Il lui fallait de plus se tourner vers la vie, tout comme les naturalistes. Pour le cadre historique, pour tout ce qui donnera une atmosphère de réalité, une documentation était nécessaire. Mais où elle se montre supérieure à beaucoup de ses successeurs, c'est quand elle comprend que la documentation seule ne peut donner la vie, qu'elle aboutit même fort souvent à étouffer la vie et à donner un ensemble aussi faux que l'idéalisme le plus outré. Rarement—cette restriction nous est imposée par le début de la *Princesse de Clèves*—elle laisse voir sa documentation. Et elle se garde bien de lui conférer trop d'importance. Elle l'éloigne, elle l'épure, elle l'adapte, elle la transforme comme le potier qui tout d'abord tourne et retourne l'argile épaisse pour en faire enfin un vase qui est sa création propre—l'œuvre d'art. Ensuite elle limite son champ ; il ne sera question que d'honnêtes hommes et de belles femmes, car elle ne connaît que la cour. Il n'y aura aucun élément grossier, terre à terre, susceptible de faire ressortir par contraste la finesse des héros du roman. Elle sait qu'elle peut mener sa tâche à bien sans d'aussi évidents artifices. Elle étudiera la vie et même sa propre vie, ses tableaux seront d'après nature, sans qu'elle soit naturaliste pour cela. Au contraire, elle mettra tous ses soins à idéaliser l'œuvre qu'elle a entreprise. Le résultat sera-t-il donc un bibelot qui passera bientôt de mode et qui sera vite oublié ? Non pas ; l'œuvre d'art dure encore. C'est justement parce que nous n'avons pas toujours devant nous tous les détails réalistes que l'œuvre ne se démode pas. On sent en lisant aujourd'hui ce roman que ce monde n'est pas le nôtre, que ce n'est pas de cette façon que nous exprimons nos joies et nos douleurs, que ces grandes maisons sont maintenant des musées, mais nous sentons en même temps, et d'une manière autrement forte, que ces cœurs étaient tout comme les nôtres, que les lois morales qui pesaient sur les personnes pèsent sur nous, que nous n'aspirons pas à atteindre un autre idéal que le leur, et que nous échouons souvent avant d'arriver au but tout comme ces belles femmes et ces hommes admirablement bien faits. Le sujet a été repris par les écoles littéraires qui ont succédé à l'âge classique. Il est plus que jamais à la mode en ce moment. Nous en avons vu des ménages à trois! Hélas! nous en verrons encore! Et si, écœurés par la fréquence de ce sujet dans les romans contemporains, nous nous réfugions dans nos bibliothèques pour relire la *Princesse de Clèves*, pourquoi éprouvons-nous à relire encore une fois cette même situation, un plaisir et un charme qui manquent le plus souvent ailleurs? C'est que Madame de La Fayette fut artiste avec l'idéal élevé de tout artiste digne du nom. Ce n'est pas le sujet qui importe, mais la manière de le comprendre et de le traiter. La popularité de la *Princesse de Clèves*, au moment présent—où l'on prépare en même temps une édition d'art, une édition critique, et une édition de luxe (sans parler d'une édition populaire qui vient de paraître)—suffit pour montrer la puissance artistique de l'œuvre. Nous ne connaissons pas de roman qui ait été réédité aussi souvent, avec un soin aussi méticuleux. De nos jours Taine, de Lescure, Anatole France, ont été les parrains de belles éditions. L'édition populaire cherche une bonne reliure, un frontispice de goût, un joli format. L'éditeur respecte l'œuvre, sait qu'elle s'adresse à un public délicat, éclairé, qui serait froissé si un détail matériel quelconque donnait à ce livre une grossièreté qui est absolument absente de ses pages. Tout comme Madame de La Fayette elle-même demandait que ses romans fussent imprimés avec soin et bien reliés, le public de nos jours demande ce qu'il y a de mieux pour cette œuvre d'art.

III

Et cependant il s'est trouvé de nos jours des personnes si délicates, restées pures de toute tache, même en lisant les romans contemporains, qu'elles trouvent la *Princesse de Clèves* immorale.

D'après ce que nous avons vu des procédés de Mme de La Fayette, il serait oiseux d'essayer de démontrer la pureté de ses intentions. Il s'agit donc de regarder, pendant un instant, non pas ce qu'elle voulait faire, mais ce qu'elle a fait.

Au dix-septième siècle, siècle par excellence où l'on croyait à la vertu, on estimait la *Princesse de Clèves* bien supérieure aux romans frivoles qui l'avaient précédée. Il est vrai que Valincour a des doutes sur l'impression que pourrait faire la passion de la princesse sur des cœurs sensibles. Ces doutes s'appliqueraient avec autant de justice à n'importe quel roman.

Au dix-huitième siècle—tout au début—Lenglet du Fresnoy, qui s'y connaissait en romans, écrivit de *Zaïde* et de la *Princesse de Clèves*: "Encore pour ces romans, ils sont sages, on y voit des mœurs, l'un ne prêche qu'une tendre amitié et tout au plus un amour réservé, un amour vertueux. La *Princesse de Clèves* n'aboutit qu'à un fort beau principe de mœurs, qui est de faire voir que tout amour qui attaque le devoir ne rend jamais heureux[1]." L'abbé Prévost, au début d'une longue diatribe contre les romans tels que *Cassandre, Cléopâtre*, le *Grand Cyrus, Polexandre*, etc....parle ainsi à son élève: "Comment? dis-je au marquis; c'est là ce qui s'appelle de la galanterie la plus fine et la plus passionnée? Est-ce la nature seule qui vous en a tant appris? Il faut que vous ayez pillé cela dans quelque roman. Il m'assure que tout étoit de lui jusqu'au moindre mot et qu'il n'avoit jamais lu de romans, si ce n'étoit les deux que j'avois achetés à Bordeaux, c'est à dire *Télémaque* et la *Princesse de Clèves*. Je vous conseille, lui dis-je, de n'en lire jamais d'autres. Un homme plus sévère que moi en retrancheroit même la *Princesse de Clèves*, car le fruit qu'on en peut tirer pour se former le style n'égale pas le péril auquel on s'expose de s'amollir le cœur par une lecture trop tendre[2]."

Au dix-huitième siècle, on a encore des doutes sur la moralité de la *Princesse de Clèves* et c'est l'auteur de *Manon Lescaut* qui les formule et dans l'ouvrage même où il fait paraître son héroïne. Mais il faut remarquer que le brave abbé ne critique que la tendresse des sentiments et que sa critique s'appliquerait, tout comme celle de Valincour, à n'importe quel autre roman—même à celui qui mettrait en scène M. X...., et Mlle Y....qui convoleraient en justes noces à la fin du dernier chapitre.

C'est au dix-neuvième siècle que l'on rencontre la première critique sérieuse de l'influence de la *Princesse de Clèves*. "La leçon qui résulte du roman," écrit Victor Fournel, "c'est que tout amour qui attaque le devoir ne peut être heureux; cependant l'amour de la princesse n'est vaincu qu'après tant de concessions, de résistance et de larmes, il est encore si beau et si touchant, dans sa défaite, il en sort enfin une émotion si douce et si communicative, qu'il affaiblira certainement plus de cœurs que son dénouement n'en pourra raffermir. Il faut le reconnaître, cette lecture est troublante, elle énerve en charmant. Ces amours profonds, ou plutôt ces adorations ardentes qui constituent le

[1] C. Gordon du Percel, *De l'usage des romans*, i. 13–14.
[2] L'abbé Prévost, *Mém....d'un homme de qualité*, 1908, ii. 80.

roman chevaleresque et poétique du XVIIe siècle, Madame de La Fayette en a accru la force parce qu'elle en a perfectionné la peinture, parce qu'elle leur a prêté l'appui d'une observation plus fine et plus vraie, d'un sentiment plus intime, d'un style plus attrayant....[1]"

Mais c'est M. Pierre Mille, critiquant *La douceur de vivre* de Mme Marcelle Tinayre, qui se montrera le plus ingénieux pour prouver l'immoralité de la *Princesse de Clèves*. "Je n'insiste pas, je vous le répète," écrit-il, "mais je puis bien faire remarquer en passant qu'on pourrait tirer les mêmes conclusions de la *Princesse de Clèves* où tous les personnages par vertu n'arrivent qu'à se rendre parfaitement malheureux, sans profit pour personne. Voilà même pourquoi j'ai trouvé, toujours trouvé, que c'était un roman immoral à l'extrême que la *Princesse de Clèves* et pourquoi j'en interdirai toujours la lecture à ma fille, si par hasard elle possède une ombre de sens critique, ce qu'on peut, du reste, pour son bonheur, ne pas souhaiter avec trop d'empressement[2]."

M. Pierre Mille, dans cette boutade (car nous ne pouvons croire que c'est autre chose qu'une boutade) redoute que sa fille ait le sens critique assez développé pour raisonner ainsi après avoir lu la *Princesse de Clèves* :—La princesse est vertueuse. La princesse est malheureuse. Donc ne soyons pas vertueuse. Nous craignons que M. Pierre Mille ne soit un peu trop sévère pour sa fille. Aurait-elle vraiment un esprit aussi perverti qu'il semble le croire ? Pour notre part, sans savoir même si elle existe, nous ne voulons pas l'admettre. Son père serait bien étonné si, après avoir lu à la dérobée ce roman immoral, elle n'en tirait que les conclusions suivantes: une femme se marie, sans amour, pour faire plaisir à l'ambition de sa mère; ensuite elle aime un homme qu'elle aurait pu épouser en tout honneur, trouvant ainsi un mari qu'avait recherché une reine d'Angleterre, un parti en somme que sa mère aurait accepté avec joie si elle avait maîtrisé un peu son impatience d'établir sa fille. Conclusion de jeune fille: "Ne nous marions pas sans amour et si par malheur cela nous arrive, n'aimons pas ailleurs, ou nous serons aussi malheureuse que la princesse de Clèves."

Tout est sain aux sains et nous n'avons aucune raison pour croire la jeune fille française de nos jours plus pervertie que ne l'étaient ses sœurs du XVIIe siècle—l'existence d'un père aussi

[1] *Litt. indép.* p. 208.
[2] *L'Illustration*, N° 3541, jan. 1911, p. 3.

soigneux de la vertu de sa fille que l'est M. Mille suffirait pour nous convaincre que le contraire doit être maintenant le cas général[1].

Pour nous, la morale de Mme de La Fayette est une morale élevée. Passons, sans plus tarder, à sa philosophie en général. Un écrivain distingué a consacré tout un article à la princesse de Clèves et Descartes[2]. D'après ce dernier, la passion est en nous l'œuvre de la nature et comme une opération machinale des "petits esprits." Il ne dépend donc pas de nous d'être ou de n'être pas sensible à la douleur, à l'amour, à la haine. Mais si nos passions ne dépendent pas de nous, nos actions dépendent de notre volonté. Il dépend de nous de consentir ou de ne pas consentir aux effets de nos passions et aux démarches où elles s'efforcent de nous entraîner.

La princesse de Clèves agit donc en cartésienne (1º) Lorsqu'elle analyse son état d'esprit et engage la lutte contre la passion qui naît en elle. (2º) Lorsqu'elle considère cette passion comme un désordre au lieu de l'idéaliser en "flamme divine" de "coup du ciel," lorsqu'elle ne se dit pas que depuis qu'elle aime elle se sent meilleure, plus noble, etc.... (3º) Lorsqu'elle se distingue d'avec la passion, elle place son moi dans la raison et dans la liberté. C'est l'âme généreuse de Descartes. Ce rapprochement est fort juste si l'on admet que Madame de La Fayette et Descartes aient eu la même philosophie. Il est faux si l'on en déduit, comme certains critiques sembleraient croire, que c'est la lecture du *Traité des passions* qui a fait ainsi envisager la vie à Madame de La Fayette. Nous ne voyons ici qu'une "communauté d'inspiration" comme M. Lanson a si bien fait remarquer qu'il y en a une entre la philosophie de Corneille et celle de Descartes. Là aussi la similitude est frappante, mais les passages de Corneille qui se rapprochent le plus du texte du *Traité* sont tirés de pièces antérieures au livre du philosophe[3].

Qu'elle soit tirée de Corneille, de Descartes, de la conversation de ses amis, ou tout simplement de ses expériences personnelles et de son caractère, toujours est-il que la philosophie

[1] Un autre critique trouve en 1870 que la *P. de C.* est immorale. Nous avons nommé M. A. de Margerie (*Madame de la Fayette,* Nancy, 1870, 8º) qui compare, dans sa brochure, la princesse et Pauline. Mais, d'après lui, Pauline est morale parce que chrétienne.

[2] Cherbuliez (Victor), *Rev. des deux mondes,* 15 mars 1910, p. 284 et suiv.

[3] Voir à ce sujet la *Rev. d'Hist. litt. de la Fr.* 1894, I. 410.

de Madame de La Fayette s'accorde bien avec celle de Descartes.

Il faut nous borner à ces quelques considérations sur la pensée philosophique qu'a eue notre auteur; nous craignons d'être lourd, et Madame de La Fayette nous en voudrait de faire d'elle un philosophe. Certainement, elle ne pensait pas à la philosophie en faisant la *Princesse de Clèves*. Arrêtons-nous donc sur cette pensée qui lui serait agréable. Son roman n'est pas oublié, comme nous l'avons suffisamment démontré dans le chapitre que nous lui avons consacré. Au contraire, il paraît avoir en ce moment un regain de popularité. Son auteur était, pour emprunter un beau passage de M. Anatole France, une de ces femmes du temps jadis "qui eurent l'art de bien vieillir, d'achever de vivre....qui, sages enfin et coquettes encore, abritaient pieusement sous la dentelle les débris de leur beauté, les restes de leur grâce et de loin souriaient doucement à la jeunesse, dans laquelle elles cherchaient les figures de leur souvenirs[1]." Les débris eux-mêmes n'existent plus, mais parce que Madame de La Fayette a eu le talent de faire une œuvre d'art de ses souvenirs, elle sourit encore de loin, à travers plus de deux siècles, à cette jeunesse qui aime et qui aimera toujours, tantôt heureusement, souvent malheureusement, avec les mêmes joies et les mêmes douleurs qu'éprouvaient la princesse de Clèves et sa charmante créatrice.

[1] *Vie litt.* IV. à propos de *Notre Cœur* de Maupassant.

BIBLIOGRAPHIE DES ŒUVRES DE MADAME DE LA FAYETTE

Liste des bibliothèques dont nous avons consulté les catalogues, et des abréviations employées.

Amiens. Bibliothèque de la Ville.
Amsterdam. Bib. de l'Université. U.B.A.
Angers. Ville.
Avignon. Bib. et Musée Calvet.
Berlin. (*a*) Kgl.˙ Bib. (*b*) Univ. (*a*) K.B.B. (*b*) K.U.B.B.
Blois. Ville.
Bordeaux. Ville.
Bruxelles. Bib. Royale de Belgique. B.R.B.
Cahors. Ville.
Cambridge. Univ. (Angleterre.) Cantab.
Châteauroux. Ville.
Cologne. Stadtbib.
Copenhague. Bib. Royale. B.R.C.
Dijon. B.D.
Dresde. Kgl. Off. Bib. K.B.D.
Dublin. Trinity College. T.C.D.
Florence. Bib. Naz. Centrale. B.N.C.F. B.N.F.
Gand. Univ. B.U.G.
Genève. Ville.
Grenoble. Ville.
Harvard. (E.U.A.) Univ.
Havre. Ville. B. du H.
Haye (La). König. Bib. K.B.H.
Leipzig. Univ. U.B.L.

Leyde. Univ.
Londres. British Museum. B.M.
Lyon. Ville. B.V.L.
Madrid. Bib. Nacional.
Manchester. Univ.
Mayence. St. Bib.
Munich. K.-Hof. und Staat-Bib.
Nancy. Ville.
Nantes. Ville. B.P.V.N.
New York. N.Y.P.L.
Nice. Ville. B.V.N.
Nîmes. Ville. B.M.N.
Padoue. Univ.
Palerme. Bib. Naz.
Paris. Arsenal. B.A. B. Ars.
  „   Mazarine. B. Maz.
  „   Nationale. B.N.
  „   Sainte-Geneviève.
  „   Université (Sorbonne). B. Sorb.
Rome. Bib. Vallicelliano.
Saint-Louis. (E.U.A.) Ville.
Strasbourg. K. Univ. und L. K.L.S.
Stuttgart. K. Landesbib.
Troyes. Ville. B. Tr.
Turin. Bib. Civica.
Yale. (E.U.A.) Univ.
Zurich. Stad. Bib.

Le Portrait de Madame de Sévigné.

Manuscrit.

Copie du Portrait de Madame la Marquise de Sévigné par Madame de la Fayette
sous le nom d'un inconnu. F⁰ 573–4 du Recueil de Camus, *Recherches
curieuses*, Tome v. Bib. Ars. MS. 675. Écriture du commencement du
XVIII⁰ siècle.

Éditions.

1. **1659.** Divers portraits. Imprimés en l'année MDCLIX. 4⁰, s.l. pp. 313–317.
   Portrait de Madame de Sévigné...etc. (Dans l'exemplaire L. 37, b. 187
   de la Bib. Nat. se trouve une note manuscrite ainsi conçue: "A Caen par
   ordre et aux dépens de Mademoiselle sous les yeux et par les soins de
   M. Daniel Huet depuis Evesque d'Avranches. Il n'en a été tiré que
   soixante exemplaires. On sçait cette particularité de M. Huet lui-même
   qui l'a dit en 1718 à un de ses amis.")

2. **1659.** Recueil de portraits et éloges en prose, dédié à son Altesse Royale
   Mademoiselle. Paris (Sercy et Barbin). 1 vol. in 12⁰ de 325 pp. (Cette
   édition n'est pas une simple réimpression de celle de Caen. On a omis d'y
   mettre quelques portraits, et des meilleurs, pour en ajouter d'autres.)

3. **1659.** (La Galerie des Peintures ou) Recueil des Portraits en vers et en
   prose dédié à son altesse royale Mademoiselle. Paris (Charles de Sercy et
   Claude Barbin). 1 vol. 8⁰. À la page 824. (Les mots entre parenthèses ne
   se trouvent que sur le titre gravé. Le texte corrige celui de l'édition de Caen ;
   p.e. Caen: "Grâce au privilège d'inconnu que je suis auprès de vous..."
   Paris: "Grâce au privilège d'inconnu dont je jouis auprès de vous.")

4. **1663.** La Galerie des Peintures ou Recueil des Portraits et éloges en vers
   et en prose, contenant les portraits du Roy, de la Reyne, des Princes,
   Princesses, Duchesses, Marquises, Comtesses et autres Seigneurs et Dames
   les plus illustres de France. La pluspart composez par eux-mesmes.
   Dediée à son Altesse Royale Mademoiselle. Deux parties, Paris (Sercy).
   2 vols. in 12⁰. (Pareille à la 3ᵉ édition avec quelques portraits en plus. Nous
   n'en avons pas vu d'exemplaire.) Bib. Nat. Cent. di Fienza. Bib. Troyes,
   etc.

5. **1804.** Réimprimé à la suite de la *Princesse de Montpensier*. *Voir* au
   No. 28.

6. **1860.** La Galerie des Portraits, etc....Nouvelle édition avec des notes
   par M. Édouard de Barthélemy. Paris (Didier). 1 vol. in 8⁰ de VIII–562 pp.
   p. 95. Rétablit le texte original.

   (Ce portrait a été souvent réimprimé—en tête des œuvres de Madame
   de Sévigné, dans des Recueils et dans des livres de classe.)

La Princesse de Montpensier.

7. **1662.** La Princesse de Montpensier. A Paris chez Thomas Jolly au Palais
   dans la petite salle, aux Armes d'Hollande et à la Palme, MDCLXII. Avec
   privilège du roi. 1 vol. 8⁰, 9 × 14 cm. pp. VIII–142. Privilège à Augustin
   Courbé—cédé par lui à Jolly et Billaine. Achevé d'imprimer le 20 août
   1662. B.A. Belles Lettres 13573. B.N. Y² 6613.

(M. de Barthélemy dans son édition des *Divers Portraits*, p. 95, Note 2, écrit: "Elle écrivit son roman de la *Princesse de Montpensier* en 1660" et il cite comme autorité Sainte-Beuve, *Portraits de femmes.* Mais ce dernier donne comme date de ce roman 1660 ou 1662 et note que Moreri lui attribue la date 1662, Quérard 1660. Sainte-Beuve ajoute, "Ce qu'il y a de certain c'est que la première édition publique, avec privilège du roi, est de 1662." C'est en effet la date de l'editio princeps et nous ignorons l'existence d'une édition autre que "l'édition publique.")

8. **1662.** La Princesse de Montpensier. Paris, Th. Joly. Pet. in 12º, 106 pp. chiff. (Catalogue Rochebilière, p. 381, No. 716, qui signale cette édition comme une contrefaçon de Grenoble. Pour les détails voir ce catalogue.)

9. **1662.** La Princesse de Montpensier. A Paris, chez Charles Sercy, au Palais, dans la Salle Dauphine, à la Bonne foy couronnée. Avec privilège du Roy. 1 vol. in 12º, pp. vi–142.
(Exemplaire des mêmes dimensions que le No. 7 et ayant le même nombre de pages, mais qui n'est pas de la même édition car la disposition des pages diffère. B.N. Y² 6614.)

10. **1662.** La Princesse de Montpensier. Paris, Louis Billaine. (Brunet, Supp. Probablement le No. 7 avec la page de titre modifiée. Nous n'avons pas vu d'exemplaire de cette édition.)

11. **1671.** La Princesse de Montpensier. Iouxte la copie. A Paris chez Thomas Jolly, au Palais, dans la Petite Salle, aux armes d'Hollande et à la Palme. 1 vol. in 12º, pp. 114. B.N. Rés. Y² 1544.
(Elzevier. Imprimé en gros caractères. Cité avec l'adresse à Amsterdam au catalogue de 1674. *Voir* WILLEMS, Ambroise, *Les Elzevier.*)

12. **1674.** La Princesse…etc. A Paris chez Charles Osmont au cinquième pilier de la grande salle du palais, à l'Écu de France. 1 vol. in 12º, pp. vi–144 (15 × 7/5 cm.). B.N. Y² 60777.
(Celle-ci est la seconde édition originale et comme Brunet fait remarquer doit avoir été revue par l'auteur.)

13. **1675.** Idem. Paris, Ch. Osmont, in 12º de 4 ff. prélim. non chiff. et 143 pp. chiff. (3ᵉ édition originale. Quoique la collation soit la même que pour le No. 12 l'édition est différente. Cat. Rochebilière, No. 18, p. 381. Nous n'avons pas vu cette édition.)

14. **1678.** Idem. Paris, chez Charles Osmonts (sic) dans la Grand' Salle du Palais du costé de la Cour des Aydes à l'écu de France. 1 vol. in 16º (14 × 8 cm.), pp. vi–144.
(Mêmes dimensions et pagination que le No. 12 mais non pas identique: costé (1674) devient côté (1678): estoit, étoit, etc., bien que ces changements d'orthographe n'aient pas été faits partout. B.N. Y² 69778. B.N.C.F.)

15. **1679.** Idem. A Lyon chez Thomas Amaulry rue Mercière à la Victoire. 1 vol. in 12º (14 × 8 cm.), pp. 154.
(Le Libraire au Lecteur est paginé avec le texte. Privilège de trois ans accordé à Amaulry à Lyon le 17 fév. 1679. B.N. Y² 60779.)

16. **1681.** Idem. A Paris chez Charles Osmont… 1 vol. 8º, pp. vi–146. B.M. C. 30. a. 29 (2).

17. **1684.** Idem, dans le T. III du *Recueil de pièces galantes en prose et en vers de Madame la Comtesse de la Suze et de Monsieur Pellisson.* *Voir* Recueils plus loin.

18. **1691.**
19. **1693.**
20. **1695.** ⎱Idem. *Voir* Recueils.
21. **1696.**
22. **1698.**

23. **1701.** Idem. A Toulouse. Chez Dominique Desclassan, Imprimeur juré de l'Université. 1 vol. in 12º (14/5 × 8 cm.), pp. 98. B.N. Y² 60780.

24. **1720.** Idem. Amsterdam, in 12º.
 (Page 167 de la Portefeuille de Baudot, section Romans. B. Ars. MS. 5361, et catalogue de la B. de Bordeaux No. 15990. Nous n'avons pas vu cette édition.)

25. **1723.** Idem. A Paris Quay des Augustins. Chez: Jean Musier...Jean Antoine Robinot...et Noel Pissot... 1 vol. in 8º (9 × 16 cm.), pp. x–143. B. Ars. 13574 B.L. B. Munic. de Nîmes 8815.

26. **1725.** Idem. Suze. *Voir* Recueils.

27. **1741.** Idem. Idem.

28. **1804.** Idem, par Mme de la Fayette[1]. A Paris chez Ant. Aug. Renouard. 1 vol. in 16º (17 × 9/5 cm.). (Note du Libraire, pp. 5 et 6. Texte de la *Princesse de Montpensier* jusqu'à la page 88. Portrait gravé de Madame de Sévigné. Portrait de Madame de Sévigné par Madame de La Fayette, pp. 89–95. B.N. Vélins 2906. Bel exemplaire sur vélin à grands marges, relié en maroquin bleu à dentelles et doublé de moire rose par Bradel aîné. On a tiré cette édition sur vélin et sur papier vélin.)

29. **1849.** Idem. (Livraisons 21 and 22 in 4º de 6 feuilles des *Romans illustrés anciens et modernes.* Paris, chez Maresq, rue Gît-le-Cœur. No. 1093 du *Journal de la Librairie,* 1849. Nous n'avons pas vu cette édition.)

30. **S.d.** (La Bib. publique de New York (E.U.A.) nous signale une édition du livre: Silvio Pellico—*Mes Prisons,* Paris, s.d. Racons et Cie. in Fº, qui donne aux pp. 43–48 une réimpression de la *Princesse de Montpensier.*)

 Voir aussi sous COLLECTIONS.

Zaïde.

31. **1670.** ZAYDE: histoire espagnole par Monsieur de Segrais avec un traitté de l'Origine des Romans. Par Monsieur Huet. A Paris. Chez Claude Barbin, au Palais sur le second perron de la Sainte Chappelle, MDCLXX. Avec privilège du Roi. 2 vols. in 8º (15 × 9/5 cm.), I, pp. 442.
 I. (a) De l'Origine...etc. à la page 99. (b) Zaïde, pp. 99–441. (c) Extrait du Privilège, p. 442.
 II. (a) Extrait du Privilège, pp. I–II. (b) Texte, pp. 536. B.N. Rés. Y² 1570–71.
 (La seconde partie fut publiée une année après la première.)

[1] Il est à remarquer que les éditions précédentes sont sans nom d'auteur.

32. **1672.** Idem. Suivant la Copie imprimée à Paris 1671. 2 tomes en un vol. in 8º (16 × 9/5 cm.). La page de titre est précédée par un beau faux titre gravé par R. de Hooghe. T. ɪ, pp. 154. Un feuillet blanc. T. ɪɪ, pp. 164. (ELZEVIER) B.M. 12510. b. 3.

33. **1699.** Idem. Paris, Michel Brunet. 2 vols. in 12º (15 × 7/5 cm.) de 411 et 324 pp. B. Troyes No. 5376 Belles Lettres.

34. **1700.** Zayde: Histoire Espagnole. Par M. DE SEGRAIS de l'Académie Française. Avec un Traitté de l'Origine des Romans Par M. Huet, Evêque d'Avranches. Nouvelle Edition revue et corrigée par l'Auteur. A Amsterdam, chez les Héritiers d'Antoine Schelte, MDCC. 2 tomes en un vol. in 12º (13/5 × 7/5 cm.). T. ɪ, pp. 360. T. ɪɪ, pp. 286. B.M. 634. c. 16.

35. **1705.** Idem. Paris chez Christophe David, près des Augustins... 2 vols. in 12º (16 × 9 cm.). T. ɪ, pp. ɪɪ–412. T. ɪɪ, pp. ɪɪ–324. B.N. Y² 68034–35.

36. **1705.** Idem. Paris, chez Charles Osmont... (Celle-ci n'est que l'édition No. 35 imprimée chez G. P. du Mesnil qui porte dans un cas (No. 35) le nom du libraire David, dans l'autre (No. 36) celui de C. Osmont.)

37. **1705.** Idem. Amsterdam, J. Desbordes. 1 vol. in 12º, pp. ʟxxxvɪɪɪ–416. Grav. B.R. de Belgique. (Bruxelles) Ville 69315.

38. **1715.** Idem. Réimpression du No. 37. B.M. 634. a. 17. B.N. Y² 68036.

39. **1719.** Idem. Par la Compagnie des Libraires associés. 2 vols. in 12º (16 × 9 cm.). T. ɪ, pp. 312. T. ɪɪ, pp. 324. B.N. Y² 68037–38. Exemplaire incomplet.

40. **1725.** Réimpression du No. 39. B.N. Y² 68039. B. Dijon. B. Munic. Nîmes.

41. **1764.** Idem. Par les mêmes. 2 vols. in 12º (14 × 8 cm.). T. ɪ, pp. vɪ–270. T. ɪɪ. pp. 296. B.M. et B.N.

42. **1780.** Zayde: Histoire Espagnole par Mme de la Fayette. A Paris, de l'imprimerie de Didot l'aîné. 3 tomes en 3 vols. sur vélin in 12º. ɪ, pp. 156. ɪɪ, pp. 135. ɪɪɪ, pp. 166. B.M. C. 26. c. 1, 2, 3.

   (Un des trois exemplaires imprimés sur vélin. Fait partie d'une Collection imprimée par ordre du comte d'Artois. B.N. et B.N.F. possèdent des exemplaires de cette édition, mais sur papier.)

43. **1814–15.** *Voir* COLLECTIONS.

44. **1821.** Bibliothèque d'une Maison de Campagne. Tome ʟɪx, Sixième livraison, Zayde... par Madame de la Fayette, précédée d'un traité des romans. Paris chez Lebègue... 2 vols. (T. ʟɪx et ʟx de la collection) in 12º (17 × 10 cm.). ɪ, pp. 260. ɪɪ, pp. 266. B.N. Z 42874–5.

45. **1826.** Zayde. Paris, Werdet et Lequien. 2 vols. in 32º ornés de front. gravés et de grav. New York Pub. Lib. Coll. des meill. rom. dédiée aux Dames. *Voir* COLLECTIONS.

46. **1828.** Idem. Paris, chez Dauthereau. 2 vols. in 32º: ɪ, pp. 203. ɪɪ, pp. 211. Nîmes B. Mun.

47. **1835.** Zayde...Paris, A. Derez, éditeur, au Bureau du Musée des Familles... Un vol. in 16º, pp. 176 (19 × 12 cm.). Bib. écon. et périod. des meilleurs romans. Madame de La Fayette, 2. B.N. Y² 18071.

   Et voir sous le titre COLLECTIONS.

La Princesse de Clèves.

48. 1678. La Princesse de Clèves. Tome i (sans aucun nom d'auteur). A Paris chez Claude Barbin, au Palais sur le second perron de la Sainte Chapelle, MDCLXXVIII. Avec privilège du Roi. T. i, 2 ff. prélim. non chiff. et 211 pp. chiff. T. ii, 214 pp. chiff., 1 f. blanc. T. iii, un f. pour le titre, 216 pp. chiff. T. iv, 211 pp. chiffrées (la dernière porte par erreur le no. 213) et 5 pp. non chiff. pour le priv. Pour chaque partie un en-tête gravé sur bois. Il se trouve des exemplaires sur papier réglé en rouge. B. Ars. 13508. b. 1. B.N. Trois exemplaires, mais avec d'autres gravures sur les pp. de titre.

49. 1678. Idem. 2 tomes en un vol. in 12⁰ (13 × 7/5 cm.). Lib. au lect. pp. iii. Texte pp. 197. Trois pp. priv. Iʳᵉ partie à la page 102, IIᵐᵉ partie à la p. 203, p. blanche. Fin du T. i. IIIᵐᵉ partie 1 à 100, IVᵐᵉ 101 à 197. Fin du T. ii. B.M. 12510. d. f. 4.

50. 1678. Idem. La bib. de la ville de Châteauroux possède deux parties d'une édition de chez Barbin: Iʳᵉ partie, pp. 87; IIᵐᵉ partie, pp. 84. C'est probablement une contrefaçon.

51. 1679. La bib. de l'Univ. de Yale (E.U.A.) possède un exemplaire en très mauvais état d'une édition qui aurait été publiée à Londres. (Contrefaçon française?)

52. 1688. Idem. Nouvelle édition. Amsterdam, Abraham Wolfgang. 1 vol. in 12⁰, pp. ii–417. Priv. du roi. U.B.A. K.B.D. K.L.S.

53. 1689. La Princesse de Clèves. Tome i. A Paris Chez Claude Barbin,... 4 tomes in 12⁰ (147 × 85 mm.). Achevé d'imprimer pour la seconde fois le 9 mai 1689. Collation: exactement pareille à l'édit. orig. jusqu'à la faute de pagination dans le dernier tome. (Sans nom d'auteur. L'idée, assez répandue, que cette édition porte le nom de Madame de La Fayette est sans fondement.) B.V.H.[1]

54. 1695. Amourettes du duc de Nemours et de la Princesse de Clèves. Amsterdam, Jean Wolters. In 12⁰, Brunet et Graesse. (Pas trouvée.)

55. 1698. Amourettes...Dernière édition. Amsterdam, Jean Wolters. In 12⁰, pp. ii–394. Titre gravé. K.L.S. B.R.C. B.R.B.

56. 1702. La Princesse de Clèves... Lyon, Didier Guillimin. 4 t. in 12⁰. B.V.L.

57. 1704. Idem. Paris. Par la Compagnie des Libraires associés... 3 tomes 8⁰ (17 × 9 cm.): T. i, pp. ii–103, page blanche. Premᵉ partie du roman. ii, pp. 106, dont 103 de texte. Deuxᵉ partie. T. iii, pp. 214. Troisième et quatrième parties. B.A. B. Nat.

58. 1714. La Princesse de Clèves ou les Amours du duc de Nemours Avec cette Princesse. Nouv. édit. Amsterdam, David Mortier. 1714. 1 vol. in 12⁰. K.U.B.B. K.B.D. K.B.H.

59. 1719. La Princesse de Clèves. Paris, Comp. Lib. Ass. 3 T. en un vol. in 12⁰: i, pp. vi–104. ii, pp. 105–208. iii, pp. 210. B.M. B. Nat.

60. 1725. Idem. Même pagination. Enregistré le 27 fév. 1719. B. Nat. B. Maz.

[1] La Bibliothèque de la Sorbonne vient d'acquérir un exemplaire de cette édition, devenue très rare (R. ra. 1044).

61. **1741.** Idem. ɪ, pp. 204. ɪɪ, pp. 212. B.N.

62. **1752.** Idem. Réimpression du No. 61. B.N.

63. **1764.** Id. Comp. Lib. Ass. 2 vols. in 12⁰ (14 × 8 cm.): ɪ, pp. 224. ɪɪ, pp. 224. B.A. B.M. B.N.

64. **1780.** La Princesse de Clèves par Mme de la Fayette. A Paris, de l'imprimerie de Didot l'aîné. 2 T. in 12⁰: ɪ, pp. 184. ɪɪ, pp. 166. Collection du comte d'Artois, Nos. 7–8. *Voir* le No. 42 ci-dessus. B.M. (Vélin) B.N. B.N.F.

65. **1782.** La Princesse de Clèves. A Londres. 2 vols.: ɪ, pp. 186. ɪɪ, pp. 184. Bibliothèque amoureuse. K.L.S.

66. **1791.** Idem. Londres, ᴍᴅʟxxxxɪ (sic). 2 T. in 12⁰ (13/5 × 8/5 cm.): ɪ, pp. 164. ɪɪ, pp. 160. B.M.

67. **1798.** Idem. Paris Chez Lemierre, Raphaël et Bertrandet. An VII. ɪ, pp. 172. ɪɪ, pp. 171, in 12⁰. B.R.C.

68. **1818.** Id. par Mme de la Fayette. Paris, Ménard et Desenne Fils. 1 vol. in 18⁰ (13 × 8/5 cm.), pp. 298. Quatre gravures. B.M. B.N.

69. **1825.** Idem. Paris, Corbet aîné. 1 vol. in 12⁰ (15 × 9 cm.), pp. 270. Bibliothèque française. B.N.

70. **1828.** Réimp. du No. 64. Nous n'avons pu trouver d'exemplaire de cette édition signalée par Graesse et Taine.

71. **1828** (?). Cette édition signalée par Taine est la même que le No. 69. Elle est mentionnée (No. 5181) dans le *Journal de la Librairie* de cette année avec la date 1825 entre parenthèses.

72. **1830.** Idem. Au bureau des éditeurs, Rue Saint-Jacques, No. 156. 1 vol. in 12⁰ (14 × 8/5 cm.), pp. 272. Notice sur Mme de La Fayette, pp. 1–8. Bib. des amis des lettres, 205ᵉ livraison. B.N.

73. **1853.** Idem. Paris, Bureau de la Bib. Choisie, 28 rue des Bons Enfants. 1 vol. in 12⁰ (15/5 × 9/5 cm.), pp. 186. B.N.

74. **1861.** Idem. Paris, Adolphe Delahays.·.. 1 vol. in 12⁰ (16/5 × 10/5 cm.), pp. 186. B.N.

75. **1868.** Idem. Paris, Picard... 1 vol. in 12⁰ (16 × 10 cm.), pp. ᴠɪɪɪ–238, Table. Nouvelle collection Jannet. B.M. B.N.

76. **1877.** Réimp. du No. 75 chez Lemerre. B.N.

77. **1878.** Idem. Paris, Quantin. 1 vol. in 12⁰ (20 × 12 cm.), pp. 394. Préf. de Taine, Eaux fortes de Masson, Facsim. d'écriture. Le style a été modernisé mais on trouve les variantes à la fin. Bibliog. Vol. 3 de la Petite bib. de luxe. B. Sorb. etc.

78. **1881.** Idem, précédée d'une étude par M. de Lescure. Front. gravé par Lalauze. Paris, Lib. des Biblioph. 1 vol. in 12⁰ (18 × 11 cm.), pp. ʟxxɪɪ–232. Bib. des Dames, No. 2. B.N. etc.

79. **1881.** Idem. Paris, Lib. de la Bib. Nat. 1 vol. in 12⁰ (14 × 9 cm.), pp. 192. Bib. Nat. Coll. des meill. auteurs anc. et mod. B.N. etc.

80. **1881.** Réimp. du No. 75. Coll. Jannet-Picard.

81. **1889.** La Princesse de Clèves, Préf. par Anatole France. Un portrait front. et 12 compos. de Garnier gravées par Lamotte. Paris, Conquet. 1 vol. in 8º (20/5 × 13/5 cm.), pp. xxviii–346. B.N. etc.

82. **1890.** Réimp. du No. 79. N.Y.P.L.

83. **1891.** Réimp. du No. 75 sous le titre—No. 202 des Auteurs Célèbres. B.N.

84. **1892.** Réimp. du No. 79.

85. **1895.** Idem.   } B.N.

86. **1897.** Idem.

87. **1908.** La Princesse de Clèves...Paris, Bauche. 1 vol. in 8º, pp. xxii–102. Intro. par Pierre Sales, Gravures sur bois.

88. **1909.** Œuvres de Mme de la Fayette, La Princesse de Clèves, avec une notice par Maxime Formont. Paris, Lemerre. 1 vol. in 12º (Elzév.), pp. xxxvi–270. Port. front. Petite bib. litt.

89. **1912.** La P. de C. Paris, Perche. 1 vol. in 12º, pp. xliii–227. Intro. et note bibliog. par Auguste Dorchain. Chefs-d'œuvre de poche, No. 4.

89bis. **1913.** La Princesse de Clèves. Décoré d'un portrait de l'auteur à l'eau forte et au burin et de 14 grav. sur bois originales de T. L. Perrichon. Paris, Pelletan. In 8 carré, pp. 289.

89ter. **1914.** La P. de C. Paris, Collection des chefs-d'œuvre (Farreyrol) in 16º, pp. 304. (Tirée à mille exemplaires.)

90. S.d.   Une réimp. hollandaise du No. 49 souvent attribuée aux Elzevier, mais qui serait de Wolfgang d'après Willems (*Les Elzevier, Voir* le No. 1923). B.M.

91. S.d.   Les Amours de la Princesse de Clèves et du Duc de Nemours, s.l. In 12º, pp. 252 et 1 f. non chiff. pour le priv. B.U.G.

92. S.d.   La Princesse de Clèves. A Lyon, chez Antoine Besson, pp. 347, 1 p. priv., 7 pp. catalogue. 1 vol. in 12º. K.U.B.B.

    (MM. Chamard et Rudler préparent, en ce moment, une édition critique de la P. de C.

    La maison Crès avait annoncé la publication de ce roman dans la série des Maîtres du livre. Elle est abandonnée.)

Voir aussi COLLECTIONS.

Histoire de Madame Henriette d'Angleterre.

Manuscrits.

A. Histoire p....par Madame de la Fayette. Récit de la mort de Madame par le Sr. Feuillet. B. Arsenal, 4141 (665 H.F.).

    Papier, 231 pp.+les pp. A–C. 212 sur 165 mm. Écriture du XVIIe siècle. Port. grav. d'H. d'A. par Grignon. Notes en marge. De la bib. de M. de Paulmy. Antérieurement ex musaeo du Tilliot anno 1700.

B. Histoire de Madame Henriette... Copie soignée de la fin du XVIIe siècle. Papier, 113 ff. 268 sur 180 mm. Bib. de Besançon.

Éditions.

93. **1720.** HISTOIRE DE MADAME HENRIETTE D'ANGLETERRE. Première femme de Philippe de France, Duc d'Orléans, par Dame Marie de la Vergne, Comtesse de la Fayette. A Amsterdam, chez Michel Charles le Cêne, MDCCXX. Un vol. in 12º (15/5 × 9/5 cm.), pp. vi–224, 24 pp. catalogue de la Maison le Cêne. B.M. B.N.

94. **1720.** Idem, mais de 220 pp. B.N. Y² 46320.

95. **1721.** Idem. A Amsterdam chez Michel le Sincère. Un vol. in 12º, pp. VIII–240. B.V.L. N.Y.P.L.

96. **1742.** Idem. Amsterdam, Jean F. Bernard. Un vol. in 8º (16 × 9 cm.), pp. VI–220. A la fin on trouve les lettres relatives à la mort de Madame. B.M. B.D.

97. **1853.** Idem. Paris, Hachette (Bib. des Chemins de fer). 1 vol. in 18º de VIII–127 pp. K.B.B. B.R.B.

98. **1853.** Idem, publiée par A. Bazin. Paris, Techener. 1 vol. in 16º (16 × 10 cm.), pp. CXCI. Bazin supprima les lettres relatives à la mort de Madame. Port. front. B.M. B.N.

99. **1882.** Idem, avec une introduction par Anatole France. Paris, Charavay. 1 vol. in 12º, pp. LXXXIV–188. Port. de M. H. d'A. Lettres relatives... Frag. de: *Les Amours du Palais Royal.* Lettre de Mme H. d'A. (Bib. des Français.)

Voir après MÉMOIRES.

Voir aussi COLLECTIONS.

Mémoires de la Cour de France, 1688–1689.

100. **1731.** MÉMOIRES DE LA COUR DE FRANCE pour les années 1688 et 1689 par Madame la Comtesse de La Fayette. A Amsterdam chez Jean Fréderic Bernard. Front. grav. 1 vol. in 12º (16/5 × 9 cm.), pp. 234. B.M. B. Maz.

101. **1742.** Idem. Réimpression. B.M. B.N.

Histoire et Mémoires ensemble.

102. **1779.** Œuvres diverses de Madame la Comtesse de la Fayette. Maestricht, J. E. Dufour et P. Roux. I, Mme H. d'A. pp. XII–210. II, Mém. pp. II–224. 2 vols. in 12º (18 × 10 cm.). B.N.

103. **1779.** Quérard signale une édition pareille à la précédente, mais publiée à Berne. Nous n'avons pas pu en trouver un exemplaire.

104. **1820.** Dans la collection Petitot, Tomes 64–65.

105. **1839.** Id. Michaud et Poujoulat, Tome VIII.

106. **1890.** Avec préface, notes et tables, par Eugène Asse. Paris, Jouaust. 1 vol. (17 × 11 cm.), pp. XXII–302. Bib. des Mémoires.

Voir COLLECTIONS.

La Comtesse de Tende.

107. **1724.** La comtesse de Tende, Nouvelle historique, par Madame de La Fayette, *Mercure de France,* Juin, 1724, pp. 1267 à 1291.

La date 1720, donnée par toutes les bibliographies vues au cours de nos recherches, est inexacte.

Voir COLLECTIONS.

COLLECTIONS.

Manuscrits.

108. Bib. Munic. de Nîmes, 235 (13883).
    (*a*) Hist. de Henriette d'Angleterre.
    (*b*) pp. 79–112. La Princesse de Montpensier.
    (*c*) pp. 113–128. La Comtesse de Tende.

Papier, 128 pp. Hauteur 197 mm., XVIIᵉ siècle. Sur la première page la note suivante: Mlle d'Aubais ce 7 décembre 1728. Sur les plats un ex libris: Bib. du Marquis d'Aubais.

109. Bib. de Sens 221, p. 292: (a) Histoire de Henriette d'Angleterre, (b) La Comtesse de Tende. Papier, 460 pp., 263 sur 190 mm., XVIIIᵉ siècle.

Éditions.

110. **1741.** Bib. de Campagne ou Amusements de l'esprit et du cœur. A La Haye, Jean Neaulme, in 12º. T. ɪᴠ, pp. 257. La Comtesse de Tende. T. ᴠ, pp. 209–354. La Princesse de Clèves. T. xɪɪ (1742), pp. 111–146 La Princesse de Montpensier. B.N.

111. **1749.** Idem. Nouv. éd. T. ᴠ, pp. 1–292, C. de T. et P. de M. T. ᴠɪɪɪ, P. de C. T. x, Zayde.

112. **1761.** Idem. Genève. ᴠ, Zayde. ᴠɪɪ, P. de C. ᴠɪɪɪ, C. de T., P. de M. B.R.B.

113. **1775–1776.** Bib. Univ. des romans anciens et modernes...Paris (161 × 97 mm.). T. ɪᴠ, p. 156, Zaïde. T. ᴠ, p. 129, P. de C. T.C.D.

114. **1786.** Œuvres de Madame de la Fayette. Amsterdam et Paris. 8 tomes en 4 vols. in 12º (14/5 × 7/5 cm.). Vol. ɪ: pp. 1–36, Notice par Delandine; pp. ɪ–xcᴠɪɪɪ, L'origine des romans (Huet); p. 122, Zayde. Vol. ɪɪ: Zayde, suite et fin; p. 254, La P. de C. Vol. ɪɪɪ: La P. de C., suite et fin; La P. de M.; Lettres à Mme de Sévigné; Portrait de Mme de Sévigné. Vol. ɪᴠ: Mém.; Hist. de Mme H., lettres relatives... Bib. Nat.

115. **1804.** Œuvres complètes de Mesdames de la Fayette et de Tencin. Nouv. éd....etc. Paris, chez Colnet...etc. 5 vols. in 8º (20 × 13 cm.). ɪ: Notice par Auger; Orig. des Romans; Zayde; Port. front. de Mme de la F. ɪɪ: P. de C.; C. de T.; P. de M.; Mém. ɪɪɪ: Mémoires, suite et fin; Hist. de Mme H., Lettres relatives...; Lettres à Mme de Sévigné; Extraits de lettres diverses de Mme de la Fayette; Portrait de Mme de Sévigné.

116. **1807.** La Princesse de Clèves, suivie des lettres à Madame la Marquise de...sur ce roman et de la Comtesse de Tende. Paris, Ange Clo. 2 vols. in 12º (18 × 10 cm.). B.N.

117. **1812.** Œuvres complètes de Madame de la Fayette, nouv. éd....Paris, d'Hautel. 5 vols. in 12º (14 × 8/5 cm.). ɪ: Notice, 28 pp.; Orig. des romans; Zayde. ɪɪ: Zayde, suite et fin. ɪɪɪ: La P. de C. ɪᴠ: P. de C., suite et fin; C. de T.; P. de M.; Mém. ᴠ: Mémoires, suite et fin; Hist. de Mme H., Lettres relatives...; Lettres à Mme de Sévigné; Portrait de la même. B.N. B.M.N.

¹118. **1814.** Collection des meilleurs ouvrages de la langue française dédiée à son altesse royale Madame, duchesse d'Angoulême... Paris, Didot l'aîné. La P. de C. suivie de la P. de M.... 2 vols. ɪ, pp. ᴠɪ–156. ɪɪ, pp. 209. U.B.L. Zaide... 2 vols. B.V.N.

119. **1820.** Œuvres complètes de Mesdames de la Fayette, de Tencin et de Fontaines. Avec...notices...par Auger. Paris, Lepetit. 4 vols. in 8º

¹ Voir dans la *Revue d'Histoire littéraire de la France*, 21ᵉ année, No. 1, janvier-mars, 1914, pp. 237–238: une note de M. René Harmand.

(20 × 13 cm.), Gravs. ɪ, pp. 382: Orig. des Romans; Zaïde. ɪɪ, pp. 526: P. de C.; C. de T.; P. de M.; Mém.; Hist. de Mme H., Lettres relatives...; Idem à Mme de Sév.; Portrait de Mme de Sév.

120. **1823.** Graesse signale une édition plus complète de la précédente.

121. **1823.** Mémoires de la cour de France...Paris, Colnet...Pillet aîné... 1 vol. in 18º (13/5 × 8 cm.), pp. 222. Notice d'Auger; Mém.; Portrait de Mme de Sévigné; Coll. des Mém. hist. des Dames françaises. 13ᵉ liv. B.N.

122. **1825.** Œuvres complètes de Mesdames de la Fayette, de Tencin et de Fontaines...notices...Etienne et Jay...Paris, P. A. Moutardier. 5 vols. in 8º. ɪ: Notice par Jay; Orig. des Romans; Zaïde; pp. xʟɪv–418. ɪɪ: P. de C.; C. de T.; P. de M.; Mém.; Table; pp. 424. ɪɪɪ: Mém. suite et fin; Hist. de Mme H., Lett. rel....; Lett. à Sév.; Port. de Sév.; pp. 436. B.N.

123. **1826.** La Princesse de Clèves suivie de la princesse de Montpensier...Paris, Werdet... 2 vols. in 16º (12 × 8 cm.), Gravs. ɪ: pp. xvɪ–170. ɪɪ: pp. 232. Coll. des meill. rom. franç. dédiée aux Dames. B.N. Zaïde, 2 vols. N.Y.P.L.

124. **1827.** Idem, chez Dauthereau. 2 vols. in 16º (12 × 8 cm.). ɪ, pp. vɪɪɪ–168: Lettre de Fontenelle tirée du *Mercure*; P. de C. ɪɪ, pp. 222. Coll. des meill. rom. franç. et étrangers. B.N.

125. **1832.** Réimp. du No. 122. B.N.

126. **1835.** Idem. Paris, A. Desrez... 1 vol. in 8º (20 × 12/5 cm.), pp. xɪɪ–164. Bib. écon. et périod. des meilleurs romans. B.N.

127. **1846.** Œuvres choisies de Madame de La Fayette...Paris, Au Bureau de la Gazette des Femmes. 2 vols. in 8º (12 × 16 cm.). ɪ, pp. 264: C. de T.; P. de M.; H. d'A.; P. de C. ɪɪ, pp. 152: P. de C. Bib. des Dames. B.N.

128. **1859.** La Princesse de Clèves suivie de La Princesse de Montpensier... 1 vol. in 18º, pp. xɪɪ, Lettre de Fontenelle–322. B.N.

129. **1864.** Œuvres de Madame de la Fayette. Gravures sur acier d'après les dessins de G. Staal. Paris, Garnier Frères. 1 vol. in 8º (23 × 14/5 cm.), pp. xvɪ, Notice par Auger–510. Bib. Amusante. Zaïde; P. de Cl.; P. de M.; C. de T.; Lettres à Mme de Sév.; Portrait de Mme de Sév.; Orig. des Romans. B.M.

130. **1875.** Réimp. de la précédente. B.N.

131. S.d. (1882). Romans et nouvelles de Madame de la Fayette...Préf. d'Auger. Paris, Garnier. 1 vol. in 16º (18 × 11 cm.). Front. sur bois. pp. xvɪɪ–484. Zaïde; P. de C.; P. de M.; C. de T.

132. **1896.** La Fayette's La Princesse de Clèves. Edited with introduction and notes by B. F. Sledd and J. H. Gorrell. 12º. xɪɪ–152 pages. Boston, É.U.A. et Londres.

133. **1905.** Mémoires de Mme de la Fayette. Précédés de la Princesse de Clèves. Paris, Ernest Flammarion, s.d. (1905). 1 vol. in 16º, pp. 374. Mém. H. d'A.; P. de C.; Notice de deux pages en tête; Port. et facsim. d'autogr.

134. **1910.** La Princesse de Clèves suivie de La Princesse de Montpensier et de La Comtesse de Tende. Avec biographie et notes par L. Coquelin, et 7 grav. dont deux hors texte. 1 vol. in 16º, pp. 179. Bib. Larousse.

¹135. S.d. La Princesse de Clèves (La Princesse de Montpensier. La Comtesse de Tende). Introduction par Mme Lucie Félix-Faure Goyau. 1 vol. in 16°, pp. xɪv–302. Collection Gallia. Londres (Dent). Paris (Crès).

RECUEILS ET EXTRAITS.

136. **1684.** Recueil de pièces galantes en prose et en vers de Madame la comtesse de la Suze et de Monsieur Pélisson. Augmenté de plusieurs pièces nouvelles de divers autheurs. A Paris chez G. Quinet. 4 vols. in 12°. Le Tome ɪɪɪ contient à la page 193 La Princesse de Montpensier par Mme de La Fayette.

137. **1691.** Idem, chez Guillaume Cavelier... Identique au No. 136 quant au Tome ɪɪɪ.

138. **1693.** Idem.

139. **1695.** Idem. Lyon chez Claude Rey... Idem.

140. **1696.** Idem, chez Guillaume Cavelier. Idem.

141. **1698.** Idem.

142. **1725.** Idem. Nouvelle édition. A. Trévoux... Tome ɪɪɪ, p. 209.

143. **1741.** Idem. Nouvelle édition à laquelle on a joint le voyage de Bachaumont, les poésies du Chevalier d'Aceilly ou de Cailly...etc. Semblable au No. 142.

144. **1741.** Idem.

145. **1775–1789.** Bib. univ. des romans, ouvrage périodique... 12 vols. in 12°. Paris. Nov. 1775. p. 156, Notice, extrait de Zaïde, extrait de la P. de M. Jan. 1776. p. 129, Critique et, à la p. 186, extrait de la P. de C. p. 214, La C. de T.

146. **1886.** Jacquinet. Les femmes écrivains. Paris, Bélin. 8°, pp. 176–7–8. Notice et extr. de Zaïde, P. de C., H. d'A., Portrait, Deux lettres à Mme de Sév.

147. **1891.** La Cour de France au XVIIᵉ siècle par Mme de La Fayette. Angers, Burdin. Une broch. de 36 pp. in 8°.

148. **1894.** Morillot. Le roman en France depuis 1610 jusqu'à nos jours. Paris. Notice et extr.

149. **1897.** Madame de la Fayette Paris, Ollendorf. 1 vol. in 16°, pp. xʟ–292. Série: Coll. pour les jeunes filles; Choix de mém. et écrits des femmes fr. au XVIIᵉ, XVIIIᵉ, et XIXᵉ siècles avec leurs biog. par Mme Carette, née Bouvet; Notice, Préf. de l'Hist. de H.; Hist. de Mme H., Lettr. rel.; Mém.; Lettre à Mme de Sév.; Extr. de lettres diverses; Portrait.

150. **1903.** Bonnefon, Paul. La Soc. fr. au XVIIᵉ siècle. Paris, Colin. 1 vol. in 16°. Extr. des Mém. pp. 339–344.

151. S.d. Mme de la Fayette. La Princesse de Clèves. Paris, Cornély. Une brochure de 32 pp. qui donne des bribes du roman reliées entre elles par du français du XIXᵉ siècle. Les paragraphes qui sont à Mme de La F. ne sont pas marqués. Le livre pour tous. Nouv. série, 10 c.

152. S.d. Les femmes auteurs de mémoires au XVIIᵉ siècle (Mmes de Motteville, de la Fayette, et de Caylus). Pithiviers, M. A. Nameless. Une brochure de 20 pp.: pp. 6–7, Un paragr. sur la Princesse Henriette: pp. 7–10, La mort de Mme. Portrait de Mme de La Fayette sur la couverture.

¹ On a pris de grandes libertés avec le texte de la P. de C.

CORRESPONDANCE.

Lettres publiées seulement. La correspondance de Mme de La Fayette est éparse dans des collections particulières et dans des bibliothèques hors de France. La place nous manque pour détailler celles dont nous avons appris l'existence au cours de nos recherches. Nous espérons pouvoir en faire un recueil après la publication de cette étude.

153. **1709.** Lettre écrite par Madame de la Fayette où elle fait parler un amant jaloux à sa maîtresse. Aux pp. 151, 152 des *Lettres* de Bussy-Rabutin. Paris, Florentin Delaulne. In 12º. B. Sorb.

154. **1751.** Recueil de lettres choisies pour servir de suite aux lettres de Mme de Sévigné à Mme de Grignan, sa fille (Card. de Retz, duc de La Rochefoucauld, Mme de La Fayette, etc.). Paris, Rollin. In 12º. B. Tr.

155. **1805.** Lettres de Mmes de Villars, de Coulanges et de la Fayette; de Ninon de l'Enclos et de Mlle Aïssé. Paris, Collin, an XIII. 2 vols. in 12º. B.P.V.N.

156. **1805.** Lettres de Mesdames de Villars, de la Fayette et de Tencin et de Mlle Aïssé. Précédées d'une notice et accompagnées de notes explic. Paris, Collin. In 12º, pp. XLVII–366. B.U.G. B.M.N.

157. **1806.** Lettres de Mmes de Villars, de la Fayette, de Tencin, de Coulanges, de Ninon de l'Enclos, et de Mlle Aïssé. Acc. de notices biog., de notes explic. et de La Coquette Vengée par Ninon de l'Enclos. 3e éd. Paris, Collin. 3 vols. in 12º. Lettres et port. de Mme de Sév. B.N.

158. **1818.** Lettres de Mme de Sévigné de sa famille et de ses amis pub. par Monmerqué. Paris, Blaise. 12 vols in 12º. B. Tr.

159. **1821.** Delort, J. Mes voyages aux environs de Paris. Paris, Picard-Dubois. 2 vols. 8º. Contient huit lettres de Mme de La Fayette à Mme de Sablé tirées des Portefeuilles de Valant (Bib. Nat.) avec un fac. de la première.

Outre les éditions citées plus loin, ces lettres ont été publiées en partie par: Sainte-Beuve, Portraits de Femmes; Gérusez, Plutarque fran. IV, p. 304; Victor Cousin, Mme de Sablé; M. C. Trochon, dans Anal. juris pontificii, sept.-oct. 1876, et dans le Correspondant, T. CV, pp. 869 et 1079 et T. CVI, 1080.

160. **1823.** Collection épistolière des femmes célèbres du siècle de Louis XIV, suivie des souvenirs de Mme de Caylus pour faire suite aux lettres de Mesdames de Sévigné, Maintenon, du Deffant, Lespinasse et du Châtelet. Tome I contenant les lettres de Mesdames de Villars, de la Fayette et de Tencin. Paris, Chaumerot jeune. Cette coll. devait avoir 10 vols., quatre seulement ont paru.

161. **1855–6.** Fournier (Édouard), Variétés historiques et littéraires. Recueil de pièces volantes rares et curieuses en prose et en vers. Revues et annotées... Paris, Pagnerri, Bib. elzév. T. IX, pp. 117–129. Les mêmes lettres qu'au No. 159. U.B.L.

162. **1863.** Réimp. du No. 161.

163. **1863.** Bulletin du Bibliophile, 1862, pp. 977–8. Deux lettres de Mme de La Fayette à Ménage.

164. **1870.** Huit lettres de Mme de la Fayette à Mme de Sablé. Paris, Libr. des Biblioph. (Jouaust) Plaquette. 2 ff. blancs, 14 pp. y compris titre et avertissement non signé. B. du H. (Publiées pour servir de spécimen aux ouvrages en prose que devait publier le Cab. du Bibliophile.)

165. **1876.** Bulletin du Bibliophile, p. 258. Une lettre.

166. **1878.** Fillon, Inventaire...de la collection...Fillon. Paris, Charavay. pp. 88, No. 1003. Billet, in extenso.

167. **1879.** Henry (Charles). Un érudit homme du monde, homme d'église, homme de cour, 1630–1671. Lettres inédites de Mme de La Fayette... extraits de la correspondance de Huet. Paris, Hachette. 1 vol. 8°.

168. **1879.** Rassegna settimanale, 30 mars (Turin). Une lettre.

169. **1880.** Curiosità di storia subalpina... Turin (Bocca frères). 8°. Lettere inedite di Madama di La Fayette e sue relazioni con la Corte di Torino. Une collection de lettres adressées au secrétaire de Madame Royale.

170. **1890.** Revue des deux mondes, 15 mai. Un article de M. d'Haussonville qui reproduit quelques lettres de la collection Feuillet de Conches.

171. **1901.** Lanson, G. Choix de lettres du XVIIe siècle... vi^e éd. Hachette, etc. etc.

Voir aussi COLLECTIONS.

TRADUCTIONS.

Allemandes.

172. **1789–94.** Une traduction des Romans, 3 vols. in 8° dont nous n'avons retrouvé que: 1794, Henriette von England. Deutsch herausgegeben von Fr. Schulz. Berlin. 1 vol. 8° (14 × 9 cm.), pp. XXIV–256. B.M.

173. Werke. 2 vols. 8° (Kay, Buch-Lex. Vol. 1750–1832, p. 457). La même édition que la précédente?

Anglaises.

174. **1666.** The Princesse of Montpensier. Written originally in French and now newly rendered into English. London. 1 vol. in 8° (16/5 × 10/5 cm.), pp. VIII–84. B.M.

175. **1678.** Zayde. A Spanish History or Romance Originally written in French by Monsieur Segray done into English by P. Porter, Esq. London (William Cademan). 2 Tomes en 1 vol. in 8° (18 × 11/5 cm.). I, pp. XII–176. II, pp. 192. B.M.

176. **1679.** The Princess of Cleves. The most famed Romance written in French by the greatest Wits of France. Translated into English by a Person of Quality, at the request of some friends. London, R. Bently, M. Magnes. 1 vol. in 12° (17 × 10/5 cm.), pp. 259. B.N.

177. **1688.** Une réimp. de la précédente. Identique.

178. **1690.** Seconde éd. du No. 175. London (Francis Saunders). 1 vol. in 8°, pp. VI–272 (16/5 × 10 cm.). B.M.

179. **1722.** A select collection of novels, in six volumes, by the most celebrated authors in several languages. Many of which never appeared in English before; and all New translated from the originals. By several eminent hands. London, Printed for J. Watts... 6 vols. in 12º (16 × 10 cm.). I: Front., XVI–LII, Orig. des Rom.–266, Zaïde. Imprimé en 1720. II: Front., 214 pp., P. de Clèves. IV + 412 pp. dans le vol. B.M.

180. **1729.** Idem, The second edition adorn'd with CUTTS. 6 vols. in 12º. I: VI–338, Zaide, Orig., etc. II: pp. 360, 172 pour la P. de C. B.M.

181. **1777.** A collection of novels selected and revised by Mrs Griffith, London, printed for G. Kearsley... 3 vols. in 12º, Grav. (17 × 10). I: Intro., Zayde, Caractère de Zayde et anecdotes sur l'auteur par l'éditeur (c.-à-d. sur Segrais). II: pp. 278, 196 pour Zayde. III: La P. de C.; Notes sur la P. de C. pp. II, 268, 158 pour la P. de C. B.M.

182. **1796.** Watt signale une traduction d'Henriette d'Angleterre publiée à Londres. In 12º. Nous ne l'avons pas retrouvée.

183. **1892.** The Princess of Cleves by Madame de la Fayette, translated by Thomas Sergeant Perry with illustrations drawn by Jules Garnier... London, Osgood, McIlvaine and Co. 2 vols. I, pp. 181, Préf. par Pierre Lafitte, Pts 1 et 2. II, pp. 295. B.M. (Pap. du Japon, 250 ex. 25 seulement pour l'Angleterre.)

184. **1912.** La même que la précédente. London, Harper Bros. 1 vol. Cr. 8º, pp. 380.

Espagnole.

185. **1888.** Cartas escogidas de Madama de Sévigné...retrato de Madama di Sévigné por Madama de La Fayette bajo el nombre de "un desconocido." Paris, Garnier. 1 vol. 8º.

Hollandaise (?).

186. **1718.** Zaida. Amsterdam (Lescailje). 1 vol. 8º, VI–62. B.R.B.

PIÈCES TIRÉES DES ROMANS.

Françaises.

187. **1678.** La Princesse de Clèves. Tragédie de Boursault. 20 déc. 1678. Non imprimée. (Frères Parfait, Hist. du Th. fr. XII, p. 558.)

188. **1718.** Comédie. L'Amour maître de Langue. Th. Italien (Bib. Univ. Romans, nov. 1775, p. 166).

189. **1755.** Bret. La jalouse (? Le jaloux). Comédie tirée de Zaïde.

190. M. Jules Lemaître a tiré une pièce de la Princesse de Clèves. *Voir* Théâtre, III (Calmann-Lévy).

Anglaise.

191. **1697.** Lee, Nathaniel. The Princesse of Cleves as it was acted at the Queen's Theatre in Dorset Garden, London (Wellington). B. Cantab. XIV. 16. 10.

BIBLIOGRAPHIE.

Barbier, A. Dict. des ouvrages anonymes. Paris, 1872. 4 vols. 8º et un supp. T. I, Colonne 143. T. III, Col. 1025.

British Museum, Catalogue du.

Brunet, Manuel du Libraire, etc.

Bure, Guill. de. Pour *Caraccio voir* Ouvr. consultés.

Claudin, A. Bibliographie...Rochebilière. Paris, 1892.

Grande Encyclopédie, La.

Lalanne et Bordier. Dict. de pièces autogr. volées aux bib. pub. de la France. Paris, 1851, 1 vol. 8°, p. 177.

Lanson, G. Manuel bibliographique... Paris, 4 fasc. in 8°, Fasc. II, pp. 515–16.

Le Petit, Jules. Bibliog. des principales éditions orig.... Paris, 1888, 8°, pp. 346–351.

Quérard. La France litt.... Paris, 1830, T. IV, pp. 390–392.

Quérard. Les supercheries litt.... Paris, s.d. 2e éd. 3 vols. 8°, III, Col. 624.

(Ungherini, A.) Manuel de Bibliog.... Turin-Paris, 1892. 1 vol. 8° et deux supp.

Vallée, Léon. Bibliogr. des Bibliogr. Paris, 1883.

Vapereau. *Voir* Appendice, p. 265.

Vicaire, Georges. Manuel de l'Amateur des livres...1900, 8°, Tome IV, Col. 863–868.

Willems, Alphonse. Les Elzevier... Bruxelles, 1880, 1 vol. gr. 8°.

ICONOGRAPHIE.

Au département des Estampes de la Bibliothèque Nationale.

Treize Portraits.

1. En buste de ¾ à gauche dans un ovale. Lith. anonyme.
2.   idem   à droite.   Lith. Belliars d'après Ferdinand.
3.   idem   à gauche.   Grav. par D.
4.   idem   à droite dans un ovale. Gr. Delaunay le jeune d'ap. Ferd.
5.   idem   id.   Lith. Delpech.
6.   idem   id.   id.   Suite de Desrochers.
7. À mi-corps de ¾ à gauche.   Grav. Fessard d'ap. Ferdinand.
8. En buste de ¾ à gauche dans un ovale. Lith. par Hesse.
9.   idem   à droite. Grav. par Lambert d'après Ferdinand.
10.   idem   à droite. Grav. au trait sous la direction de Landon d'ap. Fd.
11.   idem   à gauche. Bord. ovale. Grav. Mottet d'après Dévéria.
12. À mi-corps assise de ¾ à droite. Grav. par Riffaut.
13. En buste de ¾ à gauche. Lith. Villain, 1841.

Voir à ce sujet le cat. de cette coll. par Duplessis...Paris, 1907, 8°, No. 25159.

D'autres mentions dans: Lelong, Jacques, *Bib. hist. de la France*...1775, F°, IV, 184; Tardieu, Ambroise, *Dict. icon. des Parisiens*, Herment, 1885; *The Historical Gallery*, Londres, 1815, T. III, Cook d'ap. Ferd.; *Panthéon français* par Sudré, Paris, 1825, F°, Port.; *Plutarque français*, Éd. Mermichet, Paris (Crapulet), 1836–41, 8°.

APPENDICE I

Le Cardinal de Retz et Mlle de La Vergne

Toute cette aventure dont on a tiré des conclusions un peu trop hâtives, nous est surtout connue par les *Mémoires* du Cardinal. Nous lui laisserons la parole le plus souvent, mais, auparavant, une observation s'impose: de Retz raconte tout au long dans ses mémoires nombre d'affaires galantes. Il n'est jamais effleuré par le moindre remords, et s'il fait un récit complaisant de ses débauches ce n'est pas pour s'humilier devant le lecteur et la postérité[1]. Au contraire il jubile au souvenir de ses succès, il en tire vanité, et ne sait pas taire les noms de ses conquêtes[2]. Voici donc, d'abord, comment il parle de ses relations avec Mlle de La Loupe.

"Mme de la Vergne, mère de Mme de la Fayette et qui avoit épousé en secondes noces le chevalier de Sévigné, logeoit où loge présentement Madame sa fille[3]. Cette Mme de la Vergne étoit honnête femme dans le fond, mais intéressée au dernier point et plus susceptible de vanité pour toute sorte d'intrigue, sans exception, que femme que j'aie jamais connue. Celle dans laquelle je lui proposai, ce jour là, de me rendre de bons offices étoit d'une nature à effaroucher d'abord une prude. J'assaisonnai mon discours de tant de protestations de bonne intention et d'honnêteté, qu'il ne fut pas rebuté; mais aussi ne fut-il reçu que sous les promesses solennelles que je fis de ne prétendre jamais qu'elle étendît les offices que je lui demandois au-delà de ceux qu'on peut rendre en conscience, pour procurer une bonne, chaste, pure, simple et sainte amitié. Je m'engageai à tout ce que l'on voulut. L'on prit mes paroles pour bonnes, et l'on se sut même très bon gré d'avoir trouvé une occasion toute propre à rompre, dans la suite, le commerce que j'avois avec Mme de Pommereux, que l'on ne croyoit pas si innocent. Celui dans lequel je demandois que l'on me servît ne devoit être que tout spirituel et tout angélique; car c'étoit celui de Mlle de la Louppe que vous avez vue depuis sous le nom de Mme d'Olonne. Elle m'avoit fort plu quelques jours auparavant dans une petite assemblée qui s'étoit faite dans le cabinet de Madame; elle étoit jolie, elle étoit belle, elle étoit précieuse par son air et *par sa modestie*. Elle logeoit tout proche de Mme de la Vergne; elle étoit amie intime de Mademoiselle sa fille; elles avoient même percé une porte par laquelle elles se voyoient sans sortir du logis. L'attachement que M. le

---

[1] Pour être exact, disons que c'était à *une lectrice* que les mémoires s'adressaient.

[2] Si l'on est curieux de connaître quels étaient les charmes du galant cardinal voici son portrait, d'après Tallemant (v. 179): "Jean François de Gondy...est un petit homme noir qui ne voit que de fort près, mal fait, laid et maladroit de ses mains à toutes choses."

[3] Rue de Vaugirard.

chevalier de Sévigné avoit pour moi, l'habitude que j'avois dans sa maison, ce que je savois de l'adresse de sa femme contribuèrent beaucoup à mes espérances. *Elles se trouvèrent fort vaines par l'événement*; car bien que l'on ne m'arrachât pas les yeux, bien que l'on ne m'étouffât pas à force de m'interdire les soupirs, bien que je m'aperçusse à de certains airs, que l'on n'étoit pas fâché de voir la pourpre soumise, toute armée et toute éclatante qu'elle étoit, *l'on se tint toujours sur un pied de sévérité ou plutôt de modestie* qui me lia la langue, quoiqu'elle fût assez libertine, et qui doit étonner ceux qui n'ont point connu Mlle de la Louppe, et qui n'ont ouï parler que de Mme d'Olonne. Cette historiette, comme vous voyez, n'est pas trop à l'honneur de ma galanterie[1]."

Loin de la condamner, ce récit nous paraît tout à l'honneur de la jeune fille, qui, exposée aux attentions du Cardinal, a su lui imposer silence. Nous avons souligné certains passages qui feraient croire que de Retz veut montrer combien peu de raisons Mme de La Vergne aurait eu d'interdire à sa fille la fréquentation de Mlle de La Loupe. Voilà qui répond par avance aux jugements téméraires dont nous avons parlé.

La future Mme de La Fayette a été mêlée à cette histoire, bien que de Retz lui-même ne mentionnât pas son nom. Gui Joly raconte ainsi l'affaire.

"Au commencement, le duc de Brissac n'avoit eu que très peu de part aux affaires du cardinal de Retz; mais il s'étoit, depuis quelque temps, si bien mis avec lui, et par des voies si agréables, en lui ménageant des parties de plaisir, qu'il étoit fort difficile de faire prendre d'autres résolutions au Cardinal que celles qui lui étoient inspirées par le duc. La principale de ces parties de divertissement vint du commerce que le duc de Brissac avoit avec Mlle de la Vergne, belle fille du chancelier de Chiverny[2], parent du Cardinal. Cette demoiselle, qui étoit fort bien faite, avoit pour voisines Mlles de la Loupe, dont l'aînée étoit une des plus belles personnes de France; et, comme il y avoit une porte de communication d'une maison à l'autre, Mlle de la Loupe étoit à tous moments chez Mlle de la Vergne, où le cardinal et le duc alloient souvent la nuit entretenir les deux demoiselles. Le cardinal de Retz s'étoit fait faire, pour ces visites nocturnes, des habits fort riches et fort galants, suivant son humeur vaine, qui le portoit à se tenir ordinairement, le jour aussi bien que la nuit, paré d'habits extraordinairement magnifiques, dont on se moquoit dans le monde[3]."

Gui Joly qui n'assistait pas à ces rencontres, ne sait point ce qui s'y passait; il ignore même leur réalité et n'en parle que par ouï-dire. De Retz, de son côté, n'avait aucune raison pour blanchir Mlle de La Vergne et taire son nom. Non seulement ce quatuor amoureux nous semble invraisemblable, mais nous avons presque la preuve qu'à cette époque Mlle de La Vergne ne rencontrait pas de Retz. Voici en effet ce qu'il écrit à la date de 1654.

"Mme de la Vergne, qui avoit épousé en secondes noces M. le chevalier de Sévigné, et qui demeuroit en Anjou avec son mari, m'y

---

[1] T. IV. p. 148, mars 1652. C'est nous qui soulignons.
[2] L'erreur est évidente; il faut lire: Chevalier de Sévigné.
[3] Pp. 82 et 83 des Notes aux *Mémoires* de Retz, IV. 433.

vint voir (c.-à-d. à Nantes) et y amena Mlle de la Vergne, sa fille, qui est présentement Mme de la Fayette. Elle étoit fort jolie et fort aimable, et elle avoit, de plus, beaucoup l'air de Mme de Lesdiguières. Elle me plut beaucoup, la vérité est que je ne lui plus guère, soit qu'elle n'eût pas d'inclination pour moi, soit que la défiance que sa mère et son beau-père lui avoient donnée, dès Paris, même avec application, de mes inconstances et de mes différentes amours, la missent en garde contre moi. Je me consolai de sa cruauté avec la facilité qui m'étoit assez naturelle... [1]."

Il est bien évident qu'au moment où il rencontra Marie-Madeleine en Anjou, de Retz ne la connaissait pas encore. Pourtant, il faut avouer qu'il y a à cela une légère difficulté. Dans le premier passage cité ci-dessus, de Retz déclare qu'il fréquentait la maison des La Vergne; pourquoi n'y voyait-il pas la jeune fille, et, selon son habitude, n'essayait-il pas son charme sur elle? Mme de La Vergne était peut-être plus perspicace qu'on ne le croit et sans doute elle veillait à ce que le Cardinal ne se trouvât pas en présence de sa fille. De Retz ne s'y trompe pas et, au fond, il est bien persuadé que le beau-père lui-même ne tenait pas à faciliter la rencontre. La visite de Nantes, au contraire, s'explique facilement; Mlle de La Vergne avait deux ans de plus, était mieux armée, et il ne s'agissait que d'une visite sans lendemain.

Tout cela n'empêcha pas la calomnie de Gui Joly de faire son chemin. Bussy-Rabutin la reproduisit en l'amplifiant. Il écrivit dans la *Carte du pays de Braquerie*: "Lavergne est une grande belle ville fort jolie et si dévote que l'Archevêque [2] y a demeuré avec le duc de Brissac qui en est demeuré principal gouverneur, le prélat ayant quitté [3]."

N'oublions pas que M. Gérard Gailly (*Bussy-Rabutin...*) voulant réhabiliter Bussy donne ainsi l'opinion reçue de cet écrivain: "L'homme a obscurci de ses défauts innombrables le mérite de l'écrivain: il était méchant, médisant et félon; il était athée... il était criminel au point de tuer son propre cocher, faussaire au point de contrefaire la monnaie et d'imiter la signature du roi, sournois et sorcier au point de verser des philtres à Mme de Sévigné et à Louis XIV, impudique jusqu'à l'inceste." M. G. G. force la note exprès et nous pouvons en rabattre de cette description. Toujours est-il que Bussy raffolait de la médisance et, une fois son goût satisfait, ne craignait pas de se donner des démentis comme il fit au sujet de Mme de Sévigné. Mlle de La Vergne n'exigea pas ce démenti. Peut-être a-t-elle laissé ce soin au lecteur intelligent.

Nous ne nous expliquons pas pourquoi M. d'Haussonville, après avoir cité ce passage de Bussy, le contrôle par la citation de Retz où il est question de la visite à Nantes. Il nous semble que la seule et véritable source de la calomnie reproduite par Bussy est le récit de Gui Joly.

[1] T. IV. p. 497.   [2] De Retz.   [3] Tallemant, *Hist.* IV. 534.

APPENDICE II

Contrat de mariage de messire François de La Fayette avec demoiselle Marie-Magdelaine Pioche de La Vergne, 14 février 1655

Par-devant les notaires et gardenottes du Roy nostre sire en son Chastelet de Paris soubsignés, furent présens en leurs personnes haut et puissant seigneur messire François de La Fayette, chevalier, comte dudit lieu, Médat, Goutevantouze et Forests en deppendans; baron de Chauvigny, Espinasse, Nades; seigneur de Haulte-Serre, Hautefeuille et autres places, demeurant au chasteau dudit Nades, parroisse dudit lieu, près la ville de Gannat en Bourbonnois, estant de présent en cette ville de Paris, logé à Saint-Germain-des-Prez-lez-Paris, rue des Quatre-Vens, parroisse Saint-Sulpice, fils de deffunts haut et puissant seigneur, Mre Jean de La Fayette, vivant chevalier, seigneur et comte desdits lieux, et de haute et puissante dame Marguerite de Bourbon, jadis son espouze, pour luy et en son nom, d'une part; et haute et puissante dame Elisabeth Penha, dame d'honneur de la Royne, femme et espouze de haut et puissant seigneur messire Renault-René de Sévigné, chevalier, seigneur et baron de Champiré et autres lieux, conseiller du Roy en ses conseils, mareschal des camps et armées de Sa Majesté, et auparavant veuve de messire Marc Pioche, vivant chevalier, seigneur de la Vergne, aussy conseiller du Roy en ses conseils, mareschal de ses camps et armées et commandant pour Sa Majesté dans la ville et citadelle du Havre-de-Grâce, demeurant audit Saint-Germain-des-Prez, rue Vaugirard, au nom et comme stipulant en cette partie pour damoiselle Marie-Magdelaine Pioche, fille d'honneur de ladite dame Royne, fille dudit feu sieur de la Vergne et de ladite dame Elisabeth Penha, ladite damoiselle à ce présente et de son vouloir et consentement, après que ladite dame sa mère à elle eut dit avoir communiqué du présent contrat audit seigneur de Sévigné et avoir de luy charge pour le faire et passer; et néantmoins promet icelle dame son espouze de le luy faire ratifier avant la célébration du mariage cy-apres stipulé[1], pour elle et en son nom, d'autre part.

Lesquelles parties, ès présences, par l'advis et du consentement de messire Jacques de Bayard, abbé commendataire de Nostre-Dame de Belaigue et prieur du prieuré du Moustier-lez-Jaligny, estant présent à Paris, logé rue de Bussy, parroisse Saint-André-des-Arts, au nom et comme procureur d'illustrissime et révérendissime seigneur, messire François de La Fayette, seigneur évesque de Limoges, conseiller du Roy en ses conseils d'estat et privé, fondé de sa procuration passée pardevant Chazaud, notaire royal audit Limoges, présens tesmoins, le

---

[1] Le chevalier de Sévigné ratifia ce contrat le 21 février.

septiesme jour de février, présens mois et an, spéciale pour l'effet qui ensuit, ainsi que par icelle est apparu aux notaires soubsignés; comme aussi ès présences et par l'avis de messire Claude de La Fayette, bachelier en théologie, frère dudit seigneur comte de La Fayette; messire Gabriel Penha, chevalier, seigneur de St-Pons, oncle maternel de ladite damoiselle; dame Léonore Merlin, veufve de feu Lazare Penha, vivant escuyer, sieur de Moustier et de Montanges, qui estoit grand-oncle de ladite damoiselle; très haute et très puissante dame, dame Marie-Magdelaine de Vuignerot, duchesse d'Aiguillon, pair de France, amie et marrine d'icelle damoiselle, et dame Marie de Rabutin de Chantal, veufve de feu haut et puissant seigneur et marquis de Sévigné, et autres lieux, alliée d'icelle damoiselle; ont volontairement reconnu et confessé avoir fait et font entre elles les traités et conventions de mariage qui ensuivent, pour raison du mariage qui au plaisir de Dieu sera en bref solemnisé dudit seigneur comte et de ladite damoiselle de La Vergne:

C'est à sçavoir que ledit seigneur comte de La Fayette a promis et promet prendre à femme et espouze ladite damoiselle de La Vergne, comme au semblable elle luy pour mary et espoux de l'authorité et consentement de ladite dame de Sévigné, sa mère, et solemniser ledit mariage en face de nostre mère sainte Eglise, avec la licence d'icelle, le plus tost que commodément faire se pourra et sera avisé et délibéré entre eux et leurs dits parens et amis.

Les futurs espoux se sont prins et prennent aux biens et droits qui à chacun d'eux appartiennent, pour estre uns et communs en tous biens meubles, et conquests immeubles qu'ils feront pendant et constant leur mariage, suivant et au désir de la coustume des ville, prévosté et vicomté de Paris, conformément à laquelle les articles et conventions dudit mariage seront réglés, nonobstant toutes autres coustumes, loix et ordonnances à ce contraires, que les espoux fissent acquisitions en coustumes contraires, mesme leur demeure hors ladite coustume de Paris, auxquelles coustumes contraires est par ces présentes expressément dérogé.

Ne seront néantmoins les futurs espoux tenus des debtes l'un de l'autre créées auparavant le futur mariage; ainsy si aucunes y a, elles seront payées par celuy du costé duquel elles procéderont.

Desquels biens et droitz des futurs espoux il en sera emmeubly, pour entrer en leur future communauté, sçavoir de ceux du futur espoux jusques à la somme de vingt mil livres tournois, et de ceux de la future espouze jusques à la somme de dix mil livres tournois. Le surplus de leurs dits biens et droits sera et demeurera propre à chacun d'eux et aux siens de son costé et ligne; mesme sera et demeurera propre à la future espouze et aux siens de son costé et ligne tout ce qui pendant le mariage adviendra et escherra à la future espouze, tant en meubles qu'immeubles, par succession, donation ou autrement.

Ledit seigneur futur espoux a doué et doue ladite damoiselle sa future espouze de quatre mil livres tournois de rente et revenu annuel et viager, la vie durant de ladite damoiselle future espouze, à prendre par elle, quand douaire aura lieu, sur tous et chacuns les biens, tant meubles qu'immeubles présens et à venir dudit seigneur futur espoux, qui en sont et demeurent dès à présent chargez, spécialement sur ladite terre et seigneurie d'Espinasse, et autres terres de proche en proche. Et oultre aura ladite dam^lle le chasteau de ladite terre et seigneurie d'Espinasse pour son habitation et demeure, basse-court, jardins...et préclostures, pendant que ladite future demeurera en viduité; et sera ledit douaire propre aux enfans qui naistront dudit futur mariage, suivant ladite coustume de Paris.

Le survivant des futurs espoux aura et prendra par préciput et avant que faire partage des biens de la communauté, réciproquement, sçavoir le futur espoux ses habits, armes et chevaux, et la future espouze ses habits, bagues et joyaux, carosse, chevaux, le tout réciproquement jusques à la somme de douze mil livres tournois, selon la prise de l'inventaire, sans creue, ou ladite somme en deniers, au choix du survivant.

Si pendant le mariage sont vendus et aliénés aucuns héritages ou rachetées aucunes rentes propres de l'un ou de l'autre des futurs espoux, les deniers en seront remploiés en achat d'autres héritages ou rentes, pour sortir mesme nature de propre à celuy qu'elles appartenoient, et aux siens de son costé et ligne; et si au jour de la dissolution dudit mariage ledit remploy ne s'entrouvoit fait les deniers seront reprins sur les biens de la communauté, s'ils suffisent, sinon ce qui s'en défaudra à l'esgard de la future espouze sera par elle ou les siens reprins sur les biens propres du futur espoux, et sortira l'action pour ledit remploy mesme nature de propre.

La future espouze et ses enfans, sinon à défaut d'enfans ses héritiers collateraux, pourront, si bon leur semble, prendre et accepter ladite communauté ou renoncer à icelle; et en y renonçant, reprendront franchement et quittement tout ce que ladite future y auroit apporté et ce qui pendant le mariage luy seroit advenu et eschu tant en meubles qu'immeubles, par succession, donation ou autrement; mesme ladite future espouze si elle survit, ses douaire, habitation et préciput tels que dessus, le tout sans estre tenus d'aucunes debtes ne hypothèques de ladite communauté, encore que ladite future espouze y eust parlé et s'y fust obligée, ou y eust esté condamnée, dont elle, ses dits enfans et héritiers collatéraux en seront acquittés et indemnisés par ledit seigneur futur espoux, et sur tous ses biens, pour laquelle indemnité ils auront leur hypothèque du jour et date du présent contrat.

Auparavant la célébration du mariage sera fait un bref inventaire des biens et effets mobiliers et immobiliers de la future espouze, au pied duquel ledit futur espoux s'en chargera[1].

Et a ledit seigneur abbé de Bellaigue, audit nom de procureur dudit seigneur François de La Fayette, évesque de Limoges, par sa procuration cy-devant datée, eu et a pour agréable ledit futur mariage et le présent contrat; et en faveur et contemplation dudit futur mariage a donné et donne par ces présentes, par donation pure et simple et irrévocable faite entre vifs, audit seigneur comte de La Fayette, nepveu dudit seigneur évesque, iceluy seigneur comte le acceptant, tous les droits, noms, raisons et actions qui peuvent compéter et appartenir audit seigneur évesque sur les biens délaissés par feu messire Claude de La

---

[1] Cet inventaire sera donné plus loin.

Fayette, vivant seigneur comte dudit lieu et autres places, et Dame Marie d'Alègre, jadis son espouze, père et mère dudit seigneur évesque, en quelque part que puissent estre scitués et assis tous lesdits biens et en quoy qu'ils puissent consister, sans s'y réserver aucune chose, pour, par ledit seigneur futur espoux, ses hoirs et ayant cause, en tousjours jouir, faire et disposer desdits droits à leur plaisir et volonté, ainsy que ledit seigneur eust pu faire avant ladite donation, sans toutefois que ledit seigneur évesque puisse estre tenu ny obligé envers ledit seigneur de La Fayette, les siens ni autres, d'aucunes évictions ni garantie desdits droits, consentant ledit seigneur abbé l'insinuation estre faite de ladite donation partout où il appartiendra, pour quoy faire il constitue son procureur le porteur des présentes, luy en donnant pouvoir.

Ledit seigneur futur espoux a donné et donne par ce dit présent contrat, au premier enfant masle qui naistra dudit mariage, le comté, terre et seigneurie de la Fayette, ensemble les terres et seigneuries de Goutenotoze, Meydat et Forests; auquel aisné il a substitué le fils aisné qui descendra de luy en loyal mariage, et ainsi d'aisné en aisné tant que la lignée masculine de ses descendans durera, voulant que les descendans masles de sondit fils aisné possèdent lesdits terres l'un après l'autre, graduellement, perpétuellement et infiniment, autant qu'il sera possible, et ce sans aucune détraction de trébellianique, l'ordre de primogéniture et préférence de l'aisné masle tousjours gardé et observé. Et au cas que sondit fils aisné decédast sans enfans masles, ou ses enfans masles sans enfans masles, et iceux sans descendans masles, en ce cas ledit seigneur futur espoux substitue aux mesmes charges et conditions, sans détractions, comme dit est, le second enfant masle qui naistra dudit présent mariage, et a luy son fils aisné, et audit fils aisné le petit-fils etc., descendans masles, infiniment et de degré en degré, l'ordre de préférence de primogéniture tousjours gardé.

Et où le second décéderoit sans enfans masles, il a substitué le troisiesme fils qui naistra dudit futur mariage, et le fils qu'il aura, son petit-fils et descendans, l'un après l'autre, graduellement, perpétuellement et infiniment, la préférence conservée aux aisnés.

Et advenant le décès dudit troisiesme sans enfans masles, ledit seigneur futur espoux a pareillement substitué le quatriesme, son fils et descendans, l'un après l'autre, d'aisné en aisné, aux mesmes charges et conditions; et à leur défauts, lesdits enfans masles que ledit seigneur futur espoux aura, l'un après l'autre, suivant l'ordre de la naissance, et les enfans, petits-enfans et descendans de chacun d'eux, voulant que les descendans de l'un ne soient appelés que quand la ligne masculine des descendans de l'autre sera finie.

Et où il n'y auroit aucuns enfans masles du présent mariage, ledit seigneur futur espoux a substitué l'aisné masle de sa première fille, à la charge de porter les noms, armes, timbre et cry de la maison de La Fayette. Et en cas que ledit aisné décède sans enfans et descendans masles que ledit seigneur a voulu et veut être substitués, l'un après l'autre, aux mesmes charges et conditions, en ce cas il a substitué l'aisné masle de la seconde fille, et ainsi de masle en masle tant que la lignée masculine durera; et audit aisné masle et à ses descendans masles, il a substitué

l'aisné masle de sa troisiesme et autres filles, et audit aisné masle ses
enfans, chacun à son ordre, et descendans masles, de degré en degré
perpétuellement, infiniment et sans détraction, comme dit est, afin
que la substitution ne soit morcelée et divisée, estant l'intention dudit
seigneur futur espoux que son fils aisné et tous les enfans masles de luy
jouissent desdites terres l'un après l'autre, de degré en degré; et après
eux, audit cas, le second et tous ses descendans masles aussy de degré
en degré; et à défaut de second, le troisiesme et tous ses descendans
masles; et à défaut du troisiesme, le quatriesme, et ainsy des autres et
de leurs descendans. Et la lignée masculine finissant, l'aisné masle de
la première fille et ses descendans masles, de degré en degré; et à défaut
de la première, l'aisné masle de la seconde et leurs descendans masles,
et ainsy les autres filles et leurs descendans masles, de degré en degré,
préférant tousjours l'aisné, et sans division ny détraction, soient appelés
à la substitution graduellement, perpétuellement et infiniment; nonobstant laquelle substitution cy-dessus stipulée, toutes les dites terres
comprinses dans ladite substitution ne laisseront d'estre chargées
affectées et hypothéquées aux conventions de ladite damoiselle future
espouse.

Car ainsy tout le contenu cy-dessus a esté convenu, stipullé et
expressément accordé par et entre lesdites parties, en faisant et passant
les présentes qui autrement et sans les clauses et conditions susdites
n'eussent esté faites, passées ny accordées entre elles, nonobstant toutes
coutumes, loix et ordonnances à ce contraires, auxquelles est par exprès
desrogé, voulant, consentent et accordant ledit seigneur futur espoux
l'insinuation, publication et enregistrement estre faits dudit présent
contrat, pour plus grande sureté et validité de ladite substitution, en
tous sièges et justices que besoin sera, pour quoy faire et requérir
estre fait, il fait nomme et constitue dès à présent ses procureurs spéciaux
les porteurs desdites présentes, auxquels et à chacun d'eux il en donne
pouvoir et puissance de ce faire, et tout ce que au cas appartiendra
et sera nécessaire, promettant icelles parties ces présentes entretenir
sans y contrevenir, soubs l'obligation et hypothèque de tous et chacuns
ses biens, tant meubles qu'immeubles, présens et à venir, qu'elles,
chacune en droit soy, soubmettent à la justice de la prévosté de Paris,
renonçant à toutes autres et à toutes choses à ce contraires.

Fait et passé en la maison de ladite dame de Sévigné et de ladite
damoiselle future espouse, sa fille, scize dite rue Vaugirard, l'an mil
six cens cinquante-cinq, le quatorziesme jour de febvrier, après midy.
Et ont lesdites parties signé avec lesdits notaires soubsignés, la minute
des présentes, demeurée vers Marreau, l'un d'iceux.

(Suit la procuration de François de La Fayette, évêque de Limoges.
Arch. de l'Allier, B 742, f⁰ ɪɪ.)

APPENDICE III

(A) *Reconnaissance donnée par François de La Fayette à Dame Marie-Magdelaine Pioche de La Vergne, sa femme, des bijoux, objets mobiliers et autres valeurs apportés par celle-ci.*—17 février 1655

Ledit seigneur comte de la Fayette a recogneu et confessé que ladite dame Marie-Magdelaine Pioche, à présent son espouse, à ce présente et acceptante, luy a apporté et fourny, et d'elle a reçu comptant, un rang de perles, une paire de pendans d'oreilles, un diamant et autres pierreries; plusieurs linges, poincts coupés, habits; un cabinet d'Allemagne et autres hardes et meubles appartenans à elle, que ledit seigneur recognoist estre de valeur de la somme de sept mille livres tournois, suivant l'estimation que luy-mesme en a faite à l'amiable; et partant s'en contente et en quitte et descharge ladite dame son espouse, laquelle luy a aussi apporté et fourny les titres papiers et enseignemens concernans la propriété de trois maisons à elle appartenans de son propre, comme héritière dudit feu sieur de La Vergne, son père, et des damoiselles ses sœurs, à présent religieuses professes, dont deux sont assises à Paris, l'une rue des Fossés, paroisses St-Germain-l'Auxerrois, une autre rue Coquillaire, et la troisième en la ville de Calais, au lieu appelé le Courgain, inventoriez soubz les cottes vingt-deux, vingt-sept et vingt-huit de l'inventaire fait à la requeste de ladite dame de Sévigné, après le décès dudit feu sieur de La Vergne, par Quarré et Marreau, l'un des notaires soubsignés, le cinquiesme janvier et autres jours suivans de l'année mil six cens cinquante, et le contrat de partage fait entre ladite dame de Sévigné et ladite dame sa fille, et M. Jacques Lepailleur, comme tuteur créé à l'effet dudit partage desdites damoiselles, ses sœurs depuis professes, des biens qui estoient de la communauté dudit feu sieur de la Vergne et de ladite dame son espouse, passé par devant lesdits Quarré et Marreau, notaires, le vingt-neufiesme mars mil six cent cinquante un par lequel partage le premier lot seroit advenu et eschu auxdites dames Marie-Magdelaine et damoiselles ses sœurs, contenant une grande maison, cour et jardin lors occupés par monsieur le marquis de Royan et à present par monsieur le nonce du Pape sis audit St Germain-des-Près dite rue Vaugirard; la moitié en la moitié qui est un quart au total, d'un chantier scis hors la porte St Bernard de cette ville de Paris, et un contrat de constitution fait au profit de ladite dame comtesse de la Fayette lors fille, par ledit Me Gabriel Penha, chevalier, sieur de Saint Pons, son oncle maternel, de pareille rente de deux cens vingt deux livres quatre sols six deniers tournois, dont le principal estoit provenu de rachat et amortissement de la rente qui luy estoit eschue par ledit partage, à prendre sur lesdits Rillé et sa femme, passé par devant Le Franc et ledit Marreau le sixiesme septembre mil six cens cinquante trois. De tous lequels titres et papiers ledit seigneur comte de la Fayette se contente et en descharge pareillement ladite dame son espouse, ensemble des titres et papiers concernans ladite dernière maison scise rue de Vaugirard, qui sont le contrat d'acquisition, faite par eschange, de la place et fonds de terre sur laquelle est bastie ladite maison, inventorié audit inventaire soubs la cotte trois; le decret fait en conséquence d'iceluy au Chastelet de Paris, le vingt-deuxiesme novembre mil six cens trente quatre, avec une liasse de plusieurs quittances d'ouvriers qui ont travaillé audit bastiment, lesquelles pièces ladite dame son espouse luy a aussi présentement fournie. Et au regard des pièces et titres inventoriés audit inventaire, concernant les dettes actives non partagées, elles sont demeurées par devers ladite dame de Sévigné qui en aidera aux dits seigneur et dame de la Fayette toutes fois et quantes qu'ils l'en requerront, comme aussi sont demeurées par devers icelle dame de Sévigné toutes les autres pièces du susdit inventaire, à l'exception de la plus grande partie de celles comprises soubs la cote vingt un, faisant mention de sept cent cinquante livres tournois de rente constituée sur l'hostel de ville de Paris, provenant du sieur de Mondoucet, et de deux cent dix-huit livres quinze sols de rente qui restent encore par luy dus, le tout appartenant à icelle dame de la Fayette, le contrat de laquelle rente de deux cent dix-huit livres quinze sols ladite dame de Sévigné a dit estre ès mains du sieur…pour en tirer payement. Et pour ce qui est des autres pièces comprises soubs ladite cote vingt un, elles ont esté présentement deslivrées auxdits seigneur et dame de la Fayette. Et de plus recognoissent iceux seigneur et dame de la Fayette avoir reçu aujourdhuy comptant d'icelle dame de Sévigné qui leur a payé compté et nombré ès presences des notaires soubsignés, en louis d'or et d'argent bons et ayant cours, la somme de huit mille six cent vingt quatre livres six sols, dont elle luy seroit demeuroit débitrice par le reliquat de compte à elle rendu de sa tutelle, énoncé et daté par ledit contrat de partage, par lequel ladite dame de Sévigné seroit demeurée quitte et deschargée du surplus de ladite somme pour les causes y contenues; de laquelle somme de quatre mille cinq cent quatorze livres six sols lesdits seigneur et dame de la Fayette se contentent et quittent et deschargent ladite dame de Sévigné, et tous autres, mesme dudit compte et tutelle qu'elle leur a aussi fourny avec les pièces justificatives, et consentent que dudit payement il soit fait…mention sur les minutes et expédition desdits compte et partage, sans que leur présence y soit nécessaire. Et est encore dû et appartient à icelle dame comtesse de la Fayette plusieurs sommes de deniers tant pour les profits et intérests desdites dettes actives que loyers des maisons et arrérages dédites rentes eschues jusques à present, dont ledit seigneur comte donnera recognoissance à ladite dame son espouse à mesure qu'il les recevra, et vaudra la présente quittance pour inventaire sommaire des biens et effets, titres et papiers concernans les immeubles de ladite dame de la Fayette.

Et oultre recognoissent lesdits seigneur et dame de la Fayette que ladite dame de Sévigné leur a bailli et fourny, et d'elle ont reçu ce jourd'huy une tenture de tapisserie de Flandres, contenant huit pièces représentant les quatre saisons de l'année et faisant vingt-cinq aulnes de tour, de ladite tenture de tapisserie que ledit seigneur de la Fayette a dit avoir fait voir, ladite dame de Sévigné fait don à ladite dame sa fille à condition qu'elle demeurera propre à icelle dame sa fille et aux siens de son costé et ligne.

Et encore recognoissent que madame la duchesse d'Aiguillon leur a fourny un lit de damas rouge cramoisy, garny de passement, frangé et crespiné d'or et d'argent, avec la courte-pointe de mesme étoffe et façon, lequel lit ils ont en leur possession et dont il a plu à ladite dame d'Aiguillon faire don à ladite dame de la Fayette, pour l'affection qu'elle luy porte comme sa filliole. Et laquelle tenture de tapisserie et ledit lit, qui aussi demeurera propre à icelle dame de la Fayette et aux siens de son costé et ligne, ledit seigneur de la Fayette a estimé valoir la somme de huit mille livres tournois, qui est la somme à laquelle ledit seigneur de la Fayette dit avoir été estimées les dites choses par ceux qu'il a choisis pour cette effet, et se tient avec ladite dame son espouse pour contens et satisfaits de toutes lesdites choses, en remerciant ladite dame d'Aiguillon, prommettant, obligeant, renonçant. Fait et passé en la maison de ladite dame de Sévigné, l'an mil six cent cinquante cinq, le dix septième jour dudit mois de fevrier avant midy. Et ont lesdits seigneur et dame de la Fayette et dame de Sévigné signé à la minute des présentes estant à la suite de celle dudit contrat de mariage ci-devant escrit. Ainsi signé: Le Franc et Marreau.

(Archives de l'Allier.)

(B) *Dotation réciproque entre M. de La Fayette et Mme Marie-Magdelaine Pioche de La Vergne, sa femme, pour l'amour qu'ils ont l'un pour l'autre et parcequ'ils n'ont pas encore d'enfants, de l'usufruit de tous leurs biens meubles et leurs conquêts immeubles. Paris le 24 avril* 1656

Par devant les notaires, gardenottes du Roy, nostre Sire, en son Chastelet de Paris soubsignés, furent présens en leurs personnes messire François de la Fayette, chevalier, comte dudit lieu, baron de Chouvigny, Naddes et autres terres et seigneuries, et dame Marie-Magdelaine Pioche de la Vergne son espouze, de lui suffisamment autorisé pour l'effet et validité des présentes, demeurans en leur château d'Espinasse, près Gannat en Bourbonnois, de présent à Paris, logés à Saint-Germain-des-Près-les-Paris, rue de Vaugirard, paroisse Saint-Sulpice, lesquels pour l'amour et affection qu'ils ont et portent l'un à l'autre, considerant que de leur mariage ils n'ont encore aucuns enfants et voulant se rendre tesmoignage de leur mutuelle affection afin de donner au survivant d'eux plus de moyen et de commodité de vivre et s'entretenir convenablement selon leur naissance, ont volontairement recogneu et confessé s'estre fait et font par ces présentes don mutuel réciproque et irrévocable, l'un d'eux à l'autre et audit survivant d'eux, ce acceptant par ledit survivant seulement, de tous et chacuns des biens, tant meubles que conquêts qui se trouveront appartenir au premier mourant d'eux au jour de son déceds, en quelques lieux et endroits que tous lesdits biens meubles et conquêts immeubles soient trouvés situés et assis pour dudit usufruit et jouissance jouyr, faire et disposer par ledit survivant, sa vie durant, ainsi qu'il advisera bon estre, sans qu'il soit obligé de donner autre caution que sa juratoire, nonobstant la coustume à laquelle, et à toutes autres à ce contraires, lesdits seigneur et dame ont dès à present renoncé, le tout pourveu toutesfois, et non autrement, qu'au jour du déceds du premier mourant il n'y ait point d'enfans de leur mariage qui soient habiles à succéder; et où il en auroit, ladite présente donation demeurera nulle.   Pour l'insinuation de laquelle...Fait et passé en l'estude de Marreau, l'un des notaires soubsignés, l'an mil six cens cinquante six, le vingt quatriesme jour d'avril avant midy.   Et ont signé la minute des présentes, demeurée vers ledit Marreau, notaire. Ainsi signé: Marreau et Lefranc notaires.

(Archives de l'Allier.)

APPENDICE IV

GÉNÉALOGIE DE LA MAISON MOTTIER DE LA FAYETTE

Gilbert du Mottier I (fit une fondation au Prieuré de Soucillange 1025)

Gilbert du Mottier II (croisé 1095)

Gilbert du Mottier III (Bienfaiteur du Prieuré de Soucillange 1125. Croisé sous Philippe-Auguste.
Fait Chevalier à la prise du Vexin en 1104)

Gilbert du Mottier IV

Gilbert du Mottier V—ép.—Alix le Brun (fille de Gilles le Brun, Connestable de France, Seigneur

Gilbert VI————ép.—Marguerite de la Roche Tournelle (1300)
(fait chevalier pour ses services
contre les Anglais)

Guillaume du Mottier, Chevalier, Seigneur de la Fayette—ép.—Marguerite de la Maillade (1356)

Gilbert VII————ép.————Jeanne de Joyeuse
(Conseiller, Chambellan du Roi et de Monseigneur le Dauphin, Régent   fille de Randon de Joyeuse
du Royaume, Lieutenant et Capitaine Général dans le Lyonnais et   et de Catherine Aubert,
Mâconnais (1418), Commandant l'armée française à la bataille de Baugé   Dame de Montelschat
(1431), Maréchal de France pour ses services contre les Anglais)

Magdeleine de la Fayette   Antoine de la Fayette   Jean de la Fayette,
ép. Emeric de Bouttier,   ép. Louise de Montsoissier   Chanoine et Comte de Lyon
Seigneur de Bonnivat   Mort sans enfants

Antoine, Grand Maître de l'Artillerie 1474–1531—ép. (1490)—Marguerite Rouville, fille de Louis, Seigneur

Louis, Comte de la Fayette-Pontgibaud, Seigneur de Montesclat—ép. (1525)—Marguerite de Vienne

François du Mottier tué à la   Jacqueline de la Fayette————ép.—Guy de Daillon,
bataille de Saint-Quentin   Fonda le Couvent des Capucins à Clermont (Auvergne)   Comte de Lude

Marie de la Fayette   Antoinette de la Fayette   Gabrielle de la Fayette,
ép. Antoine de la Tour d'Auvergne, ép. (1) Louis de Loup,   Abbesse des Chases
Baron de Murat   Seigneur de Pierrebrune
                                    (2) Philippe de Rivoire,
                                    Comte du Palais

Madeleine de la Fayette,   Françoise de la Fayette,   Louise—ép.—(1) François d'Apcher,
Religieuse au Chaze   Abbesse de St Georges (Rennes)   Seigneur du Cheylar
                                                                  (2) Claude de Bourbon,
                                                                      Comte de Chaslus

Louise de la Fayette,   Madeleine de la Fayette,   Claude de la Fayette   Charles de la Fayette
Fille d'honneur,   Abbesse de St Georges   ép. César de Chavigni   tué à la bataille
Religieuse de la Visitation   (Rennes)   de Blot   d'Estampes 1631

La Maison de la Fayette porte D'or à la bande dentelée de gueules et à la bordure de vair.

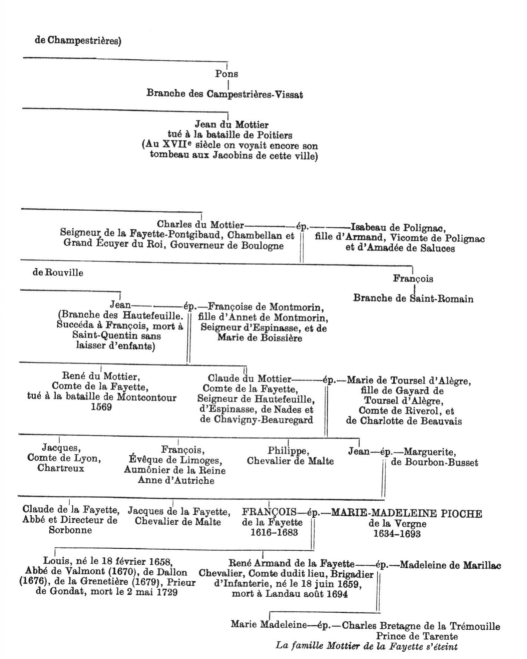

de Champestrières)

Pons
Branche des Campestrières-Vissat

Jean du Mottier
tué à la bataille de Poitiers
(Au XVIIᵉ siècle on voyait encore son
tombeau aux Jacobins de cette ville)

Charles du Mottier——————ép.————Isabeau de Polignac,
Seigneur de la Fayette-Pontgibaud, Chambellan et   fille d'Armand, Vicomte de Polignac
Grand Écuyer du Roi, Gouverneur de Boulogne   et d'Amadée de Saluces

de Rouville   François

                                                                Branche de Saint-Romain

Jean——————ép.—Françoise de Montmorin,
(Branche des Hautefeuille.   fille d'Annet de Montmorin,
Succéda à François, mort à   Seigneur d'Espinasse, et de
Saint-Quentin sans   Marie de Boissière
laisser d'enfants)

René du Mottier,   Claude du Mottier——————ép.—Marie de Toursel d'Alègre,
Comte de la Fayette,   Comte de la Fayette,   fille de Gayard de
tué à la bataille de Montcontour   Seigneur de Hautefeuille,   Toursel d'Alègre,
1569   d'Espinasse, de Nades et   Comte de Riverol, et
                                   de Chavigny-Beauregard   de Charlotte de Beauvais

Jacques,   François,   Philippe,   Jean—ép.—Marguerite,
Comte de Lyon,   Évêque de Limoges,   Chevalier de Malte   de Bourbon-Busset
Chartreux   Aumônier de la Reine
                       Anne d'Autriche

Claude de la Fayette,   Jacques de la Fayette,   FRANÇOIS—ép.—MARIE-MADELEINE PIOCHE
Abbé et Directeur de   Chevalier de Malte   de la Fayette   de la Vergne
Sorbonne   1616–1683   1634–1693

Louis, né le 18 février 1658,   René Armand de la Fayette——————ép.—Madeleine de Marillac
Abbé de Valmont (1670), de Dallon   Chevalier, Comte dudit lieu, Brigadier
(1676), de la Grenetière (1679), Prieur   d'Infanterie, né le 18 juin 1659,
de Gondat, mort le 2 mai 1729   mort à Landau août 1694

Marie Madeleine—ép.—Charles Bretagne de la Trémouille
                                     Prince de Tarente
                        La famille Mottier de la Fayette s'éteint

APPENDICE V

Renseignements sur les Terres de la Famille La Fayette

ALLIER, *L'Ancien Bourbonnais*, Tome II.

p. 348. D'Échassières, nous allons nous diriger au sud, vers le bourg de *Nades*: là il y avait un château à peu près semblable à tous ceux dont je viens de parler, il présentait une enceinte carrée, flanquée de quatre tours couronnées de créneaux. Il est aujourd'hui considérablement ruiné. On y a trouvé comme dans celui d'Échassières, des canons de fonte et en bronze, des couleuvrines et des boulets. Nades appartenait en 1409 à Marie de Chauvigny, femme de Pierre de Montmorin. Il passa en 1550 à Françoise de Montmorin qui épousa Jean Motier de la Fayette, et en 1613 à Jean de la Fayette, qui le vendit à M. Lenoir, fermier général. *(Cette vente eut lieu bien plus tard. Voir l'article du Bulletin qui suit.* H.A.)

p. 358. La terre de Cognat a appartenu d'abord à Gilbert le Jarric, puis à la maison de Lafayette et enfin à la famille de l'Espinasse. Cette dernière famille a possédé encore dans les environs de Gannat la terre de l'Espinasse, qui avait été la propriété de Mottier de Lafayette. Celui-ci l'avait reçue par alliance de Françoise de Montmorin.

Bulletin Revue de la Société d'Émulation et des Beaux Arts du Bourbonnais,
      Tome VIII. 1900.

p. 187. Notes en appendice à un article du Commandant Du Broc de Segange. *Chouvigny, Nades, La Lizolle.* Ces trois seigneuries qui ont donné chacun leur nom à une commune de l'Allier ont été longtemps réunies sous le même propriétaire, en commençant par la branche des Chouvigny de Nades dont nous regrettons de ne pas avoir une généalogie exacte. Isabeau, dernière de cette branche, ayant épousé Pierre de Montmorin en 1409 leur descendance directe conserva les trois seigneuries jusqu'au mariage en 1543 de Françoise de Montmorin avec Jean Motier de la Fayette, auquel elle apportait en outre la terre d'Espinasse près Gannat. Un vignoble fort renommé, situé près du château de Chouvigny contenant autrefois environ 25 œuvres de vigne, porte encore aujourd'hui le nom de Clos-la-Fayette: il constituait probablement la seule bonne partie de la baronnie de Chouvigny qui s'étendait sur des ruines et des roches incultes. Cette branche des La Fayette se termina au XVIIIe siècle par Marie-Madeleine de la Fayette, qui épousa en 1706 Charles Louis Bretagne de la Trémouille, duc de Thouars. Leur fils, Charles Armand René duc de la Trémouille, vendit le 16 avril 1734 Nades, Chouvigny, la Lizolle, Espinasse et Cognat à Isaac Le Noir, secrétaire du Roi (Archiv. Allier, B 872)...La châtellenie de Nades, Chouvigny et la Lizolle avait haute basse et moyenne justice.

APPENDICE VI

Madame de La Fayette et les Affaires de Savoie

Réponses de Louvois aux lettres de Mme de La Fayette, copiées sur les Minutes conservées aux Archives du Ministère de la Guerre, à Paris.

A Versailles le 11 sept. 1684.

v. 717, p. 190. J'ai recu, madame, la lettre que vous m'avez fait l'honneur de m'escrire le 9 de ce mois. Je puis vous assurer que les ordres du Roy touchant les interets de Madame de Savoie ont ete adresses a Mr l'abbé d'Estrades. Ayant entendu lire au conseil la lettre que sa Majeste a fait escrire sur ce sujet, ainsi je ne doute pas qu'il l'ait recue presentement et que vous n'en ayez bientot des nouvelles. Je suis madame votre tres humble et tres obeissant serviteur.

A Chambord le 29 sept. 1684.

v. 717, p. 480. Quoique la lettre que vous m'avez fait l'honneur de m'ecrire ne desire point de reponse, je ne puis la recevoir sans vous remercier de la continuation des marques d'amitie qu'il vous plait me donner et vous assurer que je profiterai...avec le plus grand plaisir du monde des occasions qu'il vous plaira me donner de vous marquer la passion avec laquelle je suis votre tres h. et... (Presque illisible. Leçon douteuse.)

A Versailles le 24 novembre, 1685.

v. 751, p. 617. J'ai receu avec le billet que vous m'avez fait l'honneur de m'escrire hier la lettre qui y etoit jointe et que je vous renvoie. Mr le marquis d'Arcy a ordre depuis plus de 3 semaines de parler au sens que Mme la duchesse de Savoie desirera pour la conservation de ses revenus, et je suis bien ennuye si je n'ai entendu lire une lettre de lui qui nous accusoit la reception(?).

Je soutiendrai Mr l'abbé d'Estrade lorsqu'il viendra ici...Et vous connaitrez en toute rencontre que je suis toujours...etc.

A Versailles le 3 janvier, 1686.

v. 761, p. 34. J'ai recu madame la lettre que vous avez pris la peine de m'ecrire le 2e de ce mois. Le roi avoit deja ete informe par Mr le marquis d'Arcy du retranchement que Mr le duc de Savoie avoit l'intention de faire a Mme sa mere, et avoit donne l'ordre que l'on mandat a mon dit sieur d'Arcy de concerter avec Mme la duchesse de Savoie les diligences qu'il seroit a propos de faire aupres de Mr son fils pour le porter a lui retablir ce qu'il lui a ote. Sa Majeste a resolu en meme temps de parler au marquis de Lapierre quand il prendra conge de Sa Majeste.

Je souhaite de tout mon cœur que cela produise l'effet que desire Mme la duchesse de Savoie. Soyez bien persuadee de la passion avec laquelle je suis, madame...

A Versailles le 3 février, 1686.

v. 762, p. 229. J'ai recu la lettre que vous m'avez fait l'honneur de m'ecrire hier avec les papiers qui y etoient joints, lesquels je vous renvoie apres les avoir lus. Je rendrai ce soir aû Roi la lettre de Mme la duchesse de Savoie et vous dirai cependant que sa Majeste donna encore hier ordre a Mr de Croissy apres avoir entendu la lettre de Mr le marquis d'Arcy de lui mander de continuer les plus vives instances en faveur de Madme la duchesse de Savoie observant que S. M. ne juge pas a propos qu'il sollicite la patente qu'elle avoit desire que l'on demandoit a M. son fils.

A Versailles le 20 février, 1686.

v. 762, p. 499. Ce mot n'est que pour accompagner la lettre du Roi cy jointe qui est la reponse de celle que vous m'avez adressee de Mme la duchesse de Savoye pour sa majeste. Je suis Madame votre tres humble et tres obeissant serviteur.

A Versailles le 9 mars, 1686.

v. 763, p. 150. Le Roy avoit donne l'ordre a Mr Catinat de parler a Mr le duc de Savoie en faveur de Mme sa mere, et de le presser vivement de lui donner une entiere satisfaction. J'ai cru que vous seriez bien aise d'en etre informee et je vous supplie de me faire part du detail que vous apprendrez dans la suite.

A Versailles le 4 avril, 1686.

v. 764, p. 115. J'ai receu la lettre que vous m'avez fait l'honneur de m'escrire hier. Je me servirai de ce qu'elle contient si j'entends dire quelque chose qui me le fasse juger a propos, sans quoi, usant de la liberte que vous me donnez je n'en dirai pas une parole. Je suis votre tres humble et tres obeissant serviteur.

A Versailles le 19 décem. 1686.

v. 771, p. 384. J'ay recu le billet que vous avez pris la peine de m'escrire[1] avec le paquet qui l'accompagnoit. J'ai eu l'honneur de remettre au Roy la lettre qui estoit pour Sa Majeste, qu'elle a fort bien recue et je ne doute point qu'elle ne m'ordonne[2] de vous envoyer la reponse.

A Versailles le 23 janv. 1687.

v. 779, p. 435. Le billet que vous m'avez fait l'honneur de m'escrire hier m'a ete rendu. Je vous rends graces tres humbles des marques que vous me donnez de l'honneur de votre souvenir. Je vous supplie d'etre persuadee de la part que je prendray toujours a ce qui vous touche, et que je profiteray avec beaucoup de plaisir des occasions que vous me donnerez de vous rendre mes tres humbles services.

---

[1] En surcharge: quelques mots illisibles.   [2] Un mot illisible.

A Versailles le 28 fév. 1687.

v. 780, p. 447.   J'ai receu avec le billet que vous m'avez fait l'honneur de m'ecrire celle (sic) de Madame la duchesse de Savoie, duquel je vous remercie.   Je feray des nouvelles qui l'accompagnent l'usage qu'elle desire.   Cependant je vous supplie de l'assurer de la reconnaissance que je conserverai toujours des bontes dont il lui plait de m'honorer en votre particulier en votre particulier (sic) qu'on ne peut etre plus veritable^t...

Luxembourg le 21 mai, 1687.

v. 783 (1), p. 148.   Je revois en arrivant en cette ville le billet q. v. m'avez fait l'honneur de m'ecrire le 16 de ce mois avec la lettre qui y etoit jointe que je vous renvoie.   Je vous supplie d'assurer madame la duchesse de Savoie de la continuation de mes respects (?) et du desir que j'aurai toujours de lui rendre mes tres humbles services dans les occasions qui se presenteront.

Versailles le 17 juillet, 1687.

v. 784, p. 327.   J'ai receu la lettre que vous m'avez fait l'honneur de m'escrire avec les papiers qui y etaient joints dont je vous rends tres humbles graces.   Je vous prie de faire ma cour a madame la duchesse de Savoie selon que vous lui escrirez et d'etre bien persuadee que je suis toujours tres veritablement.

A Fontainebleau ce 10 oct. 1687.

v. 786, p. 344.   J'ai receu le billet que vous m'avez fait l'honneur de de m'escrire lundy dernier, celles de Thurin qui y etoient jointes des 27 et 28 du mois passe.   Je me suis acquitte de l'ordre que madame la duchesse de Savoie me donna, en temoignant au roy l'inquietude qu'elle a de l'indisposition de Sa Majeste, de quoy elle m'a paru bien persuadee, et m'a commande de la remercier du compliment que ma dite dame m'avoit charge de luy faire.

Madame Royale ne pouvoit prendre un meilleur party que celui qu'elle a pris sur ce qui s'est passe a l'egard du comte de Druent et du marquis de Pianesse, et Mr le duc de Savoie en ne luy en donnant aucune part s'est fait tort a lui seul.   Il est facheux que ce prince n'ait personne aupres de lui capable de lui representer ce qu'il devrait faire en de pareilles rencontres.   Je vous supplie de m'ayder a bien remercier Madame Royale de ce qu'il lui plait de vous charger de me dire touchant ma maladie.   Je conserverai toute ma vie une reconnaissance tres vive des bontes dont il lui plait de m'honorer.   Je ne pense point a aller a Aney le...de cet automne, ainsi je ne puis profiter de l'offre que vous me faites du (chateau? chancelier?).   Je vous supplie d'etre bien persuadee de la passion avec laquelle je suis tout.

A Marly ce 11 mars, 1688.

v. 802, p. 78 (Brouillon), p. 198.   J'ay leu au Roy la lettre que vous m'aves (adressee avec celle que vous m'avez) fait l'honneur de mescrire le 6e de ce mois.   Sa Ma^{te} ma paru bien persuadee que Madame la duchesse de Savoye est incapable d'avoir fait ce dont on l'a accusee et c'est dequoy je vous puis assurer et que je suis tousjours vostre tres humble et tres obeissant serviteur.

(Brouillon daté du 4 mars. Mise au net le 5 mars par un secrétaire. Le passage entre parenthèses ajouté d'une autre main (celle de Louvois) et le quantième changé.)

A Versailles le 26 mars, 1688.

v. 804, p. 155. J'ai recu la lettre que vous m'avez fait l'honneur de m'escrire. Je demanderai (accorderai?) ce que vous desirez sur l'affaire dont Mr de Boufflers m'a parle. A l'egard de ce que vous a mande madame Royalle je ne vois guere d'emplois propres pour...(Suite illisible.)

A Versailles le 2 avril, 1688.

v. 805, p. 17. J'ai recu la lettre que vous m'avez fait l'honneur de m'escrire le dernier du mois passe avec tous les papiers qui l'accompagnaient lesquels je vous renvoye, mon indisposition m'empechant de voir le Roy. C'est avec bien du deplaisir que je me vois hors d'etat de rendre le service que je desirerai a Madame la duchesse de Savoie. Je suis votre tres humble et tres obeissant serviteur.

A Versailles le 9 juillet, 1688.

v. 806, p. 137. J'ai recu la lettre que vous m'avez fait l'honneur de m'escrire avec celle de Mme Royalle qui y etoit jointe laquelle je vous renvoye. Je ne scay point de charge a vendre dans la gendarmerie et je puis vous dire qu'a l'exception des compagnies des chevau-legers d'ordonnance, les subalternes montent toujours lorsque les charges viennent a vacquer, que meme dans les gendarmes du Roy, quand il advient un changement, il n'y a jamais que les charges de guidon a vendre, qui ne peuvent pas etre remplies par un homme de l'age et des services du gentilhomme dont vous me parlez. C'est tous les eclaircissements que je vous puis donner. Si apres cela je trouve quelque charge qui lui convienne je le serviray de tout ce que je pourrai pour lui en faire obtenir l'agrement. Je suis votre tres humble et tres obeissant serviteur.

A Versailles le 27 décem. 1688.

v. 816, p. 91. J'ai recu la lettre que vous m'avez fait l'honneur de m'escrire, a laquelle je ne puis repondre quant a present, Sa Majeste n'ayant pas encore rien regle sur les regiments qui fourniront les compagnies l'annee prochaine. Je vous supplie d'etre bien persuadee que lorsque je ne reponds pas a vos lettres c'est que je ne suis pas en etat de le faire, ne laissant pas que d'estre toujours dans les meilleurs dispositions que vous pouvez desirer et qui dependront de vous, pour vous rendre services.

A Marly le 1er avril, 1689.

v. 846, p. 21. Je vous adresse la reponse que je fais a Mr le Comte de Masin laquelle je vous supplie de vouloir bien lui faire tenir. Le Roy a fait escrire a Mr d'Arcy au sens que Mme la duchesse de Savoie peut desirer. Sa Majeste a meme ordonne a mon dit sieur d'Arcy de laisser entendre a Mr le duc de Savoie dans la premiere occasion nouvelle qu'il en trouvera que prenant une part sensible a ce qui regarde Mme sa mere, que son cœur le doit porter a bien traiter en toute rencontre, et que si cela ne suffit pas il doit se souvenir que Sa Majeste s'attend que l'amitie qu'elle a pour elle lui sera une raison pour eviter de donner a Mme la duchesse de Savoie aucun sujet de se plaindre de lui.

APPENDICE VII

Les Sentiments du Sieur Rosteau sur plusieurs auteurs :
Ouvrages d'Histoire

L'Histoire de Madame de Montpensier.

Si nous en croyons la préface de ce livre ce n'est point icy une vérité qui touche Me de Guise Made de Montpensier et Mons de Chabannes qui sont les principaux acteurs de cette scène, mais on s'est seulemᵗ servi de leurs noms pour rendre la scène (?) plus considérable et plus vraisemblable. Quelques uns croyent que c'est une advanture de ces derniers temps ce que l'on en peut dire de plus asseuré est que rien ne peut estre plus galamment écrit. Le bruit commun veut que ce soit une production de Madame de la fayette assez cognue pour un des plus beaux esprits de notre cour, dautres y donnent part a M. le duc de la Rochefoucault de quelq. main quil parte il ny a rien (mots illisibles) peut estre q. le personnage que l'on a fait tenir a M. de Guise sera moins approuvé estant contre la raison qu'après une fortune pareille à celle où il se venoit de trouver il eust si facilement oublié une princesse quy avoit risqué son honneur et sa vie pour luy, ce qui persuade encore q. cest une supposition de personnages et quil sy trouveroit sous la veritable histoire de grandes... (mot illisible).

ᴍss. ex libris Bibliothecae Sancta Genovefa
Parisiensis. Bib. Ste.-Geneviève, ᴍs. no.
3339, fᵒ 235. [Inédit.]

APPENDICE VIII

Quelques opinions sur La Princesse de Clèves

Dix-septième siècle.

(Bayle.) Nouvelles lettres de l'auteur de la Critique générale de l'histoire du Calvinisme de Mr Maimbourg. Villefranche, 1685, in 12º, T. II, p. 652. Lettre XXI, Section V, p. 656. B. trouve les caractères de *La P. de C.* "outrés et chimériques."

Bussy-Rabutin. Correspondance, éd. Lalanne. 1858, 6 vols. 12º.

Charnes (L'abbé de). *Voir* bibliog. des ouvrages consultés.

Fontenelle. Mercure Galant, mai 1678, p. 111. A lu quatre fois ce roman tant il l'admire. Regrette que Nemours ait écouté l'aveu.—"Cela sent un peu les traits de l'*Astrée*."

Mercure Galant, mars 1678, p. 379. Tout le monde l'attendait. "Elle a remply cette attente, et je suis certain que je ne vous pouvois procurer une lecture plus agréable."

Valincour. *Voir* la bibliog. et notre chapitre sur *La P. de C.*

Voir aussi Les Lettres de Mme de Sévigné et la lettre de Mme de la Fayette à Lescheraine où elle critique son propre roman.

Dix-huitième siècle. (Sauf mention contraire ces ouvrages furent publiés à Paris.)

Chaudon et Delandine. Nouveau dict. hist....par une société des Gens de Lettres. 7ᵉ édit. Caen et Lyon, 1789, III, p. 584.

Dictionnaire historique portatif des femmes célèbres. 2 vols. 1769, I, 648.

Gordon du Percel (L'abbé Lenglet du Fresnoy). De l'usage des romans. Amsterdam, 1734, I, pp. 13–14.

—— L'histoire justifiée contre les romans. Amsterdam, 1735.

Lambert (L'abbé). Histoire littéraire du règne de Louis XIV... 1751, 3 vols. 4º, T. III, Liv. IX, pp. 32–33.

La Harpe. Lycée ou cours de Litt. anc. et mod. Paris, 1888, 14 vols. 8º, Tome 7.

La Porte (L'abbé de) et Lacroix. Histoire littéraire des femmes françaises. 1769, 5 vols. 8º, I, 460–515. Aucune critique personnelle.

Lelong (Jacques). Bibliothèque historique de la France. T. IV, Vie et éloges des Dames illustres, 1775, Fº, p. 210. La Rochefoucauld aurait fourni les maximes, Mme de la Fayette l'intrigue, et "le tout" aurait été "mis en œuvre avec autant d'esprit que de délicatesse par...Segrais..."

Marmontel. Œuvres. 1819, 7 vols. in 8º, Tome III, 2ᵉ partie, p. 558. Essai sur les romans considérés du côté moral. Trouve la *P. de C.* séduisant, mais dangereux. Loue les bienséances et le sentiment de la pudeur dans ce roman.

Moreri (Louis). Le grand dict. hist....etc. 1759, T. V, p. 67.

Niceron. Mémoires pour servir à l'histoire des hommes illustres dans la répub. des lettres. 1731, T. xvi, p. 23, Art. Segrais. Cite le P. Lelong.

Prévost (L'abbé). Mémoires et aventures d'un homme de qualité qui s'est retiré du monde... 1808, 3 vols. in 12º, T. ii, p. 80. Conseille à son élève de lire *Télémaque* et *La Princesse de Clèves* comme les moins mauvais des romans.

Voltaire. Œuvres, éd. Beuchot. 1833, 71 vols. in 8º, T. xii, p. 344. Le Temple du Goût. xix, 127. Le Siècle de Louis XIV.

Dix-neuvième et XXᵉ siècle.

Asse (Eugène). Art. sur La Fayette dans *La Grande Encyclopédie.* Cet article fourmille d'inexactitudes.

Auger (Louis Simon). Notice sur la vie et les ouvrages de Madame de la Fayette. 1863, 1875, 1882.

Baldensperger (F.). À propos de l'aveu de la Princesse de Clèves, dans la *Rev. philologie fr.* 1901, p. 26.

Barine (Arvède). Madame de la Fayette d'après des documents nouveaux. (*Voir* Perrero.) *Rev. des deux mondes,* 15 sept. 1880, pp. 384–412.

Cherbuliez (Victor). L'Âme généreuse—La Princesse de Clèves. *Rev. des deux mondes,* 15 mars 1910, p. 274.

Ferettini (Hector). Étude sur Madame de la Fayette. Brochure in 16 de 24 pp. Milan, 1901. Presque toutes les vieilles erreurs s'y trouvent. Mme de la Fayette naquit au Havre, etc., etc.

Fournel (Victor). La littérature indépendante et les écrivains oubliés. Essais de critique et d'érudition sur le XVIIᵉ siècle. 1862, in 16, p. 201.

Girardin (Saint-Marc). Cours de litt. dram. ou de l'usage des passions dans le drame. 1875, 5 vols. in 16, Tome iv, pp. 438, et suiv. Crit. de la psychologie du roman.

d'Haussonville (Le comte). Madame de la Fayette. Hachette (Les gr. écriv. fr.), 1891.

Hémon (Félix). *Rev. pol. et litt.* 5 avril 1879, p. 956. Conteste l'authenticité de la lettre de Mme de la Fayette au sujet de la *P. de C.* publiée par Perrero dans la *Rassegna.*

—— Ibid., 3 mai 1879. Le procès de Mme de la Fayette. *La Princesse de Clèves* et M. Perrero.

—— Ibid., 2 oct. 1880. La vraie Mme de La Fayette. Réponse à l'art. d'Arvède Barine.

Le Breton (André). Le Roman au dix-septième siècle. 1890, pp. 297–322.

Lecigne (C.). Madame de la Fayette. No. 1 de la Collection Nouvelle chez Lethielleux. 1910, pp. 115, in 16. Ouvrage tiré de celui de M. d'Haussonville.

Lemontey (P. E.). Notice sur Madame de la Fayette et Mesdemoiselles Deshoulières. 1822, in 8º.

Leroi (Robert). À propos de la *Princesse de Clèves* de Mme de la Fayette. Étude sur la Société fr. au XVIIᵉ siècle. Société Havraise d'études diverses. 1899, 1ᵉʳ trimestre, pp. 65–81.

Leroyer de Chantepie (Marie S.). Figures historiques et légendaires. Paris, s.d. p. 223. Madame de la Fayette. M. L. de C. écrit

"Le premier ouvrage de Mme de la Fayette fut la *Princesse de Clèves*."

Margerie (A. de). Madame de la Fayette. Nancy, 1870, in 8°.

(Mayeur de Saint-Paul.) Madame de la Fayette. s.d. (1814), 1 vol. in 24, pp. 108. Port. front. et grav. Un ramassis de citations au sujet de Mme de la F.

Moréas (Jean). Variations sur la Vie et les Livres. Paris (Mercure), 1910, pp. 5–19. Mme de la Fayette. L'auteur insiste sur la modération de Mme de la F.

Perrero (A. D.). Lettere inedite di madama di La Fayette e sue relazioni con la corte di Torino. Curiositá e ricerche di storia subalpina, Fasc. xv, Turin, 1880.

Praviel (Armand). Madame de Villedieu et la *Princesse de Clèves*. Revue litt. bulletin de Bibliographie (Supp. litt. mensuel au *Journal de l'Univers*, fév. 1898).

Rea (Lilian). The Life and Times of Marie Madeleine Countess of La Fayette. London, s.d. (1908), 1 vol. in 8°, pp. xii, 336, 20 grav. L'auteur a abordé ce travail avant d'avoir les connaissances nécessaires de la langue française. Après avoir raconté l'histoire des lettres de Mme de Sév. trouvées chez Fouquet elle cite ainsi la lettre de Mme de Sév. à ce sujet:

"I am most angry," she wrote to Ménage, "that Fouquet should have put my letters in the casket of his *poulets* (hens)."

Le mot entre parenthèses (=poules) est ajouté par Mme Rea pour expliquer aux lecteurs anglais le mot *poulets* dans l'original ! ! !

Sainte-Beuve. Romanciers de la France. Mme de la Fayette. *Rev. des deux mondes*, 1er sept. 1836, p. 513. Article réimp. dans les *Portraits de Femmes* du même auteur. Celle-ci est encore la meilleure étude sur Mme de la Fayette.

Salomon (Ch.). À propos de la doctrine morale contenue dans la *Princesse de Clèves*. *Rev. universitaire*, 1898, Tome ii, pp. 1–11. Art. important.

Taine (H.). Article sur Mme de la Fayette. *Journal des Débats*, 25 fév. 1857. Réimp. dans ses *Essais de Critique et d'Histoire*, et en tête de son édition de la *P. de C.*

Vapereau (G.). Dict. univ. des litt. 1876, 1 vol. 8°, p. 1159. La Fayette.

Voir aussi Brunetière, Doumic, Faguet, Herriot, Lanson, Lemaître, Léon Levrault (*Le Roman*, Paris, Delaplane, pp. 40–43), Morillot, Petit de Julleville, Pellissier, etc., etc.

Voir aussi la liste des ouvrages consultés pour cette étude.

APPENDICE IX

Testament de Madame de La Fayette

Au nom du Père du Fils et du St Esprit fait le 11me Avril 1690.

Je suplie nostre seigneur de me faire la grâce d'avoir une soumission aussi entière à sa volonté lors qu'il luy plaira m'appeler à luy que celle où il me paraist que je suis présentement. Mais comme ses dispositions sont aussi incertaines que lheure de nostre mort parce que tout despend de sa providence je fais ce mémoire des choses que ie souhaitte estre executées lors quil m'aura apellée à luy estant saine de corps et desprit.

Ie laisse à mes anfans la disposition de mon enterrement et de ma sepulture ie veux neanmoins que ce soit a ma paroisse et avec le moins de frais et de despense quil se poura cest ce que ie leur demande instament.

Ie donne aux pauvres malade (sic) de ma paroisse la somme de trois cent livres une fois payee.

Ie donne a ma sœur religieuse urseline a Valancay outre et pardessus la pention viagere que lon paye annuellement a son couvent et qui la doit suivre partout ou elle ira outre cette pention qui est de trois cents livres ie luy donne dis-je la somme de soixante livres chaque annee sa vie durant seulement et seront les dittes soixante livres mist entre les mains de telle personne quelle choisira afin que cette personne les emploie pour le soulagement de sa santé ou autre chose a sa volonte sans que cela passe par les superieures du couvent ou elle sera.

Ie donne a Mlle de Boiscordier la somme de cent livres par chaque annee sa vie durant seulement et si la ditte Mlle venait a se marier la ditte pention de cent livres s'estindroit en luy donnant six cent livres une fois paye.

Ie donne a Charruel(?) mon valet de chambre sil est encore a moy le jour de mon deceds (rature) la somme de cent (rature) cinquante livres sa vie durant seulement (deux lignes biffées).

Mes enfants recompenseront mes autres domestiques a proportion du temps et de la maniere dont ils m'auront servie.

Ie donne a mes deux fammes mes vieux habits et mon vieux linge de ma personne seulement et mes anfans reserveront ce quil leur plaira.

Ie les fais lun et lautre cest dire mon fils labbé et mon autre fils executeurs du present.

(Signé) De La Vergne.

J'approuve les ratures cy dessus qui ont denviron quatre à cinq ignes.

. (Signé) De La Vergne.

Ie feray un codicille par lequel ie regleray moymesme la recompense de mes domestiques.

    fait ce 11me avril 1690.   (Signé) DE LA VERGNE.

    (Plié et cacheté aux armes de Mme de la Fayette—les écussons La Fayette et La Vergne surmontés d'une couronne de marquise.)

    (Au dos) Testament et codicile fait par moy et despose entre les mains de Mr le Cure de St Seurin pour le faire ouvrir au jour de ma mort.

    Codicile fait par moy ce 26me Fevrier 1692.

Jay fait un testament que lon trouvera avec celuy cy auquel j'adjoute que je donne et laigue aux pauvres de labaye de Valmont en Normandie la somme de mil livres.

Jay donne par mon testament a Charruel (?) mon valet de chambre une pension annuelle de cent cinquante livres de rente laquelle ie confirme encore la ditte pension viagere seulement et sera aux choix de mes anfans de luy payer la ditte pension viagere ou de la rachetter de cinq cent ecus une fois payé le tout si le dit Charruel (?) est encore a moy et non autrement.

Je donne pareillement a Aimee femme de Charge une pension viage de cent cinquante livres la ditte pension non rachetable si elle est encore a moy lors de mon deceds.

Je donne a du Mancais la somme de mil livres une fois payee et toutes mes hardes seront partagees entre elle et aimee comme il est porté par mon testament si lune et lautre sont encore a moy.

Je donne a Marie servante de cuisine la somme de cent livres une fois payee si elle est encore a moy.

Je donne a Bertelet portier la somme de trois (rature) cent livres une fois payee sil est encore a moy.

    J'aprouve la rature.

                (Signé) DE LA VERGNE.

A Valier mon valet de chambre la somme de cent cinquante livres sil est encore a moy.

Je prie Mr de Croisille de donner les sommes portees par ce codicille si lors de ma mort il a encore de largent a moy pour aquiter les presents lais du moins ceux qui sont en argent. Mon fils payera les pentions et ceux qui sont en argent si Mr de Croisille nen a plus entre les mains de celuy que ie luy ay donne a garder.

                (Signé) DE LA VERGNE.

Je donne a Mr Chatrier un diamant de cinquante pistolles pour ce souvenir de moy.

                (Signé) DE LA VERGNE.

    fait ce 2me fevrier 1692.

Outre et par dessus ce qui est porté sur mon testament ie donne encore a du Mancais si elle est a moy la somme de cinq cent livres et tous mes habits nestant pas iuste q'aimee le partage avec elle.

    fait ce 12me 7bre 1692.

                (Signé) DE LA VERGNE.

    (Au dos) Codicille fait ce 26me fevrier 1692.

APPENDICE X

L'Aveu dans le Roman : Les Désordres de l'amour

La marquise de Termes est souffrante d'une maladie de langueur; son mari s'inquiète et se tourmente: résolu à tout faire pour apprendre le secret du mal mystérieux qui la dévore, il vient dans l'appartement où elle repose "...et surprenant sa femme, le visage mouillé de quelques larmes qu'à son abord elle essayoit de cacher....

"Ne vous contraignez point pour ma présence, Madame," lui dit-il, "je suis moins un époux sévère que le plus intime de vos amis, dites-moi confidemment ce qui vous oblige à verser des larmes, et croyez qu'il n'y a rien que je fasse ou que je n'entreprenne pour en arrêter le cours."

"Vous êtes trop bon," repartit tristement la belle malade, "de vous apercevoir de ces effets de ma faiblesse, ils ne méritent pas d'être remarqués, et ce sont des sensibilités ordinaires à une jeune personne qui a sujet d'aimer la vie et qui se voit en danger de la perdre."

"Ha! Madame," s'écria le Marquis, "ce n'est point là ce qui vous fait pleurer, le malheur que vous feignez de craindre n'est encore, grâce au ciel, ni déclaré, ni prochain. Et quand il seroit vrai qu'il vous arrachât des larmes, vous ne feriez point d'efforts pour me les cacher. Elles pourroient au contraire être expliquées à mon avantage, la douleur d'être séparée de moi y serviroit d'un légitime prétexte; mais, Madame, ce n'est point cette crainte qui vous trouble, vous avez des maux plus sensibles et plus pressants, et vous m'en causerez de mortels si je ne vous trouve plus d'ouverture de cœur et plus de confiance."

Le marquis accompagnoit ces paroles de caresses si touchantes et les mouvements de son visage exprimoient si bien le chagrin qu'il avoit de celui de sa femme, qu'elle fut honteuse qu'il lui en restât encore. Elle donna un libre cours aux larmes qu'elle avoit retenues, et serrant une des mains du marquis entre les siennes: "Ah!" lui dit-elle avec une foule de sanglots, "que votre honnêteté m'est cruelle, et que je vous serois obligée si vous me témoigniez autant de mépris et de dureté que vous me témoignez de tendresse et de considération."

Un discours si bizarre ayant augmenté la curiosité du Marquis, il n'y eut rien qu'il ne mît en usage pour la satisfaire. Il pria, il promit, il employa jusqu'à son autorité et fit des commandements. Plus la marquise tâchoit à modérer ce désir plus il devenoit violent.

"Hé bien donc!" lui dit-elle, vaincue par ses importunités, "vous saurez ce que vous avez tant de curiosité de savoir: quelque malheur que cet aveu m'attire, il aura de la peine à me rendre plus infortunée que je la suis, et en tout cas je me sens si abatue que le secours de la mort ne me sera pas longtemps refusé."

Alors elle lui raconta comme dès son enfance elle avoit eu une violente inclination pour le Baron de Bellegarde, qui en avoit une semblable pour elle, mais qui n'ayant pas assez de bien pour satisfaire l'avarice de son père le marquis lui avoit été préféré. "Envisagez-moi dans cet état," poursuivit-elle, fondant en larmes, "et jugez s'il y a un au monde plus malheureux. Vous méritez toute ma tendresse, et bien qu'il me soit impossible de vous la donner, je mourrois mille fois plutôt que de rien faire indigne de la vôtre. J'ai banni le jeune Bellegarde, et vous pouvez avoir remarqué que depuis notre mariage il n'est pas venu en cette province; c'est par mes ordres qu'il en demeure absent, je ne lui ai point écrit, je lui ai sévèrement défendu de m'écrire, et quand ma vie dépendroit d'un moment de sa conversation particulière, je ne m'y exposerois pas. Cependant, puisque vous me forcez à vous l'avouer, moins je le vois et plus je sens le désir de le voir; son absence, qui devoit l'effacer de ma mémoire, ne sert qu'à me persuader sa déférence pour mes ordres. Je ne pousse pas un soupir où je ne m'imagine que les siens répondent, et jugeant de ses peines par les miennes, il se fait en moi un combat de pitié, d'amour et de devoir, qui semble déchirer mon âme, et dont les effets sont si cruels pour elle, que de quelque côté que penche la victoire, elle me sera toujours également funeste."

Cette belle affligée auroit pu continuer de parler plus longtemps si ses sanglots ne l'en avoient empêchée. Le marquis, son époux, étoit si surpris et si touché de ce qu'il entendoit qu'il n'avoit pas la force de l'interrompre; mais enfin ce premier trouble étant un peu dissipé, et la tendresse qu'il avoit pour elle triomphant d'un mouvement de jalousie qui le sollicitoit au mépris et à la vengeance.

"Ha ! Madame," lui dit-il d'un air languissant, "pourquoi m'épousiez-vous, si vous ne pouviez m'aimer ? "

"Je fis ce qu'il me fut possible pour ne vous épouser pas," poursuivit la marquise, "mais j'étois jeune et timide, mon père étoit absolu sur sa famille, et d'ailleurs je ne croyois pas mon amour aussi violent qu'il l'étoit. Comme il n'avoit jamais eu de but qu'un mariage, je pensois qu'il cesseroit quand l'espoir de ce mariage seroit éteint. Vous êtes un des hommes du monde le plus accompli; j'esperai que vous chasseriez aisément Bellegarde de mon cœur, et j'avois un désir si sincère de vous aider que je ne doutai pas qu'il ne réussît. Mais, hélas ! je me suis trompée, et bien que je vous trouve infiniment estimable, vous ne sauriez empêcher que Bellegarde ne soit encore l'homme le plus aimé."

Des aveux si rares et si ingénus pénétrèrent le marquis d'une douleur inexprimable, il lui fut impossible de soutenir cette conversation plus longtemps. Il se retira dans sa chambre, et faisant réflexion sur la cruauté de sa destinée, il eut besoin de tout son courage pour ne pas succomber au désespoir.

LISTE DES OUVRAGES CONSULTÉS

Tous les ouvrages cités dans ce travail sont mentionnés ci-dessous, dans l'appendice VIII, ou dans la bibliographie des œuvres de Madame de La Fayette.

Académie des femmes, comédie en trois actes en vers. B.N. Rés. YF 4342.

Academy, The. Jan. 27th, 1906, pp. 91–2. The earliest modern novelist (Mme de La Fayette). Par Edward Wright.

Aigueperse, P. G. Biographie ou dictionnaire historique des personnages d'Auvergne. Clermont-Ferrand, 1834, 2 vols. in 8º.

Albums de dessins et de gravures de la commission des antiquités de la Seine Inf.

Allier, Achille. L'Ancien Bourbonnais. Moulins, 1833–8, 3 vols. Fº.

Annales de la Cour et de la Ville, 1697–8.

Anselme, Le Père. Histoire généalogique et chronologique... Paris, Firmin-Didot.

Anti-ménagiana. Bib. Nat. Z 18229.

Archiv für das Studium der neueren Sprachen und Literaturen, 1909. (*a*) Jordan, L. Eine Handschrift von Werken der Gräfin La Fayette mit dem inedierten Fragment eines Romans. (*b*) Kuechler, W. Zu den Anfängen des psychologischen Romans in Frankreich.

Archives de Chantilly (Château). MS. Série P.

—— de l'Allier. Docs. reproduits dans les appendices, etc.

—— de la Seine. *Voir* Bégis.

—— du Ministère de la Guerre. *Voir* Louvois.

—— du Ministère des Affaires étrangères. Corr. diplom. de Savoie.

—— Nationales. Papiers Léonard.

Arnaud, C. Étude sur la vie et les œuvres de l'abbé d'Aubignac. 1888. N. 29. 78 Cantab.

Arnauld, Papiers. Arsenal, 6037, T. IV.

—— d'Andilly. Mémoires. Petitot, XXXIII–XXXIV.

Arnould, L. Racan. 1 vol. in 8º, orné de port. Paris (Colin).

Artigny, L'abbé d'. Relation de ce qui s'est passé dans une assemblée tenue au bas du Parnasse pour la réforme des belles lettres. 1739, in 12º. LH 285 Sorb.

Athenæum français. 16 avril, 1853.

Aubignac, Félix Hédelin, abbé d'. Conseils d'Ariste à Célimène sur les moyens de conserver sa réputation dans le monde. 1665, 1667, etc., in 12º. R 18668 B.Nat.

—— Macarise. 1663.

—— Les portraits égarés. 1660, in 12º.

—— Relation de tout ce que j'ay veu à Loudun en neuf jours que j'ay visité les possédées, sept. 1637. MS. de 19 pages. Bib. Nat. MS. fr. 12801.

Aubignac, Félix Hédelin, abbé d'. Royaume de Coquetterie. 1655, in 12º. Nouvelle histoire du temps ou la relation véritable du Royaume de Coquetterie. Arsenal, B.L. 14702.

Audigier, Pierre. Histoire d'Auvergne. ᴍꜱ. Bib. Nat. 10 vols. 11477–11486.

—— Idem. Imprimés. Tome ɪ, Clermont-Ferrand, 1894, 1 vol. in 8º.

Audiguier. Diverses affections de Minerve. 1625, 1 vol. in 12º. Bib. Nat. Z 19851.

Aumale, Le duc d'. Histoire des Princes de Condé pendant le XVIᵉ et XVIIᵉ siècle. Paris, 1896, 7 vols. 8º.

Avenel, Le vicomte d'. La Noblesse française sous Richelieu. Paris, 1901, 1 vol. in 12º.

—— Richelieu et la Monarchie absolue. 1884.

Baillon, Le comte de. Henriette-Anne d'Angleterre... 2ᵉ éd. Perrin.

—— Henriette-Marie de France... 2ᵉ éd. Perrin.

Baluze. Histoire généalogique de la maison d'Auvergne. Paris, 1798, 2 vols. Fº.

Baret, Eugène. De l'Amadis de Gaule et de son influence sur les mœurs et la litt. au XVIᵉ et au XVIIᵉ siècle. 1853, Firmin-Didot, 8º.

Barine, Arvède. La jeunesse de la Grande Mademoiselle. 5ᵉ éd. Hachette.

—— Louis XIV et la Grande Mademoiselle. 3ᵉ éd.

Barrière, F. La Cour et la Ville sous Louis XIV, Louis XV et Louis XVI. Paris, 1830, 8º.

Barry, Le P. Lettres de Pauline et d'Alexis à diverses personnes sur des sujets bien importants.

Barthélemy, É. M. de. La Marquise d'Huxelles et ses amis. Bib. Nat. Ln²⁷ 32744.

—— Les amis de la Marquise de Sablé.

—— Sapho, le Mage de Sidon et Zénocrate. Ln²⁷ 9167.

—— Valentin Conrart. Ln²⁷ 35404.

Bary, René. L'esprit de cour ou les conversations galantes. 1662. Z 20072 Bib. Nat.

Beaucaire, Horricq de. Recueil des Instructions données aux ambassadeurs. Savoie-Sardaigne et Mantoue, 1898-9.

Beaucamp, de, et le Trix. Petite histoire du Havre. L⁷k 29294 B.N.

Beaurepaire, C. de. Mélanges historiques. L⁴k 2342.

—— Nouveaux mélanges. L⁴k 2342 bis.

—— Derniers mélanges. L⁴k 2342 ter.

Bégis. Papiers, aux Arch. de la Seine.

Belleval. Les fils de Henri II. Paris, 1 vol. 8º, 1898.

Berty et Tisserand. Topographie historique du vieux Paris. 1876, Fº (Histoire Génér. de Paris), Région du Bourg Saint-Germain.

Besoigne, Jérome. Histoire de l'Abbaye de Port-Royal. Cologne, 1752, 6 vols. in 12º.

Bled, Victor du. La société française du XVIᵉ au XXᵉ siècle. 4ᵉ série, XVIIᵉ siècle. 1904, in 12º.

Bodin. Recherches historiques sur l'Anjou. Bib. Nat.

Boileau. Les héros de Roman, édition T. F. Crane.

—— Satires, éd. Garnier.

—— Œuvres, éd. Berriat de Saint-Prix. 5 vols. 8º, Paris, 1839.

Boislisle, de. *Voir* Bulletin de la Société de l'Histoire de France.

Bonafous. Études sur l'Astrée. 1846.

Bonneau-Avenant, Le cte. de. La duchesse d'Aiguillon... 2e éd. 1 vol. in 12º, Perrin.

Bordelon, L'abbé. La belle éducation. 2e éd. 1694, in 12º.

Borély, A. E. Histoire de la ville du Havre. Le Havre, 1880–1, Tome II.

Bosc, Le Père Jacques du. L'honnête femme. Lyon, 1640.

Bossuet. Oraisons funèbres, éd. Jouaust.

Bouhier, Souvenirs de Jean. B.N. La 2925.

Bouillet, M. N. Dict. univ. d'hist. et de géog. 31e éd. Hachette, s.d. 1 vol. in 8º.

Bourciez, E. E. J. Les mœurs polies et la litt. de cour sous Henri II (Thèse, Paris).

Bourdeau, J. La Rochefoucauld. Hachette, 1895 (Gr. Écriv. fr.).

Bourdigné, Jehan de. Chronique d'Anjou et du Maine, éd. Godard-Faultrier. Angers, 2 vols. 8º, 1842.

Bourgeois, Émile. The century of Louis XIV, its arts and ideas. Traduit par Mrs Cashel Hoey. London, s.d. Gr. 4º, Grav.

Bourgoin, Auguste. Valentin Conrart...et son temps. Hachette, 1883, 8º.

Brantôme. Œuvres complètes... 1858–1894. 13 vols. Bib. Elzév. Plon-Nourrit.

Brédif, M. Segrais, sa vie et ses œuvres. Paris, Durand, 1863, 8º.

Brice, Germain. Description de Paris. 6e éd. in 12º, 1713.

Broc, Le vicomte de. Les femmes auteurs. Paris, Plon, 1911, in 16º.

Brun, Pierre. Autour du XVIIe siècle. Grenoble, 1901, in 12º.

Brunetière. Études critiques... 8 vols. in 16º.

—— Hist. de la litt. fr. classique. Tome I, 1911.

Brunot, Ferdinand. Histoire de la Langue française. Tome III. En cours de publication chez Colin.

Bulletin de la Société de l'Histoire de France, 1896. De Boislisle. Les portraits dans les écrits diplomatiques et politiques.

—— du Bouquiniste, 1874, Tome II, 15 oct.

—— du Bibliophile, 1853, p. 59.

—— Critique, 1891, p. 191.

Bure, Guillaume de, Fils aîné. Catalogue des livres de la Bibliothèque de feu M. le duc de la Vallière. Ire partie, MS. et livres rares, 3 vols. 8º, 1783.

Bussy-Rabutin. Histoire amoureuse des Gaules. 4 vols. 1856–76. Elzév. Plon-Nourrit.

—— Carte du pays de Braquerie. À la fin de Tallemant. *Voir* Tallemant.

—— Correspondance. *Voir* Opinions sur la *Princesse de Clèves*. Appen.

Cabinet des Titres. Bib. Nat. MS. Pièces originales, 2229, 2287, etc.

Callières, de. De la Science du monde et des connoissances utiles à la conduite de la vie. Bruxelles, 1717, 1 vol. in 12º.

Camusat. Bib. françoise ou hist. litt. de la France. 1674, 2 vols.

Carpenteriana. Bib. Nat. Z 18190.

Cartwright, Julia, Madame. Memoirs of Henrietta, Duchess of Orleans. Londres, 1894, 2e éd. 1900.

Casati de Casatis, Ch. Villes et châteaux de la vieille France. Duché d'Auvergne. Paris, Picard, 1900, 8º.

Castelnau, Mémoires de Messire Michel de... Bruxelles, 1731, 3 vols. 8º.

Catalogue de l'Exposition de l'histoire de Paris, ouverte à Paris pendant l'été de l'année 1911.

Cercle des Femmes, entretien comique... B. Nat. R 24003.

Chansonnier français. Bib. Nat. MS. 9348, 12639, 12667, 15135.

Chapelain, Jean. Lettres, publiées par Tamizey de Larroque. Paris, 1880.

—— De la lecture des vieux romans, dialogue, p. par Feillet. 1870, 8º.

—— Poésies inédites de... Bib. Nat. N. acq. MS. No. 1890.

Charlanne, Louis. L'influence française en Angleterre au XVIIe siècle. 1906 (Lecène).

Chéruel, A. Histoire de la France pendant la minorité de Louis XIV. Sorb. HF. b. 28a, 8º.

Choisy, Mémoires de. Petitot, LXIII et Jouaust in 12º, 2 vols.

Collas, Georges. Un poète protecteur des lettres au XVIIe siècle. Jean Chapelain... Paris, Perrin, 8º, 1911.

Condé, Papiers de. Série P. Archives du Château de Chantilly.

Conrart, Papiers de. Bib. Arsenal, Paris, MS. IX, 4º, XI (No. 4116), XXII, No. 4127, etc.

—— Mémoires. Petitot.

Corneille. Édition Gr. Écriv. Hachette.

Cornhill Magazine. May, 1870, p. 533. A Pupil of the Hôtel de Rambouillet.

Corrard de Bréban. Souvenir d'une visite aux ruines d'Alise et au Château de Bussy-Rabutin. Troyes, 1833, 8º. Brochure de 30 pp.

Cosnac, Le comte Gabriel Jules de. Souvenirs du règne de Louis XIV. Paris, Renouard, 1866, 8 Tomes in 8º.

—— Daniel de, Mémoires de. Paris, Renouard (Soc. de l'Hist. de Fr.), 1852, 2 vols. 8º.

Costar. Lettres. 2 vols. in 8º, 1858.

Costé, Pierre. Histoire de Condé. Cologne, 1693, in 12º.

Coulanges, Mémoires de M. de (pub. par Monmerqué). Paris, 1 vol. in 12º, 1820.

Courtin, Antoine de. Nouveau traité de la Civilité qui se pratique en France et ailleurs, parmi les honnestes gens. 2e éd. Bruxelles, 1675, 1 vol. pet. in 12º.

Cousin, Victor. Études sur les femmes illustres et la société au XVIIe siècle. 8 vols. in 16º, Paris, Perrin.

Crane, Th. Fr. La Société française au XVIIe siècle. New York, 2e éd. in 12º, 1907.

Crenne, Helysenne de. Les angoisses douloureuses qui procèdent d'amours. Paris, 1538, dans Œuvres complètes. Bib. Nat. Rés. Z 2745.

Cross, Wilbur L. The development of the English novel. New York, 1899, 1 vol. in 16º.

Dalibray, Œuvres poétiques de, éd. Van Bever, 1906.

Dangeau, L'abbé de. Dictionnaire des bienfaits du Roi. Bib. Nat. MS. fr. 7651–66.

—— Marquis de. Journal... éd. Soulié, Dussieux, de Chennevières, add. inéd.
        de Saint-Simon, par Feuillet de Conches, 19 vols. in 8º, Firmin-Didot.

Danjou Collection, Tome VIII. Les portraits de la Cour.

Delamare, Philibert. Mélanges. Bib. Nat. MS. fr. 23251.

Delavigne, Casimir. Discours d'inauguration de la Salle de Spectacle du Havre. Au Havre, chez Chapelle, 1823.

De l'éducation des dames—pour la conduite de l'esprit dans les Sciences, 1674.

Demogeot. Histoire de la Litt. Fr. 25e édit. Hachette, 12º.

Derome, Le capitaine. Madame de Villedieu Inconnue. Mamers, Imprimerie Fleury, 16 pp. in 8º. Ex. de la Rev. hist. et archéolog. du Maine, 1911.

Descartes. Les Passions de l'Ame. Rouen, 1651, in 12º.

Despois, E. *Voir* Rev. des deux mondes.

Dom Liron, Jean. Singularités hist. et litt. p. 343 et suiv.

Dom Rivet. Le Nécrologe de Port-Royal. B. Nat. Lᵍd 82.

Doumic, René. Hist. de la Litt. française, 19e éd.

Duclos. Mémoires. Paris, 1808, 2 vols. 8º.

Dulaure. Hist. de Paris (Hist. physique civile et morale de Paris). 7e éd. 4 vols.

Dumont et Léger. Hist. de la Ville d'Harfleur. Au Havre, 1868.

Dunlop, John. The History of Fiction... 3 vols. 8º, Édimbourg, 1816, 2e éd.

Du Verdier. La Floride. 1625, 8º, 2 tomes en un vol.

Egerton Collection. Au British Museum. Nos. 1687–1692.

Étrennes aux Dames avec le calendrier de l'année 1763. Paris, Musier, 1763, in 32º.

Evelyn, John. Diary, éd. Wm. Bray. Londres, 1906, 4 vols. 8º, Grav.

Fabre, A. La Jeunesse de Fléchier. 2 vols. in 8º, Paris, Perrin.

Faguet, Émile. Hist. de la Litt. fr. 2 vols. pet. in 8º, Grav., Plon, 1900.

Fancan, Le chanoine. Le Tombeau des Romans... 1626.

Faret. L'honneste homme ou l'art de plaire à la Cour. Paris, 1630, in 12º.

Feillet, Alph. La misère au temps de la Fronde et Saint Vincent de Paul. 1 vol. in 12º, Paris, Perrin.

Feller, L'abbé F. X. Dict. hist. Lyon, 1822, T. iv.

Fémina, 1er sept. 1911.

Fénelon. De l'éducation des Filles. Paris, 1848, in 12º.

Figaro, Le. Supp. litt. 6 jan. 1912. Idem, 14 déc. 1912.

Figaro illustré. Fév. 1909. Femmes de lettres françaises.

Fléchier, Esprit. Mémoires de, sur les Grands Jours d'Auvergne en 1665, éd. Cheruel, Hachette, 1856, 1 vol. 8º.

Fodère, Jacques. Custoderie d'Auvergne. Lyon, 1619.

Fournel, Victor. La Littérature indépendante. Paris, 1862, 1 vol. in 12º.

France, Anatole. La Vie Littéraire. Paris, 1897, 4e série.

Franz, A. Das literarische Porträt in Frankreich im Zeitalter Richelieus und Mazarins. Leipzig, 1905, 8º.

Frémy. Essai sur les variations du style français au XVIIe siècle. 1843 (B. Cantab.).

Frère, Édouard. Manuel du bibliographe normand... Rouen, 1858–60, 2 vols.

Fromentin, Eugène. Dominique. 5e éd. Paris, 1890, in 16º.

Funck-Brentano, F. Le drame des poisons. 9e éd. 1 vol. Hachette.

Gazette, La. Passim de 1649–1694.

Gérard-Gailly, E. Bussy-Rabutin, sa vie, ses œuvres et ses amis. Paris, 1909, 8º.

Géruzez, E. Hist. de la litt. fr. 17e éd. 2 vols. in 12º.

Goulas, Nicolas de. Mémoires. Paris, 1879. B. Cantab. LO. 65. 3.

Gournay, Mlle de. De l'égalité des hommes et des femmes. 8º, 1622.

Gourville. Mémoires, pub. par la Soc. de l'Hist. de France, 2 vols. 8º, 1894–5.

Grande Encyclopédie. Louise, et Marie-Madeleine de la Vergne de la Fayette.

Griffet, Le Père. Histoire du règne de Louis XIII. Paris, 1758.

Guéret. La Carte de la Cour. B. Nat. Lb. 37. 34900.

Guillard. Généalogies. Bib. Nat. ms. fr. 25187.

Guilmeth. Histoire du Havre et des Environs. B.N. L⁵k⁶B.

Haase, A. Syntaxe française du XVIIᵉ siècle... Paris, 1898, 8º.

Hamilton. Œuvres. Paris, 1812, 3 vols. T. ɪ pour les Mém. de Grammont.

Haussonville, Le comte d'. Mme de La Fayette. Paris, 2ᵉ éd. 1896.

Henry, C. *Voir* Bibliog., Corr. de Mme de La Fayette.

Hita. Caballeros moros de Granada, de las civiles guerras que hubo en ella y batallas particulares... Saragosse, 1595–1604.

Hoffbauer. Paris à travers les âges. 2 vols. Fº, Firmin-Didot.

Huet, Daniel. Mémoires...trad. Nisard. Hachette, 1853, 1 vol. 8º.

—— Orig. des Romans. *Voir* Zaïde, Bibliog.

—— Orig. de la Ville de Caen. B.N. Lk 1507 A.

—— Correspondance. ms. fr. 15188. Bib. Nat. 3 vols. 4º.

Illustration, L'. No. 3541, le 7 jan. 1911. "Marcelle Tinayre et La Douceur de Vivre."

Imberdis, A. Histoire générale de l'Auvergne. Clermont-Ferrand, 1868, 2 vols. 8º.

Imbert de Saint-Amand, Le baron. Les femmes de la Cour des derniers Valois. B. Cantab. Acton. d. 126. 1869.

—— Women of Versailles (Louis XIV), trad., B. Cantab., pp. 32–43.

Intermédiaire des chercheurs et des curieux, ɪx, 326, 382; xvɪɪɪ, 354; xxɪ, 104, 156.

Jal, A. Dictionnaire critique. 2ᵉ éd. Paris, 1872, 8º.

James, G. P. R. Life and Times of Louis XIV. 4 vols. Cantab. VI. 30. 23.

Joannidès, A. La Comédie française de 1680 à 1900. 1 vol. gr. in 8º, Paris, Plon.

Joly, Guy. Mémoires. Petitot.

Jordan, L. *Voir* Archiv (a).

Journal des Débats, 22 nov. 1846.

Kavanagh, H. French women of Letters. Leipzig, 1862, Tome ɪ.

Koerting, H. Geschichte des französischen Romans im XVII Jahrhundert. 2 vols. Leipzig et Oppeln, 1886.

Kretschmar, Arno. Madame de Villedieu, Leben, Rom. und Erzählungen. Weida i. Th. 1907, 8º.

Kuechler, W. *Voir* Archiv (b).

La Beaumelle. Mémoires... 6 vols. Cantab. Acton. d. 26. 523.

La Bruyère. Caractères.

Lachèvre, Frédéric. Bibliog. des recueils collect. de poésie... 1901–1905, 4 vols. 4º.

Lacroix, P. Le XVIIᵉ siècle, lettres, sciences et arts. 1 vol. 4º, Grav., Chromos, Firmin-Didot, 1882.

L'Advocat. Dict. hist. et bibliog. Paris, 1822, 8º, Fayette.

La Fare. Mémoires. Petitot, ʟxv.

La Fontaine. Œuvres, éd. Gr. Écriv. Paris, Hachette, 1892, Tome IX.

La Forge, Jean de. Le Cercle des femmes sçavantes... par Monsieur D. L. F. Paris, MDCLXIII, pet. in 12º.

Lair, Jules. Louise de la Vallière et la jeunesse de Louis XIV. 8º, Paris, Plon.

Lalanne, Ludovic. Brantôme, sa vie et ses écrits. Thèse. Paris.

—— Tirage à part de l'appendice sur Brantôme et *La Princesse de Clèves*. Paris, 1891.

Lalanne et Bordier. *Voir* Bibliog. des œuvres de Mme de la Fayette. Sect. Bibliog.

La Morinière. État des officiers domestiques du roy...mis en ordre par le sieur de. Bib. Nat. Lc. 25. 92.

La Motte, de. Antiquitéz de la Ville d'Harfleur. Havre de Grâce, 1676, 8º.

Lanson, G. L'art de la Prose. Paris, Lib. des Annales, 1909, in 16º.

—— Manuel de Bibliographie, XVIᵉ s. 1909, XVIIᵉ s. 1910. Hachette, 8º.

La Porte. Mémoires. Petitot, LIX.

La Rochefoucauld. Œuvres, éd. Gr. Écriv. Hachette, 3 vols. et un album, 8º.

Larousse, Le Nouveau...illustré. Tome V.

Lassay, Armand de Madaillon de Lesparre, comte de. Recueil de différentes choses. 1759, 4 vols. in 12º. 1726, 2 vols. in 4º.

Lavisse, Ernest. Histoire de France. Paris, Hachette, 1905, 8º, Tomes VII et VIII.

Lebret, H. Histoire de la Ville de Montauban. Montauban, in 4º, 1668.

Le Breton, André. Le Roman au XVIIᵉ siècle. Paris, Hachette, 1890.

Lefeuve, Charles. Les Anciennes maisons de Paris. Paris, 1857, 5 vols.

Lemaire. Paris, ancien et nouveau. 1685, 3 vols.

Lemoine et Lichtenberger. De la Vallière à Montespan. Paris, Calmann-Lévy, 1 vol. 8º, s.d.

Lemonnier. L'art français au temps de Louis XIV. B. Cantab. E. 56. 37.

Léonard. Papiers. Archives nationales.

Leroi, Robert. À propos de la *Princesse de Clèves* de Madame de la Fayette, dans Recueil des travaux de la Société havraise d'études diverses, 1899, pp. 65–84.

Letellier. Recherches hist. sur la Ville d'Harfleur. 1786.

Le Vassor. Histoire de Louis XIII. Amsterdam, 1713, in 12º, Tome IX.

Lintilhac, E. Précis hist. et crit. de la litt. fr. Guédon, 1894, 2 vols. 12º.

Lister. Voyage à Paris en 1698. Trad. fr. Paris, 1873, 1 vol. 8º.

Littleboy, A. L. Relations between French and English lit. in the XVIth and XVIIth century. Londres, 1895.

Livet, Ch. L. Précieux et précieuses. 4ᵉ éd. 1896.

Longuerue, Louis du Four de. Longueruana... Berlin, 1 vol. 12º, 1754.

Loret. La Muse historique, éd. Livet. Paris, 1877, 4 vols. 8º.

Loriol. La France...biogr. bibliogr. Tome II par Viel. Seine Inf.

Louvois. Minutes MS. de sa correspondance. Arch. du Min. de la Guerre. Paris.

Magne, Émile. Le plaisant abbé de Boisrobert. Paris (Mercure), 1909, in 16º

—— Madame de Châtillon. Ib. 1910.

—— Madame de la Suze. Ib. 1908.

—— Madame de Villedieu. Ib. 1907.

Magne, Émile. Scarron et son milieu. Ib. 1905.
—— Voiture et les origines de l'Hôtel de Rambouillet. Ib. 1911, 2ᵉ éd.
—— Voiture et les années de gloire... Ib. 1912.
Maintenon, Madame de. Lettres. La Haye et Leyde, 1757.
Mallet. Registre des délibérations municipales de la Ville de Pontoise, 1643–1660. Pontoise, 1911, 2ᵉ fas. Règne de Louis XIV.
Martin, Alphonse. Madame de la Fayette est-elle havraise? Havre, s.d. 8°, 8 pp.
Maulde la Clavière, R. de. Les femmes de la Renaissance, trad. G. H. Ely. Londres, 1900, 8°.
Ménage. Aegidii Menagii poemata, sexta editio. Paris, 1673, 12°, et 1656.
Ménagiana... 4 vols. in 12°. Paris, 1715, 3ᵉ éd.
Mercure, depuis 1678 jusqu'à 1774. Passim.
Meyer, Erich. Die Gräfin von Lafayette... Leipzig, 1905, 8°, Port.
Mézeray. Orasie. Paris, 4 vols. in 12°, 1646.
Michaud. Biographie universelle... Paris, 1815, 8°.
Michaud et Poujoulat. Collection de Mémoires.
Milon. Notice sur la Ville de Segré... 1889, in 8°.
Molière. Éd. G. É. T. ii. Préc. Rid., etc.
Monglat. Mém. Petitot, xlix, l.
Montpensier, Mademoiselle de. Mémoires, éd. Chéruel. Paris, 1859, 4 vols. in 16°.
Monval, Georges. Chronologie moliéresque. Paris, 1897, 1 vol. in 16°, pp. xii–280.
Morillot, Paul. Le Roman en France de 1610 jusqu'à nos jours. Paris, 1894, 1 vol. in 16°.
Morlent. Le Havre ancien et moderne et ses environs. Paris, Havre, 1825, Tome i.
Motteville, Mme de. Petitot, xxxvi–xxxix.

Nouy, Mme H. L. du. L'Amitié amoureuse.

Ormesson, Olivier Lefèvre d'. Journal... publié par M. Chéruel. Paris, 1861, 2 vols. 4°.

Panissé-Passis, Le marquis de. Les Comtes de Tende de la Maison de Savoie. Paris, Firmin-Didot.
Paris, Louis. Cabinet historique, 15ᵉ année, 1869.
Patin, Guy. Lettres p. par Rév. Parise, 1846, 3 vols. in 8°.
Pellisson et d'Olivet. Histoire de l'Académie. 1858, 2 vols. in 8°, éd. Livet.
Petit de Julleville. Histoire de la Langue et de la Littérature française... Colin, 1908, in 8°.
Piganiol de la Force. Description historique de la Ville de Paris. 1765, 8 vols.
Pinard. Chronologie historique militaire. 1763, 4°.
Pomponne, Correspondance de. Bib. Arsenal, 1712, et 1626.
Portraits des Messieurs du Parlement. Arsenal, ms. Fonds Hist. de France, 420, 4°.
Poullain de la Barre. De l'égalité des deux sexes. 1673.
Pradel, du. Le Livre commode des adresses de Paris pour 1692. Paris, Plon-Nourrit, 2 vols. Bib. Elzév.

Prévost, L'abbé. Mémoires et aventures d'un homme de qualité qui s'est retiré du monde. Paris, 1898, 3 vols. in 12º.

Racine. Œuvres, éd. Paul Mesnard. Paris, 1870, Gr. Écriv.

Raleigh. The English Novel. Londres, 1903, 8º.

Rapin, Le Père René. Mémoires sur l'Église et la Société... Lyon et Paris, s.d. 3 vols. 8º.

Relation véritable de ce qui s'est passé à la prise de la Ville d'Harfleur... Paris, Nicolas de la Vigne, 1649.

Renée, Amédée. Les nièces de Mazarin. Paris, 1856, 8º.

Retz, Cardinal de. Œuvres, éd. Gr. Écriv. Hachette, 10 vols. et Petitot, XXXVII.

—— La véritable harangue faite au roi par Mgr le cardinal de Retz pour lui demander la paix et son retour à Paris, au nom du clergé et accompagné de tous ses députés, prononcée à Compiègne le 12 sept. 1652. Paris, Vᵉ Guillemot, 1652.

Revue britannique, 1834, 1874, oct. 1878, nov. 1869.

—— critique, 1879, p. 394.

—— d'Auvergne, 1884, p. 81.

—— de Paris, sept.-oct. 1907. J. Lemoine. Mme de la Fayette et Louvois.

—— des Deux Mondes, 1 mars, 1846. E. Despois. Le roman d'autrefois.

—— —— 1 mars, 1874. De Loménie. Le roman sous Louis XIII.

—— —— 1 sept. 1890. M. d'Haussonville. À propos d'un exemplaire des maximes.

—— —— 1 juill. 1904. Firmin Roz. Une bibliographie anglaise...

—— —— 15 mai, 1909. Émile Faguet. Art. sur Valincour.

—— d'Histoire littéraire de la France. Tome v, 501.

—— Encyclopédique. Tome 29, p. 845.

—— littéraire. Supplément du Journal l'Univers. Fév. 1889.

—— politique et littéraire, 5 avril, 1879, 25 avril, 1879, 3 mai, 1879, 2 oct. 1880.

—— Universitaire, 1897. Tome II, pp. 363–373.

Reynier, G. Le roman sentimental avant l'Astrée, in 8º, Colin.

Ribier, Compilés par. Lettres et mémoires... 2 vols. Fº. Cantab. Acton. a. 26. 178.

Richelet, Pierre. Les plus belles lettres françaises... 1698, 1 vol. in 12º.

Richelieu. Mém. Petitot, XXI–XXX.

Rœderer, P. L. Mémoires pour servir à l'histoire de la société polie en France. Paris, Firmin-Didot, 1835, 8º.

Rosset, de. Les plus belles dames de la ville de Montpellier. 1660.

Rosteau. *Voir* l'appendice VII.

Rothschild, James de. Les continuateurs de Loret. 2 vols. 8º, 1881–1888.

Roujon, Henry. Dames d'autrefois. Hachette, 1910, in 16º.

Rousselot, Paul. Histoire de l'éducation des Femmes en France. Paris, Didier, 2 vols. in 12º.

Rousset, Camille. Histoire de Louvois. Paris, 1863, 4 vols. in 8º.

Roux, A. Montausier et son temps. Paris, 1860.

Saint-Simon, Le duc de. Mémoires, éd. Chéruel et Regnier fils. Paris, Hachette, 1873.

Saint-Sulpice, Copies des registres de l'église de. Bib. Nat. ms. Bapt. 32593. Mariages, 32839. Décès, 32594.

Sainte-Beuve. Portraits de Femmes. Paris, Garnier, s.d. 1 v. in 16º.

—— Port-Royal. 7e éd. Paris, Hachette, 7 vols. in 16º.

Samfiresco, Elvie. Ménage. Paris, 1902, in 8º.

Sauval. Antiquités de Paris. Sorb. HF m 6. In Folio.

Scarron. Œuvres. 1786. B.N. Ye 7811.

—— Recueil des épistres en vers burlesques de M. Scarron et d'autres auteurs pour ce qui s'est passé de remarquable en l'année 1655. Paris, Alexandre Hesselin, 1656, in 4º.

Scheuer, Ernst. Frau von La Fayette, eine französische Romanschriftstellerin ... Bonn, 1898, in 8º, pp. 126 (Thèse).

Schurman, Mlle de. Dissertatio de muliebris ingenii ad doctrinam et meliores litteras aptitudine. Lyon, 1641, 8º. Bib. Cantab.

Scudéry. Clélie. Le Grand Cyrus.

Segrais. Les nouvelles françoises ou les divertissements de la Princesse Aurélie. Paris, A. de Sommaville, 1656, 2 vols. 8º.

—— Segraisiana. Paris, 1722, in 12º. Notes ms. de Turgot dans l'exemplaire Sorbonne, Rr. 135, 12º.

Sévigné, Mme de. Lettres, éd. Monmerqué. Hachette, Gr. Écriv. 14 vols. et un album, 8º.

—— Chevalier de. Correspondance pub. par Lemoine et Saulnier. Paris, 1911, 8º.

Sichel, Edith. The Household of the La Fayettes. Westminster, 1897, 1 vol. 8º.

Somaize. Le Dictionnaire des Précieuses, éd. Ch. Livet. Paris, 1856, 2 vols. Elzév.

Sorel, Charles. De la connoissance des bons livres ou examen de plusieurs auteurs. Paris, 1671, 1 vol. in 12º.

—— Description de l'isle de portraicture et de la ville des portraits. Tome 26, p. 382 de: Voyages imaginaires, songes, visions et romans cabalistiques. Amsterdam, 1788, 8º.

—— La maison des jeux. 1687, 2 vols. 12º.

Sourches, Marquis de. Mémoires... 13 vols. 8º, Hachette.

Staël, Mme de. De la littérature considérée dans ses rapports avec les institutions sociales. Londres, 1813, 2 vols. 8º.

State Papers. France. ccxxi.

Stoddard, F. H. The evolution of the English novel. New York, 1900, 1 vol. in 16º.

Suzanne, Le Général. Histoire de l'ancienne infanterie française. Tome viii.

Tallemant des Réaux. Les Historiettes, éd. Monmerqué et Paris, 3e éd. Paris, 1856, 8º.

Tardieu, A. Gr. dict. hist. du département du Puy-de-Dôme. Moulins, 1877, 1 vol. 4º.

Tilley, Arthur. From Montaigne to Molière. Londres, 1908, 1 vol. 8º.

Upham, A. H. The French influence in English Literature from the accession of Elizabeth to the Restoration. New York, 1908, in 12º.

Uzereau, L'abbé. Une page de l'histoire littéraire de l'Anjou. B.N. 8 Z 17253.

Val, Guill. du. Le Collège de France. 1644. B.N. R. 7347.

Valant, Portefeuilles de. B. Nat. ms. fr. 17044–17058.

Van Laun. A History of French Literature. Londres, 1877, 3 vols. 8⁰.

Vapereau. *Voir* App. Critique.

Vaugelas. Remarques...éd. Chassang. Paris, 1870, 2 vols.

Vaumorières, Ortigues de. L'art de plaire dans la conversation. 1695. B.N. R. 25170.

Vesque, Ch. Histoire des rues du Havre. Le Havre, 1876.

Veyssière, A. Archives hist. du Bourbonnais. Périod. 1891–4.

Villedieu, Mme de. Les Désordres de l'amour. 12⁰. B.N. Y² 73360. Ex. incomplet.

Walckenaer. Mémoires touchant la vie et les écrits de Mme de Sévigné. 6 vols. F. Didot.

Wright, Ed. *Voir* Academy.

INDEX DES NOMS PROPRES

Les pseudonymes, les titres d'ouvrages, les noms de personnes et de lieux mentionnés dans les romans sont en italique.

For EU product safety concerns, contact us at Calle de José Abascal, 56–1°,
28003 Madrid, Spain or eugpsr@cambridge.org.

www.ingramcontent.com/pod-product-compliance
Ingram Content Group UK Ltd.
Pitfield, Milton Keynes, MK11 3LW, UK
UKHW010032140625
459647UK00012BA/1342